KB206212

모세오경 137

세움북스는 기독교 가치관으로 교회와 성도를 건강하게 세우는 바른 책을 만들어 갑니다.

HIDDEN GOD 시리즈 01

모세오경 137

초판 1쇄 인쇄 2023년 10월 20일
초판 1쇄 발행 2023년 10월 25일

지은이 | 황성일
펴낸이 | 강인구

펴낸곳 | 세움북스
등 록 | 제2014-000144호
주 소 | 서울시 종로구 대학로 19 한국기독교회관 1010호
전 화 | 02-3144-3500
이메일 | cdgn@daum.net

디자인 | 참디자인

ISBN 979-11-91715-92-7 (03230)

HIDDEN GOD 시리즈 01

모세오경 137

황성일 지음

모세오경 137개 핵심 난제 탐구

"구원자 이스라엘의 하나님이여 진실로 주는 스스로
숨어 계시는 하나님이시니이다"

사 45:15

머리말

이 책은 지난 20년 동안 B&F(말씀과 신앙) 성경사관학교를 통해서 목회자 후보생과 신학생들 그리고 여러 성도들과 함께 나누었던 성경에 관한 질의 답변 내용들 중에서 일부를 정리한 글들이다. "먼저 알 것은 성경의 모든 예언은 사사로이 풀 것이 아니니"(벧후 1:20)라는 베드로 사도의 말씀대로 성경에는 우리가 사사로이 해석하기에 어려운 부분들이 너무나 많이 있다. 그래서 이번에는 성경 속의 수많은 난해 구절들 가운데에서도 구약의 모세오경 안에서 가장 중요하다고 생각되는 137개의 문항들을 중심으로 독자들과 나누고자 한다. 아울러 본 내용들은 가능하면 예수 그리스도 안에서 구속사적 관점으로 바라보고자 노력했다.

그동안 우리에게 어렵게만 느껴져 왔고 멀리 떨어져 있었던 말씀들이었다면, 이제는 이 작은 책을 통해서 하나님의 달고 오묘한 진리의 말씀들이 우리 성도들에게 더욱 가깝고 친밀하게 다가가기를 소원해 본다. 앞으로도 성도들이 성경을 묵상할 때에 수시로 성경과 함께하는 영의 양식이 되기를 기도한다.

이 책이 나오기까지 오랜 시간을 기다려 주고 함께 기도해 주신 은혜마을교회 성도분들께 이 책을 바치고자 하며, 우리 하나님께 영광을 올려 드린다.

2023년 6월 말 은혜마을교회를 은퇴하며, 황성일 목사

목차

출애굽기 32문항 - (065-096)

레위기 13문항 - (097-109)

민수기 12문항 - (110-121)

신명기 16문항 - (122-137)

64문항

창세기

001–064

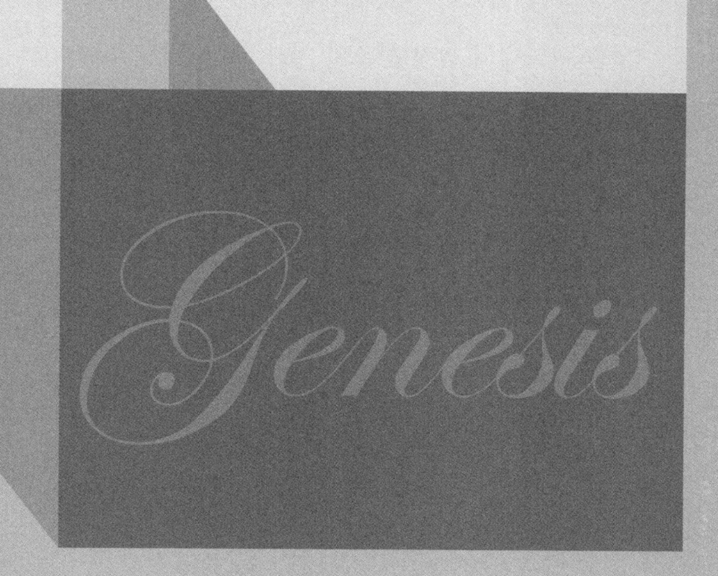

001. 창세기는 어떤 책이며 모세는 왜 이 책을 기록해야만 했을까?

전통적으로 구약(39권)과 신약(27권)을 모두 합친 성경 66권 중에서 처음 다섯 권의 책은(창, 출, 레, 민, 신) 모세가 기록한 책이라고 해서(신 31:9, 24) '모세오경' 또는 모세의 '율법서'(토라)라고 부른다. 이 중에서 첫 번째 책이며 성경 전체의 근본이라 할 수 있는 창세기(創世記)는 하나님의 창조 역사와 함께 천지 만물과 인간의 기원을 기록하고 있다. 창세기의 히브리어 제목은 '베레쉬트'이며 이는 '태초에'(in the beginning)라는 뜻이다.

성경의 시작을 알리는 창세기는 크게 두 단락으로 나누어지는데, 첫 번째 단락은 1-11장까지이며 그 내용은 인류의 원시 역사에서 핵심이 되는 네 가지의 주요 사건을 중심으로 이어진다. 그 네 가지 사건이란 곧 하나님의 천지 창조의 역사(1장)와 인간의 타락(3장), 그리고 홍수 심판(7장)과 바벨탑 사건(11장)을 가리킨다. 창세기는 이를 통해서 우리에게 만물이 하나님으로부터 존재함을 강조하면서 인간의 타락으로 인한 죄악의 발생과 확산 과정을 보여 주고 있다.

창세기의 두 번째 단락은 12-50장으로서 네 명의 인물을 중심으로 한 족장 시대의 역사를 기록한다. 그 내용은 가나안이라는 작은 땅을 중심으로 해서 전개되는데, 우리에게 믿음의 조상이라 불리는 아브라함과 그의 후손들인 이삭, 야곱, 요셉까지 네 명의 족장들의 삶을 통해서 역사해 나가시는 하나님의 섭리를 보여 준다.

하나님은 범죄 한 인간을 구속하기 위해 수많은 인간들 중에서 오직 한 사람만을 주권적으로 택하셨는데, 그가 바로 아브라함이다. 하나님은 아브라함과 언약을 맺으시고 그의 후손을 통해서 모든 인간의 죄를 대신할 구원자인 메시아를 보내 줄 것을 약속하셨다(창 12:1-3). 이 약속은 아브라함과 그의 아들인 이삭 그리고 손자인 야곱에게까지 계속 이어지면서(창 26:2-5; 28:13-15) 하나님은 그들과 맺은 언약을 변함없이 그리고 오직 주권적인 하나님의 역사로 성취해 나가시는 분이심을 보여 준다.

그리고 창세기의 마지막 부분에는 야곱의 아들인 요셉이 애굽의 총리가 되는 극적인 삶을 통해서 가나안에 살던 야곱의 가족 70명이(창 46:27) 애굽으로 이주해서 살아가게 됨을 말하는데. 그렇게 창세기의 역사는 하나님의 창조로 시작해서 애굽으로 이주 한 야곱과 요셉의 죽음으로 끝을 맺는다.

그리고 430년의 세월이 흐르면서(출 12:40) 불과 70명이었던 야곱의 가족은 어느새 수백만 명으로 번성하고, 야곱의 한 가족에 불과했던 작은 씨족이 하나의 민족 공동체로 변화하게 되는데, 이때부터 하나님은 애굽의 노예로 전락한 이 백성들을 구원하시기 위해 모세를 지도자로 세우시고 이스라엘 백성들로 하여금 가나안 땅으로 향하는 출애굽의 여정을 시작하게 하신다. 모세는 하나님의 명령에 따라 이스라엘 백성들을 언약의 땅인 가나안으로 인도해야 했으나 정작 그 여정은 만만치가 않았다. 먹을 것 마실 것도 제대로 없는 험난한 광야의 여정에다가, 언제 만날지도 모를 대적들과의 전쟁에도 대비해야 했다. 그럼에도 불구하고 백성들은 오랜 세월 동안의 노예근성으로 인해 조금만 힘들거나 지치면 원망과 불평만 반복적으로 쏟아 낼 뿐, 인내심도 없고 전쟁 경험도 전혀 없는 풋내기 패잔병들과 다를 바가 없었다.

그런 악조건 가운데서 이스라엘이 살아갈 수 있는 방법은 오직 하나, 하나님만 의지하는 것뿐이었다. 그럼에도 불구하고 백성들은 그런 실낱같은 한 가닥의 믿음마저 없었으며, 심지어 자신들이 누구인지도 모르고 왜 애굽에서 나와야만 했는지, 그리고 가나안 땅은 왜 가야만 하는지조차도 모른 채 방황하고 있었다. 모세는 그런 연약한 백성들에게 그들이 수백 년 동안 잊고 있었던 이스라엘의 역사를 알게 함으로써 자신들이 과연 누구인지 그들의 정체성을 다시 회복시켜 주어야만 했다.

그래서 모세는 창세기를 통해 하나님의 형상대로 창조된 인간이 어떻게 해서 하나님 앞에서 죄를 범하게 되었으며, 또한 그렇게 범죄 한 인간들을 하나님께서 어떻게 구원해 주시는지를 출애굽 한 백성들에게 교훈해야 했던 것이다. 백성들은 이를 통해 아직도 스스로를 노예라 여기며 그 마음이 애굽에 묶여 있던 자신들이 이제는 더 이상 노예가 아니라 하나님께 선택받은 위대한 선민이었음을 알게 되었고, 더불어 하나님께서 그들의 조상인 아브라함과 이전에 맺었던 언약에 따라 자신들이 애굽을 떠나서 약속의 땅인 가나안으로 가야만 한다는 것을 깨닫게 된 것이다.

그리하여 모세는 그렇게 택함을 받은 그들을 통해서 만민을 구원하실 메시야를 보내 주시겠다는 하나님의 놀라우신 은혜가 변함없이 계속되고 있다는 것을 출애굽 한 백성들에게 확신시켜 주었던 것이다.

| 난제 KEY POINT |

- 창세기를 포함한 성경 66권 전체는 범죄 한 인간들을 향한 변함없으신 하나님의 구원 계획을 기록하고 있다.
- 창세기는 우주 만물의 시작과 인간과 가정, 나라와 민족의 시작, 제사와 죄와 구속의 시작 등과 같은 인류 역사의 모든 기원을 밝히면서, 인간의 계속되는 죄악 속에서도 일관된 구속사를 성취해 나가시는 무한하신 하나님의 사랑을 강조한다. 결국 구원이란 인간의 노력이나 공로가 아니라 오직 하나님의 주권적인 선택과 무조건적인 사랑의 결과임을 교훈하고 있다.
- 창세기는 천지 창조 때부터 야곱의 가족들이 애굽으로 들어가기까지 2,300년 이상의 긴 역사를 기록한다(아담 창조를 원년으로 해서 성경에 기록된 계보를 참조할 때). 반면에 신약은 예수 그리스도의 초림 이후 1세기 정도의 역사를 다룬다. 결국 창세기는 나머지 65권 성경의 역사를 합한 기간보다 더 긴 역사를 기록하고 있다.

002. 모세는 인간이 존재하기도 전에 있었던 창조 사건을 어떻게 알고 기록했을까?

성경에서 첫 번째 책인 창세기는 "태초에 하나님이 천지를 창조하시니라"(창 1:1)라고 시작하면서 하나님께서 만드신 창조 세계의 시작을 장엄하게 선포한다. 이와 관련해서 창세기 1장과 2장은 하나님께서 창조하신 우주 만물과 인간 창조를 통한 인류 역사의 시작과 그 기원을 밝히고 있다. 여기서 창세기의 저자인 모세는 태초에 있었던 6일 동안의 창조 역사를 날짜별로 순서대로 기록하면서 마치 자신이 하나님의 창조 현장에 직접 있었던 목격자인 것처럼 정확하게 증언하고 있다(신 31:9, 24). 이것이 가능한 것일까? 과연 모세는 자신을 포함해 모든 인간이 존재하기도 전에 있었던 태초의 사건을 어떻게 그렇게 명확하게 기록했을까?

분명한 것은 모세가 창세기를 기록한 시기는 하나님의 명령에 따라 이스라엘 백성들과 함께 출애굽 한 이후부터 가나안 땅에 들어가기 직전까지이며, 이는 자신이 모압 땅에서 죽기 이전이었을 것이다. 열왕기상 6장 1절에 의하면 이스라엘이 출애굽 해서 솔로몬이 성전 건축을 시작할 때까지의 기간을 480년이라고 기록한다. 그렇다면 솔로몬이 성전 건축을 시작한 시점이 대략 B.C. 966년경이므로 이스라엘 백성들이 출애굽을 한 시기는 이에 480년을 더해 B.C. 1446년경이 된다. 따라서 출애굽 이후 40년의 광야 여정을 보낸 모세의 임종 시기는 B.C. 1406년경이 된다.

그러므로 분명한 것은 창세기의 저자인 모세를 포함해서 그 누구도 인간이 창조되기도 전에 있었던 하나님의 창조 역사를 직접 눈으로 보았던 사람은 아무도 없었다는 것이다. 당시에는 오직 하나님만 계셨고 삼위일체 하나님만이 창조의 목격자였기 때문이다. 그렇다면 머나먼 태초에 있었던 천지 창조의 역사를 모세가 그토록 정확하게 기록할 수 있었던 비결은 과연 무엇이었을까?

그것은 바로 창조의 유일한 목격자이신 하나님께서 특별 계시를 통해서 모세에게 직접 말씀해 주셨고 가르쳐 주셨기 때문이다. 다른 사람들과는 달리 여호와의 종이었던 모세는 하나님과 특별한 관계를 맺고 있었다. "그 후에는 이스라엘에 모세와 같은 선지자가 일어나지 못하였나니 모세는 여호와께서 대면하여 아시던 자요"(신 34:10). 즉 그는 하나님과 대면하여 말씀을 나누던 여호와의 종이었으며, 심지어 "사람이 자기의 친구와 이야기함 같이 여호와께서는 모세와 대면하여 말씀하시며…"(출 33:11)라는 말씀대로 모세는 인류 역사상 하나님과 친구처럼 대면하여 말씀을 나누었던 유일한 선지자였다.

그는 하나님의 부르심으로 여러 차례에 걸쳐 시내 산 정상에 올라가 하나님을 대면했었고(출 19:20; 24:15; 34:4), 출애굽 40년의 긴 유랑 생활 중에도 계속해서 하나님과 동행했던 특별한 여호와의 종이었다. 우주 만물의 창조주이신 하나님은 그런 모세에게 특별 계시의 방법을 통해서 창조의 역사를 들려주시며 모세가 하나님의 명령에 따라 이를 받아서 직접 기록하게 하셨던 것이다. 이로 인해 모세는 하나님께로부터 받은 태초의 사실들과 하나님의 명령인 율법들을 직접 기록할 수 있게 되었을 것이다.

그래서 성경 여러 곳에서도 “여호와께서 모세에게 이르시되 이것을 책에 기록하여 기념하게 하고…”(출 17:14), “모세가 여호와의 모든 말씀을 기록하고…”(출 24:4), “모세가 이 율법의 말씀을 다 책에 써서 마친 후에”(신 31:24)라고 기록하여 모세가 하나님께서 친히 주신 그 말씀들을 빠짐없이 기록했음을 증거하고 있다(출 34:27; 신 31:9). 이에 더해 성경의 다른 많은 저자들도 모세가 율법의 저자임을 명백히 밝혀 주고 있으며(수 23:6; 왕상 2:3; 왕하 14:6; 스 3:2; 느 8:1; 단 9:11; 말 4:4) 나아가 예수 그리스도께서도 “모세가 너희에게 율법을 주지 아니하였느냐…”(요 7:19)라고 하시며 모세가 율법의 수여자임을 친히 증거해 주셨다(눅 24:44; 요 5:45-47).

따라서 모세가 존재하기도 전에 있었던 성경의 창조 역사는 하나님께서 모세에게 특별 계시를 통해 보여 주심으로써 모세가 그 명령대로 모든 것을 생생하게 기록할 수가 있었던 것이다.

| 난제 KEY POINT |

- **하나님께서 모세에게 태초의 창조 역사를 기록하게 하신 것은 무지한 이스라엘 백성들에게 천지 만물의 창조자가 하나님이심을 분명하게 교훈하시기 위함이다. 이로써 하나님의 영광을 만천하에 드러내시며 우주 만물의 주관자 되신 하나님만이 유일한 경배의 대상임을 백성들에게 알리고자 하신 것이다.**
- **창세기 1장 1절은 이처럼 아름답고 신비한 세상이 누구를 통해서 어떻게 만들어졌는지를 말하고 있다. 우주 만물을 창조하신 주인은 바로 전능하신 하나님이시다. 창세기 1장은 ‘하나님’(엘로힘)이라는 칭호를 30회나 기록함으로써 창조의 주체가 하나님이심을 반복해서 강조한다.**

- 모세오경을 포함한 성경 66권은 약 1600년 동안 40여 명의 저자들에 의해서 3가지 언어(히브리어, 헬라어, 아람어)로 기록된 일점일획도 오차가 없는 정확 무오한 하나님의 말씀이며 유일한 진리이다. "예언은 언제든지 사람의 뜻으로 낸 것이 아니요 오직 성령의 감동하심을 받은 사람들이 하나님께 받아 말한 것임이라"(벧후 1:21).

003. 창세기 1장 1절의 "태초"와 요한복음 1장 1절의 "태초"는 같은 뜻인가?

창세기는 "태초에 하나님이 천지를 창조하시니라"(창 1:1)로 시작하면서 우주 만물이 언제 창조되었는지, 그리고 창조주가 누구인지를 밝히고 있다. 즉 천지가 창조된 시점은 태초이며 만물 창조의 주체는 하나님이시다.

여기서 "태초에"라는 말은 히브리어 '베레쉬트'로서 '처음' 또는 '시작'을 의미한다(in the beginning). 이것은 하나님께서 천지를 창조하신 출발점으로서 우주 만물이 존재하게 된 시작을 가리킨다. 이는 또한 인류의 시간이 존재하게 된 시점으로서 인간들이 살아가는 역사의 시초를 의미하는 '태초'를 말한다. 그러므로 여기서 "태초에"는 영원한 시점이 아니라 창세기 1장 1절에 기록된 대로 하나님께서 천지 창조를 시작하신 그 시점을 뜻하는 것이며, 이것은 영원하신 하나님을 제외한 우주 만물에 속한 모든 존재의 시작과 기원을 밝혀 주는 것이다.

이것은 천지를 창조하신 하나님은 영원하시며 무한하신 분이시지만, 그분이 창조하신 태초의 피조 세계는 제한적이며 유한한 존재임을 나타낸다. 따라서 창조의 시작과 함께 태초의 시간이 흐르면서 시작된 유한한 피조계의 역사는 당연히 끝이 있음을 시사한다. 이는 곧 우주 만물과 인류 역사의 시작이 있다는 것은 동시에 그것의 끝이 되는 종말론적인 마지막이 있을 것임을 암시하면서, 창조와 함께 시작된 태초의 역사는 반드시 종말이 닥쳐올 것임을 교훈하고 있는 것이다. 이처럼 영존하시는 창조주 하나님께서 우주 만물의 시작과 끝을 두셨다면, 그것은 분명히 하나님의 특별한 창조 목적이 있음을 의미한다.

결국 "태초에"로 시작되는 창세기는 하나님의 형상대로 창조된 인간이 어떻게 죄를 범했는지, 그리고 하나님은 범죄 한 인간을 어떻게 구원하실지에 대한 '하나님의 구속사'를 기록하고 있는 책이다. 그래서 창세기는 천지 창조 이전의 영원 전에 있었던 일로 시작되는 것이 아니라 "태초에" 우주 만물과 인간이 창조된 시점으로부터 시작된 인류의 역사를 말하고 있는 것이다.

반면에 요한복음 1장 1절의 "태초에 말씀이 계시니라"에서 "태초에"는 헬라어 '엔 아르케'로서, 그 뜻은 창세기 1장 1절의 '베레쉬트'처럼 '처음' 또는 '시작'의 의미를 지니고 있기는 하지만 요한복음의 본문에서는 '영원부터'라는 뜻으로 사용되고 있다. 즉 요한복음의 '태초'는 창세기의 '태초'와 뜻은 유사할지라도 창세기의 개념과는 전혀 다른 것으로서, 시간과 공간이 창조되기 이전의 태초, 즉 만물이 창조되기 이전의 영원성을 가리키고 있는 것이다.

그래서 요한복음의 "태초에 말씀이 계시니라"에서 "말씀"은 육신이 되어 우리 가운데 거하신 예수 그리스도를 가리키고 있으며(요 1:14) '계시니라'(헬라어 '엔')는 시제가 미완료 능동태로 기록되어 있다. 이것은 진리의 말씀이신 예수 그리스도께서 태초의 어느 한 시점부터 존재한 것이 아님을 의미한다. 진리의 말씀은 태초에 하나님의 창조 사역 때에도 계셨고 태초 전에도 이미 계셨으며 앞으로도 계속해서 영원히 계실 분임을 의미하는 것이다. 이는 결국 창조 이전부터 영원히 계셨던 '말씀'이신 예수 그리스도의 선재성(先在性)을 강조하는 것이다.

그러므로 창세기 1장 1절의 "태초에"가 이제 막 인류의 시간과 역사가 출발하는 창조의 시작점을 가리키면서 천지 만물을 창조하신 주체가 유일하신 하나님이심을 증거하고 있는 것이라면, 반면에 요한복음 1장 1절의 "태초에"는 하나님의 창조 사역에도 함께하셨고(요 1:2-3) 천지 창조 그 이전에도 이미 계셨던 영원하신 예수 그리스도께서 어떻게 해서 인류의 역사와 시간 속으로 들어오셨는지 그분의 선재성을 밝히 드러내고 있는 것이다. 따라서 창세기와 요한복음의 "태초에"는 의미상으로는 서로 비슷한 뜻을 지녔다는 연관성은 있지만 각각의 본문에서 의도하고자 하는 강조점은 서로가 전혀 다른 시점을 가리키고 있는 것이다.

| 난제 KEY POINT |

- **"태초에"(베레쉬트)로 시작되는 창세기는 하나님의 창조의 시작을 선포하면서 천지 만물과 인간의 기원을 알리는 성경 전체의 근본이 되는 책이다. 따라서 사도 요한도 성경의 시작을 알리는 첫 단어인 "태초에"(엔 아르케)를 복음서 서두에 사용함으로써 하나님의 구속사는 구약의 시작과 신약의 시작이 서로 일관됨을 알리고자 했을 것이다. 결국 요한은 이를 통해서 말씀이신 예수 그리스도의 영원성을 강조하고 있다.**

004. 하나님은 첫째 날에 빛을 창조하셨는데 왜 넷째 날에 태양을 또 만드셨을까?

태초에 하나님께서 천지를 창조하실 때에 가장 먼저 창조한 것은 빛이었다. 성경은 하나님의 첫째 날 창조 사역에 대해 "하나님이 이르시되 빛이 있으라 하시니 빛이 있었고 빛이 하나님이 보시기에 좋았더라 하나님이 빛과 어둠을 나누사 하나님이 빛을 낮이라 부르시고 어둠을 밤이라 부르시니라 저녁이 되고 아침이 되니 이는 첫째 날이니라"(창 1:3–5)라고 말한다.

그런데 하나님은 넷째 날에도 해와 달과 별과 같은 광명체들을 만드셔서 낮과 밤을 나뉘게 하시고, 큰 광명체인 해는 낮을 주관하고 작은 광명체인 달은 밤을 주관하게 하셨다(창 1:14–19). 그렇다면 넷째 날 태양이 창조되기도 전에 어떻게 첫째 날에 빛이 먼저 있을 수 있었을까? 태양이 있기도 전에 어떻게 첫째 날부터 낮과 밤이 있었으며, 또한 태양이 없는데 어떻게 저녁과 아침이 되면서 하루가 지났다고 성경은 말하고 있을까? 성경의 기록이 옳다면 과연 첫째 날의 빛과 넷째 날의 빛은 어떻게 다른 것일까?

이러한 의문과 궁금증은 우리가 우주의 만물 가운데에서 태양이 유일한 빛의 근원이라는 과학적 지식에 의해 시작된다고 볼 수 있다. 태양이 존재하지 않는 상태에서 빛을 상상할 수 없기 때문이다. 그러나 우리는 여기서 하나님의 창조 첫째 날의 빛과 넷째 날 창조된 빛(해, 달, 별)이 각각 본질적으로 전혀 다른 빛이라는 것을 알아야 한다. 하나님께서 가장 먼저 창조하신 첫째 날의 '빛'(히브리어 '오르')은 빛을 발하는 발광체가 아니라 빛의 근원 그 자체를 의미하는 것이다. 이는 모든 피조 세계에 생명을 공급하는 에너지원을 가리킨다.

이에 반해 넷째 날의 '광명체'(히브리어 '마오르')는 '빛으로부터 온 것'이라는 의미를 지닌다. 따라서 이것은 빛을 발하는 발광체를 뜻한다. 그러므로 첫째 날 창조된 빛은 해와 달과 별과 같이 하늘에 떠서 땅을 밝혀 주는 발광체가 아니라 태초 전의 혼돈과 공허와 흑암을 벗어나게 한 빛의 근원 그 자체이며 모든 우주 질서의 근본이 되는 것이다. 이에 더해 성경에서 빛은 생명(시 56:13; 요 1:4)과 구원(사 9:1–2)을 상징한다. 사도 요한이 "하나님은 빛이시라"(요일 1:5)라고 선포한 것과 예수 그리스도께서도 직접 자신을 가리켜 "나는 세상의 빛"(요 8:12; 9:5)이며 "내가 곧 길이요 진리요 생명이니"(요 14:6)라고 말씀하신 대로 빛과 생명은 곧 영존하시는 하나님의 속성을 가리킨다. 이는 곧 빛으로 오신 주님을 통해서 만민의 생명을 구원하고자 하신 하나님의 창조 목적을 드러내는 것이다(요 1:4; 3:16).

따라서 하나님께서 첫째 날에 가장 먼저 창조하신 것이 빛이었다는 것은 생명이요 빛 되신 하나님 자신의 영광을 찬란하게 드러내신 것이며 아울러 "지으신 것이 하나도 그 앞에 나타나지 않음이 없고 우리의 결산을 받으실 이의 눈앞에 만물이 벌거벗은 것같이 드러나느니라"(히 4:13)라는 말씀대로 이후에 창조될 모든 만물이 그분 앞에서 어둠으로부터 밝히 드러나게 하는 위대한 순간이었던 것이다.

반면에 넷째 날에 창조된 태양과 달과 별 같은 광명체들은 단지 하늘에서 땅을 두루 비추어 주는 발광체일 뿐이다. 따라서 첫째 날에는 찬란한 빛의 근원으로 인해 빛과 어둠이 나누어지면서 낮과 밤의 구별만 있었지만(창 1:3-5), 이후에 넷째 날부터는 비로소 피조물인 광명체들(해, 달, 별)이 땅을 비추기 시작했다. 그리고 하나님은 이후로 태양을 중심으로 지구가 자전하게 하심으로써 이 땅에 오늘날과 같은 실제적인 낮과 밤의 순환이 생겨나게 하셨다. 이로 인해서 하나님의 명령대로 날과 해와 사계절의 징조가 일정한 주기로 반복하면서 나타나게 된 것이다(창 1:14). 이것은 피조물에 불과한 태양이 유일한 빛의 근원이 아님을 증거한다. 그러므로 하나님께서 창조하신 첫째 날의 빛과 넷째 날의 빛은 그 특징과 창조의 목적이 전혀 다른 것으로서 완전히 구별되는 것임을 알 수 있다.

| 난제 KEY POINT |

- 넷째 날의 창조 사역을 기록한 창세기 1장 14절에서 "징조와 계절과 날과 해"는 태양과 달의 규칙적인 운동으로 인한 현상들이다. 여기서 '징조'(히브리어 '오트')란 계절과 연한을 구별해 주는 자연적인 현상들을 의미한다.
- 하나님은 "빛이 있으라"(창 1:3) 하시면서 6일 창조 중에서 가장 먼저 빛을 창조하셨다. 이로서 하나님은 만천하에 가장 먼저 창조주의 영광을 드러내셨다. 거룩한 빛의 창조를 통해서 하나님 자신이 빛이시요(요일 1:5), 만민의 구원자 되신 예수 그리스도 또한 빛으로 이 땅에 오실 것임을 증거하고 계신다(요 1:4-5).

005. 천지 창조 때의 날들은 오늘의 날과 똑같은 하루 24시간을 의미하는가?

하나님은 6일 동안에 천지를 창조하시고 일곱째 날에 안식을 취하셨다(창 2:2). 여기서 하루의 '날'(day)에 해당하는 단어로는 히브리어 '욤'이 사용되고 있다. 성경에 기록된 '욤'의 뜻은 '날', '시간', '세대', '기간' 등의 다양한 의미로 표현된다. 그렇다면 하나님의 창조 역사는 오늘날처럼 하루 24시간 동안 6일에 걸쳐서 이루어진 것일까? 아니면 창조된 하루 하루의 날들이 오늘날과는 다른 기간의 의미로 사용된 것일까? 여기서 '날'(day, 욤)을 어떻게 해석하느냐에 따라 지금까지도 다양한 학설들이 전해져 내려오고 있다. 과연 이 '날'에 대한 해석이 오늘날과 같이 하루 24시간을 의미하는 것인지 아니면 구체적으로 얼마의 기간을 가리키는지에 대해서 가장 일반적인 세 가지 학설을 중심으로 살펴보기로 하자.

❶ 하나님의 6일 창조 사역을 성경의 문자 그대로 해석해서 '날'을 오늘날과 동일하게 하루 24시간으로 보는 학설로서, 성경 해석상 가장 무난한 견해이다. 종교개혁자인 마르틴 루터와 장 칼뱅에 의해 강력히 주장 되었으며 이후에 루이스 벌코프와 같은 20세기 신학자들도 이와 같은 이론을 제시하고 있다.

❷ 창조된 각각의 '날'들이 오늘날처럼 24시간의 하루가 아니라 수천

년 이상의 기간으로서, 하나님 외에는 그 누구도 기한을 알 수 없는 장구한 한 시대(세대)로 해석하는 학설이다. 그래서 이렇게 해석하는 사람들은 지질학과 고고학을 바탕으로 해서 과학적으로 분석해 하나님의 창조 기간이 지금과 같은 6일이 아니라 수 억 년 이상이 될 것으로 예측한다. 대표적으로 초대 교회의 교부인 이레니우스와 오리게네스가 주장한 학설이다.

❸ 앞서 기록된 ❶과 ❷의 이론이 혼합되어 성경적 측면과 과학적 측면을 모두 절충한 학설이다. 태양이 넷째 날에 창조되었으므로 그 이전의 첫째 날부터 셋째 날까지의 하루는 24시간이 아니라 오랜 기간을 의미하는 한 시대(세대)를 가리키며 태양이 창조된 넷째 날 이후의 날들은 오늘날처럼 하루 24시간으로 보는 견해이다. 이 학설은 사도 바울 이후 가장 위대한 신학자였던 교부 아우구스티누스와 철저한 칼뱅주의 신학자였던 헤르만 바빙크를 중심으로 제기된 학설이다.

이 세 가지 학설은 모두가 각각의 이론적 장점과 단점을 동시에 지니고 있으므로 어느 견해가 정답이라고 단정 지을 수는 없다. 그러나 성경을 본문 중심으로 해석해 볼 때 가장 적절한 이론은 오늘날처럼 하루를 24시간으로 보는 ❶의 견해라고 볼 수 있다. 왜냐하면 과학자들이 진화론에 근거해서 지질학적으로 지구의 생성 연대를 주장하는 것은 제한된 인간의 지식으로 영원하신 하나님의 창조 원리를 설명하려는 무리가 따르기 때문이다. 세상의 과학적 이론도 진리가 아닌 하나의 제한된 가설에 불과하므로 성경의 창조론을 과학적 이론만으로 해석하고자 하는 것은 명백한 오류가 될 수 있다. 하나님의 진리의 말씀이 현대의 과학적 기준만으로는 해석되어질 수가 없기 때문이다. 그러므로 성경에 기록된 6일간의 천지 창조의 역사를 마치 하나님께서 수억 년 이상의 세월에 걸쳐서 장구한 세월 동안 창조한 것으로 보는 것은 오직 말씀만으로 천지를 창조하신 전능하신 하나님과는 거리가 먼 해석이라고 볼 수 있다.

이에 반해 하나님은 모세에게 십계명의 율법을 주시며 "안식일을 기억하여 거룩하게 지키라"(출 20:8)라고 하시면서 그 이유에 대해 "이는 엿새 동안에 나 여호와가 하늘과 땅과 바다와 그 가운데 모든 것을 만들고 일곱째 날에 쉬었음이라…"(출 20:11)라고 말씀하셨다는 것을 유념할 필요가 있다. 이는 십계명 중의 제4계명으로서 하나님의 6일 창조 후에 7일째 되는 날을 안식일로 삼아 거룩하게 지키라는 명령이다. 우리는 이를 통해 하나님께서 모세에게 창조의 일곱 번째 되는 날을 안식일로 정해 주셨다면 당연히 안식일 이전의 6일 또한 오늘날처럼 하루 24시간의 개념으로 말씀하셨다고 볼 수 있는 것이다. 이는 출애굽기 20장 11절과 병행 구절인 신명기의 안식일 명령을 통해서도 잘 나타난다. "엿새 동안은 힘써 네 모든 일을 행할 것이나 일곱째 날은 네 하나님 여호와의 안식일인즉 너나 네 아들이나 … 객이라도 아무 일도 하지 못하게 하고…"(신 5:13-14). 하나님은 모세에게 분명히 6일 동안의 삶과 7일째 되는 안식일의 삶을 구별해서 명령하고 있다.

따라서 이와 관련한 하나님의 6일 동안의 창조 역사에서도 "저녁이 되고 아침이 되니 이는 …째 날이니라"(창 1:5, 8, 13, 19, 23, 31)라고 6번이나 반복되고 있는 것 또한 창조의 날들 모두가 하루 24시간의 '날' 계산법을 따라서 오늘날과 같은 저녁과 아침으로 기록되었다고 할 수 있는 것이다. 이를 종합해 볼 때 하나님의 창조와 관련된 '날'(욤)에 관한 개념은 오늘날과 동일한 24시간으로 '하루'(day)를 계산하는 것이 가장 성경 중심적인 해석이라고 볼 수 있다.

| 난제 KEY POINT |

- 하나님의 창조 역사가 얼마나 긴 세월에 걸쳐서 창조되었는지는 사실 그렇게 중요한 사항이 아니다. 중요한 것은 하나님께서 당신의 형상대로 창조된 거룩한 인간을 위해서 천지 만물을 창조하셨다는 것이다. 하나님의 창조 목적은 이를 통해서 당신의 영광을 드러내시고 또한 천하 만물을 통해서 경배를 받으시는 것이다.

006. '하나님의 형상'이란 무엇인가?

하나님은 6일 동안 우주 만물을 창조하시면서 마지막으로 "우리의 형상을 따라 우리의 모양대로 우리가 사람을 만들고 그들로 바다의 물고기와 하늘의 새와 가축과 온 땅과 땅에 기는 모든 것을 다스리게 하자 하시고"(창 1:26) 하나님이 자기 형상 곧 하나님의 형상대로 남자와 여자를 창조하셨다(창 1:27). 이처럼 하나님의 창조 역사 중에서 인간을 가장 마지막으로 창조하신 것은 인간들이 모든 만물을 정복하고 다스리는 하나님의 대리자로서 그 복을 누리게 하기 위한 것이다(창 1:28).

여기서 '형상'(히브리어 '첼렘')과 '모양'(히브리어 '데무트')은 동일한 의미를 지닌 유사 표현으로서(창 5:3) 인간이 창조주이신 하나님의 형상대로 창조되었음을 더 풍성하게 드러내어 이를 강조하기 위한 것으로 보여진다. 따라서 하나님의 모양대로 창조된 인간의 형상이란 하나님의 존귀하심과 거룩하심과 의로우심 같은 본성의 일부가 인간에게 부여되었음을 의미하는 것이다. 이는 마치 자녀가 자랄수록 성품까지도 부모를 닮아 가는 것처럼, 하나님의 형상대로 창조된 인간 역시 하나님의 성품을 닮아 가도록 지음받은 존재임을 보여 주는 것이다.

그러나 하나님은 영이시므로 우리 인간들과는 달리 육체적 모양이나 형체가 없으신 분이시기에 인간이 지닌 하나님의 형상이란 눈에 보이는 육체가 아니라 보이지 않는 영적인 것임을 시사한다. 그러므로 하나님의 형상대로 창조된 인간은 영적인 존재로서 참된 지식과 의와 거룩함을 지니게 됨으로써 종교적으로나 도덕적으로 거룩한 성결성을 지닐 수가 있는 것이다. 이것은 하나님의 형상을 닮은 우리 인간만이 지, 정, 의를 통해서 하나님과 교제할 수 있기에 가능한 일이다. 모든 피조물 중에서 오직 인간만이 영혼을 지닌 유일한 존재이기 때문이다. 이는 사도 바울이 에베소와 골로새 교회 성도들을 향해 "하나님을 따라 의와 진리의 거룩함으로 지으심을 받은 새 사람을 입으라"(엡 4:24), "새 사람을 입었으니 이는 자기를 창조하신 이의 형상을 따라 지식에까지 새롭게 하심을 입은 자니라"(골 3:10)라고 교훈한 말씀을 통해서도 잘 나타난다.

따라서 인간은 다른 피조물들과는 달리 선한 것을 사모하며 서로를 용서하고 사랑할 수 있게 되었고 창조 만물을 바라보면서 그 아름다움에 취해서 마음껏 누릴 수가 있게 된 것이다. 그것은 하나님께서 인간만을 사귐의 대상으로 삼으시고 세상의 모든 복된 것들을 우리 인간들과 함께 나누기를 원하셨기 때문이다. 이를 위해 하나님은 땅과 바다와 하늘의 모든 식물과 동물들은 '종류대로' 많은 쌍들이 번성하게 하셨지만(창 1:11, 12, 21, 24, 25) 오직 인간에게만은 '종류대로'라는 말씀을 하지 않으시고 오로지 한 남자(아담)와 한 여자(하와)만을 통해서 모든 족속들이 나오게 하셨다. 그것은 하나님의 형상대로 창조된 세상의 모든 민족들이 하나님 안에서 하나되기를 원하셨기 때문이다(말 2:15).

사람은 이렇게 하나님의 형상으로 지음받았기에 다른 피조물과는 다르게 구별되었으며 나아가 모든 피조물들을 다스리고 지배하는 존엄성을 갖게 되었다. 그래서 하나님은 인간들에게 "생육하고 번성하여 땅에 충만하라 땅을 정복하라 바다의 물고기와 하늘의 새와 땅에 움직이는 모든 생물을 다스리라"(창 1:28)라고 하시며 자신의 형상을 닮은 인간에게 창조 세계를 지배하고 통치하도록 맡겨 주신 것이다. 하나님은 그렇게 세상의 모든 것을 인간에게 예속되게 하심으로써 우주 만물 중에서 인간을 가장 복되고 존귀하게 하셨다. 그것은 유일하게 하나님과의 교제가 가능한 인간의 순종을 통해서 영광을 받으시기 위한 것이다. 우리 인간이 이토록 존귀하고 위대한 존재인 것이다.

그러나 뱀에게 속은 인간은 하나님의 말씀을 어기고 먹어서는 안 될 선악과를 먹음으로써 타락하게 되었고, 더불어 하나님의 형상으로 지녔던 원래의 거룩한 존엄성마저 상실하게 되었다. 그러나 하나님은 이를 방관하지 않으셨다. 하나님의 거룩한 형상을 잃어버린 인간을 위해서 하나밖에 없는 독생자에게 모든 인간들의 죗값을 대신 치르게 하신 것이다. 그것이 바로 하나님의 비밀의 계시이신 예수 그리스도의 십자가의 희생이요 보혈의 공로이다. 그러므로 우리가 잃어버렸던 하나님의 형상을 다시 회복하는 길은 참하나님의 형상이신 예수 그리스도를 닮아가는 것이요, 그것은 오직 믿음, 곧 길이요 진리요 생명이신 예수 그리스도의 십자가 복음을 믿음으로 말미암아 가능한 것이다.

| 난제 KEY POINT |

- **우리 성도들이 잃어버린 하나님의 형상을 회복하는 길은 오직 예수 그리스도의 복음을 믿고 거듭남을 통해서만이 가능하다. 하나님의 택함받은 백성들은 주님께서 다시 오실 재림의 날에 하나님의 형상을 온전히 회복하게 됨으로써 하나님과 같은 영광의 광채를 입고 천국으로 영화롭게 들림을 받게 될 것이다(살전 4:16-17).**

007. 창세기 1장의 '하나님'은 2장에서 왜 '여호와 하나님'으로 바뀌었나?

창세기 1장 1절부터 2장 3절까지는 하나님께서 6일 동안 천지를 창조하시고 7일 째에 안식하셨음을 기록하고 있다. 이 안에는 우주의 탄생과 인류의 역사가 시작된 최초의 7일 동안을 기록하면서 거룩하신 창조주의 이름을 히브리어 '엘로힘'(하나님)으로만 사용하고 있다. 그런데 창세기 2장 4절부터 마지막 25절까지는 그냥 하나님이 아니라 '여호와 엘로힘' 즉 '여호와 하나님'이라고 11회에 걸쳐서 기록하고 있다. 이처럼 하나님의 이름이 다르게 기록되었기 때문에 일부 학자들은 창세기 1장과 2장의 저자가 다른 사람이라고 주장하기도 한다. 그러나 그러한 주장은 옳지 않다. 성경에 기록된 하나님의 성호(聖號)인 '엘로힘'과 '여호와'의 차이는 사용 목적에 따라서 각각 달리 기록되고 있기 때문이다.

'엘로힘'은 일반적으로 '하나님'을 가리키는 보편적인 칭호로서 모든 만물의 지배자로서의 하나님을 의미한다. 이 칭호는 창조 활동을 묘사하기에 합당한 명칭이며 '전능자'의 의미로도 사용된다. 그러므로 '엘로힘'은 우주 만물을 다스리시는 창조주의 권능과 역사를 드러내는 하나님으로서, 이스라엘뿐만이 아니라 세상 모든 민족에게 사용되는 보편적이고 일반적인 칭호이다. 따라서 '엘로힘'은 보통 명사로서, 창조주 하나님이 아닌 이방의 다른 신을 가리킬 때도 사용된다.

반면에 '여호와'는 '스스로 계시는 분'이이라는 뜻으로서 오늘날에는 '야웨' 또는 '야훼'라고 발음하기도 하는데, 이는 창조된 존재가 아니라 영원 전부터 미래에 걸쳐서 영원히 존재하시는 분이라는 의미를 지닌다(사 41:4). "주 하나님이 이르시되 나는 알파와 오메가라 이제도 있고 전에도 있었고 장차 올 자요 전능한 자라 하시더라"(계1:8)라는 말씀대로 이 성호는 시작과 끝이 없으신 자존자(自存者)의 특성을 지니며, 이는 하나님께서 모세에게 출애굽 지도자로서의 소명을 주실 때에도 잘 나타난다. "하나님이 모세에게 이르시되 나는 스스로 있는 자이니라 또 이르시되 너는 이스라엘 자손에게 이같이 이르기를 스스로 있는 자가 나를 너희에게 보내셨다 하라"(출 3:14). 여기서 성호 '여호와'는 '엘로힘'과는 달리 택한 자들만을 위한 하나님, 곧 우상을 섬기는 자들과 구별되어서 선택된 이스라엘에게만 사용되는 유일신에 대한 고유 명사이다. 그러므로 '여호와'는 계시와 구속의 하나님으로서 선민 이스라엘과 맺은 언약을 반드시 성취하시는 분임을 나타낸다.

따라서 창세기의 저자인 모세는, 1장에서는 세상의 모든 우주 만물을 다스리시는 창조주 하나님을 표현하기 위해 '엘로힘'(하나님)을 사용했고, 2장에서는 아담과 하와와 계약 관계를 통한 언약을 맺으시고 구속의 하나님으로서 그들을 보호하시고 그들에게 예배를 받으시고자 '여호와 엘로힘' 즉 '여호와 하나님'이라고 표현함으로서 '여호와로 계시된 하나님'을 드러내고 있는 것이다. 그래서 창세기 2장의 하나님은 천지의 창조주이시며 동시에 언약의 하나님이심을 강조하고자 했으며 이를 위해 '여호와'의 이름을 단독으로 사용하지 않고 항상 '엘로힘'과 함께 '여호와 엘로힘'(여호와 하나님)이라고 호칭하고 있는 것이다.

결론적으로 볼 때 창세기 1장에서는 천지를 창조하시고 다스리시는 모든 인류의 하나님으로서 '엘로힘'만을 사용했으며 2장에서는 하나님의 형상과 모양대로 특별히 창조된 아담과 하와를 영원히 사랑하시고 구속해 주실 것을 약속하시고자 '여호와 엘로힘' 곧 '여호와 하나님'으로 그 성호를 달리 드러내고 있는 것이다.

| 난제 KEY POINT |

- 히브리인들은 '나의 하나님' 또는 '이스라엘의 하나님'이라고 부르지만 '나의 여호와' 또는 '이스라엘의 여호와'라는 표현은 쓰지 않는다. 여호와는 하나님의 언약과 관련해서 홀로 사용되는 칭호이기 때문이다. 그래서 하나님께서 아브라함과 언약을 맺는 창세기 15장에는 '엘로힘'이라는 칭호는 사용되지 않고 오직 '여호와'만이 사용된다.

- 이스라엘 백성들은 하나님께 기도하거나(삿 3:9; 삼상 1:26) 제사를 드리거나(삿 2:5; 삼상 6:14-15) 하나님의 뜻을 물을 때는(삿 1:1; 삼상 10:22) '여호와' 칭호를 사용했다. 하나님께서 아브라함과 최초에 맺은 삼복언약(창 12:1-3)과 동서남북 언약(창 13:14-17) 그리고 횃불 언약(창 15:12-21)에서도 '엘로힘'은 전혀 사용되지 않고 '여호와' 칭호만이 사용되었다. 반면에 이방인들이 하나님을 칭할 때는 '엘로힘'을 사용하고 있다(삿 1:7; 7:14; 삼상 4:7; 29:9).

- '여호와 하나님'(여호와 엘로힘)이라는 성호는 창세기 2장에서 11번, 3장에는 9번 기록된다. 이 거룩한 신적 칭호는 창세기 2-3장을 제외하고는 모세오경에서 단 한 번 출애굽기 9장 30절에만 나타난다.

008. 성경에 기록된 에덴동산은 오늘날 어디쯤에 위치한 곳일까?

창세기 2장은 하나님께서 첫 사람인 아담과 하와가 살아갈 수 있도록 만들어 주신 에덴동산에 관해 기록하고 있다(창 2:8–17). "여호와 하나님이 동방의 에덴에 동산을 창설하시고 그 지으신 사람을 거기 두시니라 여호와 하나님이 그 땅에서 보기에 아름답고 먹기에 좋은 나무가 나게 하시니…"(창 2:8–9). 하나님은 당신의 형상대로 거룩하게 창조된 인간(창 1:26)들을 위해서 에덴동산을 만들어 주셨는데, 그곳은 인간이 살기에는 가장 아름답고 복된 최초의 안식처였다. 히브리어 '에덴'은 '기쁨'이라는 뜻으로 해석할 수 있다. 즉 하나님은 그 기쁨의 동산에서 인간과의 거룩한 교제를 원하셨던 것이다.

"강이 에덴에서 흘러나와 동산을 적시고 거기서부터 갈라져 네 근원이 되었으니"(창 2:10). 그 복되고 아름다운 곳에서는 강의 근원이 흘러나와 동산을 적시고 거기서부터 갈라져 네 강이 되었는데 그것이 바로 비손 강, 기혼 강, 힛데겔 강, 유브라데 강이다(창 2:11–14). 이처럼 창세기 2장에 기록된 네 강들의 이름은 오늘날에 에덴동산의 지리적 위치를 추정할 수 있게 해 주는 유일한 근거들로 여겨진다. 성경은 네 강의 이름들 외에는 다른 어느 곳에서도 에덴의 위치에 대한 정보를 제공해 주지 않기 때문이다. 그러므로 결국은 네 강들의 이름을 근거로 해서 이들이 함께 만나는 강의 발원지를 찾을 수만 있다면 어느 정도 에덴동산의 위치를 파악할 수 있을지도 모른다.

그러나 네 개의 강들 중에서 비손과 기혼 강은 오늘날 어디쯤에 위치하는지 정확히 알 수가 없다. 하지만 나머지 두 강인 힛데겔과 유브라데 강은 오늘날에도 잘 알려져 있는 유명한 강들이다. 특히 다니엘서에 "첫째 달 이십사 일에 내가 힛데겔이라 하는 큰 강가에 있었는데"(단 10:4)라고 기록된 힛데겔 강은 성경에 기록된 대로 앗수르 동쪽으로 흘렀던 강으로서(창 2:14) 이는 오늘날 티그리스 강을 가리키는 히브리식 옛 이름이다. 그리고 유브라데(유프라테스) 강은 티그리스 강과 함께 페르시아 만으로 흘러 들어가는 서아시아 최대의 강으로서 앗수르 바벨론 페르시아 같은 여러 제국들이 위치했던 곳이며 두 강 모두가 메소포타미아 문명의 발생지였다.

이와 같은 사실을 바탕으로 하여 많은 학자들은 역사적으로 실재했던 에덴동산의 위치를 찾기 위해 많은 노력을 기울여 왔다. 결과 어떤 학자들은 티그리스 강과 유브라데 강의 발원지를 지목하여 아르메니아의 고원지대인 지금의 터키 동쪽 변방을 에덴동산이 있었던 장소로 추정하기도 한다. 이외에도 페르시아 만의 북쪽에 있는 두 강의 상류나 중간 또는 하류 지역을 가리켜 에덴동산의 위치로 추정하는 여러 가지 학설과 이론도 제기되고 있다. 하지만 어디까지나 모두가 추정일 뿐이다.

결론적으로 오늘날 우리는 에덴동산이 어디에 위치했었는지는 정확히 알 수가 없다. 성경에서도 더 이상의 기록이나 설명이 없으며 게다가 지금 우리가 살고 있는 이 지구는 노아 홍수 이후에 엄청난 지형의 변화가 있었기 때문이다. 오랜 세월에 걸친 지구 표면의 변화와 노아 시대의 대홍수로 인해서 온 세상이 물로 덮인 이후에 발생했게 됐을 지구의 지각 대변동을 감안할 때, 오히려 에덴동산은 땅 속에 묻혀 버렸을 가능성이 가장 크다고 보아야 할 것이다. 따라서 에덴동산은 더 이상 그 흔적이 남아 있지도 않을 것이므로 오늘날 지구상에서 그 위치를 다시 찾는다는 것은 참으로 무의미한 시도라고 볼 수밖에 없을 것이다.

그러므로 우리는 더 이상 눈에 보이는 에덴동산의 위치를 찾기 위해서 시간과 노력을 투자하기 보다는 아담과 하와가 왜 에덴동산에서 쫓겨났는지를 돌이켜 묵상하는 일에 더 마음을 기울여야 할 것이다. 이미 잃어버린 실낙원(失樂園)의 위치에 더 이상 마음을 빼앗길 것이 아니라 우리의 구원자 되신 예수 그리스도 안에서 영원히 사라지지 않을 복락원(復樂園) 곧 천국의 소망을 확신하는 믿음으로 전진해 나가야 할 것이다.

| 난제 KEY POINT |

- 에덴동산의 네 강은 단순한 물의 공급원이 아니라 만물의 생명이 비롯되는 근원지이다. 성경에서 물은 '생명'을 상징하듯이(요 7:38) 네 강이 한 곳에서 흘러나와 동산을 적셨다는 것은 생명의 근원이 오직 하나님 한 분이심을 상징하며 4개의 강물이 흘러 온 땅을 적심은 모든 생명의 강물이 하나님의 동산에서 공급됨을 상징한다.
- 하나님은 온 천하보다 인간을 귀하게 여기셨다. 그래서 하나님은 우주 만물을 창조하신 후에 인간에게 그 모든 것을 정복하여 다스리게 하셨고(창 1:27-28) 별도로 인간을 위한 에덴동산을 만드셔서 그곳에서 인간과의 거룩한 교제를 원하셨다. 따라서 인간은 에덴동산에서 하나님만을 경배하며 말씀에 순종하는 복된 삶을 살아가야 했으나 오히려 하나님을 거역하여 선악과를 먹음으로써 죄와 사망의 노예가 되어 버렸고 결국은 에덴동산에서 쫓겨났다.

009. 아담과 하와는 선악과를 먹고도 어떻게 죽지 않았나?

하나님은 인류의 시조인 아담에게 에덴동산이라는 특별한 안식처를 만들어 주시고 "동산 각종 나무의 열매는 네가 임의로 먹되 선악을 알게 하는 나무의 열매는 먹지 말라 네가 먹는 날에는 반드시 죽으리라"(창 2:16-17)라고 말씀 하셨다. 이것은 하나님께서 아담에게 주신 인류 최초의 계명으로서 동산의 모든 열매는 자유롭게 마음껏 먹되 선악과만큼은 절대로 먹지 말라는 유일한 금지령을 내리신 것이다. 이를 어길 때는 하나님의 명령대로 반드시 죽게 되어 있었다. 하나님은 오직 이 한 가지 명령을 통해서 아담의 전적인 순종을 요구하신 것이다.

이로서 아담은 하나님께서 자신의 인생을 인도하시며 삶의 전부를 주관하신다는 것을 깨닫고 전적으로 하나님 말씀에 의지하며 순종해야만 했다. 그럼에도 아담은 유일한 하나님의 금지령을 지키지 않았다. 급기야 아담과 하와는 금령을 어기고 선악과를 먹고 말았다. 그런데 이상한 것은 정작 하나님의 명령을 어기고 선악과를 먹은 아담과 하와가 그 날에 바로 죽지 않았다는 것이다. 이와 관련해서 사악한 뱀은 "너희가 결코 죽지 아니하리라"(창 3:4)라고 하며 하와에게 선악과를 먹어도 결코 죽지 않을 것이라고 장담했었고(창 3:4) 아담과 하와는 뱀의 말대로 그 날에 죽지 않았다. 게다가 성경은 아담이 에덴동산에서 쫓겨난 이후에도 930세까지 살다가 죽었다고 말한다(창 5:5).

결국은 하나님의 말씀은 틀렸고 오히려 뱀의 말이 옳았던 것처럼 보인다. 그렇다면 하나님은 왜 아담과 하와가 선악과를 먹는 날에 반드시 죽으리라고 말씀하셨을까? 하나님이 틀리지 않았다면 이 말씀의 참된 의미는 과연 무엇일까?

창세기 2장 16–17절은 성경에 기록된 하나님의 첫 번째 금지 명령이며 절대적인 명령이다. 이것은 하나님께서 에덴동산에서 내리신 단 하나의 금령으로서 인간이 선악과를 먹느냐 먹지 않느냐에 따라서 죽음과 영생이 결정되는 언약이었다. 약속을 지키면 영생이요 어기면 죽음이라는 엄중한 책임이 따르게 된다는 것이다. 이것은 하나님께서 인간의 자유를 구속하거나 제한하고자 하셨던 것이 아니라 오히려 인간의 생명이 전적으로 하나님께 속했음을 알려 주신 영원한 사랑의 언약이었다.

이는 또한 죽음(사망)의 원인이 선악과 때문이 아니라 하나님 말씀에 순종하고자 하는 인간의 자유의지에 달려 있음을 교훈하고자 하셨던 것이다. 하나님은 인간이 아닌 어떤 동물에게도 금령을 내리신 적이 없다. "일의 결국을 다 들었으니 하나님을 경외하고 그의 명령들을 지킬지어다 이것이 모든 사람의 본분이니라 하나님은 모든 행위와 모든 은밀한 일을 선악 간에 심판하시리라"(전12:13–14)라는 말씀대로 오직 인간에게만 금령을 내리신 것은 인간이 하나님의 형상을 닮은 유일한 존재요 하나님의 명령을 지켜 순종하는 것만이 인간의 본분임을 깨닫게 하기 위함이었던 것이다.

그러므로 선악과를 먹는 날에는 반드시 죽으리라는 하나님 말씀의 참된 의미는 선악과를 먹는 그 순간부터 인간에게 영적인 죽음이 임함으로서 이후로는 육체적인 죽음도 피할 수 없게 된다는 것을 경고하신 것이다. 이것은 결국 하나님 말씀에 순종치 않음에 대한 징계이며 선악과를 먹지 말라는 하나님의 명령을 어긴 그 순간부터 시작된 사형선고임을 의미한다. "그러므로 한 사람으로 말미암아 죄가 세상에 들어오고 죄로 말미암아 사망이 들어왔나니…"(롬 5:12). 인간이 하나님의 명령을 어기고 불순종한 죄의 결과가 드디어 사망으로 나타나게 된 것이다.

따라서 인간이 선악과를 먹는 날에는 반드시 죽으리라는 하나님의 말씀은 선악과를 먹은 그날에 바로 생명이 끊어져 죽는다는 뜻이 아니라 아담과 하와가 선악과를 먹은 그날(순간)부터 하나님과의 거룩한 교제가 끊어지는 영적 죽음을 맞이하게 될 것이며, 동시에 바로 그날부터 인간에게 육체적 죽음의 운명이 찾아올 것이라는 재앙의 시작을 경고하셨던 것이다.

| 난제 KEY POINT |

- '선악과를 먹는 날에는 반드시 죽으리라'는 것은 하나님께서 인간과 맺으신 최초의 언약으로서 이를 '행위 언약'이라고 부른다. 이것은 인간이 선악과를 먹느냐 먹지 않느냐의 행위에 따라 죽음과 생명으로 나누어진다.
- 선악과는 선(善)과 악(惡)을 알게 하는 나무이다(창 2:9, 17). 따라서 먹어서는 안 될 선악과를 먹었다는 것은 선과 악의 문제를 인간이 스스로 깨닫고 결정하겠다는 것이며, 이는 곧 하나님의 말씀이 아니라 인간 자신이 선악의 결정권을 갖겠다는 죄악 된 교만을 드러낸 것이다.
- 인간은 죄를 짓고 하나님과의 온전한 교제를 파괴함으로써 이후부터 하나님을 두려워하고 피하며 숨는 존재가 되었다(창 3:8). 이는 곧 죽음을 의미한다. 영적 죽음은 생명의 근원이신 하나님과의 분리를 뜻하며 육신의 죽음은 육체와 영혼

의 분리를 의미한다. 범죄의 결과로 인해 인간에게 영육 간의 죽음이 동시에 임하게 된 것이다.

010.

하나님은 왜 선악과를 만드셨을까? 선악과가 없었다면 인간이 죄를 짓지도 않았을 텐데…

하나님은 천지 만물을 창조하실 때마다 "보시기에 좋았더라"라고 하시며 만족해하셨다. 특히나 당신의 형상대로 인간을 창조하신 후에는 "보시기에 심히 좋았더라"라고 하시며 하나님의 극적인 기쁨과 감탄을 숨김없이 드러내셨다(창 1:31). 하나님은 이러한 인간의 행복을 위해 최고의 복된 안식처요 특별한 삶의 처소인 에덴동산을 창설해 주셨다. 그리고 친히 아담에게 에덴동산의 모든 나무의 열매는 자유롭게 마음껏 먹되 선악을 알게 하는 나무의 열매는 먹지 말라고 말씀하시며 이를 어기고 먹는 날에는 반드시 죽으리라고 말씀하셨다(창 2:16-17).

여기서 "먹지 말라"(히브리어 '로 토칼')라는 명령은 미완료형으로서 강한 금지의 의미를 지닌다. 이것은 앞으로도 계속적으로 반드시 지켜야 할 명령이라는 뜻이다. 그러므로 이 말씀은 선악과를 먹는 것은 사람을 죽음으로 이르게 하는 것이기에 결단코 먹어서는 안 된다는 강력한 금지의 뜻을 내포하고 있는 것이다. 그렇다면 혹시 전지전능하신 하나님은 인간들이 언젠가는 선악과를 먹지 말라는 명령을 어길 수도 있다는 것을 미리 알고 계시지 않았을까? 여기서 우리는 하나님은 왜 인간이 지키지도 못할 그런 금령을 만들어서 아담과 하와가 죄를 짓게 하셨을까 하는 의문을 갖게 된다. 차라리 인간에게 유혹의 대상이 되는 선악과나무가 아예 처음부터 에덴동산에 없었다면 인간이 죄를 짓지도 않았을 것이기 때문이다. 그것이 오히려 인간뿐만이 아니라 하나님께도 훨씬 더 좋지 않았을까?

그러나 그것은 어리석은 우리의 생각일 뿐이다. 하나님께서 동산 중앙에 선악과나무를 두신 것은 그 어떤 피조물보다 인간을 가장 사랑하셨기 때문이다. 하나님은 인간을 창조하실 때 하나님의 형상과 모양대로 만드셔서(창 1:26-27) 거룩하신 하나님의 영적 존엄성을 부여해 주시고 동시에 인간들이 지, 정, 의를 겸비한 전인격적인 성품을 지니게 해 주셨다. 이것은 모든 피조물 중에서 오직 인간에게만 베풀어 주신 하나님의 크신 은총이며 동시에 인간에겐 최고의 특권이었다. 이로써 인간은 인격을 지닌 존재로서 자신의 삶을 자유롭게 선택하며 살아갈 수 있는 권리를 누리게 되었고 스스로 생각하고 행동할 수 있는 자유의지를 통해서 하나님의 말씀에 순종할 때만 생명의 복을 누릴 수 있다는 것을 깨달아야 했다. 하나님은 이러한 제한적인 자유의지를 통해서 인간들이 죄에 물들지 않도록 보호하고자 하셨기 때문이다. 따라서 이 자유의지는 인간에게만 주신 하나님의 은총이요 우리 인간들에게는 하나님을 향한 유일한 순종의 표현인 것이다.

그래서 인간에게 죽음이 임한 것도 아담과 하와가 선악과를 먹었기 때문이 아니라 선악과를 먹지 말라는 하나님의 말씀을 어겼기 때문이며 이는 곧 자유의지를 잘못 사용하여 뱀의 유혹에 넘어간 결과였던 것이다. 만약 선악과를 먹지 말라는 하나님의 언약마저 없었다면, 아담은 그저 하나님께서 시키는 대로만 움직이는 꼭두각시나 애완동물처럼 살아갔을 것이다. 그러나 하나님은 인간이 그처럼 아무런 생각과 주관도 없이 맹목적인 삶을 살아가길 원치 않으셨다. 하나님은 아담과 하와가 에덴동산에서 온전한 자유를 누리되 선악과를 통해 오직 하나님 말씀에 순종하는 법을 배우기를 원하셨던 것이다.

결국 "네가 먹는 날에는 반드시 죽으리라"라는 하나님의 말씀은 의도적으로 아담의 자유를 속박해서 죄에 빠뜨리고자 했던 올무가 아니라 인간들에게 생명의 근원이 하나님 말씀의 순종 여부에 달려 있음을 알게 하시고 아담이 스스로 하나님의 명령을 지키며 하나님의 성품대로 거룩하게 살아갈 수 있도록 베풀어 주신 하나님 사랑의 특별한 발로였던 것이다.

| 난제 KEY POINT |

- **인간은 하나님을 경배하고 섬김으로써 참된 행복과 삶의 자유를 누리게 된다. 빛과 어둠 그리고 선과 악 사이에서 그 선택은 오직 각자의 몫이다. 하나님은 개입하시지 않는다. 그렇게 되면 인간의 온전한 선택이 아니기 때문이다. 그러나 하나님은 우리의 선택이 잘못될까봐 염려하시며 또한 잘못되었을 때는 우리보다 더 아파하시고 더 슬퍼하신다. 하나님은 나보다 나를 더 사랑하시기 때문이다.**
- **선악과를 먹지 말라는 인류 최초의 언약은 예수 그리스도를 통한 새 언약으로 완성된다. 하나님은 오직 예수 그리스도의 십자가 복음을 통해서만 구원의 은혜를 베풀어 주시기 때문이다.**

011. 하나님은 왜 아담의 갈빗대로 여자를 창조하셨을까?

하나님은 인류의 시조인 첫 사람 아담을 창조하시고 "사람이 혼자 사는 것이 좋지 아니하니 내가 그를 위하여 돕는 배필을 지으리라"(창 2:18)라고 하시며 아담을 깊이 잠들게 하신 후에 그의 갈빗대 하나를 취해서 여자를 만드시고 아담에게 데려다주셨다. 이것은 오늘날 결혼식 때 신부를 떠나보내는 아버지가 그토록 사랑하던 딸의 손을 부여잡고 한 걸음 한 걸음 다가가서 신랑에게 딸을 인도해 주는 것과 같은 참으로 아름답고 감동적인 모습을 연상하게 한다.

깊은 잠에서 깨어난 아담이 눈을 떴을 때 그에겐 상상할 수도 없었던 놀라운 일이 벌어지고 있었다. 이전에는 그 어디에서도 볼 수 없었던 세상에서 가장 아름답고 고귀한 형상이요 흡사 자기와 너무나도 닮은 모습을 한 새로운 인간이 자신에게 다가오고 있는 것이다. 이를 바라보고 있던 아담은 심장이 터질 것만 같아 더 이상 견딜 수가 없었다. 넘쳐나는 감격을 이기지 못한 아담은 "이는 내 뼈 중의 뼈요 살 중의 살이라 이것을 남자에게서 취하였은즉 여자라 부르리라"(창 2:23)라고 고백하며 세상의 두 번째 사람을 만난 벅찬 기쁨을 노래했다. 이는 인류 역사상 최초의 사랑 고백이자 연인을 향한 최상의 노래이다. 두 사람의 만남을 기빠하신 하나님은 "이러므로 남자가 부모를 떠나 그의 아내와 합하여 둘이 한 몸을 이룰지로다"(창 2:24)라고 하시며 거룩한 주례사까지 선포해 주셨다. 이렇게 해서 하나님의 특별하신 사랑과 은혜로 남녀가 하나로 연합된 가정이 탄생하게 되었다. 이것은 인간의 결혼이 하나님께서 제정하신 창조의 기본 원리이며 동시에 남자와 여자의 거룩한 연합을 통해서 영광을 받고자 하신 하나님의 기쁘신 뜻임을 증거한다. 정말로 신비롭고 환상적인 장면이 아닐 수 없다.

그렇다면 하나님은 여자를 창조하실 때 왜 하필 아담의 갈빗대를 취해서 창조하셨을까? 이에 대한 답을 우리는 알 길이 없다. 하나님께서 어떠한 목적으로 그렇게 하셨는지 우리로서는 알 수가 없기 때문이다. 그러나 만약 하나님께서 아담을 지으신 뒤에 나중에 하와도 그냥 흙으로 지으셨다면 순서상으로 남자보다 늦게 창조된 여자는 남자보다 더 열등한 존재가 되었을지도 모른다. 그랬다면 여자의 역할은 단순히 우월한 남자를 돕는 조력자로서 남녀가 연합하여 둘이 하나가 될 수 없었을 것이다. 그래서 하나님은 여자도 남자와 똑같은 하나님의 형상과 모양을 지닌 동일한 존재임을 드러내시기 위해 아담 몸의 일부인 옆구리의 갈빗대로 하와를 지으시고 여자도 남자와 동일한 인격을 지닌 고귀한 존재임을 밝히고자 하셨던 것이다(고전 11:11-12). 하나님은 남녀가 상하의 종속 관계가 아니라 동등한 인격체로서 둘이 하나가 되기를 원하신 것이다.

하나님의 창조 역사에서 인간은 모든 피조물 중에서 가장 나중에 지음을 받았으며 더욱이 여자인 하와는 아담이 창조된 후에 바로 그 아담에게서 나왔으니, 여자야말로 생명체로부터 창조된 최초의 존재이며 모든 피조 세계 중에서 가장 마지막으로 창조된 위대한 걸작품인 것이다. 그러므로 여자는 남자의 영광으로서의 존귀함을 드러내는 것이며(고전 11:7) 남자가 머리라면 여자는 면류관이 되는 것이다. 이와 관련해서 신학자 메튜 헨리는 만약에 하나님께서 하와를 아담의 머리로 만드셨다면 하와가 아담을 지배했을 것이며, 아담의 발로 만드셨다면 하와는 아담에게 짓밟히는 삶을 살아갔을 것이라고 추정한다. 그러기에 하나님은 아담의 옆구리 부분으로 여자를 만드셔서 서로가 동등한 인격이 되게 하시고 아담의 팔 아랫부분으로 만드셔서 여자가 남자의 보호를 받게 하셨으며, 뜨거운 심장 가까운 부분으로 만드셔서 남자의 열정적인 사랑을 받게 하셨을 것이라고 언급한다.

우스운 이야기지만 메튜 헨리의 추정대로라면, 하나님께서 아담의 주먹 뼈로 여자를 창조하셨다면 남편들은 평생 동안 아내를 주먹으로 때리고 구박하면서 살아갔을지도 모른다. 그러나 하나님은 아담의 강한 팔 아래에 있는 옆구리에서 그것도 심장 바로 곁의 갈빗대를 취해서 여자를 지으심으로 여자는 항상 남자에게서 보호받고 사랑받으며 살아가야 할 존재임을 알게 하셨다. 하나님은 이처럼 아담이 자기 몸에서 빠져 나간 아내를 자신의 생명보다 더 아끼고 사랑하게 하셨고, 하와는 자신이 빠져나온 남편에게로 다시 들어가서 둘이 하나 됨으로 인해 평생을 남편을 공경하고 의지하게 하셨다. 하나님은 당신의 형상대로 창조된 거룩한 인간들이 평생을 서로 사랑하며 기쁨으로 충만한 삶을 살아가기를 원하신 것이다. 그것이 곧 인간을 통해 받으실 하나님의 영광의 시작이었기 때문이다.

| 난제 KEY POINT |

- 남자인 아담은 아내를 '여자'라고 이름 지었다(창 2:23). 여자(히브리어 '이샤')는 남자(히브리어 '이쉬')에게서 파생된 단어로서, 이는 곧 남자와 여자가 연합해 둘이 하나가 될 것을 암시한다. 여자(woman)는 남자(man)로부터 창조된 동일한 본질이기 때문이다. 여자는 남자에게서 나왔고 또한 남자는 갈빗대를 잃었으니 둘은 다시 하나가 되어야만 서로가 완전한 존재가 되는 것이다.

- 하나님은 남자와 여자가 연합하길 원하셨다(창 2:24). 연합한다는 것은 둘이 합하여 완전한 하나가 됨을 뜻한다. 이것은 두 사람의 몸뿐만이 아니라 마음도 하나 됨을 의미한다. 따라서 둘이 연합한다는 것은 서로를 이해하고 용서하며 상대를 내 몸처럼 사랑하지 않고서는 불가능한 일이다. 그것이 하나님께서 의도하신 부부간의 사랑이요 복된 가정의 시작이다.

- 아담은 에덴동산이라는 완전한 환경 속에서 복을 누렸지만 정작 자신과 인격적인 관계를 나눌 존재가 없어 외로웠다. 하나님은 그런 아담을 위해 돕는 배필을 지어주셨고, 아담은 그녀를 처음 본 순간 감격이 넘쳤다. 그녀 역시 자신과 똑같이 하나님의 형상대로 지어진 존재였기 때문이다. 너무나 아름다운 그녀는 아담의 가슴에서 나왔으므로 아담에게 속한 자였다. 아담은 그녀를 여자라 칭하며 하나님의 주례를 통해 복된 가정을 이루었다(창 2:24).

012. 창세기 2장 19절은 왜 하나님께서 들짐승과 새를 말씀이 아닌 흙으로 지으셨다고 하는가? 마지막 날 창조된 인간이 어떻게 들짐승과 새보다 먼저 있을 수 있는가?

창세기 1장은 하나님께서 권능의 말씀으로 우주 만물을 창조하신 6일 동안의 창조 사역을 기록하고 있다. 하나님은 6일 동안의 창조 사역 중에서 다섯째 날은 공중의 새를 창조하시고 여섯째 날은 모든 짐승들을 종류대로 창조하신 후에, 가장 마지막으로 하나님의 형상대로 인간을 창조하셨다(창 1:20–31). 그런데 창세기 2장 19절은 "여호와 하나님이 흙으로 각종 들짐승과 공중의 각종 새를 지으시고 아담이 무엇이라고 부르나 보시려고 그것들을 그에게로 이끌어 가시니 아담이 각 생물을 부르는 것이 곧 그 이름이 되었더라"라고 말한다.

이러한 창세기 2장 19절의 말씀은 마치 창세기 1장의 내용과는 두 가지 차이점이 있는 것처럼 보인다. 첫째는 하나님이 들짐승과 새를 창조하실 때 말씀이 아니라 흙으로 지었다는 것이며, 둘째는 창조의 마지막 날 가장 늦게 창조된 아담이 들짐승과 새들보다 먼저 창조된 것처럼 기록되어 있다는 것이다. 그렇다면 창세기 1장과 2장 19절의 내용은 서로 모순되는 것인가? 그렇지 않다. 창세기 1장은 하나님께서 6일 동안 천지를 창조하신 사건들을 첫날부터 순서대로 기록하고 있으며, 창세기 2장에서는 1장에 이미 기록된 창조 사건들 중에서 가장 중요한 요소인 인간 창조를 중심으로 한 내용들을 더욱 상세하게 구체적으로 다시 한 번 설명해 주고 있는 것이다. 그러므로 창세기 1장과 2장 19절의 내용들을 자세히 살펴보면 다음과 같다.

❶ 하나님은 분명히 인간과 들짐승과 새들을 비롯한 모든 피조물들을 말씀으로 창조하셨다(창 1:20, 24, 26). 그러나 하나님은 사람을 비롯한 모든 생명체를 흙으로 지으셨으므로(창 2:7, 19) 그 구성 물질은 모두가 흙이 된다. 이는 곧 하나님께서 말씀으로 생명체를 창조하실 때 그 생명체들이 흙으로 빚어지게 되었다는 것을 의미한다. 그러므로 각종 들짐승과 새들이 흙으로 지어졌다는 창세기 2장 19절의 말씀은 하나님의 말씀으로 창조되었다는 창세기 1장의 말씀과는 전혀 모순이 되지 않음을 알 수 있다.

❷ 창조의 순서로 볼 때 인간은 각종 들짐승과 하늘의 새들이 창조된 이후에 피조물 중에서 가장 마지막으로 창조되었다(창 1:26-31). 그럼에도 창세기 2장 19절의 말씀이 마치 아담이 다른 동물들보다 먼저 창조된 것처럼 보이는 것은 짐승들의 이름을 짓는 아담의 모습을 강조하기 위함이다. 창세기 2장 19절 내용의 중심이 들짐승과 새들의 창조에 있는 것이 아니라 아담이 짐승들의 이름을 어떻게 짓는지를 관찰하시기 위한 하나님의 뜻에 있기 때문이다.

그러므로 창세기 2장 19절의 말씀은 2장 18절에 기록된 대로 하나님께서 혼자 사는 아담을 위해 돕는 배필을 짝 지워 주기 위한 목적으로 기록된 것이다. 하나님은 아담이 자신에게 나아오는 각종 들짐승과 새들을 마주하여 이름을 지어 주면서도 정작 그들 중에는 아담 자신의 외로움이나 필요를 채워 줄 만한 참된 교제의 대상이 없다는 것을 알게 하셨고, 동시에 모든 짐승들은 쌍쌍이 돕는 짝이 있는데 반해 자신만이 홀로 된 외톨이라는 것을 깨닫게 해 주셨던 것이다. 이처럼 아담에게 돕는 배필을 주시고자 하시는 하나님의 애틋한 마음을 표현하기 위해서 창세기 2장 19절의 말씀에서는 짐승들의 창조가 아니라 짐승들에게 이름을 부여하는 아담에게 초점을 두고 기록하고자 했던 것이다. 따라서 창세기 2장 19절의 말씀은 1장의 창조 순서 내용과 전혀 모순이 되지 않는다.

결론적으로 볼 때 창세기 2장은 창조 사건들의 개요만을 기록하고 있는 1장의 내용을 더 상세하게 설명해 주고 있는 것이며, 이는 오히려 하나님의 창조 역사를 더 풍성하고 은혜스럽게 표현해 주고 있는 것이다.

| 난제 KEY POINT |

- 하나님의 형상을 입은 인간은 비록 다른 동물들처럼 흙으로 지어진 존재임에도 불구하고 생명체 중에서 유일하게 하나님의 손으로 직접 지어졌으며 동시에 하나님의 생기를 부여받은 생명으로서(창 2:7) 모든 생명체 중에서 고귀한 영혼을 지닌 유일한 인격체이다.
- 하나님은 피조물 중에서 가장 고귀한 인간을 금이나 다이아몬드가 아니라 땅의 흙으로 지으셨다. 인간(히브리어 '아담')이 흙(히브리어 '아다마')에 속한 자가 되게 하신 것이다(고전 15:47). 그래서 인간은 평생을 땅을 경작하면서 땀을 흘리고 땅에서 얻은 양식으로 살다가 결국 한 줌의 흙이 되어 땅의 무덤 속으로 돌아가게 된다.

013. 창세기 3장 15절이 왜 성경 최초의 복음인가?

하나님께서 인간과 맺은 최초의 언약은 선악과를 먹지 말라는 것이었지만(창 2:17), 뱀의 달콤한 유혹에 넘어간 아담과 하와는 하나님의 명령을 어기고 선악과를 먹는 죄를 범하고 말았다. 이에 하나님은 언약을 파기한 범죄자들을 향해 각각의 죗값에 대한 저주와 징벌을 내리셨다(창 3:14-19).

가장 먼저 하나님은 인간을 죄에 빠뜨린 사악한 뱀을 저주하시고 평생을 배로 기어 다니면서 흙을 먹는 수치와 함께 모든 짐승 중에서도 가장 혐오스러운 존재가 되게 하셨다(창 3:14). 이로 인해 뱀은 하나님의 형상을 닮은 인간을 유혹한 죄로 인해서 모든 피조물 중에서 가장 굴욕적이고 수치스러운 짐승으로 전락하게 되었다.

하나님은 뱀 다음으로 인간들을 징벌하시기 위해 뱀의 유혹에 먼저 넘어간 하와에게 해산의 고통과 남편의 권위 아래 다스림을 받게 될 형벌을 내리셨다(창 3:16). 뱀과 하와에 이어서 세 번째 하나님의 징벌 대상은 하와의 유혹을 뿌리치지 못한 아담이었다. 하나님은 그에게 땅이 저주를 받아 잡초로 무성할 것이며, 이로 인해 평생을 고통스럽게 땀을 흘리며 일을 해야 먹고 살아가게 할 것이라는 형벌을 내리셨다(창 3:17-18).

심지어 "너는 흙이니 흙으로 돌아갈 것이니라"(창 3:19하)라고 하시며 고통스러운 인생의 마지막마저 흙으로 돌아가는 대가를 치르게 될 것이라고 말씀하셨다. 인간들이 저지른 죄의 결과로 결국은 죽음에 이르게 되었음을 강조하신 것이다. 하나님의 저주와 징벌 순서를 볼 때 첫째는 뱀에게, 둘째는 여자에게, 셋째는 아담에게, 그리고 마지막으로는 인간이 살아가야 할 땅으로까지 이어진 것이다.

그런데 여기서 놓쳐서는 안 될 중요한 요절이 있다. 그것은 창세기 3장 15절이다. 첫 번째로 뱀에게 저주를 선포하신 하나님은 두 번째로 하와에게 징벌을 내리시기 직전에 이에 앞서 뱀에게 "내가 너로 여자와 원수가 되게 하고 네 후손도 여자의 후손과 원수가 되게 하리니 여자의 후손은 네 머리를 상하게 할 것이요 너는 그의 발꿈치를 상하게 할 것이니라"(창 3:15)라고 말씀하셨다.

이로 인해 뱀과 여자는 원수가 되고 그 후손들도 원수 관계가 되었다. 여기서 '여자의 후손'이란 궁극적으로는 만민을 구원하실 메시아, 곧 예수 그리스도를 의미하며 '뱀'은 사탄을(계 12:9) 그리고 '뱀의 후손'이란 사탄의 추종 세력들을 가리킨다고 볼 수 있다. 이에 따라 창세기 3장 15절 이후의 인류 역사는 구속사적으로 볼 때 뱀의 후손과 여자의 후손 두 계열로 갈라지게 되면서, 이 땅에 여자의 후손(메시야)을 보내시려는 하나님의 계획과 이를 방해하고자 하는 뱀(사탄)의 후손들 간의 치열한 영적 전쟁으로 이어지게 된다.

여기서 여자의 후손이 뱀의 머리를 상하게 한다는 것은 메시야께서 뱀의 머리를 짓밟아서 다시는 회복이 불가능하도록 치명적인 패배를 안기시겠다는 것을 의미한다. 이는 곧 인간의 죄를 대속하시기 위해 여자의 후손으로 이 땅에 오실 예수 그리스도의 십자가 사건을 통해서 뱀(사탄)에게 결정적인 패배를 입히시겠다는 것을 시사한다. 반면에 뱀이 여자의 후손의 발꿈치를 상하게 한다는 것은 뱀(사탄)이 예수 그리스도를 십자가에 매달아 죽임으로써 잠시나마 사탄이 영원히 승리한 것처럼 보이나 오히려 주님은 부활을 통해서 사망 권세를 이기고 승리하심으로써 결국 사탄은 주님의 발꿈치만 상하게 하는 경미한 공격밖에 할 수 없음을 뜻하는 것이다.

결국 뱀은 하나님의 저주로 인해서 살아 있는 동안 흙 속을 기어다니며 사람의 발꿈치를 상하게 할뿐이지만, 반대로 사람은 땅을 기어다니는 뱀의 머리를 짓밟아 완전히 깨뜨릴 수 있게 된 것이다. 이것은 사탄이 영적 전쟁에서 영원히 패배해 멸망당할 것임을 상징한다. 나아가 창세기 3장 15절을 통한 뱀(사탄)에 대한 승리가 남자의 후손이 아니라 여자의 후손으로 성취된다는 것은 여자(하와)를 통해서 시작된 죄와 죽음을 바로 그 여자의 후손을 통해서 다시 인간의 죄와 죽음을 정복하게 해 주시겠다는 하나님의 은혜를 보여 주는 것이다.

따라서 뱀을 저주하시면서 하셨던 창세기 3장 15절의 말씀은 하나님께서 인간에게 형벌(창 3:16-19)을 내리시기 직전의 선포로서 자신의 형상대로 지음받은 인간을 징벌하시기 전에 먼저 구원의 길부터 열어 주신 놀라운 복음의 메시지라고 할 수 있다. 더구나 하나님은 뱀과 땅에는 저주를 선포하셨지만(창 3:14, 17) 정작 인간에게는 저주를 내리셨다는 기록이 전혀 없다. 이것은 하나님을 배반한 인간들을 향한 위대하신 사랑이요 죄인 된 우리가 감히 상상할 수도 없는 하나님 사랑의 극치로서 구약 시대 이후에 오실 메시야, 곧 예수 그리스도를 통한 비밀의 계시를 드러내실 것임을 보여 주신 것이다. 그러므로 창세기 3장 15절은 성경에 기록된 메시아에 대한 최초의 복음으로서 우리는 이를 '원시복음'(*proto evangelium*)이라고 부르는 것이다.

| 난제 KEY POINT |

- 창세기 3장 15절은 인류의 시조인 아담에게 주어진 최초의 복음이요 죄인인 인간의 행위와 관계없이 "내가 ~할 것이니라"라고 하신 하나님의 주권적인 은혜 언약이다. '은혜 언약'이란 선악과를 먹는 날에는 반드시 죽으리라는 창세기 2장 16-17절의 '행위 언약'과는 달리 인간의 어떤 희생이나 조건도 요구하지 않는 하나님의 일방적인 사랑의 계약이다. 단지 우리 인간은 오직 믿음으로 이를 누릴 수가 있는 것이다(요 3:16).
- 뱀이 곧 사탄은 아니다. 뱀은 처음부터 악한 짐승은 아니었으며 오히려 짐승들 중에서 가장 지혜로운 동물이었다(마 10:16). 사탄이 그런 뱀의 지혜를 이용해서 인간을 범죄 하게 만든 것이다. 이와 관련해 성경에서는 '뱀'을 사탄으로 상징하고 있으며(창 3:15) 아울러 사탄의 이름을 '용' 또는 '옛 뱀'으로 칭하기도 한다(계 12:9; 20:2).
- 하나님께서 아담을 심판하시며 동시에 땅도 저주를 받게 하신 것은 인간이 피조물을 다스리는 대표자이므로 피조 세계 전체를 상징하는 땅도 형벌을 받게 된 것이다. 인간들의 죄가 축복의 땅을 저주의 땅으로 바꾼 것이다.
- 아담이 죄로 인해 사망 선고를 받은 직후에 아내의 이름을 '여자'(창 2:23)에서 '하와'(뜻:생명)로 바꾸었다는 것은(창 3:20) 아담이 하나님의 언약(창 3:15)을 복음으로 믿었다는 증거이다. 아담은 모든 산 자의 어미인 하와를 통해 하나님께서 약속하신 여자의 후손을 바라볼 수 있었던 것이다.

014. 하나님께서 범죄 한 아담과 하와에게 가죽옷을 입혀 주신 의미는 무엇인가?

온전한 기쁨과 축복의 동산인 에덴에서 하나님과 거룩한 교제를 하며 살았던 아담과 하와는 벌거벗은 채 살고 있으면서도 아무런 부끄러움이 없었다(창 2:25). 그러나 선악과를 먹지 말라는 하나님의 명령을 어기고 죄를 지은 이후부터는 자신들이 벌거벗은 줄을 알게 되고 부끄러움을 가리기 위해서 무화과 나뭇잎으로 치마를 만들어 입어야 했다(창 3:7). 하나님은 그런 죄인들에게 가죽옷을 지어서 입혀 주시고 에덴동산에서 쫓아내셨다(창 3:21–24).

왜냐하면 죄를 범한 범죄자의 신분으로는 거룩한 동산에서 더 이상 하나님과 교제할 수 없었기 때문이며, 아울러 선악과를 먹은 이들이 또 다시 생명 나무의 열매마저 먹고 죄악 가운데서 영생할 것을 막기 위한 하나님의 은혜의 발로였다. "…그가 그의 손을 들어 생명 나무 열매도 따 먹고 영생할까 하노라 하시고 여호와 하나님이 에덴동산에서 그를 내보내어 그의 근원이 된 땅을 갈게 하시니라"(창 3:22하–23). 그렇게 아담과 하와를 에덴동산에서 쫓아야만 했던 하나님의 안타까운 마음은 "여호와 하나님이 아담과 그의 아내를 위하여 가죽옷을 지어 입히시니라"(창 3:21)라는 말씀에서 잘 나타난다. 마치 가련한 자식들을 험난한 세상 속으로 떠나보내는 부모의 애잔한 마음처럼, 하나님은 이제 에덴동산을 떠나서 거친 땅을 갈며 땀을 흘리면서 먹고 살아가야 할 아담과 하와에게 손수 가죽옷을 지어서 입혀 주셨던 것이다.

여기서 '가죽옷'(히브리어 '코트노트 오르')이란 보통 무릎 이하까지 내려오는 가죽으로 된 긴 겉옷을 말한다. 그렇다면 하나님은 다른 재료도 아니고 왜 하필 가죽으로 된 옷을 입혀서 아담과 하와를 에덴에서 추방하셨을까? 가죽옷을 입혀 주신 의미가 무엇일까? 아담과 하와가 무화과 나뭇잎으로는 추위를 이길 수 없었기 때문이었을까? 사실 죄를 지은 인간에게 무화과 나뭇잎 치마는 더 이상 옷이 될 수 없었다. 그것만으로는 단지 육체적인 최소의 부끄러움만 가릴 수 있을 뿐 선악과를 먹지 말라는 하나님의 최초의 명령을 어긴 영적 죄악의 수치는 가릴 수 없었기 때문이다. 그래서 하나님은 이를 위해 가죽옷을 입혀 주셨는데 여기서 가죽옷의 '옷'(코트노트)과 '입히다'(라바쉬)라는 단어는 일반적으로 왕들이 명예롭게 된 신하들에게 옷을 입혀 주거나(창 41:42; 삼상 17:38) 또는 거룩한 제사장들에게 옷을 입힐 때 사용되던 용어들이다(출 28:41; 레 8:13).

그리고 하나님께서 죄인들을 위해서 지어 입히신 옷의 재료가 가죽이라는 것은 인간을 위해서 어떤 동물이 희생을 당했다는 것이며, 이것은 인간의 죄로 인한 수치를 가리기 위해서 다른 생명이 대신해서 죽었다는 것을 암시한다. 죄를 범한 인간들이 고작 무화과나무 잎으로 부끄러움을 가렸음에 반해 하나님은 대속의 핏값을 치른 가죽으로 죄의 수치를 가려주고자 하셨던 것이다. 그러므로 이것은 인간의 죄를 대신한 성경 최초의 희생 사건으로 볼 수 있다.

이를 통해서 하나님은 아담과 하와로 하여금 자신들이 죽을 수밖에 없는 죄인이며 동시에 죄에는 반드시 죽음이 따른다는 것을 깨닫게 하고자 하셨다. 인간의 죄를 대신하기 위해 준비된 짐승은 온전한 번제의 희생 제물로 하나님께 드려졌을 것이며, 그 가죽은 인간의 수치를 가리기 위한 옷으로 주어졌다는 것이다. 이것은 창세로부터 죽임당할 어린 양, 곧 예수 그리스도께서 자신을 향기로운 제물로 하나님께 드리셨고, 또한 죄인들은 그의 의의 옷을 입음으로써 더 이상 벌거벗은 수치가 드러나지 않게 될 것을 뜻하는 것이다(롬 13:14; 히 10:10).

그렇다면 하나님께서 범죄 한 아담과 하와에게 손수 가죽옷을 지어서 입혀 주신 것은 놀라우신 하나님의 구속사적 계시를 드러낸 사건이라고 할 수 있다. 이는 곧 희생 제물로 인간의 죄를 대신할 구약 시대 속죄 제사의 원형이며 나아가 장차 온 인류의 죄를 대신해서 희생 제물이 되실 예수 그리스도의 십자가 죽으심을 예표하고 있는 것이다(롬 3:25).

| 난제 KEY POINT |

- 하나님께서 아담과 하와에게 가죽옷을 입혀 주신 것은 짐승의 희생을 통한 구약 최초의 제사로서의 의미를 지니며, 궁극적으로는 인간의 죄악 된 수치를 가리기 위해서는 오직 예수 그리스도의 칭의의 옷을 입어야 한다는 복음적 의미를 내포하고 있다(갈 3:27).

- 하나님께서 아담과 하와에게 가죽옷을 통해 희생 제물의 피를 통한 제사를 교훈하셨다는 것은 창세기 4장에 기록된 가인과 아벨의 제사를 통해서도 잘 나타난다. 하나님은 땅의 소산을 제물로 드린 가인의 제사는 받지 않으시고 흠 없는 어린양을 제물로 바친 아벨의 제사만 받으셨다(창 4:4). 이것은 결국 아담이 이전에 아들들에게 짐승의 피를 통한 대속의 희생 제사를 이미 가르쳤다는 것을 의미한다.

- 인류 최초의 순교자인 아벨은 비록 아버지 아담보다 800년 이상을 먼저 죽었지만(창 5:3–5) 구원받고 죽은 최초의 사람이 되었다. 그리고 아벨의 부모인 아담과

하와는 인류의 대표자들로서 하나님의 은혜로 구원받은 최초의 사람들이었다(창 3:15). 아벨에게 하나님께서 기뻐 받으셨던 어린양의 제사를 가르쳤던 아담은 메시아의 조상으로서 최초의 인간이었다. 이와 관련해서 누가복음은 메시아의 족보를 기록하면서 아담을 하나님과 직접 연결지어 기록하고 있다(눅 3:38).

015. 하나님은 왜 가인의 제사는 받지 않으시고 아벨의 제사만 받으셨나?

창세기 4장 1–5절은 아담과 하와가 에덴동산에서 추방된 이후에 태어난 두 아들인 가인과 아벨의 제사 이야기를 기록하고 있다. 아담의 첫째 아들인 '가인'(히브리어 '카인')은 '소유'라는 뜻을 지닌다. 어머니 하와는 가인을 낳으면서 "내가 여호와로 말미암아 득남하였다"(창 4:1)라고 외치며 하나님의 도우심으로 태어난 아들에 대해 큰 기쁨으로 여호와께 감사를 올렸다. 이것은 인간이 하나님의 성호인 '여호와'를 직접 불렀던 성경 최초의 기록이다. 이것으로 보아 하와는 첫째 아들인 가인이 하나님께서 약속하신 '여자의 후손'(창 3:15)일 것이라고 믿었을 것이다.

반면에 둘째 아들인 '아벨'(히브리어 '하벨')은 그 이름이 '허무' 또는 '공허'를 뜻한다(전 1:2). 단순히 그의 이름만으로 미루어 볼 때, 아담과 하와가 그토록 복되고 아름다웠던 에덴동산에서 쫓겨난 인생의 허무함을 그 이름으로 표현하고 있는 듯하다. 이미 여호와의 은혜로 말미암아 장자인 가인을 얻었으니 이제 다른 아들은 약속의 후손으로서 더 이상 큰 의미가 없다고 생각 했을는지도 모른다.

그러나 두 아들의 삶은 부모의 생각과 기대와는 전혀 달랐다. 두 아들 중 형 가인은 아버지 아담과 같이 땅을 경작하는 농부가 되었고, 동생 아벨은 새로운 직업인 양을 치는 목자의 삶을 살았다. 이들은 하나님께 제사를 드릴 때에도 각자 자신들의 직업에 맞게, 가인은 땅의 소산인 농산물로 제물을 드렸고 아벨은 양의 첫 새끼와 기름으로 드렸다. 그러나 뜻밖에도 "세월이 지난 후에 가인은 땅의 소산으로 제물을 삼아 여호와께 드렸고 아벨은 자기도 양의 첫 새끼와 그 기름으로 드렸더니 여호와께서 아벨과 그의 제물은 받으셨으나 가인과 그의 제물은 받지 아니하신지라…"(창 4:3-5)라는 말씀대로 하나님은 아벨의 제물만 받으시고 가인의 제물은 받지 않으셨다.

그렇다면 하나님께서 아벨의 제사만 받으시고 가인의 제사를 거부한 이유는 과연 무엇일까? 성경 본문에서는 이에 대한 명확한 답변을 찾아볼 수 없다. 두 제사의 차이는 단지 아벨은 '양의 첫 새끼와 그 기름'을 드렸고 가인은 '땅의 소산'을 드렸다는 것이다. 그렇다면 하나님께서 아벨의 제물만 받으신 것이 그가 형 가인보다 더 값지고 좋은 제물을 드렸기 때문이었을까? 그것은 아니다. 두 사람 모두 자신의 직업에 따른 형편대로 열심히 땀 흘려 얻은 것을 드렸을 뿐이다. 성경은 예배의 중심이 제물에 있는 것이 아니라 드리는 자의 참된 마음에 있다고 말씀한다(암 5:21-24). "나는 인애를 원하고 제사를 원하지 아니하며 번제보다 하나님을 아는 것을 원하노라"(호 6:6). 즉 하나님은 눈에 보이는 외적 제물이 아니라 보이지 않는 예배자의 내적 심령을 원하셨다.

이에 대해 히브리서는 증거한다. "믿음으로 아벨은 가인보다 더 나은 제사를 하나님께 드림으로 의로운 자라 하시는 증거를 얻었으니…"(히

11:4). 이는 하나님께서 두 사람의 제물을 차별하셨던 이유가 바로 믿음 때문이었음을 명백히 밝혀 주고 있다. 아벨은 오직 믿음으로 가인보다 더 나은 제사를 하나님께 드림으로써 의인이라고 불릴 수 있었던 것이다(마 23:35). 즉 아벨은 경건한 삶의 향기를 통한 믿음의 예배를 드렸던 반면에 가인은 믿음이 아니라 형식적이고 반복되는 불신앙의 예배를 드렸던 것이다. 이는 아벨이 아버지 아담이 가르쳐 준 가죽옷과 관련된 희생 제물의 원리대로 믿음의 제사를 드렸던 반면에(창 3:21) 형 가인은 희생 제물이 아니라 자신의 소견에 옳은 대로 땅의 소산을 드림으로써 대속의 희생 제사를 거부했다는 것을 암시한다.

결국 아벨은 '양의 첫 새끼와 그 기름', 곧 양의 첫 태생 중에서 가장 기름지고 귀한 제물을 제단에 드리면서 죄인인 자신이 속죄 제물의 피를 통해서 하나님의 진노로부터 용서받을 수 있다는 것을 믿음으로 붙들었던 것이다. 그러나 가인은 자신이 죄인임을 깨닫지 못하고 죄 사함의 효력이 없는 땅의 소산을 드렸으니 그것은 하나님께서 받으실 수도 없는 헛된 제물이었던 것이다. 이는 가인이 하나님의 대속의 피를 통한 속죄의 은혜를 거부한 것이 된다.

결론적으로 하나님께서 아벨의 믿음의 제사는 기뻐 받으시면서도 가인의 제사를 받지 않으신 것은 가인의 불신앙 곧 대속의 피가 없는 땅의 소산으로 제물을 드렸기 때문이다. 가인이 이처럼 희생 제물을 통한 피의 제사를 거부한 것은 궁극적으로는 예수 그리스도의 완전한 제사인 십자가 대속의 원리를 거부한 것이 된다.

| 난제 KEY POINT |

- 성경에는 기록되지 않았지만 아담과 하와는 에덴동산에서 쫓겨난 이후에 가인과 아벨 외에도 다른 많은 자녀들을 낳았다(창 4:14-15). 가인이 죽인 아벨을 대신한 셋이 태어났을 때 아담은 130세였다(창 5:3).
- 가인은 하나님께서 자신의 제물을 받지 않으시자 크게 분노했다. 급기야 동생에 대한 강한 질투와 원한으로 동생 아벨을 죽였다(창 4:5-8). 이 사건은 성경에 기록된 최초의 살인이지만 단순 살인이 아니다. 그 배후에는 하나님께서 약속하신 여자의 후손(창 3:15) 곧 메시아가 이 땅에 오심을 막고자 하는 사탄의 계략이 숨겨져 있다.

016. 아벨을 죽인 가인은 집을 떠나서 누구와 결혼했을까?

창세기 4장은 인류의 시조인 아담과 하와가 에덴동산에서 범죄 함으로 인해 발생한 사건을 기록한다. 그것은 창세기 3장 15절의 원복음에 나타난 여자의 후손과 뱀의 후손들이 어떻게 나누어지고 있는지를 보여주고 있으며, 그 이야기는 아담의 두 아들인 가인과 아벨을 중심으로 하고 있다. 아담의 장남인 가인은 하나님께서 동생인 아벨의 제사만 받으시고 자신의 제사는 받지 않으시자 동생을 무자비하게 죽여 버렸다. 이에 하나님은 가인을 저주하시며 하나님의 형상대로 지음받은 존귀한 인간을 해치는 것이 얼마나 큰 범죄인지를 경고하셨다. "땅이 그 입을 벌려 네 손에서부터 네 아우의 피를 받았은즉 네가 땅에서 저주를 받으리니…너는 땅에서 피하며 유리하는 자가 되리라"(창 4:11–12). 이로서 가인은 성경에 기록된 인류 최초의 살인자로서 동시에 하나님께 저주를 받은 최초의 인간이 되었다. 그리고 그는 하나님 곁을 떠났으며 다시는 하나님 앞으로 돌아오지 않았다. 그렇게 하나님과 사랑하는 가족을 떠난 가인은 그 이후로 모든 경건함으로부터 단절되었으며 오직 세상 속에서 육체를 위해 살아가는 자가 되었다(창 4:16–24).

이와 관련해서 성경은 "가인이 여호와 앞을 떠나서 에덴 동쪽 놋 땅에 거주하더니 아내와 동침하매 그가 임신하여 에녹을 낳은지라"(창 4:16-17)라고 기록한다. 여기서 참조할 것은 가인이 하나님으로부터 쫓겨난 이후에 아내와 동침하여 아들 에녹을 낳았다는 것이다. 당시에는 인류의 시조인 첫 사람 아담의 가족 외의 사람은 아무도 없었을 것이며, 창세기 4장 1-15절의 기록에도 아담과 하와 그리고 두 아들인 가인과 아벨 네 사람만이 언급되고 있다. 그렇다면 가인은 결혼할 수 있는 여자도 없었을 텐데 어떻게 가정을 이룰 수가 있었을까? 가인의 아내는 과연 누구였을까?

이에 대해 창세기 5장 4-5절은 우리의 궁금증을 풀어 주고 있다. 아담이 930년 동안을 장수했으며 셋을 낳은 이후로도 800년 동안 많은 자녀들을 낳았다는 것이다. 이는 곧 성경에는 나타나 있지 않지만 아담과 하와에게는 가인과 아벨 외에도 당시에 다른 자녀들이 많이 있었다는 것을 증거하는 것이다. 게다가 가인이 하나님으로부터 쫓겨나면서 "내가 땅에서 피하며 유리하는 자가 될지라 무릇 나를 만나는 자마다 나를 죽이겠나이다"(창 4:14하)라고 하며 객지에서 자신을 만나는 자마다 자기를 죽일 것이라는 두려움을 나타내고 있는 것 또한 당시에 가인과 아벨 외에 또 다른 아담의 자손들이 많이 있었다는 것을 보여 주고 있다. 그래서 가인은 자신이 죽인 아벨의 무죄한 피에 대해서 다른 친척들이 보복할까 두려워했던 것이다.

이처럼 가인과 아벨 외에도 아담과 하와에게는 많은 자녀들이 있었지만, 성경에서 특별히 네 인물만을 기록한 것은 하나님의 구속사를 중심으로 볼 때 중요한 인물만을 선별하여 기록하고 있기 때문이다. 그러므로 하나님께서 인간을 창조하실 때 생육하고 번성하여 땅에 충만하라고 명령하신대로(창 1:28) 아담과 하와는 오랜 세월을 살며 많은 후손들을 낳았고 이 후손들 또한 사촌이나 먼 친척들을 배우자로 선택해서 결혼을 하며 번성해 나갔던 것이다. 당시에 사람이라고는 아담의 가족이 전부였으므로 형제자매나 다른 친척과의 결혼은 피할 수가 없었다. 그러므로 당시의 근친결혼(近親結婚)은 필연적일 수밖에 없었으며, 그러지 않았다면 인류는 대가 끊어져서 멸절되고 말았을 것이다.

이러한 근친결혼은 이복 누이를 아내로 맞았던 아브라함 시대까지 이어졌다고 볼 수 있다(창 20:12). 하나님은 한 부모인 아담과 하와로부터 인류가 생육하고 번성하기를 원하셨으므로 그들이 땅에 충만하기까지는 일정 기간 동안 하나님께서 근친결혼을 허락하셨고, 이후에 인류가 번창한 뒤로는 근친결혼을 엄격히 금지하셨다. 이것은 모세 시대의 율법을 통해서도 명백히 드러난다(레 18:6-18; 20:17; 신 27:22). 그러므로 당시에 아담의 모든 아들들은 그들의 누이나 친척들과 결혼할 수밖에 없었으며, 아울러 가인도 그의 친누이나 조카딸과 결혼을 했을 것이라고 추측할 수 있다.

| 난제 KEY POINT |

- **아브라함 당시까지 이어졌던 근친결혼은 레위기 18장 6-18절 이후에야 비로소 모세의 율법으로 명문화되어 실제적으로 근친결혼에 대한 금지령이 선포되었다. 근친결혼은 율법으로 제정된 이후로는 죄가 되었다.**
- **모세의 율법에는, 생명을 해치는 자는 사형에 해당되며(출 21:12-25; 레 24:17-23; 민 35:16-21) 자신의 혈족이 살해당했을 경우 죽은 자의 친척들이 반드시 피를 보수하는 '고엘 제도'가 있었다(민 35:19-21). 가인이 만나는 자들의 보복을 두려워한 것도 당시 친척들이 무죄한 자의 피를 갚으려고 할 것을 알았기 때문이다.**

017. 가인은 아벨을 죽이고도 왜 사형을 당하지 않았나?

아담과 하와는 인류의 시조이며, 그들의 큰아들인 가인은 부모의 사랑을 통해서 세상에 태어난 최초의 인간이다. 그럼에도 가인은 하나님께서 동생인 아벨의 제사만 받으시고 자신의 제사는 받지 않으신다는 이유로 분노를 참지 못하고 동생을 죽임으로써 인류 최초의 살인자라는 오명을 지니게 되었다(창 4:1–8). 모세의 율법에서도 살인자에 대한 형벌은 사형에 처해졌지만(출 21:12; 레 24:17; 민 35:16–21) 이미 그보다 이전인 창세기 9장 6절에서도 하나님은 "다른 사람의 피를 흘리면 그 사람의 피도 흘릴 것이니 이는 하나님이 자기 형상대로 사람을 지으셨음이니라"라고 하시며 생명을 해친 살인자는 그의 생명도 거두실 것을 분명히 하셨다. 만물의 창조주이신 하나님의 형상대로 지음받은 인간을 죽이는 것은 창조주 하나님을 멸시하는 것이요 생명의 주권이 오직 하나님께만 있음을 부인하는 큰 죄악이기 때문이다.

그만큼 하나님은 인간의 생명을 귀중하게 여기고 계신다. 그런데 이상한 것은 하나님은 동생을 죽인 가인에게는 사형의 벌을 내리지 않으시고 오히려 가인을 죽이려는 자들로부터 보호해 주시겠다고 약속하셨다. "…가인을 죽이는 자는 벌을 칠 배나 받으리라 하시고 가인에게 표를 주사 그를 만나는 모든 사람에게서 죽임을 면하게 하시니라"(창 4:15).

그 이유가 무엇일까? 동생을 죽인 살인자 가인은 왜 사형을 당하지 않았을까? 그 이유는 크게 두 가지로 나누어 볼 수 있다.

❶ 가인 당시에는 제도화된 사형 제도가 없었다. 살인자에 대한 사형 제도는 노아의 대홍수 사건 이후에 생겨났다(창 9:5–6). 하나님은 이 땅에 인간을 창조하신 것을 한탄하시며 인간의 죄악이 세상에 가득 차기 전까지는 사형의 심판을 연기해 주신 것이다(창 6:3–7). 하나님께서 율법을 주셔서 인간들에게 심판권을 부여해 주시기 전까지는 생명이 오직 하나님만의 주권임을 교훈하고자 하신 것이다.

❷ 가인은 비록 아벨을 살해한 죄로 인해 사형의 형벌은 받지는 않았지만 그 이상의 형벌에 해당되는 땅의 저주를 받았다(창 4:11). 이로 인해 가인이 받은 저주의 형벌은 두 가지이다. 첫 번째는 "네가 밭을 갈아도 땅이 다시는 그 효력을 네게 주지 아니할 것이요"(창 4:12상)라는 형벌이다. 이것은 아무리 농사를 잘 지어도 소득의 열매를 얻을 수 없다는 뜻이다. '땅의 소산'으로 제사를 드렸던 자가 '땅의 소산'을 상실하게 된 것이다. 이것은 하나님의 명령을 어기고 선악과를 먹은 죄로 인해서 평생을 수고해야 땅의 소산을 먹을 수 있었던 아담에게 주어진 것보다 더 큰 형벌이다. 이는 농부였던 가인에게는 실로 무서운 저주임이 분명했다.

두 번째는 "너는 땅에서 피하며 유리하는 자가 되리라"(창 4:12하)는 형벌로서 이제부터는 한 곳에서 정착하지도 못하고 안식처를 얻기 위해 떠돌아다니는 방랑자의 삶을 살아야만 한다는 것이다. 평생 농부였던 그가 농사를 지어도 수확을 얻을 수가 없고 게다가 한 곳에 머물 수조차 없는 신세가 되었으니, 이것은 아예 농부로서 전부를 잃어버린 것이나 다름없는 처지가 된 것이다. 게다가 가인은 "무릇 나를 만나는 자마다 나를 죽이겠나이다"(창 4:14하)하면서 자신이 평생 살해의 위협을 받으며 두려움 속에서 살아갈 것을 하나님께 호소하고 있다.

그러나 정작 가인이 지금까지 받은 형벌들보다 더욱 무서운 것은 "주께서 오늘 이 지면에서 나를 쫓아내시온즉 내가 주의 낯을 뵈옵지 못하리니"(창 4:14상)라는 가인의 고백처럼, 이제부터는 하나님의 얼굴을 볼 수 없다는 것, 즉 이제는 하나님과의 관계가 단절되어 더 이상 하나님의 보호를 받지 못하고 버려진다는 것이었다. 그래서 가인은 "내 죄벌이 지기가 너무 무거우니이다"(창 4:13)라고 하면서 자포자기의 절규를 쏟아내었다. 그러므로 비록 가인이 아벨을 죽이고도 사형이라는 형벌을 받지는 않았지만 사랑하는 가족 공동체로부터 헤어져 도피자의 신세가 되었고 가는 곳마다 죽음의 공포 속에서 살면서 이에 더해 하나님으로부터 쫓겨나 버려진 존재가 되었다는 것은 실로 사형보다 더 큰 저주의 형벌을 받은 것이나 다름이 없다고 봐야 할 것이다.

| 난제 KEY POINT |

- 창세기 4장 2–11절은 '아우/형제'(히브리어 '아흐')라는 표현을 일곱 번이나 반복한다. 이는 상대적으로 형제(아우)를 살해한 가인의 잔인함을 강조하는 것이다.
- 선악과를 먹고 에덴동산에서 쫓겨난 아담과 하와도 하나님께 징벌은 받았지만 저주는 받지 않았다. 당시에는 뱀과 땅만이 저주를 받았을 뿐이다(창 3:14, 17). 그러나 가인이 아벨을 살해한 후에 하나님께 저주를 받음으로써 아담으로부터 시작된 불순종의 죄가 살인으로 이어지는 죄의 확산 과정을 보여 준다.
- 하나님의 징벌에도 가인은 회개하지 않고 오히려 "내 죄벌이 지기가 너무 무거우니이다"(창 4:13) 하면서 자신의 죄에 비해 형벌이 너무 가혹하다고 불만을 토로했다. 아버지 아담이 에덴동산에서 쫓겨났던 것처럼 가인 역시 하나님으로부터 쫓겨난 것은 죄를 범했기 때문이 아니라 죄를 회개하지 않았기 때문이다.

018. 하나님을 경배하는 예배는 언제부터 시작되었는가?

가인이 동생 아벨을 죽이고 하나님으로부터 쫓겨나자 부모인 아담과 하와는 사랑하는 두 아들 모두를 동시에 잃어버린 슬픔을 견디기 어려웠을 것이다. 선악과를 먹지 말라는 하나님의 말씀을 거역한 자신들의 불순종 때문에 세상에 죄와 사망이 들어왔고, 그것 때문에 자식들에게까지 죄의 본성이 물려졌기 때문이다.

그럼에도 불구하고 하나님은 큰 아픔 가운데 상심해 있던 아담과 하와를 그냥 내버려 두지 않으셨다. 하나님께서 그들을 위해 새 생명을 주신 것이다. 아담은 자신과 꼭 닮은 아기의 이름을 '셋'이라 짓고 "이는 하나님이 내게 가인이 죽인 아벨 대신에 다른 씨를 주셨다"(창 4:25)라고 하면서 기쁨으로 하나님께 영광을 돌렸다. 이때 아담의 나이는 130세였다(창 5:3).

이후에 아담은 셋을 통해서 손자 에노스를 얻게 된다. 이에 대해 성경은 "셋도 아들을 낳고 그의 이름을 에노스라 하였으며 그때에 사람들이 비로소 여호와의 이름을 불렀더라"(창 4:26)라고 기록한다. '에노스'(히브리어 '에노쉬')란 '사람' 또는 '연약함'이라는 뜻으로서, 언젠가는 죽을 수밖에 없는 인간의 연약하고 미약한 상태를 나타낸다. 이것은 하나님 결을 떠나서 타락한 세상 문명을 확산시켜 나가고 있는 가인의 후손들(창 4:16-24)과는 대조적으로 셋의 후손들은 자신들이 하나님 앞에 범죄 한 보잘것없는 죄인이라는 것을 시인하고 있음을 시사한다.

그런데 성경은 바로 이때부터, 즉 셋의 아들인 에노스 때부터 여호와의 이름을 불렀다고 기록한다. 이는 마치 에노스 이전에는 여호와의 이름을 부르지 않았다는 의미처럼 들린다. 구약에서 '여호와의 이름을 불렀다'는 것은 하나님을 경배하며 예배를 드렸다는 것을 의미한다(창 12:8; 13:4; 21:33; 대상16:8). 따라서 에노스 때에 가서야 여호와의 이름을 부르면서 하나님을 예배하기 시작했다면, 에노스가 태어나기 이전의 사람들은 전혀 하나님께 예배를 드리지 않은 것으로 해석되어질 수 있다. 그렇다면 에노스 시대를 예배의 시작으로 보는 것이 과연 옳은 것인가?

그것은 아니다. 가인과 아벨 시대에도 이미 제사를 드리고 있었으며 하나님을 경배하고 있었기 때문이다(창 4:4). 하나님께서 양의 첫 새끼와 그 기름으로 드려진 아벨의 제사를 기쁘게 받으신 것도 경건한 예배를 통해서였다. 나아가 양의 첫 새끼와 그 기름으로 드렸던 아벨의 제사가 아버지 아담의 가죽옷으로부터 배운 피의 제사임을 감안할 때 하나님을 향한 예배는 인류 최초의 사람인 아담 때부터 이미 드려지고 있었다고 볼 수 있다.

따라서 에노스 때에야 비로소 '여호와의 이름을 불렀다'는 것은 에노스 때에 이르러서야 비로소 제대로 된 격식을 갖춘 예배를 드렸다고 볼 수 있다. 이것은 곧 셋의 후손들로 말미암아 비로소 하나님을 향한 규칙적인 기도와 찬양이 겸비된 보다 체계적이면서도 질서와 규칙이 있는 공적 예배가 시작되었음을 의미하는 것이다.

셋은 성경에 기록된 아담의 셋째 아들이며 인류 최초의 순교자인 아벨을 대신해서 태어난 아들이다. 경건한 셋의 후손들이 여호와의 이름을 부르면서 신령한 예배의 삶을 살아가는 동안 인류 최초의 살인을 저지르며 여호와 앞을 떠나갔던 가인의 후손들은 정반대의 삶을 살았다. 그들은 부패한 본성에 따라 살면서 폭력적이고 세속적인 문명을 창출하며 죄악으로 점철된 인류의 역사를 확산시켜 나갔다(창 4:16-24). 경건하지 못한 가인의 후손들이 타락한 인간을 위한 죄악 된 세상 왕국을 건설해 나가는 동안에, 하나님께 택함받은 경건한 셋의 후손들은 그들과는 반대로 하나님을 향한 감사와 찬양을 겸비한 예배로 거룩한 하나님 나라를 세워 나가고 있었던 것이다. 그렇게 뱀의 후손들과 여자의 후손들은 인류 역사의 시작부터 극명한 삶의 차이를 드러내고 있었다.

그러므로 셋이 에노스를 낳았을 때에 사람들이 비로소 여호와의 이름을 불렀다는 것은 곧 셋과 에노스 시대에 이르러서야 비로소 하나님께 기도와 감사와 찬양이 있는 공적인 예배가 시작되었다고 볼 수 있다. 결국 하나님은 아벨을 대신해서 태어난 셋과 그의 후손들을 주권적으로 택하셔서 죄악 된 세상과 구별된 예배의 삶을 살아가는 은혜를 베풀어 주신 것이다. 그리고 하나님은 이들을 통해서 만민의 죄를 대속하실 메시야요 우리의 영원한 구원자 되실 예수 그리스도를 이 땅에 보내고자 하신 것이다(창 3:15).

| 난제 KEY POINT |

- 가장 오래된 구약의 번역본인 70인역(LXX)은 "그때에 사람들이 비로소 여호와의 이름을 불렀더라"에서 주어를 '사람들'이 아닌 '에노스'로 본다. 그래서 에노스를 공적 예배의 형태로 하나님을 경배한 첫 시조라고 해석한다.

- '셋'(히브리어 '쉐트')은 '세워진 자' 또는 '지정된 자'라는 뜻으로서, 하나님께서 아벨 대신에 셋을 세워 주신 것은 그를 통해서 메시아를 이 땅에 보내시기 위함이다. 따라서 셋의 출생은 인류의 새 출발을 의미한다. 셋의 후손들은 비록 연약하고 보잘것없는 자들이었지만 음란하고 타락한 세상에 물들지 않고 구별된 자들로서 하나님을 경배하는 삶을 살아간 거룩한 '여자의 후손'들이다.

019. 창세기 5장의 족보 속에 담겨 있는 의미는 무엇일까?

창세기 5장은 "이것은 아담의 계보를 적은 책이니라"라고 시작해서 "노아는 오백 세 된 후에 셈과 함과 야벳을 낳았더라"로 마친다. 이것은 첫 사람 아담부터 시작해서 노아까지 10대의 계보(족보)를 중심으로 기록한 것이며, 이는 하나님께서 가인이 죽인 아벨 대신에 주신 경건한 셋의 후손들의 계보를 보여 주는 것이다. 그런데 본문을 유심히 살펴보면 셋의 계보에 나타난 10명의 인물들은 에녹을 제외하고서 모두가 동일한 형식으로 기록되어 있음을 알 수 있다.

그 형식은 아담으로부터 시작해서 셋의 후손들이 "…살에 자녀를 낳았고 이후에 …년을 더 살다가 …살에 죽었더라"라는 형식을 9회를 반복해서 증거하고 있다는 것이다. 그렇다면 성경은 자칫 지루하게 보일 것만 같은 인간들의 출생과 죽음에 관한 연수를 왜 그렇게 창세기 5장 전체에 반복해서 기록해 놓았을까?

그것은 창세기 5장의 계보 속에는 죄인들을 향한 보이지 않는 하나님의 놀라우신 구원의 음성이 담겨 있기 때문이다. 따라서 이 계보는 단순히 아담의 후손들 전부를 기록한 것이 아니라 그중에서도 그루터기인 거룩한 씨(사 6:13) 곧 앞으로 오실 메시아의 조상들만을 기록하면서 그들의 이름과 연한과 죽음에 관해 집중해서 보도하고 있는 것이다.

아울러 이것은 인류의 시조인 아담으로부터 시작해서 대홍수 사건(창 6–9장) 이후에 인류의 새로운 시조가 될 노아에 이르기까지의 구속사를 보여 주고 있다. 노아의 시대, 곧 인류 최대의 재앙이었던 대홍수 사건은 하나님의 구속사의 중요한 분기점이기 때문이다. 즉 이를 통해서 성경의 역사는 단순한 세월의 흐름이 아니라 인류를 구원하고자 하시는 하나님의 영원하신 뜻을 성취해 나가는 과정이라는 것을 교훈하고자 한 것이다. 여기에서 본 계보의 내용에 기록된 아담부터 노아까지의 나이와 그들의 삶 속에 담긴 몇 가지 중요한 의미를 살펴보고자 한다.

❶ 이 땅에서 살다가 죽지 않고 승천한 에녹을 제외하면 나머지 9명이 살았던 평균 나이는 912세이다. 이들 모두는 오늘날과는 비교할 수 없을 정도로 장수했지만 성경에서 가장 장수한 사람으로 기록된 므두셀라도 969세를 살다가 죽음으로써 결국 인간의 수명은 천 년을 넘기지 못했다는 한계를 드러내고 있다(창 5:25–27). 성경은 이를 통해 모든 인간은 스스로의 의지나 노력으로는 아담의 원죄로부터 시작된 죽음의 권세를 극복할 수 없음을 암시한다.

❷ 아담을 비롯해서 노아 이전까지의 모든 인물들의 생애는 "죽었더라"라는 말로 끝을 맺고 있으며 이에 따른 "죽었더라"라는 표현도 8번이나 반복해서 기록된다. 이 또한 인간은 그 누구도 죽음의 운명을 피할 수 없다는 것을 시사한다. 그럼에도 유념할 것은 "죽었더라"와는 반대로 "낳았고", "낳았으며"라는 기록도 20번이나 반복되고 있으며 또한 창세기 5장의 마지막 절도 "낳았더라"로 마치고 있다는 것이다. 이것은 하나님께 택함받은 자의 삶은 죽음이 끝이 아니라 반드시 새로운 생명으

로 이어질 것을 시사한다. 이로써 사망의 권세를 깨뜨리고 죽음에서 부활하신 예수 그리스도를 통해서 얻게 될 영생을 바라보게 하는 것이다.

❸ 본 계보 중에서 가장 특이한 점은 7번째 인물로 등장하는 에녹에게만 유일하게 '죽었다'는 기록이 없다는 것이다(창 5:21-24). 또한 당시에는 모두가 천 년에 가까운 세월을 장수했음에도 불구하고 유독 에녹만이 그들의 절반도 되지 않는 365년이라는 짧은 인생을 살았다. 그럼에도 중요한 것은 그가 생의 절정기인 3백 년을 하나님과 동행하는 삶을 살았다는 것이다. 에녹은 하나님의 말씀에 따라 경건하게 살면서 타락한 시대에 물들지 않았고 세상의 완악함을 책망했던 자였으며(유 1:14-15) 살아생전에 믿음으로 하나님을 기쁘시게 함으로써 죽음을 맞지 않고 하늘로 올라간 최초의 인간으로 성경에 기록될 수 있었다(히 11:5). 에녹의 삶을 통해서 우리가 배울 것은 인간은 비록 죄로 인한 죽음을 피할 수는 없지만 그럼에도 오직 믿음으로 하나님을 기쁘시게 하는 자는 사망의 권세를 이길 수 있다는 소망을 갖게 한다.

❹ 창세기 5장의 계보는 하나님과 동행하는 자요 당대에 완전한 의인이었던(창 6:9) 노아와 그의 세 아들인 셈과 함과 야벳의 출생으로 마친다. 이것은 창세기 6장부터 이어질 하나님의 구속사가 노아와 세 아들을 중심으로 새롭게 다시 시작될 것임을 시사한다.

결론적으로 창세기 5장에서 아벨을 대신한 경건한 셋의 후손들의 계보를 집중 조명한 것은 비록 인간들이 하나님의 명령을 어긴 죄를 짓고 에덴동산에서 쫓겨났지만 택하신 자들을 구원하고자 하시는 하나님의 사랑과 은혜는 끊임없이 계속되고 있다는 것을 보여 주는 것이다. 이는 궁극적으로 하나님께 택함받은 자들을 통해서 이 땅에 오실 메시아 곧 우리 주 예수 그리스도의 계보를 보여 주고 있는 것이다.

| 난제 KEY POINT |

- 인간은 원래 에녹처럼 하나님을 경배하고 동행하는 삶을 살면서 죽음을 맞지 않고 영원히 살아가도록 지음받았다. 그러나 하나님의 말씀을 어김으로써 죄와 사망의 노예가 되어 버렸다. 그럼에도 하나님은 택한 자를 잊지 않으시고 인간들의 죄와 관계없이 주권적으로 구원의 역사를 성취해 나가신다.
- 본문의 계보를 통해 경건한 셋의 후손들을 조명한 것은 타락한 뱀의 후손으로 살아가는 가인의 계보(창 4:16-24)와 극명하게 대비하기 위함이다.
- 본 장에 기록된 10명의 족장들이 아담부터 노아까지 계보의 전부는 아니다. 아담과 하와에게는 가인과 아벨 외에도 여러 자손들이 있었다(창 4:14). 따라서 셋이 태어났을 때는 이미 셋의 형들과 누이들이 많이 있었고 셋 이후에는 동생들도 많이 태어났다(창 5:4). 그럼에도 성경의 계보는 그들을 대표해서 아담과 셋의 이름만을 기록한다.
- (창 5장, 10장), (마 1장), (눅3장) … 등 성경은 여러 곳에서 수많은 계보들을 소개하고 있지만 인물들을 의도적으로 누락시킨다. 그것은 성경이 단순히 인간의 계보를 기록함이 목적이 아니라 구속사의 중요한 인물들만을 선택해서 기록하고 있기 때문이다. 그러므로 창세기 5장의 계보를 근거로 계산해서 인류의 기원을 B.C. 4천 년경이라고 단정 지을 수는 없다.

020. 노아 홍수 이전의 사람들은 어떻게 천 년에 가까운 세월을 살 수 있었을까?

창세기 5장에 기록된 인류의 시조인 아담부터 노아까지의 계보를 살펴보면, 죽지 않고 365세에 승천했던 에녹을 제외한 나머지 9명 족장의 평균 나이는 912세가 넘는다. 성경에서 가장 장수한 사람으로 기록된 므두셀라는 969세를 살다가 죽었다(창 5:27). 이러한 성경의 기록들은 모두가 분명한 사실임에도 불구하고 오늘날 우리 인간들의 평균 수명이 70−100세임을 감안해 볼 때 천 년에 가까운 수명이란 사실상 납득하기도 어렵고 설명하는 것도 쉽지 않다. 그러나 성경에 기록된 모든 내용들은 오류가 있을 수 없는 완전한 진리라는 것을 우리는 믿고 있으며 이를 확신한다. 그렇다면 아담부터 노아에 이르는 사람들은 어떻게 천 년에 가까운 세월을 장수할 수가 있었을까?

그것은 노아 홍수 사건을 기준으로 살펴보아야 할 것 같다. 하나님께서 첫 사람 아담과 하와를 창조하시고 에덴동산을 인류 최초의 거주지로 허락하셨을 때는 인간에게 죽음이란 없었다. 인류 최초의 사람들은 인간이 살 수 있는 가장 아름답고 완전한 환경에서 살았기 때문이다. 그곳은 아픔과 눈물과 마음의 상처가 없는 곳이요 썩어질 질병이나 고난 같은 육체적 아픔도 없는 신령하고 복된 안식처였다.

그러나 아담이 하나님의 말씀을 어긴 죄로 인해 에덴에서 추방된 이후에는 인간에게 에덴과 같은 이상적인 안식처는 더 이상 주어지지 않았다. 그래서 아담은 먹고살기 위해 평생을 땀 흘려 수고하면서 많은 자녀들을 낳고 살다가 결국은 930세에 죽었다. 이것은 하나님께서 "선악을 알게 하는 나무의 열매는 먹지 말라 네가 먹는 날에는 반드시 죽으리라"(창 2:17)라고 하신 말씀의 결과이다.

죄의 결과로 인해서 인간이 살 수 있는 자연환경들도 함께 피폐해져 갔던 것이다(창 3:17-19). 심지어 노아 시대의 대홍수 사건 당시에는 대규모의 지각 변동과 함께 노아의 가족들 8명과 방주에 들어갔던 짐승들을 제외하고 지구상의 모든 생명체들은 다 죽었다. 이로 인해 자연환경은 파괴되었고, 모든 것이 열악한 조건 속에서 많은 질병들도 새롭게 생겨났을 것이며, 결국 지구의 환경은 인간이 살아가기에 홍수 이전 시대와는 비교할 수 없을 정도로 극도로 악화되었을 것이다.

그러므로 아담부터 노아까지 천수 가까이를 누리던 인간의 수명은 홍수 이후에는 줄어들 수밖에 없었을 것이다. 이와 관련해서 신학자 노먼 가이슬러는 성경의 자료들을 인용하여 노아 홍수 이후의 인간의 평균 수명은 900세에서(창 5장) 600세로(셈, 창 11:10-11) 이어서 400세로(셀라, 창 11:14-15) 그리고 200세로(르우, 창 11:20-21) 계속해서 점진적으로 감소되어 왔다고 밝힌다. 이후에 이스라엘의 출애굽을 인도했던 지도자 모세는 120세를 살았는데(신 34:7), 그는 "우리의 연수가 칠십이요 강건하면 팔십이라도 그 연수의 자랑은 수고와 슬픔뿐이요 신속히 가니 우리가 날아가나이다"(시 90:10)라고 하면서 모세의 시대인 B.C.1400년경 당시에 인간의 수명이 100세 이하였음을 증거하고 있다.

이로 미루어 볼 때 노아 당시에 인간들의 넘쳐 나는 죄악으로 인한 홍수 심판은(창 6:5-7) 자연 환경의 파괴와 함께 지구를 오염시켰고 이에 따라 그 이후에는 인간들의 생존 환경이 점점 더 어려워지고 피폐해져 갔다고 볼 수 있다. 그럼에도 불구하고 인간들은 세월이 흐를수록 점점 더 악해져 갔고 생존을 위한 정신적인 스트레스와 함께 육체적인 노화도 급격히 진행된 것으로 여겨진다. 결국 인류 역사상 최대의 재앙이었던 노아 시대의 홍수 사건은 인간의 죄로 인한 하나님의 심판이었으며 그것은 자연환경의 악화로 이어지면서 자연스럽게 인간의 수명을 단축시키는 결과를 초래했다고 볼 수 있다.

우리는 이를 통해서 인간 수명의 감소는 결국 인간의 죄와 직접적으로 관련이 있으며 아울러 죄의 결과가 인간의 삶에 얼마나 큰 악영향을 미치는지를 실감하게 된다. 결론적으로 성경의 지난 역사를 돌아볼 때 홍수 심판 이전의 아름답고 복된 환경에서 살았던 아담부터 노아 시대의 사람들은 충분히 천 년 가까이 장수하며 살아갈 수 있었음을 알 수 있다.

| 난제 KEY POINT |

- 홍수 심판 이후에 인간의 수명은 급격히 줄어들었다. 아담이 930세, 노아는 950세를 향수했지만 홍수 심판 이후에 아브라함은 175세(창 25:7), 요셉과 여호수아는 110세(창 50:26; 수 24:29), 다윗은 70세에 죽었다(삼하 5:4; 왕상 2:10-11). 의학이 발달한 오늘날의 평균 수명도 70~80세이다.
- 아담의 7대손 에녹은 3백 년을 하나님과 동행하며 살았다. 그는 당시의 평균 수명인 9백 세의 절반도 안 되는 365세에 죽지 않고 승천했다. 창세기 5장의 계보에서 에녹 승천 당시에 죽은 자는 아담뿐이다. 에녹 승천 당시는 아담 사후 57년

이며 노아 출생 69년 전이었다. 하나님은 다른 족장들이 에녹의 승천을 친히 목격하게 하시고 죽음을 이길 믿음과 소망을 간직하게 하셨을 것이다.

- 아담의 10대손이며 에녹의 증손자인 노아도 하나님과 동행하며 성결의 삶을 살았다(창 6:9). '노아'는 '안식'이라는 뜻으로서, 그는 진정 험난한 세상을 위로할 자로서 홍수 심판 후에는 인류의 새로운 조상이 되었다.

021. 창세기 6장 3절의 "그들의 날은 백이십 년이 되리라"라는 말씀은 무슨 뜻인가?

하나님께서 인간들에게 복을 주시며 "생육하고 번성하여 땅에 충만하라"(창 1:28)라고 하신 명령대로 인간들이 땅 위에 급속히 번성하기 시작하면서 인간들의 죄악도 함께 세상에 넘쳐 나기 시작했다. 이에 대해 성경은 "여호와께서 사람의 죄악이 세상에 가득함과 그의 마음으로 생각하는 모든 계획이 항상 악할 뿐임을 보시고 땅 위에 사람 지으셨음을 한탄하사 마음에 근심하시고"(창 6:5–6)라고 말한다. 세상 만물 중에서 유일하게 하나님의 형상대로 창조된 인간들의 넘쳐 나는 패악은 하나님의 마음마저 찢고 비통하게 만들었던 것이다.

게다가 거룩했던 하나님의 아들들마저 육신과 안목의 정욕에 빠지면서 타락의 늪으로 빠지기 시작했다. "사람이 땅 위에 번성하기 시작할 때에 그들에게서 딸들이 나니 하나님의 아들들이 사람의 딸들의 아름다움을 보고 자기들이 좋아하는 모든 여자를 아내로 삼는지라"(창 6:1–2). 여기서 "하나님의 아들들"은 하나님께서 택하신 경건한 셋의 후손들을 가리키며 "사람의 딸들"은 타락한 가인의 후손들을 의미한다. 하나님은 가인이 죽인 아벨(인류 최초의 순교자)을 대신하여 셋을 택하시고(창 4:25) 그의 후손들을 통해서 인류의 구속을 위한 메시아를 보내시고자 특별히 계획하셨다. 그러나 안타깝게도 선택받아 구별된 그들마저도 눈에 보이는 육체의 아름다움을 쫓아서 가인의 후손들과 하나 됨으로 인해 결국 온 세상이 죄악으로 물들고 만 것이다.

성경은 당시의 죄악상을 가리켜서 "그때에 온 땅이 하나님 앞에 부패하여 포악함이 땅에 가득한지라"(창 6:11)라고 증거한다. 이것은 음란과 살인과 폭력이 넘쳐 나는 무법천지의 상태에서 인간들의 부패와 타락이 극에 달했음을 의미한다. 급기야 하나님은 "나의 영이 영원히 사람과 함께 하지 아니하리니 이는 그들이 육신이 됨이라 그러나 그들의 날은 백이십 년이 되리라"(창 6:3)라고 말씀하시며 땅 위에 사람을 지으심을 한탄하사 온 인류를 홍수로 심판하시기로 결정하셨다(창 6:7, 17).

그렇다면 여기에서 "그들의 날은 백이십 년이 되리라"라는 말씀은 무엇을 의미할까? 과연 120년이라는 기한은 어떤 뜻을 담고 있을까? 이 말씀은 두 가지 의미로 나누어 볼 수 있다.

❶ 하나님께서 패악한 인류에 대한 홍수 심판을 120년 뒤에 집행하시겠다는 경고의 메시지로서, 인류를 심판할 날이 120년 남았다는 것으로 해석할 수 있다. 노아에게 이 기간은 구원의 방주를 제작할 수 있는 시간이요, 죄악 된 인간들에게는 회개할 수 있는 충분한 기회를 허락하신 하나님의 특별한 사랑과 인내의 기간이다(벧전 3:20). 이는 곧 하나님께서 죄로 가득한 세상을 즉각적으로 심판하지 않으시고 회개를 통해서 죽음을 면할 수 있는 마지막 기회를 허락하신 은혜요 하나님의 집행 유예 기간이라고 볼 수 있다.

❷ 노아 시대의 홍수 심판 이후에 인간들의 수명이 120년으로 줄어

들 것을 의미한다. 실제로 대홍수 이전에는 천 년에 가깝던 인간의 수명이 홍수가 끝난 이후에 급격히 줄어들면서 아브라함 이후의 족장 시대에는 200세 이하로 줄어들었다. 120세를 살았던 모세도 당시의 수명이 70~80세였다고 기록한다(시 90:10). 이것은 오늘날 우리의 수명과도 거의 비슷하다. 따라서 노아 홍수 심판 이후에 오늘에 이르기까지 인간의 수명이 세월이 흐름에 따라 점진적으로 감소되어 온 것은 사실이다.

그러나 홍수 이후에도 노아는 350년을 더 살다가 950세에 죽었으며(창 9:28-29), 믿음의 조상 아브라함은 175세를 살았고(창 25:7), 이삭은 180세(창 35:28), 야곱은 147세(창 47:28)를 살았던 점을 고려할 때, 홍수 심판 이후에 인간의 수명이 120년으로 줄어들었다는 견해는 다소 무리가 있다. 오히려 창세기의 기록에서 홍수 사건 이후에 120년 이상을 살지 못한 사람이 110세에 죽은 요셉뿐임을 감안할 때(창 50:26) "그들의 날은 백이십 년이 되리라"라는 말씀의 의미는 ❷항보다는 ❶항의 견해가 본문에 더 적합하다고 볼 수 있다.

| 난제 KEY POINT |

- **홍수 심판 이후에 인간의 수명은 감소되면서 아브라함의 손자 야곱 이후에 가장 장수한 사람은 아론이며 123세를 살았고(민 33:39) 모세가 120세(신 34:7), 요셉과 여호수아가 각각 110세를 살았다(창 50:26; 수 24:29).**
- **홍수 심판의 동기는 경건한 후손들의 타락이며(창 6:2) 홍수 심판의 결정적 이유는 세상에 넘쳐 나는 죄악이다(창 6:3, 5). 대홍수 사건은 하나님의 최후 심판의 예표이며 동시에 메시아를 통한 구원의 의미를 계시한다.**
- **창세기 4장은 동생 아벨을 죽인 가인과 그 후손들의 타락한 세상 문명의 확산을 기록하고 있으며 이와는 반대로 창세기 5장에서는 하나님께서 택하신 거룩한 셋**

의 후손들의 계보를 기록한다. 그러나 안타깝게도 창세기 6장에서는 두 계열이 섞이면서 구별은 없어지고 죄악으로 하나가 되었다.

022. 하나님도 사람들처럼 한탄하시며 마음에 근심하시는가?

하나님은 당신의 형상대로 인간을 창조하셨으나 그렇게 지음받은 인간들의 죄악은 어느새 세상에 가득하게 되었고, 드디어 회복 불가능한 상태가 되자 더 이상 견딜 수가 없으셨다. 인간들의 끝없는 타락으로 인해 비통한 하나님의 마음은 다음 요절에서도 잘 나타난다. "여호와께서 사람의 죄악이 세상에 가득함과 그의 마음으로 생각하는 모든 계획이 항상 악할 뿐임을 보시고 땅위에 사람 지으셨음을 한탄하사 마음에 근심하시고"(창 6:5–6).

여기서 '한탄하다'(히브리어 '나함')는 '신음하다' 또는 '후회하다'라는 뜻이다. 이것은 극에 달한 인간의 죄로 인해 하나님께서 비탄에 잠겨 탄식하시면서 인간을 지으신 것을 후회하고 계심을 의미한다. 그래서 하나님은 "내가 창조한 사람을 내가 지면에서 쓸어버리되 사람으로부터 가축과 기는 것과 공중의 새까지 그리하리니 이는 내가 그것들을 지었음을 한탄함이니라"(창 6:7)라고 하시며 홍수 심판을 통해서 노아의 가족들 8명을 제외한 모든 인류를 이 땅에서 멸망시키고자 결정하셨다(창 6:17–18).

그렇다면 하나님은 왜 인간을 지으신 것을 비통해하시며 후회하셨을까? 전지전능하신 하나님은 인간들이 타락할 것을 미리 다 알고 계셨을

텐데 마치 전혀 모르고 계셨던 것처럼 왜 그토록 한탄하시며 근심 하셨을까? 우주 만물을 말씀으로 창조하신 절대자 하나님은 사람이 아니시므로 거짓말을 하지 않으시고 인생이 아니시니 후회가 없으신 분이신데(민 23:19) 왜 인간을 지으신 것을 후회하셨을까? 절대자 하나님께서 후회하실 일을 왜 하셨을까?

그렇다. 절대자이신 하나님은 당연히 모든 인간의 역사를 다 알고 계신다. 이스라엘의 지존자는 거짓이나 변개함이 없으시므로(삼상 15:29) 신실하신 하나님과 그분의 거룩하신 뜻은 어떠한 상황이나 조건 속에서도 영원히 변하지 않으신다(말 3:6). 따라서 우주 만물 모든 피조물들의 창조주이신 하나님께서 한탄하시거나 후회하실 일은 전혀 없는 것이다. 그렇다면 성경에서 하나님께서 한탄하시고 근심하셨다는 것은 과연 무엇을 의미하는 것일까?

그것은 인간의 죄에 대한 하나님의 마음을 모든 사람들이 이해할 수 있도록 사람의 감정으로 의인화해서 표현한 것이다. 그러므로 하나님께서 사람을 지으신 것을 한탄하셨다는 표현은 우리 인간들처럼 실제로 하나님께서 한탄하시거나 후회하셨다는 것이 아니다. 이는 단지 창세기의 저자인 모세가 당신의 형상대로 창조된 인간들의 죄를 보시고 비통해하실 하나님의 아픔을 사람들이 깨닫고 알기 쉽도록 사람의 감정으로 표현하고 있는 것이다. 모세는 그렇게 비통함으로 아파하시는 하나님의 마음을 "땅 위에 사람 지으셨음을 한탄하사 마음에 근심하시고"라고 표현함으로서, 이를 통해 인간들의 죄를 바라보는 하나님의 고통이 얼마나 큰지를, 동시에 인간 구원을 위한 하나님의 사랑이 얼마나 위대한지를 독자들에게 증거하고자 한 것이다.

하루하루 천지를 창조하실 때마다 "보시기에 좋았더라"라고 하셨고, 당신의 형상과 모양대로 인간을 창조하신 후에는 "보시기에 심히 좋았더라"라고 감탄하시며 완벽한 창조의 완성을 기뻐하셨던 하나님이셨다. 그렇게 인간들과 충만한 기쁨과 사랑으로 교제하며 경배받으시길 원하셨던 것이다. 그러나 하나님과의 거룩한 교제를 위해서 특별히 선택되었던 셋의 후손들마저도 죄에 빠져서 하나님을 버리고 타락한 세상과 하나가 되어 버렸다.

그래서 본서의 저자인 모세는 그토록 사랑했던 인간들에게 배신당하고 그들을 홍수로 심판할 수밖에 없었던 절박했던 하나님의 마음을 한탄과 근심으로 표현할 수밖에 없었던 것이다. "… 땅 위에 사람 지으셨음을 한탄하사 마음에 근심하시고… 이는 내가 그것들을 지었음을 한탄함이니라"(창 6:6-7). 결국 하나님의 한탄하심은 인간의 죄에 대한 하나님의 반응을 우리가 보다 쉽게 이해할 수 있도록 의인화해서 표현되고 있는 것이다.

| 난제 KEY POINT |

- 성경에는 하나님께서 후회하신 일이 두 가지 기록된다. 첫째는 땅 위에 사람을 지으셨음과(창 6:6) 두 번째는 사울을 왕으로 세우신 것이다(삼상 15:11, 35). 이 모두는 우리들이 이해하기 쉽도록 의인화한 신인동형적(神人同形的) 표현이다(anthropomorphism).
- 인간의 죄로 인해 가축과 새와 곤충 같은 다른 피조물들도 홍수 심판을 당했다. 그것은 모든 피조물들이 인간을 위해서 창조되었으나 인간들이 그런 피조물들을 우상으로 섬겼기 때문이다. 피조물들이 창조된 원래의 목적을 상실한 것이다. 따라서 하나님을 배역하고 피조 세계를 바르게 다스리지 못한 인간들의 죄는 다른 피조물들까지도 심판받게 만든 것이다.

023. 노아의 방주 속에 어떻게 그 많은 동물들이 다 들어갈 수가 있었나?

하나님은 죄악에 빠진 인류를 홍수로 심판하시기 위해 노아에게 방주를 만들 것을 명령하시면서 "너는 고페르 나무로 너를 위하여 방주를 만들되 그 안에 칸들을 막고 역청을 그 안팎에 칠하라 네가 만들 방주는 이러하니 그 길이는 삼백 규빗 너비는 오십 규빗 높이는 삼십 규빗이라"(창 6:14-15)라고 말씀하셨다.

방주의 재료인 '고페르 나무'는 구약 성경에서 본문에만 단 한 번 기록된 명칭으로서, 어떤 나무인지 정확히 알려진 바는 없지만 방주 제작을 위한 가장 좋은 재료로서 방수성이 뛰어난 단단한 재질이었을 것이다. 이전의 개역 한글 성경은 이를 '잣나무'라고 번역하고 있다.

'방주'(히브리어 '테바')란 오늘날과 같은 유선형 모양의 배가 아니라 직사각형 모양의 상자를 의미한다. 이것은 태어난 지 석 달 된 어린 모세를 실어 보냈던 갈대 상자처럼(출 2:3) 바다를 항해할 수는 없지만 물 위에 떠 있기에는 적합한 모양이었다. 방주의 안팎으로는 송진 성분을 지닌 역청을 칠해서 배 안에 물이 새어 들어올 수 없도록 방수 처리를 했다. 이를 보면 노아의 방주는 엔진이나 돛이 없어 항해를 할 수 없으며, 또한 물 위에서 방향을 조절할 수 있는 키도 없었으니 단순히 물에만 뜰

수 있도록 만든 원시적인 배에 불과했다.

반면에 방주의 크기는 길이가 삼백 규빗(약 137m) 폭이 오십 규빗(약 23m) 높이는 삼십 규빗(약 14m)으로서 현대식 축구장의 길이(국제규격: 105m)와 비교할 때 약 1/3가량이 더 길며, 이는 오늘날과 비교할 때도 대형 선박에 해당되는 크기이다. 그럼에도 이를 두고 많은 사람들은 어떻게 그 정도의 기능과 크기로 세상의 그 많은 짐승들을 방주에 다 실을 수 있었는지에 대해 많은 의문을 가진다. 그렇다면 노아의 방주에는 어떻게 해서 그 많은 세상의 모든 동물들이 쌍쌍이 들어갈 수 있었을까? 과연 그것이 가능했을까?

이 문제를 풀기 위해서는 우선 방주의 실제적인 모습과 구조를 살펴볼 필요가 있다. 방주는 지붕에 창이 하나가 있고 사람과 짐승들이 방주에 탈 수 있는 문도 옆으로 하나가 있으며 방주 내부의 각 층은 상 · 중 · 하로 나누어져서 칸칸이 구별된 3층의 구조로 제작되었다(창 6:16). 이렇게 각 층마다 많은 격실들로 구별한 것은 적재 면적을 3배로 증가시켜서 다양한 동물들이 서로 질서 있게 머무를 수 있는 가장 효율적인 공간을 만들기 위해서였을 것이다.

창조 과학자인 헨리 모리스는 이 정도의 크기와 구조라면 적재량 14,000톤 이상의 화물을 실을 수 있으므로, 양의 경우에는 125,000마리 이상을 적재할 수 있는 규모라고 주장한다. 이와 관련해서 오늘날 지구상에 살고 있는 동물 중에는 포유류가 3,500여 종, 조류는 8,600여 종, 파충류와 양서류가 5천여 종으로서 이를 모두 합하면 17,000종 이상이며 이러한 모든 동물들을 각각 쌍으로 계산할 때 약 35,000마리가 될 것이라고 추정한다(카리스 주석 참조).

그러므로 노아의 식구들이 짐승들과 함께 홍수 기간 동안 1년 이상 먹을 수 있는 식량들까지 포함해서 모든 것을 적재한다고 해도 방주에는 그것보다 두 배 이상의 화물을 더 실을 수 있는 충분한 여유 공간이 확보가 되는 것이다. 더구나 노아의 방주에는 세상의 모든 짐승들을 다 실었던 것이 아니었다. 고래나 물고기처럼 바다에서 생존하는 동물들은 방주에 실을 필요도 없었으며 새들은 공중에 매달린 별도의 공간에 머물렀으므로 적재 공간을 차지할 필요가 없었다. 더욱이 체격이 큰 코끼리나 기린 같은 대형 동물들은 새끼나 어린 것들로 선별해 적재함으로서 방주의 공간을 충분히 효율적으로 활용할 수 있었을 것이다.

그렇게 해서 방주에는 노아의 가족들을 포함해서 하나님께서 명령하신 모든 짐승들을 다 태우고도 남는 충분한 공간의 확보가 가능했던 것이다. 노아의 방주에는 비록 오늘날의 현대식 배처럼 첨단 엔진이나 고성능 항법장치는 없었지만 노아를 포함한 8명의 가족들은 오직 하나님만을 의지했기에 1년이 넘는 긴 시간동안 방주에 머물며 견딜 수가 있었다. 이 모든 것이 구원선을 직접 설계해 주신 하나님의 놀라우신 은혜요 노아와 가족들이 오직 하나님의 명령대로 120년이라는 긴 세월동안 방주를 만든 순종의 결과였다.

| 난제 KEY POINT |

- '규빗'은 히브리인들의 길이 측정 단위이며 한 규빗은 성인의 팔꿈치로부터 가운데 손가락(중지)까지 길이로서 약 45.6㎝이다.
- 지붕의 '창'(초하르)과 옆의 '문'(페타흐)은 모두 단수형으로 하나밖에 없음을 의미한다. 노아와 가족들은 하늘을 향한 창이 하나이기에 고개를 들면 오직 하나님만을

바랐을 것이다. 방주의 출입문도 하나임은 구원에 이르는 길은 오직 하나, 곧 유일하신 예수 그리스도밖에 없음을 암시한다(벧전 3:20-22).

- 방주가 직사각형의 긴 상자 모양으로 된 것은 거친 파도 위에서 떠 있기에 가장 안전한 구조였기 때문이다. 방주는 길이가 폭의 약 6배이며 높이의 약 10배되는 구조이다. 정말 놀라운 사실은 과학이 발달한 오늘날에도 대형 선박을 만들 때 노아의 방주와 같은 동일 비율을 적용하고 있다는 것이다.
- 오늘날 한국 해군의 최대 함정인 대형 수송함 '독도함'(LPH:Landing Platform Helicoptor)은 길이 199m, 폭 31m, 배수량 14000t으로서, 승무원 330명 외에 전투병력 7백 명과 전투 헬기와 탱크 같은 다양한 무기들을 탑재 가능하다. 이는 방주보다 다소 크지만 현대식 대형 선박들은 배 하부에 엔진을 가동하는 기관실이 큰 공간을 차지하는 반면에 방주에는 엔진실이 없고 모든 공간이 오직 적재를 위한 구조이므로 결국 노아의 방주는 오늘날 초대형 군함이나 상선과 비교해도 적재 효율면에서는 전혀 손색이 없는 것이다.

024. 노아의 방주에는 모든 짐승들이 암수 한 쌍씩 들어갔는가? 아니면 암수 일곱씩 들어갔는가?

하나님은 노아에게 방주를 만들 것을 명령하시면서 "혈육 있는 모든 생물을 너는 각기 암수 한 쌍씩 방주로 이끌어 들여 너와 함께 생명을 보존하게 하되 새가 그 종류대로 가축이 그 종류대로 땅에 기는 모든 것이 그 종류대로 각기 둘씩 네게로 나아오리니 그 생명을 보존하게 하라"(창 6:19–20)라고 하셨다. 홍수 심판으로부터 노아의 가족들을 구원해 주시고 동시에 세상의 모든 생물들의 생명을 보존해야 할 책임도 함께 맡겨 주신 것이다.

그리고 120년이 지나서 홍수가 있기 7일 전에 노아가 방주 건조를 완성하자(창 7:4) 하나님은 다시 노아에게 "너는 모든 정결한 짐승은 암수 일곱씩 부정한 것은 암수 둘씩을 네게로 데려오며 공중의 새도 암수 일곱씩을 데려와 그 씨를 온 지면에 유전하게 하라"(창 7:2–3)라고 말씀하셨다. 여기에서 창세기 6장과 7장에 기록된 두 본문은 마치 방주에 짐승들을 실을 기준이 서로가 다른 것처럼 분명한 차이점을 드러낸다.

하나님은 120년 전에, 즉 방주를 만들기 전에는 짐승들의 정결과 부정을 구별하지 않으시고 모두 한 쌍씩 방주에 실으라고 하셨는데, 방주가 완성된 후에는 정결한 짐승은 7쌍씩 그리고 부정한 짐승은 1쌍씩을 구별해서 방주에 실으라고 하신 것이다. 단순히 문자적으로만 볼 때는 두 본문의 말씀은 서로 모순되는 내용처럼 보인다. 그렇다면 노아의 방주에는 짐승들을 몇 쌍씩 실었을까? 과연 창세기 6장 19–20절과 7장 2–3절의 말씀 중 어느 것이 옳은 것일까?

이를 알기 위해서는 우선 하나님께서 노아에게 말씀하신 두 명령의 시간적인 차이를 살펴볼 필요가 있다. 창세기 6장 19–20절은 홍수 심판이 있기 120년 전인 방주를 만들기 전에 내려진 명령으로서 혈육 있는 생물들을 보존하기 위해서는 모두를 암수 한 쌍씩 방주로 이끌어 들여야 한다는 포괄적이고 근본적인 명령이었다.

반면에 창세기 7장 2–3절은 120년이 지나서 방주가 완성된 후에 내려진 하나님의 두 번째 명령으로서, 홍수 심판이 일어나기 7일 전의 긴박한 상황에서 세부적으로 주어진(창 7:4) 추가적인 지시이다. 이때는 첫 번째 명령과는 달리 정결한 짐승은 7쌍을 방주에 실으라고 하셨는데, 그렇게 명령하신 이유는 홍수 이후에 명백히 드러난다.

홍수 심판이 끝나고 방주 밖으로 나온 노아가 제일 먼저 한 행동은 "노아가 여호와께 제단을 쌓고 모든 정결한 짐승과 모든 정결한 새 중에서 제물을 취하여 번제로 제단에 드렸더니"(창 8:20)라는 말씀대로 하나님께 제단을 쌓고 번제를 드린 것이다. 바로 이때 노아가 하나님께 드렸던 제물이 바로 정결한 짐승과 정결한 새였던 것이다. 결국 부정한 짐승들과 새들은 희생 제사의 제물로 드려질 수가 없었으므로 당연히 한 쌍이면 충분했지만 홍수 이후에 제사의 제물로 드려져야 할 정결한 짐승들은 한 쌍만으로는 부족할 수밖에 없었던 것이다.

만약에 노아가 정결한 짐승과 새를 한 쌍씩만 취해서 방주로 들였다면 이후에 그 짐승들은 번제의 제물로 드려짐으로써 이미 노아 당시에 멸종되고 말았을 것이다. 또한 희생 제물로 드려진 정결한 짐승들이 주로 초식 동물이었으며 부정한 짐승들은 대부분이 육식 동물이었음을 감안한다면, 홍수 심판 후의 동물들의 생태계 보존을 위해서라도 정결한 초식 동물들의 수가 더 많이 필요했을 것이다. 육식 동물들이 채식 동물들을 먹이로 삼았을 것이기 때문이다. 이러한 여러 가지 이유들로 인해 노아는 하나님의 명령에 따라 정결한 짐승을 부정한 짐승보다 7배 더 많이 방주에 실어야만 했다.

그러므로 창세기 6장 19-20절과 7장 2-3절은 서로 모순된 다른 내용이 아님을 알 수 있다. 결국은 노아의 방주에 실어야 할 동물들의 수를 창세기 6장보다는 7장에서 더 명확히 구별하여 기록하고 있는 것이다. 따라서 창세기 6장에서는 모든 생물을 쌍쌍이 보존하시려는 하나님의 마음을 담고 있으며, 7장에서는 7쌍의 정결한 짐승을 통해서 하나님을 경배하는 거룩한 예배의 의미를 강조하고 있는 것이다.

| 난제 KEY POINT |

- 인간 창조 후 채식만을 허락하셨던 하나님은(창 1:29) 홍수 심판 이후에 양식을 구할 수 없던 노아와 가족들을 위해 처음으로 육식을 허락하셔서(창 9:3) 살아남은 8명의 인간들이 번성할 수 있도록 은혜를 베푸셨다.
- 노아 당시에는 모세의 율법이 있기 이전이므로 정결한 짐승과 부정한 짐승을 구분할 제도화된 기준은 없었지만, 하나님은 이미 인간들에게 정결한 짐승을 통한 제사의 방법을 가르쳐 주셨다. 이에 따라 아벨은 정결한 어린양의 제물로 제사를 드렸으며(창 4:4), 노아도 홍수 심판 이후에 정결한 희생 제물을 취해 하나님께

번제로 드린 것이다(창 8:20). 성경에서 '제단'(미즈베아흐)과 '번제'(올라)라는 용어가 사용된 것은 노아 시대가 처음이다(창 8:20). 또한 '언약'(베리트)이라는 용어도 성경 최초로 노아에게 적용되었다(창 6:18).

- '배'는 한자어로 '船'(선)이며 이 글자는 舟(배) + 八(여덟) + 口(식구) = '船'(선)이 된다. 이것은 노아의 방주에 8명의 식구들이 들어갔음을 표현한다(C. H. Kang & E. R. Nelson, 『한자에 담긴 창세기의발견』 참조).

025. 홍수 심판의 시작과 끝까지 모든 일정과 내용

하나님은 세상에 가득한 인간들의 죄를 징계하시기 위해 노아에게 홍수로 심판하실 것을 말씀하시고 방주를 만들라고 명령하셨다(창 6:13-16). 이때가 홍수 심판이 있기 120년 전이었다(창 6:3). 노아가 하나님의 명령대로 길이가 삼백 규빗이며(약 137m), 폭이 오십 규빗이요(약 23m), 높이가 삼십 규빗(약 14m)이나 되는 어마어마한 규모의 배를(창 6:15) 120년이라는 긴 세월에 걸쳐서 오직 8명의 식구들만으로 만들 수 있었던 것은 전적인 하나님의 은혜였다.

방주 제작이 완료되자 당시 600살의 늙은 노인이었던 노아는 2월 10일에 일곱 식구들과 함께 모든 생물들을 쌍쌍이 싣고 방주 안으로 들어갔다(창 7:7). 노아가 방주에 들어가서 7일 동안 하나님의 명령대로 모든 준비를 끝내자 드디어 2월 17일에 깊은 바다와 땅 속의 샘들이 터지고 동시에 하늘의 창문들이 열리면서 폭포수 같은 비가 40일 동안 쏟아지기 시작했다(창 7:10-12). 바다에서는 해일이 일어나 땅이 범람하면서 동시에 땅에서도 끊임없는 물의 분출과 함께 하늘에서까지 쏟아붓는 물의 재앙은 온 세상의 가장 높은 산까지도 물에 다 잠기면서 사라지게 만들었다. 하늘과 땅과 바다가 하나가 되어 온 세상을 물로 덮어 버린 것이다.

그러나 온 세상에 물이 넘쳐 날수록 오직 방주만이 하늘을 향해 더 높이 떠올랐으며, 방주에 타고 있던 생명체들을 제외하고 땅 위에서 생명의 기운이 있는 것은 하나도 남김없이 모두가 멸종을 당했다(창 7:21–23). 하나님의 홍수 심판으로 인간의 죄악이 완전히 물속으로 잠긴 뒤에야 비로소 쉬지 않고 쏟아졌던 비는 40일 만인 3월 26일에 멈췄다(한 달을 30일로 계산함). 그럼에도 홍수로 인한 물은 150일 동안이나 온 땅을 뒤덮고 있었다. "물이 백오십 일을 땅에 넘쳤더라"(창 7:24).

노아가 600살이던 2월 17일에 시작된 홍수가 150일이 지나서야 비로소 물이 빠지기 시작했고, 노아의 방주는 7월 17일에 아라랏 산에 머물 수가 있었다. 홍수가 시작된 지 다섯 달이 지난 시점이었다. 그 후로도 물은 썰물처럼 계속해서 줄어들었으며 드디어 10월 1일에 노아는 방주의 창을 통해서 여러 산들의 봉우리를 볼 수 있었다(창 8:3–5). 그것은 모두가 바다의 섬 같은 모습들이었다.

그리고 물이 더 빠지면서 다시 40일이 지난 11월 11일에 노아는 바깥 세상의 상태를 확인하기 위해 방주의 창문을 열었고 까마귀를 날려 보냈다. 그러나 땅위의 동물들의 시체를 먹이로 하는 까마귀는 방주 주위를 맴돌기만 할 뿐 다시는 노아에게 돌아오지 않았다. 노아는 까마귀에 이어 7일 뒤에 비둘기를 날려 보냈고, 아직 땅에 물이 마르지 않아 머물 곳이 없던 비둘기는 방주로 다시 돌아왔다. 노아가 다시 7일 뒤인 11월 25일에 두 번째 비둘기를 보냈을 때는 감람나무 새 잎사귀를 물고 돌아왔다(창 8:7–11). 홍수 이후에 땅의 물이 거의 빠져 가면서 새로운 잎사귀가 돋아나기 시작했던 것이다. 그리고 노아는 또다시 7일을 기다리면서 12월 2일에 세 번째 비둘기를 보냈으나 비둘기는 방주로 다시 돌아오지 않았다(창 8:12). 이것은 습기가 많은 곳에 둥지를 틀지 않는 비둘기의 특성을 고려할 때 육지의 물이 거의 다 빠짐으로써 비둘기가 자기 보금자리를 찾았다는 것을 의미한다.

마침내 노아가 601세가 되던 날, 그 첫날인 1월 1일에 방주 뚜껑을 열고 보았을 때 땅위의 물은 다 걷혀 있었다(창 8:13). 홍수가 온 땅을 덮기 시작한 지 313일이 지나서야 땅의 물이 모두 다 걷힌 것이다. 그럼에도 노아는 서두르지 않았다. 하나님의 명령에 따라 방주에 들어갔던 것처럼(창 7:1) 방주에서 나올 때에도 하나님의 음성을 들을 때까지 기다렸다. 이후로도 두 달 가까운 시간이 더 지난 2월 27일에야 땅이 완전히 마르고 홍수 심판 이전의 모습으로 회복되었다.

그러자 노아는 비로소 하나님의 음성을 들을 수 있었다. "너는 네 아내와 네 아들들과 네 며느리들과 함께 방주에서 나오고 너와 함께 한 모든 혈육 있는 생물 곧 새와 가축과 땅에 기는 모든 것을 다 이끌어내라 이것들이 땅에서 생육하고 땅에서 번성하리라"(창 8:16-17). 하나님의 명령에 따라서 드디어 노아는 가족들과 함께 모든 동물들을 이끌고 방주에서 나올 수 있었다(창 8:18-19). 결과적으로 노아와 식구 8명은 방주에 들어갔던 600년(노아의 나이) 2월 10일부터 방주에서 나오게 된 601년 2월 27일까지 1년 이상을(만 1년 17일) 방주에서 생활했던 것이다. 인간의 넘쳐 나는 죄악을 지우기 위한 하나님의 홍수 심판은 그렇게 막을 내렸다.

| 난제 KEY POINT |

- 홍수 심판으로 비가 주야로 쏟아진 기간은 40일이며(창 7:12, 17) 이로 인해서 온 세상이 물에 잠겨 있었던 기간은 홍수 기간 40일을 포함한 150일이다(창 7:24; 8:3). 이후부터 물은 계속해서 줄어들기 시작했다.

- 노아는 480세부터 120년 동안 방주를 만들었으며 홍수가 시작된 날은 노아가 600세 되던 해 2월 17일이었다(창 7:11). 이는 성경에서 구체적인 날짜를 밝힌 최초의 기록이다. 홍수 사건의 날짜들을 이렇게 하나하나 상세히 밝히고 있는 것은 하나님의 홍수 심판이 실제로 있었던 분명한 역사적 사건임을 확증하는 것이다.

- 하나님은 이미 에녹에게 심판이 있을 것을 알려 주셨다(유 1:14-15). 에녹의 아들은 므두셀라로 969세를 살았으며 그는 성경에서 가장 장수했던 사람이다(창 5:27). 므두셀라가 죽은 1656년은 홍수가 임했던 바로 그 해였다.

- 노아가 비둘기를 계속해서 7일 간격으로 보낸 것은 그가 안식일을 준수했기 때문으로 추정된다. 썩은 시체를 먹으며 살아가는 까마귀는 부패한 세속의 영을 상징하며, 반면에 방주로 다시 돌아온 비둘기는 타락한 세상과 적응하지 못하고 방주(예수 그리스도를 예표)로 돌아와 안식을 누리는 경건한 성도들을 상징하기도 한다.

026. 하나님은 홍수 심판에서 왜 노아와 그의 가족들만을 살려 주셨나?

하나님은 죄악으로 가득 찬 온 인류를 홍수로 멸하시기로 작정하시고 노아에게 말씀하셨다. "내가 홍수를 땅에 일으켜 무릇 생명의 기운이 있는 모든 육체를 천하에서 멸절하리니 땅에 있는 것들이 다 죽으리라 그러나 너와는 내가 내 언약을 세우리니 너는 네 아들들과 네 아내와 네 며느리들과 함께 그 방주로 들어가고"(창 6:17-18). 홍수로 인해 멸망당할 모든 인간들 중에서 오직 노아와 그 가족들만을 구원해 주시겠다고 약속하신 것이다.

노아 시대의 홍수 심판은 거룩하신 하나님 앞에서는 모든 인간들이 죄인이며 죽을 수밖에 없는 존재임을 보여 준 사건이다. 선악과를 먹지 말라는 하나님의 명령을 어기고 죄를 범한 아담의 후손들로서 모든 인간이 죄인이라면(롬 3:10) 노아 역시도 거기서 예외일 수는 없다. 그럼에도 하나님은 노아와 가족들 8명만은 예외적으로 심판을 면하게 해 주셨다. 과연 그 이유가 무엇일까?

이와 관련해서 창세기 6장 9절은 "노아는 의인이요 당대에 완전한 자라 그는 하나님과 동행하였으며"라고 기록한다. 이것은 노아가 정직하고 순결하며 거룩한 삶을 살아가는 자로서 믿음 안에서 의인이었음을 증거하는 것이다. 그렇다면 노아가 의인이며 당대에 완전한 자였기 때문에 하나님께서 특별히 노아와 그 가족들에게만 홍수 심판을 면하게 해 주신 것인가? 그렇지 않다. 하나님은 단순히 노아가 당대에 완전한 자이며 하나님과 동행했기 때문에 그 가정을 살려 주신 것이 아니다.

노아 시대에는 인간의 타락과 부패가 극에 달해 있었다. 성경은 당시의 죄악상을 창세기 6장 11–12절에서 온 땅이 '부패했다'는 표현을 세 번이나 반복하면서 강조하고 있다. 예수님을 제외하고는 완전한 사람이 있을 수 없듯이 노아 역시 그렇지 못했음에도 성경은 그를 "당대에 완전한 자"라고 기록한다. 여기서 "당대에"(히브리어 '베도로타유')는 노아가 살았던 당시의 그 시대를 의미한다. 그러므로 "당대에 완전한 자"라는 뜻은 노아 역시 동시대의 극심한 타락에 비해서 상대적으로 완전한 자일 뿐 노아가 무죄한 사람이 아님을 나타낸다. 인간은 모두가 죄로 인해서 전적으로 타락한 자들이요 의인은 단 한 명도 없기 때문이다(롬 3:10; 5:12).

그러므로 하나님께서 노아를 택하시고 그의 가정을 구원해 주신 것은 그에게 무슨 자격이나 공로가 있어서가 아니라 하나님의 주권적인 선택이요 은혜일 뿐이다. 이를 증거하듯이 창세기 6장 8절에서 "그러나 노아는 여호와께 은혜를 입었더라"라는 말씀대로 노아가 어둠 가운데서도 하나님의 은혜를 입음으로써 빛의 삶을 살아갈 수 있었음을 강조한다. 따라서 노아는 하나님께 은혜를 입었기 때문에 그렇게 타락한 시대 가운데서도 의인의 삶을 살 수 있었던 것이며, 하나님의 은혜를 입었기 때문에 하나님과 동행하는 자로서 인정받을 수 있었던 것이다.

이처럼 노아가 여호와께 은혜를 입은 것은 하나님께서 패악한 세상을 홍수로 심판하기에 앞서 장차 새로운 구원의 역사를 이끌어 갈 자로 특별히 노아를 택하셨기 때문이다. 하나님은 홍수 심판을 통해서 세상을 멸망시키고자 하심이 아니요, 오히려 죄로 가득한 세상을 노아를 통해서 다시 회복시키고자 하셨던 것이다. 그래서 노아는 인류의 새로운 미래를 위한 유일한 희망이 될 수 있었고 아울러 구원의 씨앗이 될 수 있었던 것이다. 이것은 하나님의 주권적 선택이요 무조건적 은혜의 선물이다.

궁극적으로 홍수를 통해서 죄악 된 세상을 심판하고자 하신 것은 하나님이 택하신 노아의 후손을 통해서 온 인류를 구원할 메시아를 이 땅에 보내고자 하신 것이다. 이는 정말로 놀라우신 하나님의 계시적 사건이다. 따라서 하나님께서 홍수 심판 가운데서 노아의 가족들만을 살려주신 것은 단순히 8명만을 구원하시기 위한 은혜가 아니었다. 오늘날 노아의 경건한 후손들인 우리 성도들도 오직 예수 그리스도의 복음을 믿음으로써 구원을 얻게 하시려는 하나님의 끝없는 사랑의 시작이었던 것이다.

| 난제 KEY POINT |

- 노아는 의인이며 당대에 완전한 자요 에녹처럼 하나님과 동행하는 자였다(창 6:9). 그러나 에녹은 죽지 않고서 승천했고(창 5:24) 노아는 950세를 살다가 죽었다(창 9:29). 방주에서 나온 노아는 포도주를 마시고 취해서 벌거벗는 추태를 보였고, 이로 인해 손자 가나안을 저주하는 잘못을 범하기도 했다(창 9:20-27).
- 당대에 완전한 자였던 노아처럼 동방 사람들 중에 가장 훌륭했던 욥도 의인이었다(욥 1:3). 하나님은 욥에 대해서도 "온전하고 정직하여 하나님을 경외하며 악에서 떠난 자"라고 칭찬하셨다(욥 1:8). 그러나 그토록 선했던 욥 역시도 하나님께 책망을 받은 후에야 자신도 죄인에 불과하다는 것을 깨닫게 되었다(욥 42:5-6).

- 노아 시대의 방주는 궁극적으로 예수 그리스도 안에서 구원받을 것을 상징한다. 노아의 방주에는 문이 하나밖에 없듯이 구원에도 길은 하나 오직 예수 그리스도밖에 없다. 방주는 대홍수로부터 노아와 그 가족 8명만을 구원했지만 예수 그리스도는 하나님의 심판으로부터 만민을 구원해 주셨다.

027. 홍수 심판 후에 하나님께서 무지개를 두고서 맺으신 언약의 의미는 무엇인가?

창세기 9장 8-17절은 하나님께서 홍수 심판에서 구원받고 방주에서 나온 노아 및 그 가족들과 맺은 언약을 기록하고 있다. 하나님은 노아와 그의 아들들에게 "내가 너희와 언약을 세우리니 다시는 모든 생물을 홍수로 멸하지 아니할 것이라 땅을 멸할 홍수가 다시 있지 아니하리라 하나님이 이르시되 내가 나와 너희와 및 너희와 함께 하는 모든 생물 사이에 대대로 영원히 세우는 언약의 증거는 이것이니라 내가 내 무지개를 구름 속에 두었나니 이것이 나와 세상 사이의 언약의 증거니라"(창 9:11-13)라고 하시며 다시는 인간과 땅의 모든 생물들을 홍수로 멸하지 않겠다고 약속하셨다.

그리고 하나님은 "무지개가 구름 사이에 있으리니 내가 보고 나 하나님과 모든 육체를 가진 땅의 모든 생물 사이의 영원한 언약을 기억하리라"(창 9:16)라고 말씀하셨다. 이것은 노아와 그 후손들뿐만 아니라 방주에서 나온 모든 짐승들에게도 동일하게 적용되는 언약으로서(창 9:9-11), 하나님은 이 약속을 반드시 지키시겠다는 증표로 하늘의 구름 속에 무지개를 보여 주셨다. 그렇다면 하나님은 왜 하필 하늘의 무지개를 언약의 증표로 삼으셨을까?

그것은 노아와 그의 가족들이 홍수 심판의 충격으로 인해서 물에 대한 큰 두려움에 사로잡혔기 때문이다. 이는 곧 물에 대한 트라우마(trauma)를 의미한다. 홍수 심판 속에서 노아와 가족들이 살아남은 것은 분명한 하나님의 은혜요 축복임에는 틀림이 없다. 그럼에도 그들이 방주에 있었던 1년이 넘는 기간은 사실상 축복이라기보다는 저주에 가까웠을 것이다.

지구 전체를 삼켜 버린 무시무시한 물의 재앙 속에서 가장 먼저 닥친 실제적 고난은 자신 한 사람의 몸도 가눌 수 없을 정도로 밀어 닥치는 엄청난 파도와의 싸움이었다. 방주 밖에서는 한치 앞도 볼 수 없을 정도로 40일 동안이나 하늘과 땅에서 폭포수처럼 물을 쏟아붓고 있었고 방주 안에서는 사람뿐만 아니라 짐승들까지도 견디기 어려운 고통을 겪으며 파도가 잠잠해지기만을 기다릴 수밖에 없었다.

더구나 노아와 가족들이 엔진이나 키도 없이 그냥 물 위에서, 정처 없이 표류하는 방주 안에서, 그 어둡고 밀폐된 공간 속에서 먹을 식량도 충분하지 못하고 마실 물마저도 제한된 상태였다. 그렇게 1년이 넘는 기간 동안을 하루하루를 견디며 인내할 수밖에 없었으며 온갖 냄새나는 수많은 짐승들을 돌보면서 방주에서 함께 먹고 자고 생활한다는 것은 실로 인간 인내의 한계를 넘나드는 일이었을 것이다.

노아의 가족들이 서로를 의지하고 격려하면서 함께 생활하는 동물들을 참된 사랑으로 보살피지 않았다면 방주 속의 열악한 환경은 차라리 죽음보다 더 큰 고통의 시간이었을 것이다. 그런 극한 환경 속에서 1년 이상을 견뎌 낸 노아와 가족들은 홍수가 모두 끝나고 땅의 물이 모두 마르자 드디어 방주에서 나올 수 있었다(창 8:18-19). 지구상에서 자신들만이 살아 있다는 것을 믿기는 어려웠지만 모든 것이 하나님의 은혜인 줄을 알았기에, 노아는 땅을 밟으면서 가장 먼저 제단을 쌓고 하나님께 번제를 드려 경배했다(창 8:20).

그러나 홍수 후의 세상은 동서남북으로 퍼져 있는 온갖 생물들의 시체들로 가득한 황량함뿐이었다. 홍수 이전에 각종 열매와 곡식들과 다양한 채소들로 가득했던 그 아름답고 풍요로웠던 모습들은 모두 사라지고 온 땅이 폐허가 된 것이다. 이제는 아무런 희망도 없어 보였다. 게다가 노아와 가족들은 홍수로 인한 지울 수 없는 상처로 인해 비가 내리거나 물을 생각만 해도 두려움에 떨어야 했다. 극적으로 살아남은 8명의 가족들이었지만 오히려 물의 근원인 작은 구름만 있어도 홍수가 또다시 엄습해 올 것만 같은 두려움을 피할 수가 없었다.

이렇게 물로 인한 불안과 공포로 떨고 있던 노아와 그 식구들을 향해 하나님은 '다시는'이라는 말씀을 세 번씩이나 반복하시면서(창 9:11, 15) 다시는 물로 인한 홍수 심판이 없을 것을 확실하게 약속해 주셨다. 하나님의 그 약속의 증표가 바로 구름 속의 무지개였던 것이다. 이제부터는 비를 몰고 올 구름이 더 이상 노아와 식구들의 공포의 대상이 아니라 오히려 구름 속의 아름다운 일곱 빛깔 무지개를 바라보면서 언약의 하나님을 기억하고 위로와 평강을 누리는 은혜의 표징으로 바뀐 것이다. 이 날 이후부터 무지개는 하늘과 땅을 이어주는 하나님의 용서와 사랑의 상징이 되었다.

인간들은 이후부터 아무리 큰 비가 내려도 구름 속에서 솟아날 무지개를 기대하면서 다시는 물로 인한 인류의 멸망이 없을 것이라는 확신과 믿음을 간직하게 되었다. 노아와 가족들은 이런 무지개 언약의 믿음을 통해서 홍수의 두려움을 이기고 하나님만을 경배하면서 인류의 새로운 역사를 다시 시작할 수 있었다.

| 난제 KEY POINT |

- 창세기 9장 8-17절은 홍수로 세상이 멸망당한 이후에 하나님께서 노아를 통해 인류의 구원을 위한 새로운 역사를 시작하기 위해 맺은 언약이라 해서 '노아 언약'이라고도 하며 아울러 무지개를 증표로 한 언약이기에 '무지개 언약'이라고도 부른다. 이는 인간들의 의사와는 관계없이 하나님의 절대적인 주권에 의한 사랑과 은혜의 언약이다. 그래서 창세기 9장 8-17절에는 거의 매 절마다 "내가"라는 단어를 8번이나 반복해서 강조하고 있다.

- 무지개는 대기 중의 높은 습도와 강한 햇빛이 있을 때 태양이 있는 반대쪽 하늘에 나타나는 현상이다. 공기 중의 수많은 물방울들이 햇빛을 만나서 빛이 굴절되고 반사되면서 나타나는 일곱 빛깔의 스펙트럼 현상이다.

- 트라우마(trauma)란 전쟁이나 화재, 대형 사고 또는 신체적 폭력 등의 피해를 당한 뒤에 그 충격으로 인해 발생하는 심리적 반응이다. 때로는 피해자에게 정신적으로 영구적인 상처를 남기기도 한다. 시간이 지나면 신체적 상처는 아물게 되지만 정신적 충격은 계속 남아 있어 외상 후 스트레스 장애라고도 불린다.

028. 왜 아버지 함 때문에 아들인 가나안이 저주를 받아야 했나?

창세기 9장 18-29절은 대홍수 심판 이후에 인류의 새로운 시조인 노아와 그의 세 아들(셈, 함, 야벳)에 관한 이야기를 기록한다. 이것은 인류가 온 땅으로 다시 번성하기를 시작하면서 노아의 생애 후반기에 발생했던 수치스러운 사건이다. 사건의 발단은 어느 날 노아가 포도주에 취하면서 시작된다. "노아가 농사를 시작하여 포도나무를 심었더니 포도주를 마시고 취하여 그 장막 안에서 벌거벗은지라"(창 9:20-21). 노아는 자신이 재배한 포도주를 마시고 만취한 상태에서 옷을 벗어던지며 알몸이 되었다.

여기서 "취하여"(히브리어 '샤카르')는 몸을 가누지 못할 정도로 술에 만취된 상태를 의미한다. 비록 자신의 장막 안에서 일어난 일이었지만 당대의 의인이요 완전한 자였던 노아(창 6:9)가 술에 취해서 이성을 잃어버린 것이다. 그는 벌거벗었고 하체를 드러내며 추태를 보였다. 이것은 마치 아담이 선악과를 먹었을 때처럼 하나님 앞에서 수치를 드러낸 죄인의 모습을 보여 준다(창 3:10).

제일 먼저 이 수치스러운 현장을 발견한 함(가나안의 아버지)은 인사불성이 된 아버지의 모습을 보고 형제들에게 알렸다. "가나안의 아버지 함이 그의 아버지의 하체를 보고 밖으로 나가서 그의 두 형제에게 알리매"(창

9:22). 여기서 "알리매"(히브리어 '나가드')는 마치 고발하듯 신나게 떠벌리고 다녔음을 의미한다. 함은 아버지의 벌거벗은 수치를 가려 주기보다는 오히려 두 형제들에게 아버지의 잘못을 고자질하며 흉을 보았던 것이다.

반면에 평소에 아버지를 공경했던 다른 두 아들(셈과 야벳)은 달랐다. 그들은 옷을 가지고 뒷걸음쳐 들어가서 아버지의 하체를 보지 않고 덮어 드렸다. 최대한의 예의를 갖추고 아버지의 수치를 가려 드린 것이다. 술에서 깨어나 이를 알게 된 노아는 함이 아니라 그의 아들인 가나안을 저주하고 셈과 야벳에게는 축복을 선포했다. "가나안은 저주를 받아 그의 형제의 종들의 종이 되기를 원하노라… 셈의 하나님 여호와를 찬송하리로다 … 하나님이 야벳을 창대하게 하사 셈의 장막에 거하게 하시고…"(창 9:25-27).

여기서 가나안이 저주받은 "종들의 종"이란 '가장 비천한 종'을 의미하는 최상급의 표현이다. 그렇다면 노아는 당사자인 함을 대신해서 왜 그의 아들인 가나안을 저주했을까? 또한 술에 취해서 추태를 보인 자신의 실수를 통해서 발생한 일로 인해 손자를 저주한 것이 과연 올바른 행동이었을까? 노아는 왜 손자인 가나안을 저주했을까?

물론 노아는 하나님 앞에서 큰 실수를 저질렀다. 그리고 노아가 가나안을 저주한 것도 마치 개인의 분노처럼 보일 수 있다. 그러나 이것은 단순한 저주가 아니라 자손들에 대해 선포된 노아의 예언이었다. 함에게는 가나안 외에도 구스, 미스라임, 붓이라는 다른 아들들도 있었다(창 10:6). 그럼에도 네 아들 중에서 유독 가나안만이 노아에게 저주를 받은 것은 이후에 가나안의 후손들이 음란과 우상으로 가득 찬 팔레스타인 가나안 족속들의 조상이 될 것이기 때문이다.

따라서 노아의 저주는 함의 아들인 가나안의 악한 본성이 앞으로 그의 후손들에게 이어질 것을 예언하고 있는 것이다. 노아의 예언은 향후 여호수아 시대에 가나안 족속들이 이스라엘(셈족)에게 정복을 당해 비천한 노예가 되고(수 9:23), 남은 자들 또한 솔로몬 왕 시대에 노예가 됨으로써 성취되었다(왕상 9:20-21). 그러므로 노아가 잘못을 저지른 아들 함을 대신하여 손자인 가나안을 저주한 것은 함을 징계하지 않은 것이 아니라 오히려 그의 아들까지도 저주에 포함시킴으로써 함의 정죄를 확대하고 있는 것이다. 아버지 함은 자신의 잘못 때문에 아들 가나안이 저주를 받음으로써 정작 함 자신이 받게 될 그 이상의 징벌을 받게 된 셈이다.

이를 볼 때 노아의 저주의 참목적은 함의 악의와 잘못을 징계하고자 함이 아니라 그의 아들인 가나안이 저주를 받았다는 것을 강조하기 위한 것이라고 볼 수 있다. 이에 대해 신학자 메튜 헨리는 창세기의 저자인 모세가 이를 통해서 앞으로 이스라엘이 출애굽 한 이후에 정복해야 할 약속의 땅이 곧 가나안 땅이며 그들의 조상은 이미 오래 전에 노아에게 저주를 받았던 가나안의 후손들이라는 것을 밝히면서 이스라엘 백성들에게 승리의 희망을 주고 있다고 주장한다.

| 난제 KEY POINT |

- 성경에서 가나안은 뱀(창 3:14)과 가인(창 4:11)에 이어 세 번째로 저주를 받았다. 노아의 저주는 사람이 사람을 저주한 최초의 사례이다. 아버지의 잘못과 수치를 드러내어 더욱 부끄럽게 만든 함의 행동은 노아를 통해서 인류의 새 역사를 시작하시려는 하나님의 뜻을 멸시한 것으로써 저주받기에 마땅한 죄악이었다.

029. 바벨탑 사건 이전에는 온 세상에 언어가 하나였는가?

홍수 심판 이후에 노아와 그 가족들 8명만이 살아남았던 인류는 하나님의 은혜로 인해 노아의 세 아들인 셈과 함과 야벳을 통해서 세상의 수많은 민족들로 다시 번성하게 된다(창 10장). 이들은 야벳의 자손 14족속(2-5절)과 함의 자손 30족속(6-20절) 그리고 셈의 자손 26족속(21-31절)으로서 모두 합해 70족속들이 각각의 언어와 종족에 따라 흩어져 살면서 나라를 이루었다.

야벳과 함과 셈의 후손들이 여러 나라 백성으로 나뉘어져서 각기 자신들의 언어와 종족대로 살아갔다는 것은(창 10:5, 20, 31) 이들이 세상 곳곳으로 흩어져서 각자의 방언을 사용하면서 살았다는 것을 의미한다. 그러나 이에 반해 창세기 11장 1절에서는 "온 땅의 언어가 하나요 말이 하나였더라"라고 말한다. 그래서 한 족속이면서 언어도 하나인 인간들이 두 번 다시는 물로 심판하지 않겠다는 하나님의 약속을 믿지 못하고 "또 말하되 자, 성읍과 탑을 건설하여 그 탑 꼭대기를 하늘에 닿게 하여 우리 이름을 내고 온 지면에 흩어짐을 면하자"(창 11:4)라고 하면서 다시 있을지도 모를 하나님의 심판에 대비해서 바벨탑을 쌓기 시작했다. 배역한 인간들이 하나님 없이도 살아갈 수 있다는 착각에 빠진 것이다.

인간들이 또다시 하나님을 불신하고 배반하자 성경은 "여호와께서 이르시되 이 무리가 한 족속이요 언어도 하나이므로 이같이 시작하였으니 이 후로는 그 하고자 하는 일을 막을 수 없으리로다 자, 우리가 내려가서 거기서 그들의 언어를 혼잡하게 하여 그들이 서로 알아듣지 못하게 하자 하시고 여호와께서 거기서 그들을 온 지면에 흩으셨으므로 그들이 그 도시를 건설하기를 그쳤더라"(창 11:6-8)라고 기록한다. 하나님께서 인간들의 언어를 혼란하게 만드셔서 서로가 알아듣지 못하게 해서 흩으심으로 스스로 영화롭게 되고자 했던 인간들의 교만함을 막으신 것이다(창 11:6-8).

그렇다면 바벨탑 사건 당시에 인간들의 언어가 하나였다면(창 11:1) 이전에 야벳과 함과 셈의 후손들이 여러 나라로 나뉘어져서 각각의 언어를 사용하며 살아갔다는 기록과는(창 10:5, 20, 31) 서로가 대립되는 내용처럼 보인다. 과연 바벨탑 사건 이전에는 언어가 하나였는가, 아니면 다양한 언어를 사용하고 있었는가?

이와 관련해 창세기 10장에서는 야벳과 함과 셈의 후손들이 각각의 언어에 따라 나라별로 흩어져 살았다고 기록한다(창 10:5, 20, 31). 이것은 각 나라별로 각자의 방언을 사용했다는 것을 의미한다. 그럼에도 분명한 것은 노아의 세 아들 모두는 아버지 노아가 사용하던 동일한 한 언어를 배웠고 이를 사용했다는 것이다. 홍수 심판으로 모든 인류가 멸망한 이후에 유일하게 방주에서 살아남은 노아와 가족들 8명은 동일한 한 언어와 문화 속에서 살아간 것이 확실하기 때문이다.

이것은 노아의 아들 셈과 함과 야벳의 후손들이 흩어져 살면서도 일정한 기간 동안은 조상으로부터 물려받은 하나의 언어를 사용하면서 각자의 문화를 형성해 나갔다는 것을 예측하게 한다. 그러다가 세월이 흐르면서 종족의 기질과 특성대로 오늘날처럼 방언과 같은 사투리를 사용하기도 했을 것이다. 따라서 노아의 후손들이 번성하면서 각각의 언어와 종족과 나라대로 살았다는 것은 모두가 하나의 고유 언어를 사용하면서도 각 종족별 나라별로 각자의 환경과 형편에 맞게 방언을 사용했다는 것을 의미한다. 이것은 오늘날 우리가 한국어라는 한 언어를 사용하면서도 충청도, 강원도, 전라도, 경상도, 제주도, 등의 지방별로 다양한 방언을 사용하고 있는 것과 같은 이치이다.

그러므로 한 가지 고유 언어를 통해서 파생된 다양한 방언들은 다른 족속들과의 의사소통에 있어서도 오늘날처럼 전혀 문제가 되지 않았을 것이다. 즉 바벨탑 사건 당시에 "온 땅의 언어가 하나요 말이 하나였더라"(창 11:1)라는 말씀은 바벨탑 사건 당시와 마찬가지로 셈과 함과 야벳의 후손들이 번성해 나갔던 당시에도 고유 언어가 하나였음을 증거하는 것이라고 볼 수 있다.

결국 성경에서 바벨탑 사건 이전에 세상에 다양한 언어(방언)가 있었다는 기록(창 10:5, 20, 31)과 언어가 하나였다는(창 11:1) 두 기록은 서로가 내용상에 있어서 전혀 모순이 되지 않음을 알 수 있다. 이처럼 바벨탑 사건으로 세상에 언어가 혼잡하게 되기 이전까지는 노아의 세 아들을 중심으로 세상의 언어가 온 땅에 하나로 통일되어 있었던 것이다. 이것은 온 인류의 언어가 첫 사람인 아담과 하와로부터 시작되었으며 또한 홍수 이후에도 노아를 통해서 한 언어로 세상에 전해졌다는 것을 말해주는 것이다.

| 난제 KEY POINT |

- 창세기 10장 1절은 노아의 세 아들을 연장자인 셈, 함, 야벳 순으로 기록하는 데 반해 70족속의 순서는 야벳(10:2), 함(10:6), 셈(10:21) 순의 역으로 기록한다. 이것은 하나님이 택하신 거룩한 셈의 후손을 10장의 가장 마지막 단락에 소개함으로써 11장에서 다시 셈부터 아브람으로 이어지는 족보(창 11:10-26)와 연결시키기 위한 것으로 볼 수 있다. 향후 하나님의 구속사는 셈의 후손인 아브라함을 통해서 전개될 것이기 때문이다.

- 노아 홍수 이후에 바벨탑 사건으로 인간들의 언어가 혼잡해지기 전까지 인간들이 한 가지 언어를 사용했다는 것은 그들의 생각과 문화가 일치되고 사상과 종교가 하나 되는 일에 결정적 영향을 끼쳤을 것이다.

- 노아의 세 아들로부터 생겨난 민족은 70족속이다. '70'이란 완전함과 충만함을 나타내는 상징적인 수이다. 이것은 하나님께서 노아의 세 아들을 통해 인류가 온 땅으로 번성케 하셨음을 시사한다.

- 성경에서 70과 관련된 수는 훗날 애굽으로 내려간 야곱의 자손들이 70명이었고(창 46:27) 출애굽 한 이스라엘 백성들의 대표가 70장로였으며(출 24:1, 9; 민 11:24) 이스라엘 백성들이 광야에서 70그루의 종려나무가 있는 엘림 물가에 장막을 쳤고(출 15:27), 예수님은 70명의 제자들을 세우시고 이들을 파송하셨다(눅 10:1).

- 일부 학자들은 창세기 10장과 11장의 시대 순서를 바꾸어 해석하기도 한다. 11장의 바벨탑 사건을 10장의 70족속들이 생겨나기 이전의 일로 보는 것이다. 즉 한 족속이요 한 언어를 쓰던 자들이 바벨탑 사건으로 인해 언어가 혼잡해지면서 세상 각지로 흩어져서 다양한 언어를 사용하는 70민족이 된 것으로 해석하기도 한다.

030. 데라가 아브라함을 낳은 때의 나이는 70세였나, 130세였나?

창세기 11장 10-26절에는 셈의 후손들의 계보가 기록되어 있는데, 특별히 노아의 세 아들 중에서 셈에게 초점을 맞추어 "셈의 족보는 이러하니라 셈은 백 세 곧 홍수 후 이 년에 아르박삿을 낳았고"로 시작하면서 "데라는 70세에 아브람과 나홀과 하란을 낳았더라"로 마친다. 이처럼 본 계보가 셈에서부터 아브람까지 10대를 기록하면서 마치고 있는 것은 믿음의 조상이요 동시에 히브리 민족의 조상인 아브람을 통해서 다시 시작될 하나님의 구속사를 증거하기 위한 것이다.

그런데 본 계보를 참조하면 아브람의 아버지 데라는 70세에 아브람을 낳았고(창 11:26) 하란에서 205세에 죽었으므로(창 11:32) 아브람은 아버지가 사망한 이후에 하란을 떠난 것이다(창 12:1-4). 이와 관련해 신약 시대(초대 교회) 최초의 순교자였던 스데반 집사는 "아브라함이 갈대아 사람의 땅을 떠나 하란에 거하다가 그의 아버지가 죽으매 하나님이 그를 거기서 너희 지금 사는 이 땅으로 옮기셨느니라"(행 7:4)라고 변증하면서 아브람이 아버지 데라가 죽은 이후에 하란을 떠났음을 뒷받침하고 있다.

그리고 창세기 12장 4절은 "이에 아브람이 여호와의 말씀을 따라갔고 롯도 그와 함께 갔으며 아브람이 하란을 떠날 때에 칠십오 세였더라"

라고 기록되어 있다. 이에 따르면 아버지인 데라가 205세에 죽고(창 11:32) 아브람이 하란을 떠날 때의 나이가 75세였으므로 데라가 아브람을 낳을 때의 나이는 70세가 아니라 130세가 되어야 한다. 그렇지 않고 문자대로(창 11:26) 데라가 70세에 아브람을 낳고 205세에 죽었다면, 아브람이 하란을 떠날 때의 나이는 75세가 아니라 135세가 되어야 한다. 그것도 아니라면 데라가 70세에 아브람을 낳고 아브람이 75세에 하란을 떠났으므로 데라가 죽은 나이도 205세가 아니라 145세가 되어야 한다.

그렇다면 창세기 11장 26절과 11장 32절과 12장 4절의 세 본문 중에서 어디가 잘못 기록된 것일까? 결론부터 말하자면 세 본문 모두 잘못 기록된 곳은 없다. 단지 해석상의 작은 차이가 있을 뿐이다. 창세기 11:26은 "데라는 칠십 세에 아브람과 나홀과 하란을 낳았더라"라고 했다. 이 말은 데라가 70세에 아브람을 낳았다는 말이 아니다. 이를 문자적으로 그대로 해석하면 데라가 70세에 세 쌍둥이를 낳은 것이 되므로, 이것은 전혀 맞지 않는 해석이다. 따라서 이것은 데라가 70세가 되어서야 아들을 낳기 시작했다는 뜻이 된다. 이는 마치 "노아는 오백 세 된 후에 셈과 함과 야벳을 낳았더라"(창 5:32)라는 말씀처럼 노아가 오백 세 이후부터 세 아들을 낳았다는 의미인 것과 같은 맥락으로 해석되어져야 한다는 것이다.

성경에서 자녀들의 이름을 기록할 때에는 통상 맏아들부터 태어난 순서대로 기록하는 것이 일반적인 관례이지만 여기서는 그렇지가 않다. "데라는 칠십 세에 아브람과 나홀과 하란을 낳았더라"라는 것은 하란이 막내아들이라는 뜻이 아니다. 창세기는 데라의 세 아들 중에서 가장 먼저 하란의 삶을 말한다. "하란은 롯을 낳았으며 하란은 그 아비 데라보다 먼저 고향 갈대아인의 우르에서 죽었더라""(창 11:27하–28). 이것은 하란이 롯(아브라함의 조카)을 낳고 고향인 우르에서 아버지 데라보다 먼저 죽었다는 것을 의미한다. 아울러 하란의 형제인 나홀이 하란의 딸인 밀가(조카 딸)와 결혼한 것으로 보아(창 11:29) 세 아들 중에서 하란이 맏아들이었으며 아브람은 막내아들이었을 가능성이 가장 크다고 할 것이다.

그럼에도 데라의 세 아들 중에서 역으로 아브람의 이름을 가장 먼저 기록한 것은 하나님의 구속사적인 관점에서 기록을 했기 때문으로 보아야 한다. 이는 아브람이 향후에 인류 구원을 위한 축복의 통로요 믿음의 조상이 될 중요한 인물임을 강조하기 위한 것으로 볼 수 있다. 신약의 히브리서도 오직 믿음만으로 약속의 땅을 향했던 아브라함의 순종과 담대함을 증거한다. "믿음으로 아브라함은 부르심을 받았을 때에 순종하여 장래의 유업으로 받을 땅에 나아갈새 갈 바를 알지 못하고 나아갔으며"(히 11:8).

이를 종합해 보면 데라가 70세에 아브람을 낳은 것이 아니라 70세부터 하란을 낳기 시작해서 130세에 아브람을 낳았던 것이다. 그리고 아버지 데라가 205세에 하란에서 죽은 이후에 75세가 된 아브람은 오직 하나님의 말씀에 의지해서 가나안 땅으로 나아갔던 것이다.

| 난제 KEY POINT |

- **셈의 계보는 홍수 심판 이후로부터 믿음의 조상 아브라함에 이르는 중요한 연결고리 역할을 하면서 하나님의 비밀스런 계획이 이 계보를 통해서 성취될 것임을 암시한다. 하나님의 비밀스런 계획이란 바로 아담으로부터 셋과 노아와 그리고 셈에서 아브라함으로 이어지는 선택된 계보를 통해서 이 땅에 메시아를 보내고자 하신 것이다.**

- 아브라함의 조상들은 대부분이 30세를 전후해서 아들들을 낳았다(창 11:12-24). 그러나 아브라함의 아버지인 데라는 70세가 되어서야 자녀들을 낳았다. 아브라함도 100세에 가서야 비로소 이삭을 낳았고 아들 이삭도 40세에 결혼해서 20년이 지난 60세가 되어서야 야곱과 에서 두 쌍둥이를 낳았다(창 25:20, 26). 아브람의 아버지 데라 때부터 집안에 후손들이 매우 귀했음을 알 수 있다.

- 일부 학자들은 성경의 문자대로 데라가 아브람을 70세에 낳았고 205세에 죽었다고 해석한다. 그렇다면 아브람이 75세에 하란을 떠날 때 아버지 데라는 145세로서 살아 있었으며 아들 아브람이 가나안 땅으로 떠난 후에도 하란에서 60년을 더 살다가 죽은 것이 된다. 그래서 사도행전 7장 4절에서 스데반이 아버지 데라가 죽은 후에 아브라함이 하란을 떠났다고 말한 것은 데라가 실제로 죽은 것이 아니라 그가 하란에서도 우상을 섬기고 있었기 때문에 영적으로 죽은 자로 표현한 것이라고 지나치게 무리한 주장을 펼친다.

031. 아브라함의 고향은 갈대아 우르인가, 하란인가?

데라에게는 아브람과 나홀과 하란이라는 세 아들이 있었지만(창 11:26) 안타깝게도 그중에서 한 아들은 아버지보다 먼저 세상을 떠났다. 성경은 이에 대해 "하란은 그 아비 데라보다 먼저 고향 갈대아인의 우르에서 죽었더라"(창 11:28)라고 말한다. 이것은 하란이 고향에서 죽었다는 것과 더불어 아브라함의 고향이 갈대아 우르였다는 것을 밝혀 준다.

갈대아는 티그리스 강과 유브라데 강의 하류 지역에 위치한 곳으로서 그곳의 대표적인 성읍이 우르였다. 이곳은 비옥한 땅으로서 문명이 발달한 상업과 종교의 중심지였으며 우상 숭배가 넘쳐 나던 곳이었다. 가나안 정복의 지도자 여호수아는 "옛적에 너희의 조상들 곧 아브라함의 아버지, 나홀의 아버지 데라가 강 저쪽에 거주하여 다른 신들을 섬겼으나"(수 24:2하)라고 하면서 아브라함의 아버지 데라가 이전에 갈대아 우르에서 우상을 섬기던 자였다고 증거한다.

그런데 창세기 12장 1절에서는 하나님께서 당시에 이미 우상의 소굴인 갈대아 우르를 떠나서 하란에 살고 있던 아브라함에게 "너는 너의 고향과 친척과 아버지의 집을 떠나 내가 네게 보여 줄 땅으로 가라"라고 하시면서 마치 아브람의 고향이 하란인 것처럼 말씀하셨다. 또한 아브라함은 하란을 떠난 지 약 65년 뒤에(140세 때) 아들 이삭(당시 40세)을 결혼 시키기 위해 그의 늙은 종을 하란으로 보낼 때에도 "내 고향 내 족속에게로 가서 내 아들 이삭을 위하여 아내를 택하라"(창 24:4)라고 하면서 자신의 고향이 하란이라고 말하고 있다.

그렇다면 아브라함의 고향은 갈대아 우르인가? 아니면 하란인가? 이와 관련해서 창세기 11장 28절은 아브라함의 형 하란이 아버지 데라보다 먼저 고향인 갈대아 우르에서 죽었음을 통해 아브라함 일가의 고향이 갈대아 우르임을 분명히 밝혀 주고 있다. 아울러 신약 성경에는 공회에 붙잡힌 스데반이 연설하면서 "우리 조상 아브라함이 하란에 있기 전 메소보다미아에 있을 때에 영광의 하나님이 그에게 보여 이르시되 네 고향과 친척을 떠나 내가 네게 보일 땅으로 가라 하시니 아브라함이 갈대아 사람의 땅을 떠나 하란에 거하다가 그의 아버지가 죽으매 하나님이 그를 거기서 너희 지금 사는 이 땅으로 옮기셨느니라"(행 7:2-4)라고 변증했다. 스데반의 이 말씀은 아브라함의 고향이 갈대아 우르이며 이곳에서 고향과 친척을 떠나 가나안 땅으로 가라는 하나님의 음성을 처음으로 들었고 그래서 아브라함은 그 말씀에 따라 아버지와 가족들과 함께 하란으로 이주했다는 것을 증거하는 것이다(창 11:31).

이후에 아버지 데라가 죽자 하나님은 다시 아브라함에게 "너는 너의 고향과 친척과 아버지의 집을 떠나 내가 네게 보여줄 땅으로 가라(창 12:1)"라고 하시며 아브라함을 가나안 땅으로 인도 하셨다는 것이다. 결론적으로 아브라함은 하나님께서 지시하신 가나안 땅으로 가기 위해서 고향인 갈대아 우르를 출발했으며 가나안 여정 중에 중간 기착지인 하란에 머무르게 되었던 것이다.

창세기 12장 5절은 아브라함의 가족들이 하란에서 머무는 동안에 가축들이 증식되면서 재산이 많이 늘었고 이를 돌보는 일꾼들과 그 가족들도 많이 증가되었음을 보여 준다. 이것은 가족들이 하란에 도착해서 아버지 데라가 죽기 전까지 그곳에서 수십 년을 머물렀다는 것을 의미한다. 아브라함의 가족들은 고향이었던 갈대아 우르를 떠나서 하란에서 오랜 세월을 머물면서 많은 정이 들었을 것이다. 더구나 아브라함이 아버지 데라를 땅에 묻고 나서 75세에 이곳을 떠나기까지의 삶은 그에게는 잊지 못할 시간들이었을 것이다.

그래서 아브라함은 이후에 세월이 지나 아들 이삭을 결혼 시킬 때에도 하란에 있는 친척들을 생각하면서 "내 고향 내 족속에게로 가서 내 아들 이삭을 위하여 아내를 택하라"(창 24:4)라고 했을 정도로 아브라함에게는 하란이 제2의 고향이었던 것이다. 따라서 아브라함이 태어난 고향은 갈대아 우르이며 가나안으로 가는 중간 기착지였던 하란은 아버지 데라를 따라 이주해서 가나안으로 떠날 때까지 오랜 세월을 정들며 살았던 마음의 고향이었던 것이다.

| 난제 KEY POINT |

- **아브라함의 아버지 데라가 갈대아 우르를 떠나 하란으로 간 이유는 성경에 기록되지 않는다. 하란은 갈대아 우르에서 서북쪽으로 약 970㎞떨어진 곳으로서 갈대아 우르처럼 우상을 섬기던 유명한 도시였다. 우상을 섬겼던 아버지 데라(수 24:2)가 고향을 떠나 하란으로 간 것은 아브라함이 하나님께 받은 소명이 크게 작용했을 것이다.**

032. 하나님께서 아브라함과 맺으신 최초의 언약과 그 의미는 무엇인가?

창세기 11장의 바벨탑 사건은 패악함이 극에 달했던 인간이 하나님의 권위에 정면으로 도전했다가 심판을 받았던 용서받지 못할 죄악이었다. 그럼에도 하나님은 인간들을 구원하기 위해서 특별히 한 사람을 택하시고 부르셔서 그를 통한 인류 구원의 역사를 이루어 가고자 하셨다. 그렇게 구별된 자가 바로 믿음의 조상인 아브라함이다. 이전에도 온 인류의 죄악 때문에 홍수로 심판하실 때 노아를 택하셨던 것처럼, 하나님은 바벨탑 사건 이후에도 또다시 주권적으로 아브라함을 택하신 것이다.

하나님은 그런 아브라함에게 "너는 너의 고향과 친척과 아버지의 집을 떠나 내가 네게 보여 줄 땅으로 가라 내가 너로 큰 민족을 이루고 네게 복을 주어 네 이름을 창대하게 하리니 너는 복이 될지라 너를 축복하는 자에게는 내가 복을 내리고 너를 저주하는 자에게는 내가 저주하리니 땅의 모든 족속이 너로 말미암아 복을 얻을 것이라"(창 12:1-3)라고 말씀하셨다. 이것은 하나님께서 아브라함과 맺은 최초의 언약으로서 '땅'과 '큰 민족'과 '복'과 '창대한 이름'이라는 4가지의 축복을 담고 있다.

하나님은 나이도 많고 자손도 없는 아브라함에게 "내가 너로 큰 민족을 이루게 하리라… 내가 네게 복을 주리라… 내가 네 이름을 창대하게 하리라… 너는 복이 될지라"라고 하시면서 전적인 하나님의 주권으로 아브라함을 택하셔서 복을 주시겠다고 약속하셨다. 이는 곧 하나님께서 아브라함을 가나안 땅으로 인도하사 그의 후손들을 통해서 큰 민족의 나라를 세우실 것이며 그 나라를 축복하사 세계 모든 민족으로 하여금 그 복에 참여하게 하실 것이라는 은혜의 약속이다.

이를 위해서는 아브라함이 고향과 친척과 아버지의 집이라는 모든 삶의 터전을 버리고 하나님이 보여 주실 땅으로 가야 한다는 단호한 명령이 내려졌다. 고향과 친척과 아버지의 집, 이 세 가지는 사람이 살아가기 위한 삶의 가장 중요한 기반이며 생활의 근본이 되는 곳인데, 갑자기 이를 모두 버리고 전혀 알지도 못하는 미지의 땅으로 떠나라고 하신 것이다. 그럼에도 아브라함은 하나님의 명령에 따라 새로운 땅으로 향했다.

"믿음으로 아브라함은 부르심을 받았을 때에 순종하여 장래의 유업으로 받을 땅에 나아갈새 갈 바를 알지 못하고 나아갔으며"(히 11:8)라고 한 것처럼 오직 믿음으로 나아간 것이다. 자신이 왜 고향을 떠나서 약속의 땅으로 가야 하는지, 또한 어떻게 가야 하는지조차도 모른 채 오직 하나님의 말씀에 순종해서 가족들과 모든 소유와 짐승들을 데리고 떠난 것이다(창 12:4-5). 그렇게 무작정 하란을 떠나 유브라데 강을 건너서 약 500㎞가 넘는 머나먼 길을 향해 간다는 것은 실로 온전한 믿음이 없이는 감당할 수 없는 험난한 여정이었다(히 11:8-16).

하나님은 아브라함이 고향을 떠나야 할 이유도 설명해 주지 않으셨지만 아브라함은 오직 하나님의 말씀에 의지해서 가나안 땅에 도착할 수 있었다(창 12:5). 하나님께서 아브라함에게 언약의 땅으로 주시겠다고 약속하신 가나안 땅은 결국 "그들이 나온 바 본향을 생각하였더라면 돌아갈 기회가 있었으려니와 그들이 이제는 더 나은 본향을 사모하니 곧 하늘에 있는 것이라"(히 11:15-16상)라는 말씀대로 영원한 천국을 사모하게 한다. 특히 하나님께서 아브라함에게 약속하신 복 중에서 "너는 복이 될지라"라고 선포하신 복은 아브라함과 그를 통해서 세워진 나라가 땅의 모든 족속들에게 복을 누리게 하는 "복의 근원"이 될 것을 의미한다(창 12:3하).

따라서 "땅의 모든 족속이 너로 말미암아 복을 얻을 것이라"라는 약속은 믿음의 조상 아브라함의 후손으로 이 땅에 오실 메시아 곧 예수 그리스도로 말미암아 만민이 영생을 얻게 될 것이라는 놀라운 구원의 메시지를 내포하는 것이다. 결국 하나님은 아브라함을 택하셔서 우상으로 넘쳐 나던 갈대아 우르로부터 불러내어 구원해 주시고, 그의 후손들을 통해서 가나안 땅에 이스라엘 나라를 세우게 하시며(수 24:2-13), 궁극적으로는 "아브라함과 다윗의 자손 예수 그리스도의 계보라"(마 1:1)라는 말씀의 성취대로 아브라함을 통해서 메시아가 오게 하심으로써 인류의 구원을 위한 하나님의 구속사를 이루어 나가고자 하신 것이다.

| 난제 KEY POINT |

- 하나님은 죄를 짓고 쫓겨난 아담으로부터 셋을 택하시고 홍수 심판으로부터 노아를 택하셨고 바벨탑 이후 패악한 인간들 가운데서는 아브라함을 택하셨다. 이것은 죄 안에서 사망의 노예가 된 인류를 구원할 여자의 후손 곧 메시아의 거룩한 씨를 보존하기 위한 하나님의 주권적인 선택이다.

- 인류의 조상인 아담 그리고 언약의 조상인 노아처럼 아브라함은 온 인류를 위한 믿음의 조상이다. 인류 최초의 히브리인으로서 '하나님의 벗'(사 41:8; 약 2; 23)이었으며 '믿는 모든 자의 조상'(롬 4:11)이라 불렸던 아브라함! 그 이름은 오늘날에도 크리스천뿐 아니라 모슬렘 유대인 불신자들까지도 기억하고 존경하는 인물이다. 아브라함의 이름은 성경 66권 중에서 27권에 기록되며 구약에 234회 신약에 74회 총 300회가 넘게 기록된다.

- 하나님께서 아브라함에게 약속하신 언약들은 크게 5가지로 요약된다. ❶ 창세기 12장 1-3절의 최초의 언약 ❷ 동서남북 언약(창 13:14-17) ❸ 횃불 언약(창 15:12-21) ❹ 할례 언약(창 17:1-14) ❺ 종합 언약(창 22:15-18)이며, 이 모든 언약들은 아브라함을 통해서 인류의 구원 계획을 성취하고자 하신 전적인 하나님의 은혜이다.

033. 하나님은 왜 아내를 누이라고 두 번씩이나 속인 아브라함을 축복하셨나?

창세기에는 자신에게 닥친 위기를 모면하기 위해서 아내를 누이라고 속이는 사건이 세 번이나 등장한다(창 12:10–20; 20:1–18; 26:1–11). 이 중에서 아브라함이 자신의 생명을 부지하기 위해 아내를 누이라고 속이며 거짓말하는 장면은 창세기 12장과 20장에서 두 번이나 반복된다.

첫 번째 사건은 애굽에서 일어났다. 오직 하나님의 말씀을 좇아 하란에서 가나안까지 약 500㎞ 이상에 달하는 험난한 여정 끝에 도착한 약속의 땅 가나안이었다. 그런데 젖과 꿀이 넘쳐흐를 것만 같았던 축복의 땅 가나안은 축복이 아니라 도착한 지 얼마 되지도 않아 심한 기근이 닥쳤다. 그래서 아브라함은 가족들과 함께한 많은 사람들과 가축들이 먹을 양식을 구하기 위해서 나일 강의 곡창 지대가 있는 애굽으로 내려갔다(창 12:5–10). 아브라함이 하나님의 뜻을 묻지도 않고 너무나 쉽게 약속의 땅을 떠나는 실수를 범한 것이다.

애굽으로 내려가던 아브라함은 자기 부부에게 닥칠지도 모를 사고를 예상하자 두려움이 엄습해 왔다. "…내가 알기에 그대는 아리따운 여인이라 애굽 사람이 그대를 볼 때에 이르기를 이는 그의 아내라 하여 나는 죽이고 그대는 살리리니 원하건대 그대는 나의 누이라 하라…"(창 12:11–

13). 이방인들이 아름다운 아내를 빼앗기 위해 자신을 죽일지도 모르니 서로를 부부라 하지 말고 오누이 사이라고 속이자고 한 것이다. 아브라함이 애굽에 도착했을 때 그의 예측은 적중했다. 애굽의 많은 사람들이 사래의 아름다움에 빠졌고 그 소문은 급속히 퍼져 나갔다. 급기야 사래가 애굽 왕 바로의 후궁으로 들어가면서 아브라함은 아내를 빼앗긴 대가로 바로에게 많은 재물을 얻게 되었다(창 12:15–16).

그리고 20여 년이 지난 후 유사한 사건이 또 발생했다. 아브라함이 아내를 누이라고 속인 두 번째 사건은 그동안 정착해 왔던 헤브론(창 13:18)을 떠나서 남쪽의 그랄 땅으로 이주한 후에 일어났다(창 20:1). 여기서도 아브라함은 그랄 왕 아비멜렉에게 아내를 빼앗기면서도 그가 할 수 있는 것은 아무것도 없었다.

아브라함이 아내의 순결에 무책임했던 대가는 이번에도 아비멜렉에게 많은 재물을 얻게 되었다는 것이다(창 20:14–16). 아브라함이 아내를 누이라고 속였던 두 사건 모두의 공통점은 아내를 빼앗길 뻔했던 위험에 처했으나 그때마다 위기의 순간에 하나님께서 직접 개입하셔서 해결해 주셨으며 이 사건으로 인해 아브라함은 많은 부를 축적하게 되었다는 것이다.

이 부분에서 우리가 이해되지 않는 것이 있다. 하나님은 자신의 목숨과 안전을 위해 아내를 누이라고 속이면서 아내의 순결을 담보로 했던 파렴치한 자에게 어떻게 두 번씩이나 그렇게 많은 물질의 복을 주시면서 부자가 되게 하셨을까? 그렇다면 하나님은 아브라함의 거짓말에 대해 물질의 복을 주신 것인가?

그렇지가 않다. 아브라함이 부자 된 것은 아내를 누이라고 속였기 때문이 아니다. 하나님은 죄에 대해서는 복을 내리시는 분이 아니다. 그와는 반대로 죄를 심판하시며 죄를 지은 자 또한 반드시 징계하시는 분이다. 그러므로 아브라함의 재산 증식이 그의 잘못에 대한 하나님의 보상이 될 수는 없다. 오히려 아브라함은 두 번씩이나 반복된 죄의 결과로 인해서 두 번 모두 씻을 수 없는 불명예와 수치를 안고서 가나안 땅으로 돌아와야만 했으며 이후에도 죄에 대한 대가를 치르면서 큰 고통을 겪어야 했다.

아브라함은 거짓말로 얻은 잘못된 부로 인해서 애굽에서 나와 가나안 땅으로 돌아오자마자 자신이 친아들처럼 사랑했던 조카 롯과 가슴 아픈 이별을 해야 했다(창 13:8-9). 또한 포로로 잡혀간 롯을 구출하기 위해 생명을 건 전쟁을 치렀음에도 불구하고(창 14:13-16) 소돔 땅에 거주하던 롯의 가정이 유황과 불로 심판을 당함으로써(창 19장) 아브라함은 더할 수 없는 아픔까지도 겪어야 했다. 이에 더해 아들을 주시겠다는 하나님의 약속마저도 25년이 지난 100세에 이르러서야 성취된 일들을 돌아볼 때에(창 12:2, 4; 21:5) 아브라함의 이 모든 험난한 삶의 굴곡들은 결국 이전에 그가 아내를 누이라고 속임으로써 겪어야 했던 고통 · 연단의 세월과 무관하지는 않은 것이다.

결론적으로 볼 때, 하나님은 아브라함이 아내를 누이라고 두 번씩이나 속인 사건때문에 아브라함을 축복해 주신 것이 아니다. 하나님은 인간의 반복되는 죄악에도 불구하고 변함없는 복을 허락해 주시지만, 그렇다고 해서 인간의 죄 때문에 복을 허락하시는 분은 아니시기 때문이다.

| 난제 KEY POINT |

- 아브라함과 사라의 나이 차이는 10살이다(창 17:17). 아브라함이 75세에 하란을 떠나 가나안 땅으로 이주했으니 당시 사라의 나이는 최소한 65세 이상이었다. 그런 늙은 여인이 얼마나 아름다웠기에 애굽 왕이 후궁으로 삼으려 했을까? 당시 아브라함은 175세를 살았고 사라는 127세를 장수했다(창 23:1; 25:7-8). 당시에는 오늘날보다 훨씬 오래 살았던 것으로 보아 사라의 나이 65세는 오늘날의 30~40대 정도의 원숙한 아름다움을 지닌 중년 여인의 모습이었을 것으로 추정된다. 더구나 함의 후손들인 애굽인들은 다소 검은 색의 피부를 지니고 있는 반면에 셈의 후손으로서 뽀얀 갈색 피부를 지닌 사라의 용모는 애굽인들의 눈에는 유난히 아름답게 보였을 것이다.

- 아브라함은 사라가 실제로 자신의 이복 누이였지만(창 20:12) 지금은 엄연한 자신의 아내임에도 자신의 생명과 안전을 위해 아내를 큰 위험에 빠지게 했다. 이것은 사람은 두려워하면서도 정작 하나님은 바라보지 못한 아브라함의 큰 잘못이자 불신앙의 행동이었다. 창세기에서 아내를 누이라 속인 세 번째 사건은 아브라함의 아들 이삭이 행한 것이다. 이삭 역시 그랄에서 블레셋 왕 아비멜렉에게 아내를 누이라고 속였다(창 26:1-11).

034. 아브라함을 축복했던 멜기세덱은 누구인가?

아브라함이 포로로 잡혀간 롯을 구출하기 위해 가나안 북부의 연합군을 무찌르고 돌아왔을 때 살렘 왕 멜기세덱이 아브라함를 영접하며 축복하였다. "살렘 왕 멜기세덱이 떡과 포도주를 가지고 나왔으니 그는 지극히 높으신 하나님의 제사장이었더라 그가 아브람에게 축복하여 이르되 천지의 주재이시오 지극히 높으신 하나님이여 아브람에게 복을 주옵소서 너희 대적을 네 손에 붙이신 지극히 높으신 하나님을 찬송할지로다"(창 14:18–20상).

살렘 왕 멜기세덱이라는 인물은 아브라함 일생의 유일한 전쟁이었던 가나안 북부 연합군과의 전투에서 아브라함이 승리한 후에 그를 축복하기 위해 단 한 번 구약 성경에 등장하고서 사라지는 인물이다. 구약 성경 전체에서 멜기세덱의 신분을 설명해 주는 유일한 자료는 그가 '지극히 높으신 하나님의 제사장'(창 14:18하)이며 '영원한 제사장'(시 110:4)이었다는 것이다. 특히 다윗의 시편에서는 "여호와는 맹세하고 변하지 아니하시리라 이르시기를 너는 멜기세덱의 서열을 따라 영원한 제사장이라 하셨도다"(시 110:4)라며 멜기세덱의 제사장직이 앞으로 오실 메시아의 영원하신 대제사장직과 동일하다고 말씀하고 있다.

이처럼 멜기세덱이라는 인물은 아주 고귀하며 존귀한 존재임이 틀림이 없다. 그렇다면 아브라함 당시에는 제사장 제도도 없었는데, 더구나 가나안의 이방인이라 여겨지는 멜기세덱이 어떻게 하나님의 제사장이 될 수 있었을까? 과연 메시아의 존귀함과 비교될 만한 멜기세덱이라는 인물은 누구일까?

신약에서는 멜기세덱에 대해 "그 이름을 해석하면 먼저는 의의 왕이요 그 다음은 살렘 왕이니 곧 평강의 왕이요"(히 7:2) 심지어 그를 가리켜 "아버지도 없고 어머니도 없고 족보도 없고 시작한 날도 없고 생명의 끝도 없어 하나님의 아들과 닮아서 항상 제사장으로 있느니라"(히 7:3)라고 말한다. 멜기세덱을 마치 신비로운 베일에 가려진 초자연적인 인물로 묘사하고 있는 것이다. 그래서 일부 학자들은 멜기세덱이 역사적으로 실존했던 인물이 아니라 신화적인 존재였거나 천사와 같은 영적인 존재였을 것이라고 주장한다.

그러나 분명한 것은 살렘 왕 멜기세덱은 성경에 기록된 대로 역사적으로 실존했던 인물이라는 것이다. '살렘 왕'(히브리어 '멜레크 샬렘')이란 '평강의 왕'이라는 뜻이며 여기서 '살렘'(샬렘)은 예루살렘(시온)의 옛 지명을 가리킨다(시 76:2). 멜기세덱(말르키 체데크)은 '왕'이라는 뜻의 '멜레크'와 '의'를 뜻하는 '체데크'를 합친 용어로서 '의의 왕'이라는 뜻이다. 그러므로 '살렘 왕 멜기세덱'은 그 이름대로 '평강의 왕'이요 '의의 왕'이다(히 7:2).

그렇다면 그는 역사적으로 실존했던 고대 예루살렘의 왕으로서 의의 통치를 통해서 평화를 추구했던 가나안의 한 왕이었을 것이다. 그는 성경에 기록된 대로 실제로 아브라함에게 전리품의 십일조를 받았던 왕이었고(창 14:20), 하나님께 택함받은 아브람을 위해서 복을 빌었던 거룩한 제사장이었다. 그러면서도 "네가 영원히 멜기세덱의 반차를 따르는 제사장이라"(히 5:6; 7:17)라는 말씀대로 예수 그리스도를 예표하는 존귀한 인물이었다. 그래서 신약에서도 그가 믿음의 조상 아브라함이 십일조를 드릴 정도로 높은 분이며(히 7:4) 모세의 율법 아래 세워진 아론의 제사장직을 초월하신 분이며(히 7:5–10) 부모도 없고 족보도 없고 시작도 끝도 없는 하나님의 아들과 닮은 자라 하여 멜기세덱을 영원한 대제사장이신 예수 그리스도의 모형으로 증거하고 있는 것이다(히 6:20).

그러므로 성경에서 멜기세덱을 이토록 신비적인 인물로 표현하고 있는 것은 그를 통해서 만민의 구원자이신 예수 그리스도의 신성과 영원성을 강조하기 위한 것이라고 볼 수 있다. 따라서 멜기세덱은 초자연적이거나 신화적인 인물이 아니라 아브라함의 전쟁 승리를 축복해 주었던 실존 인물이었으며 아브라함과 동시대에 살았던 예루살렘의 한 의로운 왕이었다는 것을 우리는 알 수 있다.

| 난제 KEY POINT |

- 창세기 14장 18절에는 '제사장'(코헨)이라는 용어가 성경에 최초로 언급된다. 따라서 멜기세덱은 성경에 기록된 최초의 제사장이었다. 만약 제사장이 있었다면 제사를 드리는 예배자들도 있었을 것이다. 우리는 이를 통해서 믿음의 조상 아브라함의 가족뿐 아니라 당시에 여호와 하나님을 경배하는 사람들이 또 있었다는 것을 깨닫게 된다. 아울러 동방 사람 중에 가장 훌륭한 자요 믿음이 온전하고 정직하여 하나님을 경외하며 악에서 떠난 자라는 칭호를 받았던 의인 욥도 아브라함 당시에 살았던 인물로 여겨진다(욥 1:1, 8; 2:3).
- 멜기세덱은 "지극히 높으신 하나님"의 이름으로 아브라함을 축복했다(창 14:19). "지극히 높으신 하나님"(엘 엘르욘)이란 성경 전체에서 오직 여호와 하나님께만 붙여진 칭호이며, 이는 우주 만물의 창조주시며 영원하신 절대자, 아브라함의 하나님을 가리킨다. '멜기세덱'이라는 이름은 구약에 3회(창 14:18, 20; 시 110:4) 신약에는 10회 기록된다(히 5:6, 10, 11; 6:20; 7:1, 6, 10, 11, 15, 17). 구약에선 창세기 14장 이후 유일하게 시편 110편 4절에 기록된다.

035. 십일조의 참된 의미는 무엇일까?

'십일조'(히브리어 '마아세르')란 '십분의 일'이라는 뜻으로서 자신이 얻은 모든 소득의 십분의 일을 하나님께 감사의 예물로 드리는 것이다. 이것은 우리가 하나님께 받은 소득의 일부를 다시 돌려 드림으로써 우리 삶의 모든 소유가 하나님께 속한 것임을 인정한다는 믿음의 표현이다(레 27:30-33).

성경에 기록된 최초의 십일조는 아브라함이 가나안 북부 연합군과의 전쟁에서 승리하고 돌아와서 살렘 왕 멜기세덱의 영접과 축복을 받은 후에 그에게 전리품의 십분의 일을 드린 것이다(창 14:17-20). 이 전쟁은 아브라함이 자신의 생애에서 유일하게 치렀던 군사적 행동이었다. 아브라함의 이 십일조는 318명이라는 소수의 인원으로 다수의 연합군을 물리치게 하신 하나님의 은혜에 대한 감사의 예물이요, 나아가 자신을 축복해 준 멜기세덱 왕이 지극히 높으신 하나님의 제사장임을 믿는다는 신앙 고백적 의미를 담고 있다.

이러한 십일조의 의미는 모세 시대에 세 가지 종류의 율법으로 제도화되면서 구약 시대의 성도들은 다음과 같은 세 가지 종류의 십일조를 드렸다.

❶ **소득의 십일조** : 하나님은 아론에게 "내가 이스라엘의 십일조를 레

위 자손에게 기업으로 다 주어서 그들이 하는 일 곧 회막에서 하는 일을 갚나니"(민 18:21)라고 하시며 이스라엘 백성들이 추수를 끝내고 한 해 동안 얻은 소득의 십분의 일을 성전에서 봉사하는 레위인에게 주게 하셨다. 레위인들은 자신들이 받은 십일조의 십일조를 다시 거제로 드려서 제사장의 몫이 되게 했다(민 18:26-28). 레위인들은 다른 지파들과는 달리 하나님께 기업을 분배받지 못했으므로 백성들의 십일조에 의존해 생계를 유지하면서 전적으로 하나님만 섬기면서 살아야 했다(민 18:21-24). 이것은 오늘날의 십일조 개념과 유사하다.

❷ **감사 축제의 십일조** : 추수의 십일조를 드린 후에 나머지 소득에서 다시 십일조를 구별해서 성소로 가져가서 감사 축제의 비용으로 드렸다(신 14:22-27). 이 축제에는 예배드리는 자의 가족들과 종들과 성 중의 레위인들 모두가 참여해서 감사함으로 먹고 마시는 잔치를 벌였다(신 12:18). 이처럼 당시의 이스라엘 백성들은 성소의 축제를 위한 두 번째 십일조를 드림으로써 2/10조(십이조)로 구별해 드렸다.

❸ **구제의 십일조** : 감사 축제를 위해 드려진 두 번째 십일조는 안식년을 기준으로 해서 제3년과 6년째는 축제의 잔치를 베푸는 대신에 기업이 없는 레위인과 객들과 고아와 과부들과 같이 주변에서 소외되고 불쌍한 이웃들을 위해 사용되었다(신 14:28-29; 26:12-13). 그러니까 소외되고 불쌍한 이웃들의 구제를 위한 헌금은 따로 드려진 것이 아니라 성소의 감사 축제를 위해 이미 드려졌던 두 번째 십일조(십이조)를 안식년 후 제3년과 6년째마다 축제의 잔치 대신에 구제를 위한 목적으로 변경해 사용했던 것이다.

이를 정리해 보면 구약 시대의 성도들은 하나님께 십일조를 두 번에 걸쳐서 2/10조로 드렸으며 이 예물은 ① 레위인과 ② 성소의 축제와 ③ 구제를 위한 세 가지 목적으로 나누어 사용되었다. 이러한 세 가지 목적의 십일조의 공통점은 드리는 자의 소유 전부가 하나님의 것임을 인정하는 믿음의 행위였다. 하나님은 이렇게 믿음으로 십일조를 드리는 자에게 큰 복을 허락하셨다(말 3:10).

그러나 십일조는 하나님의 복을 누리기 위해서 드리는 도구가 아니라 하나님께서 주신 것을 다시 하나님께로 돌려 드린다는 당연한 성도의 의무를 포함하고 있는 행위이다. 그러므로 우리가 삶에서 누리며 나누는 모든 것이 하나님께서 주신 축복임을 인정한다면 십일조 제도가 구약 시대나 지금이나 변함없이 지켜야 할 성도들의 책무라는 것은 부인할 수 없을 것이다.

예수님은 의무적이며 형식적으로 십일조를 드리는 서기관과 바리새인들을 책망하시면서 사랑과 공의와 믿음으로 드려야 할 십일조의 참의미에 대해서 교훈하셨다(마 23:23; 눅 11:42). 사도 바울도 하나님께 드려질 예물에 대해 "각각 그 마음에 정한대로 할 것이요 인색함으로나 억지로 하지 말지니 하나님은 즐겨 내는 자를 사랑하시느니라"(고후 9:7)라며 자원하는 마음으로 하나님의 은혜에 대한 감사와 기쁨으로 예물을 드려야 할 것을 말씀하고 있다.

말라기 선지자는 온전한 십일조에 대해 교훈했다. "너희의 온전한 십일조를 창고에 들여 나의 집에 양식이 있게 하고 그것으로 나를 시험하여 내가 하늘 문을 열고 너희에게 복을 쌓을 곳이 없도록 붓지 아니하나 보라"(말 3:10). 여기서 '온전한'(히브리어 '콜')이란 '모든' 또는 '전부'라는 뜻이다. 즉 '온전한 십일조'는 '모든 십일조'를 의미하는바 소득의 1/10이라는 단순하고 형식적인 의미를 넘어서 우리 삶의 전부가 하나님의 소유임을 의미하는 것이다. 이것은 나머지 9/10도 하나님의 것이며 하나님의 거룩하신 뜻대로 사용되어야 함을 의미한다.

따라서 '온전한 십일조'란 불로소득이나 거짓과 부정을 통한 불의의 재물이 아니라 오직 믿음과 사랑으로서 하나님의 열심을 통한 땀과 정직의 열매를 담아서 하나님께 올려 드리는 것이다. 나아가 자신이 날마다 죽을 수밖에 없는 죄인임을 고백하는 상한 심령의 열매로 드릴 때(눅 18:13) 비로소 하나님께서 기뻐 받으시는 참된 십일조라고 할 수가 있을 것이다.

| 난제 KEY POINT |

- '십일조 제도'가 구약 시대의 율법이므로 오늘날에는 적용되지 않는다고 주장하는 십일조 폐기론자들이 많이 있다. 그러나 사사 시대에 교회가 타락하고 무너진 것은 주의 종인 레위인들의 타락과 함께 성도들이 타락하여 예배를 무시하고 헌금마저 하지 않았기 때문이다. 오늘날도 십일조와 헌금 없이는 그리스도의 몸 된 교회를 유지할 수가 없고 목회자도 생활을 할 수가 없다. 오히려 우리 삶의 모든 것이 하나님의 은혜로부터 온 것임을 인정한다면 1/10이 아니라 우리의 전부를 주님께 드린다 해도 부족함이 없을 것이다. 우리는 단지 하나님이 맡겨 주신 물질의 청지기에 불과하기 때문이다(마 25:14-30).

- 아브라함이 멜기세덱에게 십일조를 드렸고 세월이 지나 그의 손자 야곱도 하나님께 십일조를 드릴 것을 서원했다(창 28:22). 이것은 하나님께서 모세 시대에 십일조를 율법으로 제도화하시기 이전부터 이미 족장 시대에도 십일조를 허락하셨다는 것을 보여 준다.

036. 하나님께서 아브라함을 의롭다고 하신 근거는 무엇인가?

아브라함이 전쟁터에서 포로가 된 조카 롯을 구출해서 돌아오고(창 14:14-16) 얼마 후였다. 아브라함은 여호와의 말씀이 환상 중에 임하자 "주 여호와여 무엇을 내게 주시려 하나이까 나는 자식이 없사오니 나의 상속자는 이 다메섹 사람 엘리에셀이니이다"(창 15:2)라고 하면서 무자한 자신을 위해서 충직한 종인 엘리에셀이 후사가 될 것이라고 말씀드렸다.

그러자 하나님은 아브라함에게 "그 사람이 네 상속자가 아니라 네 몸에서 날 자가 네 상속자가 되리라 하시고 그를 이끌고 밖으로 나가 이르시되 하늘을 우러러 뭇별을 셀 수 있나 보라 또 그에게 이르시되 네 자손이 이와 같으리라"(창 15:4-5)라고 말씀하셨다. 당장 유업을 물려줄 자식도 하나 없는 아브라함에게 하늘의 뭇별처럼 셀 수 없을 만큼 후손들이 번성하게 될 것이라고 약속하신 것이다.

그러나 지금 아브라함은 85세가 된 노인이요 아내 사라도 75세로서 육체적으로 볼 때는 이미 아이를 낳기에는 늦은 나이였다(창 16:3, 16). 사실 이때로부터 약 10년 전인 75세 때 아브라함이 가나안 땅으로 가기 위해 하란을 떠난 이후에도 하나님은 이미 두 차례에 걸쳐서 아브라함에게 그가 큰 민족을 이룰 것이며 그의 후손들은 땅의 티끌만큼 번성할 것이라고 약속해 주셨다(창 12:1–4; 13:14–17). 그럼에도 하나님은 10년이 지난 지금까지도 단 한 명의 자녀도 주지 않으셨다. 80대 중반의 나이를 넘어서 이젠 더 이상 자녀를 낳기 힘든 노인이 되어 버린 아브라함의 입장에서는 후손에 대한 하나님의 약속을 더 이상 믿기 어려웠을 것이다.

그럼에도 아브라함은 하나님을 의심하지 않고 그 약속의 말씀을 믿었다. 이에 대해 성경은 "아브람이 여호와를 믿으니 여호와께서 이를 그의 의로 여기시고"(창 15:6)라고 기록한다. 여기서 '믿으니'(히브리어 '헤에민')는 하나님의 약속에 대해 확신을 갖고 신뢰했음을 의미하는 것이다. "의(체다카)로 여기시고(하샤브)"는 '의로 간주해 주시고', 즉 아브라함이 죄인으로서 의롭지 못함에도 불구하고 전적인 하나님의 은총으로 의롭다고 인정해 주셨음을 뜻한다. 이에 대해 사도 바울은 증거한다. "아브라함이 바랄 수 없는 중에 바라고 믿었으니 이는 네 후손이 이같으리라 하신 말씀대로 많은 민족의 조상이 되게 하려 하심이라"(롬 4:18). 아브라함이 믿을 수도 없고 바랄 수도 없는 중에 하나님의 약속을 굳게 믿었다는 것이다. 이것은 아브라함이 의롭다고 칭함을 받은 것이 그의 율법적인 행위나 할례 때문이 아니라 오직 믿음으로 인한 것임을 뒷받침해 준다(롬 4:1–12).

이에 대한 명백한 두 가지 증거로서, ❶ 아브라함이 의롭게 된 것은(창 15:6) 모세의 율법이 생겨난 때로부터 이미 430년 전의 일이다(갈 3:17). ❷ 아브라함이 99세, 이스마엘이 13세에 두 사람은 같은 날 할례를 받았다(창 17:24–25). 따라서 아브라함이 의롭다 함을 받은 것은(창 15:6) 율법이 생겨나기도 전이며 그가 할례받기 14년 전에 이미 의인이 되었던 것이다. 그러므로 아브라함의 의는 율법이나 할례가 있기 전의 일로서 그의 행위나 노력과는 전혀 무관하다는 것을 알 수 있다.

그렇다면 아브라함은 무엇을 믿었기에 하나님으로부터 의롭다고 인정을 받게 된 것일까? 그것은 바로 장차 오실 메시아, 곧 예수 그리스도를 믿은 것이다. 이에 대해 사도 바울은 증거한다. “이 약속들은 아브라함과 그 자손에게 말씀하신 것인데 여럿을 가리켜 그 자손들이라 하지 아니하시고 오직 한 사람을 가리켜 네 자손이라 하셨으니 곧 그리스도라”(갈 3:16). 그래서 바울은 구약 시대의 아브라함이나 신약 시대의 성도들이나 모두가 똑같이 예수 그리스도의 죽으심과 부활하심을 믿었다고 말씀한다(롬 4:23–24). “사람이 의롭게 되는 것은 율법의 행위로 말미암음이 아니요 오직 예수 그리스도를 믿음으로 말미암는 줄 알므로 우리도 그리스도 예수를 믿나니 이는 우리가 율법의 행위로써가 아니고 그리스도를 믿음으로써 의롭다 함을 얻으려 함이라 율법의 행위로서는 의롭다 함을 얻을 육체가 없느니라”(갈 2:16).

이는 오직 예수 그리스도를 믿음으로써 의를 얻게 됨을 강조한 것이다. 이와 관련한 증거는 예수님의 말씀에서도 드러난다. “너희 조상 아브라함은 나의 때 볼 것을 즐거워하다가 보고 기뻐하였느니라”(요 8:56). 이 말씀은 구약 시대의 아브라함도 역시 조상 아담이 믿었던 복음(창 3:15)을 믿음으로써 주님의 때를 기뻐할 수 있었음을 증거하신 것이다.

이를 종합해 볼 때, 결국 하나님께서 아브라함을 의롭다고 하신 것은 “기록된바 오직 의인은 믿음으로 말미암아 살리라”(롬 1:17)라는 말씀대로 오직 아브라함의 믿음을 근거로 말씀하신 것이다. 구약과 신약 시대를 초월해서 오직 예수 그리스도의 복음을 믿는 믿음만이 죄를 범한 우리 인간들이 하나님께 나아갈 수 있는 유일한 방법이기 때문이다.

| 난제 KEY POINT |

- 창세기 15장 6절은 성경에서 오직 믿음으로 의를 얻을 수 있다는 최초의 메시지이다. 믿음으로 말미암아 의롭다 칭함을 받는다는 '이신칭의(以信稱義)'의 교리는 의를 얻는다는 의미로서 '이신득의(以信得義)'라고도 부른다. 이것은 하나님의 말씀을 어기고 죄에 빠져 타락한 인간이 어떻게 해야 의인이 될 수 있는지를 알려 준다. 이 교리는 우리 기독교의 핵심 메시지이자 로마서의 핵심 주제이기도 하다.

- 아브람이 오직 믿음으로 의를 얻었다는 '이신칭의'의 믿음은(창 15:6) 하박국 선지자의 믿음에서(합 2:4) 신약 시대 사도 바울의 믿음으로 이어진다(롬 1:17). 그리고 이후 약 천 년 동안 진흙 속에 묻혀 있던 이신칭의의 진리는 마르틴 루터를 통해서 그 의미가 다시 회복되면서 종교개혁의 불씨를 일으키는 놀라운 열매를 맺게 된다.

- 하나님은 우리에게 의인이 되라고 하신 것이 아니라 오직 복음을 믿으라고 하셨다. 신분이나 지위와 관계없이 누구든지 예수가 그리스도요, 예수가 메시아요, 그분이 우리의 죄를 대신해 십자가에서 죽으시고 부활 승천하셨다는 복음을 믿기만 하면 오직 그 믿음을 통해서 하나님의 백성이 되는 놀라운 구원의 은총을 누리는 것이다.

- 하나님께서 인간에게 율법을 주신 목적은 첫째, 범죄 한 인간들이 죄를 깨닫게 하시기 위하여(롬 3:20; 5:13; 7:7) 둘째, 인간은 율법으로는 구원을 얻을 수 없음을 알게 하시기 위함이다. 따라서 우리의 행위가 아니라 예수 그리스도의 십자가 복음을 믿음으로써 값없이 천국의 영생을 얻게 해 주시는 전적인 하나님의 은혜가 바로 복음이다. 우리의 신앙은 오직 성령의 은혜를 통한 믿음으로 시작된다.

037. 횃불 언약이란 무엇인가?

하나님은 아브라함에게 뭇별과 같은 후손의 번성이 있을 것이며 가나안 땅을 소유하게 될 것이라고 세 번이나 약속하셨다(창 12:1–3, 7; 13:14–17; 15:1–7). 이 약속을 굳게 신뢰하고 있던 아브라함은 어느 날 하나님께 언약 성취에 대한 표징을 요구했다. "주 여호와여 내가 이 땅을 소유로 받을 것을 무엇으로 알리이까"(창 15:8). 이것은 하나님의 약속을 믿지 못한 의심의 질문이 아니다. 아브라함은 이미 하나님의 약속을 전적으로 믿고 있었기에(창 15:6) 표징을 통해서 보다 구체적인 믿음의 확신을 갖길 원했던 것이다.

이에 대해 하나님은 아브라함에게 짐승들을 둘로 쪼개어(비둘기는 쪼개지 않음) 서로 마주보게 하고(창 15:9–10) 아브라함을 깊이 잠들게 하셨다. 그리고 타는 횃불(하나님을 상징)로 쪼개어진 고기 사이를 지나가심으로써 홀로 언약을 체결하셨다. 이것이 하나님께서 아브라함에게 그의 후손들이 얻게 될 땅에 대한 약속을 확인시켜 주셨던 '횃불 언약'이다(창 15:12–21). 하나님은 이 언약을 통해 아브라함에게 세 번이나 반복해서 약속하셨던 후손의 번성과 가나안 땅의 소유에 대한 축복을 확증해 주신 것이다.

아브라함 당시에는 중요한 언약을 체결할 때 희생 제물이 될 짐승을 둘로 쪼개어 늘어놓고 서로 마주보게 한 상태에서 언약을 맺을 당사자들이 쪼개어진 짐승 사이를 지나가는 관습이 있었다. 이것은 언약을 체결한 이후에 이를 어기는 자는 피를 흘리며 쪼개어진 짐승처럼 그렇게 처참한 죽음을 당할 것을 의미하는 것이다. 이는 언약의 당사자들이 서로의 귀중한 생명을 담보로 해서 언약을 체결했으므로 이를 반드시 지키겠다는 것을 맹세하는 의식이었다. 그래서 언약을 세운다고 할 때 '세우다'(히브리어 '카라트')는 말은 언약을 '쪼개다' 또는 '자르다'(cut)라는 뜻으로서, 이는 곧 언약을 체결할 때 제물들이 둘로 쪼개져야 할 것을 시사하고 있다.

그런데 하나님께서 아브라함과 맺은 횃불 언약에는 특이한 점이 나타난다. 그것은 언약의 당사자인 아브라함이 깊은 잠에 빠져 있었다는 것이다. "해 질 때에 아브람에게 깊은 잠이 임하고 큰 흑암과 두려움이 그에게 임하였더니"(창 15:12). 여기서 '깊은 잠'(타르데마)이란 하나님께서 하와를 만드시기 위해 아담을 깊이 잠 재우실 때 사용된 용어이다(창 2:21). 따라서 아브라함의 '깊은 잠'이란 단순한 육체적 수면 행위가 아니라 하나님의 섭리에 의해서 초자연적인 깊은 수면 상태로 빠졌음을 의미한다. 일반적으로 언약이란 쌍방의 당사자들의 합의로 이루어지는 것임에 반해서, 하나님은 언약 체결의 당사자인 아브라함을 깊이 잠들게 하셨던 것이다. 그리고 하나님은 타는 횃불 속에 임재하셔서 홀로 쪼갠 고기 사이를 지나가시며 일방적으로 언약을 체결하셨다.

이처럼 '횃불 언약'은 아브라함의 의지와는 관계없이 하나님의 주권적인 의지로 맺어진 언약이다. 이것은 아브라함이 언약을 지키든지 지키지 못하든지 간에 그의 행위와는 무관하게 하나님께서 일방적으로 언약을 지켜 나가시겠다는 것을 의미한다. 따라서 횃불 언약은 하나님의 이름을 걸고 자신을 담보로 체결해 주신 놀라운 사랑의 언약이요 무조건적인 은혜 언약이다. 아브라함은 언약 체결을 위해서 쪼갠 고기 사이를 지나가지도 않았으며 아무런 서약도 하지 않았다. 그가 언약 체결을 위해서 한 것은 아무것도 없으며 단지 깊은 잠에 빠져 있었을 뿐이다.

만약 아브라함이 깨어서 하나님과 함께 언약을 맺었다면 그는 언젠가 쪼개진 고기처럼 처참하게 피를 흘리며 죽었을지도 모른다. 왜냐하면 하나님과 언약을 맺고 이를 지킬 수 있는 사람은 세상에 아무도 없기 때문이다. 이를 알고 계신 하나님께서는 아브라함을 깊은 잠에 빠지게 하셨고 홀로 희생 제물 사이를 지나가셨던 것이다. 이는 하나님께서 아브라함과 맺은 언약을 홀로 성취해 나가실 것을 확증하신 것이며, 이를 위해 하나님 자신의 희생을 담보로 체결해 주신 불변의 약속이다(히 6:17). 이것이 바로 '횃불 언약'이다.

| 난제 KEY POINT |

- 횃불 언약은 아브라함이 잠든 사이에 하나님 홀로 쪼갠 고기 사이를 지나시며 맺은 언약이다. 이것은 하나님께서 아브라함과 맺으신 언약을 홀로 성취하시겠다는 일방적인 은혜 언약이다. 그러나 하나님께서 약속해 주셨다는 것만으로 복을 누리는 것이 아니라 그 약속을 믿음으로써 의인의 복을 누리게 된다(창 15:6).
- '횃불 언약'은 아브라함의 후손들이 가나안 땅을 차지하기 전에 400년 동안 이방에서 종살이를 할 것이며 4대가 지나야 약속의 땅으로 돌아갈 것이라는 출애굽 사건의 놀라우신 하나님의 계획을 내포하고 있다(창 15:13-16).

038. 이스라엘 백성들이 애굽에 거주했던 기간은 몇 년인가?

성경은 이스라엘 백성들이 애굽에서 거주하며 생활했던 기간을 400년(창 15:13; 행 7:6), 430년(출 12:40; 갈 3:17), 그리고 450년(행 13:19) 모두 세 가지로 다양하게 기록하고 있다. 성경은 왜 이렇게 이스라엘의 애굽 거주 기간을 각각 다르게 기록하고 있을까? 과연 어느 것이 옳고 어느 것이 틀린 것일까? 아니면 세 가지 말씀 모두가 다 올바른 것인가?

그렇다. 세 가지 내용 모두가 정확한 기록이다. 세 기록이 모두 정확한 것은 단지 각각의 본문에 기록된 세 기간이 내포하고 있는 각각의 의미가 서로 다르기 때문이다. 각 본문에 기록된 대로 이스라엘 백성들의 애굽 거주 기간에 대한 세 가지 의미들을 살펴보면 다음과 같다.

❶ 400년 : "네 자손이 이방에서 객이 되어 그들을 섬기겠고 그들은 사백 년 동안 네 자손을 괴롭히리니"(창 15:13). 여기서 400년이란, 하나님께서 아브라함의 자손들이 4대 만에 가나안 땅으로 돌아갈 것이라는 말씀을 기준으로 한 연수이다(창 15:16). 1대(代)를 백 년으로 환산해서 4대에 거쳐 400년 동안 애굽에 머물렀던 것으로 간주한 것이다. 이와 다른 견해로는 이스라엘의 애굽 거주 400년이라는 기간을 애굽에 거주했던 전체 기간으로 보지 않는 것이다. "그 후손이 다른 땅에서 나그네가

되리니 그 땅 사람들이 종으로 삼아 사백 년 동안을 괴롭게 하리라"(행 7:6)를 근거로 해서 이스라엘 백성들이 애굽에서 노예가 되어 사백 년 동안 학대받은 기간으로 해석하기도 한다.

❷ **430년** : "이스라엘 자손이 애굽에 거주한 지 사백삼십 년이라 사백삼십 년이 끝나는 그 날에 여호와의 군대가 다 애굽 땅에서 나왔은즉"(출 12:40-41). 여기서 430년이란, 본문의 기록대로 이스라엘 백성들이 애굽으로 이주한 이후부터 출애굽 하기까지의 실제 거주했던 전체 기간을 의미한다. 이것은 야곱이 하나님의 명령에 따라서(창 46:3-4) 그의 가족들을 이끌고 가나안 땅을 떠나 애굽으로 이주한 시점부터(B.C. 1876년경) 시작해 다시 가나안 땅으로 돌아가기 위해 출애굽을 할 때까지(B.C. 1446년경) 애굽에 머물렀던 430년의 실제 기간을 가리키는 것이다. 그래서 신약에서 사도 바울도 "내가 이것을 말하노니 하나님께서 미리 정하신 언약을 사백삼십 년 후에 생긴 율법이 폐기하지 못하고 그 약속을 헛되게 하지 못하리라"(갈 3:17)라고 말씀한다. 이것은 하나님께서 아브라함과 미리 정하신 언약(창 15:12-21)이 실현되는 시점, 곧 이스라엘(야곱)이 애굽으로 이주해 간 시점부터 출애굽 이후에 모세가 시내 산에서 율법을 수여받을 때까지의 기간을 가리켜 430년이라고 말씀하고 있는 것이다.

❸ **450년** : 사도행전 13장 19절은 "가나안 땅 일곱 족속을 멸하사 그 땅을 기업으로 주시기까지 약 사백오십 년간이라"라고 기록한다. 여기서 약 450년이란, 애굽에서의 생활 400년(창 15:13; 행 7:6)으로부터 시작해서 출애굽 이후 광야에서 40년 그리고 여호수아가 가나안 땅을 정복하기 까지 10년을 포함한 모두 450년의 기간을 의미하는 것으로 볼 수 있다. 이는 곧 야곱이 가나안 땅에서 애굽으로 이주한 시점으로부터 시작

해서 여호수아의 가나안 땅 정복 전쟁이 완료되기까지의 기간을 말하는 것이다.

이처럼 성경에서 이스라엘이 애굽에 거주했던 기간을 각각 400년, 430년, 450년이라고 다양하게 기록하고 있는 것은 같은 내용을 서로 다르게 기록한 모순된 내용이 아니다. 각각의 기간이 의미하는바 그 강조하고자 하는 내용들을 각 본문의 목적에 맞게 다양하게 표현하고 있는 것이다. 종합해 볼 때 이스라엘 백성들이 애굽에 거주했던 실제적인 기간이란 야곱이 가족들과 함께 애굽으로 이주한 시점부터(B.C. 1876년경) 모세와 함께 출애굽할 때까지(B.C. 1446년경) 총 430년의 기간을 가리키는 것으로 보아야 할 것이다.

| 난제 KEY POINT |

- 하나님은 아브라함에게 뭇별과 같은 후손들과 약속의 땅을 소유할 것이라는 약속을 반복해서 하셨다. 그러나 그것은 그냥 주어지는 것이 아니라 아브라함의 후손들이 4백 년이 넘는 기간 동안 수많은 역경과 고난을 겪은 후에 성취하게 된다. 정작 아브라함 자신은 그 약속의 성취를 보지도 못하고 죽게 될 것이다(창 15:15-16). 왜냐하면 약속의 땅에 살고 있는 자들의 죄악이 아직 가득 차지 않았기 때문이다(창 15:16). 하나님은 아브라함이 죽고 오백 년 이상이 지난 후에야 이스라엘 백성들을 출애굽 하게 하심으로써 아브라함과의 약속을 성취해 주셨다(출 12:37).
- 일부 학자들은 사도행전 13장 19절의 450년을 출애굽 한 이후 미래의 450년으로 해석해서 광야 생활 40년부터 시작해 사사 시대를 포함한 다윗의 통일 왕국 시대까지 약 450년의 기간으로 보기도 한다.

039. 야곱의 애굽 이주 이후 출애굽 성취는 4대째인가 아니면 6대째인가?

하나님은 아브라함과 횃불 언약을 맺으시며 "너는 반드시 알라 네 자손이 이방에서 객이 되어 그들을 섬기겠고 그들은 사백 년 동안 네 자손을 괴롭히리니… 네 자손은 사대 만에 이 땅으로 돌아오리니 이는 아모리 족속의 죄악이 아직 가득 차지 아니함이니라"(창 15:13–16)라고 말씀하셨다. 이것은 아브라함의 자손들이 애굽에서 4백 년 동안 노예로 핍박을 당하다가 4대가 지나서야 비로소 가나안 땅으로 돌아오게 될 것을 의미한다. 이는 아브라함의 손자인 야곱과 그의 가족들이 애굽으로 이주한 이후에 4대가 지나서야 출애굽 하게 됨을 가리킨다.

그런데 성경에 기록된 족보에 따르면(대상 2:1–11; 마 1:1–4) 아브라함 후손들의 계보는 아브라함–이삭–야곱–유다–베레스–헤스론–람–암미나답–나손 순으로 이어지고 있다. 여기서 야곱의 6대째 후손인 나손은 이스라엘 백성들이 모세와 함께 출애굽 한 이후에 시내 광야에서 1차 인구 조사를 실시할 당시에 유다 지파의 대표자였으며 지휘관이었다(민 1:7; 2:3; 10:14). 아울러 그는 모세의 형인 아론의 처남이었다(출 6:23). 이를 통해 볼 때 이스라엘 백성들의 출애굽은 야곱의 4대째 후손이 아니라 6대째인 나손 때에야 비로소 이루어졌음을 알 수 있다.

그런데 왜 하나님은 "네 자손은 사대 만에 이 땅으로 돌아오리니"라고 하시며 마치 야곱이 4대 만에 출애굽을 할 것이라고 말씀하셨을까? 이에 대해 일부 학자들은 출애굽기 6장 16-20절과 역대상 6장 1-3절의 족보를 근거로 다음과 같이 설명한다. 향후에 제사장 직분을 감당하게 될 레위 지파를 중심으로 하여 야곱의 아들 레위를 1대로 보고 고핫, 아므람에 이은 모세까지를 4대손으로 해석하는 것이다. 그러나 이스라엘 백성들이 애굽에 거주했던 430년이라는 긴 세월 동안에(출 12:40-41; 갈 3:17) 야곱의 후손들이 레위-고핫-아므람-모세까지 고작 4대밖에 이어지지 않았다는 것은 상식적으로 납득하기 어려운 부분이다.

이를 이해하기 위해서는 성경에서 족보를 기록할 때 자주 반복되는 특징을 참조할 필요가 있다. 그것은 하나님의 구속사에서 중요한 인물들을 중심으로 족보를 기록하면서 그 외 다수의 인물들은 누락시킨다는 것이다. 그렇다면 레위부터 모세까지 4대에 이르는 이 족보는 이스라엘이 4대 만에 약속의 땅으로 다시 돌아갈 것이라는 하나님의 말씀대로(창 15:6) 레위 지파 중에서도 특히 출애굽 사건의 위대한 지도자요 주역이었던 모세의 가문을 중심으로 기록되었다고 볼 수 있다. 따라서 출애굽기 6장 16-20절과 역대상 6장 1-3절에 기록된 족보는 출애굽 이후에 제사장의 임무를 수행하게 될 레위부터(야곱의 셋째 아들) 시작해서 여호와의 종 모세에 이르는 족보 중에서 가장 중요한 인물인 레위-고핫-아므람-모세의 4대 가문을 중심으로 기록했을 것이다.

이와 관련해서 창세기 15장 16절의 '4대(代)'는 '4세대'(fourth generation)를 의미하는 것으로서 여기서 '1세대'는 한 사람의 일생을 가리키는 100년을 의미하므로 4세대는 곧 400년을 뜻하는 것이 된다(창 15:13). 따라서 "네 자손은 사대 만에 이 땅으로 돌아오리니"(창 15:16)라는 말씀에서 "사대"는 아브라함의 족보에 나열된 후손들의 계보(代) 숫자가 아니라 인간의 일생을 기준으로 한 시간의 개념으로 볼 수 있다. 이를 종합해 볼 때 야곱이 애굽으로 이주한 이후에 출애굽이 4대 만에 이루어졌다는 기록(창 15:13-16)과 6대만에 이루어졌다는 기록(대상 2:1-11, 마 1:1-4)상의 차이는 다음과 같이 정리해 볼 수 있다.

❶ 이스라엘이 애굽에서 노예로 400년 동안 고난을 받다가 4대 만에 출애굽 하여 가나안 땅으로 돌아온다는 것은(창 15:13-16) 당시의 평균 수명을 기준으로 한 것이다. 즉 한 세대를 100년으로 보고 4세대를 400년의 기간으로 계산한 것이다.

❷ 야곱의 후손들의 출애굽을 유다-베레스-헤스론-람-암미나답-나손 순으로 이어지는 6대째로 기록한 것은(대상 2:1-11; 마 1:1-4) 야곱의 족보와 관련된 실제적인 후손들의 수를 언급하고 있는 것이다.

| 난제 KEY POINT |

- (창 5, 10장), (마 1장), (눅 3장) 등 성경은 수많은 계보들을 기록하면서 일부 인물들은 누락시킨다. 이것은 단순한 인간의 계보를 위한 것이 아니라 구속사의 주요 인물만을 중심으로 기록하기 위함이다.
- (대상 2:1-11)과 (마 1:1-4)에 나타난 족보를 근거로 볼 때 이스라엘의 실제적인 출애굽은 야곱의 아들인 유다부터 나손으로 이어지는 6대에 걸쳐 성취된 것으로 보인다. 나손의 아들은 살몬(기생 라합의 남편)이며 그는 보아스(룻의 남편)를 낳았다(대상 2:11; 마 1:4-5). 보아스는 다윗 왕의 증조부로서(룻 4:21-22; 마 1:5-6) 메시아의 조상이다.
- 출애굽이 4대만에 이루어진 것은 아직 아모리 족속의 죄악이 가득 차지 않았기 때문이다(창 15:16). 아모리 족속은 당시 가나안에서 가장 강한 힘을 지닌 족속이며 가나안 전체를 대표했다. 가나안 땅이 죄악으로 가득 찼을 그때 하나님은 출애굽 한 이스라엘이 가나안 땅을 진멸케 하심으로써 그들을 심판하셨다.

040. 아브라함의 아들 이스마엘은 왜 언약의 자녀가 될 수 없었나?

창세기 16장은 아브라함이 아내 사라의 몸종인 하갈을 통해서 낳은 이스마엘의 출생 기사를 기록하고 있다. 하나님은 80대 중반이 넘도록 자손이 없던 아브라함에게 땅의 티끌처럼 하늘의 뭇별처럼 그렇게 많은 후손들을 주셔서 큰 민족을 이루게 해 주시겠다고 이전부터 거듭해서 약속해 주셨다(창 12:1–3; 13:14–17; 15:12–21). 그래서 아브라함은 오직 하나님의 말씀에 의지해서 75세에 하란을 떠나왔지만 가나안에 도착한 지 10년이 넘도록 하나님은 자녀를 주지 않으셨다(창 16:3).

그토록 애타게 기다리던 자녀는 단 한 명도 없는 반면에 어느새 아브라함의 나이는 85세요 아내 사라도 75세나 되어 버렸다. 그래서 이미 노쇠한 자신의 몸으로는 자녀를 낳을 수 없다고 판단한 사라는 "여호와께서 내 출산을 허락하지 아니하셨으니 원하건대 내 여종에게 들어가라 내가 혹 그로 말미암아 자녀를 얻을까 하노라"(창 16:2)라고 하면서 남편인 아브라함에게 자신의 여종(하갈)을 후처로 맞을 것을 제안했다. 그리고 아브라함은 아내의 뜻에 따라 86세에 그의 첫 번째 아들인 이스마엘을 낳았다(창 16:16).

사라가 아브라함에게 몸종 하갈을 후처로 보낸 것은 당시의 사회적 관습에 따른 것이었다(창 30:3-4). 아브라함 당시에 아이를 낳지 못한다는 것은 여자의 큰 수치로 여겨졌으며, 게다가 대를 이을 자식이 없다는 것은 하나님의 심판이라고 믿었다. 그래서 집안에 아들이 없을 때는 후처를 두어서 대를 잇게 했으며 사라는 이 같은 이방의 관습을 따랐던 것이다. 그런데 성경은 이렇게 태어난 이스마엘을 가리켜 믿음의 아들이 아니며 육체를 따라 태어난 자로서 하나님의 언약의 자녀가 될 수 없다고 말씀하고 있다(갈 4:22-23). 이것은 아브라함이 이스마엘을 낳은 것이 하나님의 약속을 저버린 잘못된 행위임을 드러내는 것이다.

그렇다면 이스마엘도 아브라함의 자녀요 특히나 장자이었음에도 불구하고 왜 하나님의 자녀가 될 수 없었는가? 그것은 하나님께서 아브라함과 맺은 언약을 성취하시기 위함이다. 하나님의 언약의 후손은 반드시 아브라함과 사라에게서 태어난 자라야 하며, 하나님은 그를 통해서만이 영원한 언약을 맺겠다고 약속하셨기 때문이다(창 17:19). 이에 대해 사도 바울은 "또한 아브라함의 씨가 다 그의 자녀가 아니라 오직 이삭으로부터 난 자라야 네 씨라 불리리라 하셨으니 곧 육신의 자녀가 하나님의 자녀가 아니요 오직 약속의 자녀가 씨로 여기심을 받느니라"(롬 9:7-8)라고 증거하고 있다.

이는 이삭을 약속의 자녀로 택하신 것이 하나님의 주권적인 선택임을 강조하는 것이다. 하나님께서는 아브라함에게 "네 몸에서 날 자가 네 상속자가 되리라"(창 15:4)라고 하시며 그의 자손들이 뭇별처럼 창대해질 것이라고 이미 세 번에 걸쳐 약속을 해 주셨다. 그럼에도 지나가는 세월만 바라보면서 초조해진 아브라함은 자신의 연약하고 노쇠해진 육체로 인해 하나님의 약속을 끝까지 믿지를 못하고 세상 관습에 따라 이스마엘을 낳았던 것이다. 이것은 아브라함과 사라가 자신들의 인간적인 노력으로 하나님의 언약을 성취하려 했던 불신앙적 행동이다. 몸종이 아니라 아브라함과 사라 오직 두 사람을 통해서 태어날 자녀만이 언약의 자손이 될 수 있다는 것을 잊었던 것이다.

아브라함의 불신앙은 한 순간의 실수로 끝날 일이 아니었다. 결국 육신의 자녀 이스마엘은 이후에 선민 이스라엘을 가장 힘들게 하고 괴롭히는 아랍 민족들의 조상이 되었고 나아가 회교 창시자인 모하메드의 조상이 되었다. 이렇게 아브라함이 하나님의 언약을 어기고 여종 하갈을 취하는 한순간의 잘못으로 인해서 이삭의 자손들과 이스마엘의 자손들 간에는 끝없는 다툼과 갈등이 발생했다. 그 갈등은 아브라함 때부터 시작해서 오늘날까지 40세기가 넘는 오랜 세월에 걸쳐서 중동 지역의 피비린내 나는 비극적 분쟁으로 이어지고 있다.

이러한 분쟁의 역사를 돌아볼 때 이스마엘의 출생은 단순히 아브라함의 섣부른 실수 때문에 발생했던 일이 아니라 이후에 언약의 자손 이삭을 통해서 이 땅에 오실 메시아의 탄생을 막고자 하는 사탄의 역사라는 것을 깨닫게 된다. 궁극적으로는 아브라함과 사라에게서 태어날 이삭을 통해서 메시아가 오시기 때문이다. 따라서 이스마엘이 아브라함의 장자임에도 불구하도 하나님의 약속의 자녀가 될 수 없었던 것은 하나님께 택함을 받은 언약의 아들이 아니었기 때문이다.

이것은 사도 바울의 말에서도 잘 나타난다. "리브가에게 이르시되 큰 자가 어린 자를 섬기리라 하셨나니 기록된 바 내가 야곱은 사랑하고 에서는 미워하였다 하심과 같으니라"(롬 9:12-13). 하나님께서 리브가의 태중의 쌍둥이였던 에서와 야곱 중에서 아무런 조건이나 이유도 없이 그냥 야곱을 택하신 것과 같은 이치였다. 이 모두가 전적인 하나님의 주권에 의한 선택이기 때문이다.

하나님은 만민을 구원하시기 위해 수많은 사람 중에서 오직 아브라함을 택하시고 믿음의 조상이 되게 하셨다. 그리고 하나님은 "오직 이삭으로부터 난 자라야 네 씨라 불리리라" 하신 말씀대로 아브라함에게서 이삭을 택하시고 오직 그를 통해서 만민을 구원하실 예수 그리스도를 이 땅에 보내고자 하셨던 것이다.

| 난제 KEY POINT |

- 아브라함은 많은 후손들을 주시겠다는 하나님의 언약(창 12:1–3)을 믿고 의지하면서 10년이라는 세월을 기다렸다. 그러나 85세가 되자 이제는 아이를 낳기 어려울 것이라는 조급함으로 이스마엘을 낳았다. 그럼에도 하나님은 15년이 더 지나고서 이삭을 태어나게 하셨다. 아브라함이 이삭을 낳을 때가 100세요(창 21:5) 사라는 90세로서 하나님의 약속이 25년 만에 성취된 것이다. 아브라함이 자식을 낳을 수 없다고 생각했던 그때 자신들이 인간적으로 아무것도 할 수 없음을 깨달았을 그 때에야 비로소 하나님의 약속이 성취되었다.
- 아브라함과 사라의 성급한 판단에 따라 이스마엘을 낳았던 그 불신앙의 씨앗은 결국 이삭과 이스마엘의 두 후손들 사이에 끊임없는 분쟁을 낳았고 지금까지도 인류 역사에 지울 수 없는 큰 상처를 남기고 있다.

041. 성경에는 거룩하신 하나님의 이름이 어떻게 기록되어 있나?

하나님의 거룩하신 이름인 하나님의 성호(聖號)는 모든 이름 위에 뛰어나신 위대한 이름으로서 하나님 존재의 표현이며 동시에 하나님의 거룩하신 인격을 내포하고 있다. 하나님의 존귀하신 이름 속에는 완전하신 하나님의 사랑과 신실하심과 의롭고 자비로우시며 영원히 변치 않으시는 인격적인 성품이 담겨 있다. 그래서 유대인들은 지극히 높으신 하나님의 이름을 함부로 부르는 것을 두려워해서 지금까지도 하나님의 이름을 직접 부르지 못하고 있다(출 20:7; 레 24:16; 신 5:11). 성경에는 거룩하시며 유일하신 하나님의 이름이 다음과 같이 다양하게 기록되어 있다.

❶ 엘로힘(강한 능력을 내는 자) : 창조 역사에서(창 1:1–2:3) 32회나 반복해서 기록되는 '엘로힘'(Elohim)은 성부, 성자, 성령의 삼위일체 하나님을 가리키는 복수 명사로서(창 1:26) 전능하신 창조주 하나님의 위대하신 권능을 나타내는 성호이다. 아울러 성경에서는 세상의 모든 신을 가리키는 보통 명사로 사용되면서 모압과 암몬의 우상인 '그모스'(민 21:29; 삿 11:24)나 블레셋의 '다곤'(삼상 5:7; 대상 10:10)과 같은 이방 신들에게도 '엘로힘'이라는 이름을 사용하고 있으며, 때로는 재판장에게 적용되어 판결의 권위를 강조하는 목적으로 사용되기도 한다(출 22:8). 이처럼 '엘로힘'은 우

주 만물을 다스리시는 하나님의 권능과 영광을 강조하는 성호이다. 동시에 하나님의 선민인 이스라엘뿐만 아니라 세상 모든 민족에게 사용되는 일반적인 칭호로서 창조주 하나님만이 아니라 우상과 같은 세상의 다른 신이나 재판장과 같은 권위자를 가리키는 용도로 다양하게 사용되고 있다.

❷ 여호와(스스로 계시는 분) : '여호와'(Jehovah)란 영원 전부터 영원까지 계시는 '스스로 있는 자'(I am who I am)로서(출 3:14) 영원히 존재하시는 분을 의미한다(사 41:4; 계 1:8). '여호와'(Lord)는 세상의 모든 신들에게 적용되는 보통 명사인 '엘로힘'과는 구별된 칭호로서 택함받은 자들만을 위한 언약의 하나님을 강조한 성호이다. 이는 곧 우상을 섬기는 자들과 구별되며 선택된 이스라엘의 구원을 위한 하나님으로서(출 6:6) 유일신에 대한 고유 명사이다. 그러므로 '여호와'는 계시와 구속의 하나님이 선민 이스라엘과 맺은 언약을 반드시 성취하실 것을 나타낸다. 오늘날에는 '야웨' 또는 '야훼'(공동번역)라고 부르기도 하는 '여호와'라는 성호는 창세기 2장 4절에 '여호와 엘로힘'(여호와 하나님)으로 성경에 처음으로 등장한다. 이전까지는(창 1:1–2:3) 우주 만물을 창조하신 능력의 하나님으로서 '엘로힘'으로 나타나셨으나 창세기 2장 4절 이후부터는 스스로 계신 분으로서 인간과 맺은 언약을 주권적으로 성취해 나가실 분이시요 택하신 이스라엘을 구속하실 하나님이심을 강조하기 위해 '여호와 엘로힘'으로 기록되고 있다.

❸ 엘 엘리욘(지극히 높으신 하나님) : '엘 엘리욘'은 모든 신들 위에 뛰어나신 유일하신 분이시요 우주 만물을 창조하신 인류 역사의 주권자로서의 '지극히 높으신 하나님'(God most high)을 의미한다(시 57:2; 단 3:26; 막 5:7;

눅 8:28; 히 7:1). 성경에서는 지극히 높으신 하나님의 제사장이었던 살렘 왕 멜기세덱이 "천지의 주재이시요 지극히 높으신 하나님이여 아브람에게 복을 주옵소서"(창 14:19)라며 아브라함을 축복하면서 최초로 사용된 하나님의 성호이다. 아울러 다윗 왕 당시 성전 예배 음악을 주관했던 아삽은 "하나님이 그들의 반석이시며 지존하신 하나님이 그들의 구속자이심을 기억하였도다"(시 78:35)라고 하면서 지존하신 '엘 엘리욘'의 하나님이 그들의 구원자 되심을 노래했다. 이처럼 '엘 엘리욘'은 지극히 높으신 하나님의 무한하신 권능과 완전하심을 강조하는 성호이다.

❹ 엘 샤다이(전능하신 하나님) : '엘 샤다이'는 언제 어디서든 우주 만물의 질서와 관계없이 약속한 모든 일을 완성하시는 주권자요 어떠한 불가능도 없이 모든 것을 성취하시는 '전능하신 하나님'(God almighty)을 의미한다. 이 성호는 아브라함이 뭇별과 같이 많은 후손들을 주시겠다는 하나님의 약속을 어기고 하갈을 통해서 이스마엘을 낳은 후에 13년이 지나 99세가 되었을 때에 계시된 이름이다. 하나님은 아브라함에게 "나는 전능한 하나님이라 너는 내 앞에서 행하여 완전하라"(창 17:1하) 하시며 전능하신 '엘 샤다이'의 이름으로 나타나셨다. 이는 하나님께서 인간에게 당신의 이름을 직접 알려 주신 성경 최초의 기록이다. 하나님은 이 이름을 통해서 이제 100세가 되어 더 이상 자신의 능력으로는 아이를 낳을 수 없는 아브라함에게 인간의 죽은 몸까지도 소생시키시는 하나님의 무한하신 능력을 계시하셨다. 이처럼 '엘 샤다이'는 아브라함에게 언약의 후손을 주시겠다는 약속을 전능자의 은혜로써 반드시 성취해 주실 것을 시사한다. '엘 샤다이'는 아브라함과 이삭과 야곱에게 계시하신 절대적인 주권자 하나님이시요, 그들과 맺은 언약을 반드시 성취하실 무한한

능력을 지니신 전능하신 하나님이시다(창 28:3; 출 6:3). 우리는 이를 통해서 하나님의 은혜와 구원이란 인간의 노력이나 행위로 얻을 수 있는 것이 아니라(엡 2:9) 전적인 하나님의 권능에 달려 있음을 깨닫게 된다.

❺ 엘 올람(영원하신 하나님) : '엘 올람'은 영원 전부터 영원히 살아 계셔서(The eternal God) 택한 백성들과의 언약을 변함없이 성취해 나가시는 하나님이시며(신 33:27; 시 90:2; 계 22:13) 역사를 초월하신 주관자요 통치자로서의 하나님이시다. 이 성호는 아브라함이 그랄 왕 아비멜렉과 브엘세바 동맹을 체결한 후에 "아브라함은 브엘세바에 에셀 나무를 심고 거기서 영원하신 여호와의 이름을 불렀더라"(창 21:33)라고 하면서 '엘 올람'의 영원히 신실하신 하나님을 경배했던 이름이다. 아브라함은 이전에 살렘 왕 멜기세덱에게 '엘 엘리욘'(지극히 높으신 하나님)의 이름으로 축복을 받았고(창 14:19-20) 99세 때에는 '엘 샤다이'(전능하신 하나님)의 이름으로 할례 언약을 맺고 이삭을 낳았으며(창 17-21장) 이제는 '엘 올람'(영원하신 하나님)의 이름을 부르며 영원한 은혜를 베풀어 주신 영생의 하나님을 찬양하고 있다.

❻ 여호와 이레(여호와께서 준비하신다) : '여호와 이레'는 "하나님이 자기를 위하여 친히 준비하시리라"(창 22:8)라는 말씀에 따라 여호와께서 준비하실 것을 의미한다(The Lord will provide). 이 성호는 아브라함의 삶과 믿음이 절정에 달했을 때 나온 신앙 고백이다. 아브라함이 모리아 산에서 독자 이삭을 제물로 번제를 드리려다가 하나님께서 이삭을 대신해서 친히 한 숫양을 예비해 주심으로써 아브라함이 하나님을 경배하며 불렀던 이름이다(창 22:14). 모리아 산 번제 사건을 통한 '여호와 이레'의 하나님은 약 6백 년 뒤에는 흠 없는 어린양의 피를 통해 이스라엘 백성들을 애

굽으로부터 구원해 주실 것이며(출 12:1-14) 나아가 2천 년 뒤에는 세상의 모든 죄를 지고 갈 완전하신 어린양(요 1:29), 곧 하나님 자신의 독생자인 예수 그리스도를 준비하셔서 모든 구원 계획을 성취하실 것이다. 아브라함이 '여호와 이레'로 하나님을 찬양한 모리아 산은 이후에 솔로몬 왕이 예루살렘 성전을 건축할 바로 그 장소이며(대하 3:1) 나아가 주님이 십자가에서 돌아가실 갈보리의 모형을 보여 주는 것이다. 궁극적으로 '여호와 이레'의 모리아 산 사건은 하나님께서 만민을 죄로부터 구원하시기 위해 준비될 것을 보여 주고자 하신 것이며, 그것은 바로 예수 그리스도를 통한 구속의 비밀을 드러내고자 하신 놀라운 계시이다.

❼ 여호와 닛시(여호와는 나의 깃발) : '여호와 닛시'는 이스라엘 백성들이 출애굽 한 이후 최초의 전쟁이었던 아말렉과의 전투에서 승리의 깃발을 꽂게 해 주신 하나님을 경배하면서 모세가 불렀던 성호이다(출 17:15). '여호와 닛시'(The Lord is my banner)의 하나님은 대적들과 친히 싸우셔서 성도들을 원수들로부터 보호해 주시고 승리케 해 주시는 하나님이시다. 이는 이스라엘의 전쟁의 승패가 그들의 힘이나 전력에 있는 것이 아니라 오직 하나님의 손에 달려 있음을 의미한다. 왜냐하면 이스라엘의 전쟁은 여호와께서 대신 싸우시는 '여호와의 전쟁'이요 아울러 여호와께서 이스라엘과 함께 싸우시는 '성전'(聖戰, Holy War)이기 때문이다. 이는 궁극적으로 "우리 주 예수 그리스도로 말미암아 우리에게 승리를 주시는 하나님께 감사하노니"(고전 15:57)라는 사도 바울의 고백대로 하나님께 택함 받은 성도들이 예수 그리스도 안에서 얻게 될 영원한 승리를 의미한다. 따라서 '여호와 닛시'의 하나님은 항상 그리스도 안에서 그리스도와 함께 승리하게 하시므로(고후 2:14) 성도들은 오직 복음의 능력에 의지할 때

영원한 승리를 얻게 되는 것이다.

❽ 여호와 므카데쉬(여호와께서 거룩케 하신다) : '여호와 므카데쉬'는 택하신 백성들을 거룩하게 해 주시는 하나님(The Lord who makes you holy)을 의미한다(출 31:13; 레 20:8). 성경에서 '거룩'이라는 단어가 처음으로 언급된 것은 "하나님이 그 일곱째 날을 복되게 하사 거룩하게 하셨으니"(창 2:3상)로서 하나님은 6일 동안의 창조를 완성하시며 안식일을 복되고 거룩하게 하셔서 모든 피조물들이 하나님께 영광을 돌리며 예배드리는 날로 특별히 구별하셨다. 하나님은 흠이 없으시고 온전히 거룩하신 분이시다. 그것은 '거룩' 그 자체가 하나님의 속성이기 때문이다. 따라서 이스라엘을 애굽에서 불러내어 구원해 주신 하나님은 "나는 너희의 하나님이 되려고 너희를 애굽 땅에서 인도하여 낸 여호와라 내가 거룩하니 너희도 거룩할지어다"(레 11:45)라고 하시며 택하신 백성들 또한 거룩하기를 명령하셨다. 이스라엘이 거룩해야 하는 이유는 그들이 하나님의 백성이기 때문이다. 그러나 인간들은 모두가 죄인이므로 스스로는 거룩해질 수 없다(롬 3:10-12). 오직 '여호와 므카데쉬'의 하나님만이 택하신 자들을 거룩하게 해 주실 수 있다. 출애굽 한 이스라엘을 아말렉과의 전쟁에서 승리케 해 주신 '여호와 닛시'의 하나님은(출 17:15) 이제 선민(選民) 이스라엘에게 "너희는 내 규례를 지켜 행하라 나는 너희를 거룩하게 하는 여호와이니라"(레 20:8)하시며 '여호와 므카데쉬'의 하나님으로 계시하신다.

❾ 여호와 샬롬(여호와는 평강이시다) : '여호와 샬롬'은 '평강(평화)의 하나님'(The Lord is peace)이라는 뜻이다. 여호와를 대면한 기드온이 생명의 위협을 느끼며 두려움에 떨자 여호와께서 "너는 안심하라(샬롬 러카) 두려워

하지 말라 죽지 아니하리라"(삿 6:23)라며 위로하셨고 이에 기드온이 이를 기념하여 제단을 쌓고 부른 성호이다. 가나안 정복의 지도자 여호수아가 죽은 이후부터(삿 1:1) 이스라엘의 초대 왕 사울이 등장하기까지(삼상 11:15) 약 400년에 이르는 긴 세월 동안 이스라엘은 평강을 상실한 암흑의 시대를 살고 있었다. 이스라엘 백성들이 하나님을 버리고 우상을 숭배하며 각자 자기 소견에 옳은 대로 살아갔기 때문이다(삿 17:6; 21:25). 하나님은 타락이 극에 달한 그 시대에 이스라엘을 구원하기 위해 포도주틀에서 밀을 타작하던 겁쟁이 기드온에게 나타나셨고(삿 6:11) 하나님의 임재를 확신한 기드온은 그곳을 '여호와 샬롬'이라고 부를 수가 있었다(삿 6:24). 대적 미디안의 극심한 압제와 수탈을 피해서 두려움과 공포 속에서 두더지 같은 삶(삿 6:2)을 살아가던 기드온에게 드디어 평강이 임한 것이다. 이처럼 살아 계신 하나님의 함께하심을 믿고 의지할 때에 비로소 두려움은 사라지고 잃어버린 평강을 다시 회복하게 된다. 궁극적으로 성도들의 영원한 평강은 이 땅에 평강의 왕으로 오신 예수 그리스도를 통해 누리게 된다(사 9:6). 예수 그리스도의 보혈만이 하나님과 죄인들 사이의 막힌 담을 헐고 완전한 평화를 누릴 수 있게 해 주기 때문이다(롬 5:1; 엡 2:14). 주님이 주시는 참된 평화는 세상이 줄 수 없는 고귀한 것이며(요 14:27) 환란 속에서도 세상을 이기게 하는 하나님의 영원한 선물이다(요 16:33).

⑩ 여호와 체바오트(만군의 여호와) : 이스라엘뿐만 아니라 세상 만국의 통치자이신 '여호와 체바오트'는 온 우주만물을 창조하신 전능자로서 만군의 하나님(Lord almighty)을 가리키는 성호이다(사 6:3; 학 2:23; 말 1:11). '만군의 여호와'라는 이름이 성경에 최초로 기록된 것은 모세 이후 이스라

엘 최초의 선지자요 마지막 사사이며 동시에 제사장의 역할까지 수행했던 사무엘(삼상 3:20; 7:9; 행 13:20)의 아버지 엘가나가 드린 예배를 통해서 나타난다. 해마다 엘가나는 당시 성소가 있던 실로에 올라가서 만군의 여호와께 예배하고 제사를 드렸으며(삼상 1:3) 그때까지 자녀가 없던 엘가나의 아내 한나도 하나님께서 아들을 주신다면 나실인으로 하나님께 돌려 드릴 것을 서원하면서 만군의 여호와의 이름으로 간절히 기도했다(삼상 1:3, 11). 이 거룩한 성호는 다윗이 골리앗과 싸울 때에도 대적들에게 선포되었다. "나는 만군의 여호와의 이름 곧 네가 모욕하는 이스라엘 군대의 하나님의 이름으로 네게 나아가노라"(삼상 17:45). 다윗은 이스라엘의 군대를 통치하시는 '여호와 체바오트'의 이름으로 승리를 인도해 주신 만군의 하나님을 찬양했다.

⑪ 아도나이(주님) : '아도나이'(Adonai)는 '주님'(Lord) 또는 '주인'(Master)이라는 뜻으로서 구약 성경에 약 300회 기록되었는데 대부분이 복수인 '나의 주님들'(my Lords)로 기록되면서 삼위일체의 하나님이심을 암시한다(창 15:2, 8; 18:3; 출 4:10; 삼하 7:28; 시 2:4). '아도나이'는 만물을 창조하시고 주관하시는 하나님을 뜻하기도 하지만 사람에게 사용될 때는 '남편'(창 18:12)이나 '주인'(창 24:12) 또는 '상전'(시 123:2)을 가리키기도 한다. 이렇게 '소유주'(owner)의 의미로서 하나님과 사람 모두에게 사용되는 '아도나이'는 원래 유대인들이 거룩하신 하나님의 이름을 부르기를 두려워하면서 대신해서 불렀던 하나님의 성호이다. 고대로부터 유대인들은 십계명 중에서 제3계명인 "하나님 여호와의 이름을 망령되게 부르지 말라"(출 20:7; 레 24:16; 신 5:11)라는 율법에 따라서 거룩하신 하나님의 이름을 직접 부를 수 없었기 때문이다. 이렇게 부를 수도 없는 네 자음으로 된 하나님의

이름(יהוה)을 '여호와', '야훼' 또는 '야웨'로 부를 수 있게 된 것은 '아도나이'의 모음을 'יהוה'에 붙여 발음하면서 시작된 것이다. 성경에서 '아도나이'라는 성호가 최초로 사용된 곳은 아브라함이 뭇별과 같은 후손을 주시겠다는 하나님의 약속이 언제 어떻게 성취될지 궁금해하면서 "주 여호와여(아도나이 여호와) 무엇을 내게 주시려 하나이까"(창 15:2상)라고 질문했을 때이다. 그때까지 아브라함은 아들도 하나 없이 늙어가는 노인이었음에도 불구하고 언젠가는 언약의 후손을 주실 하나님의 약속을 믿으면서(창 15:6) '주 여호와(아도나이 여호와)'라고 고백했던 것이다.

⑫ 여호와 로이(여호와는 나의 목자시다) : '여호와 로이'는 목자가 양들을 보호하듯이 언제 어디서나 택하신 백성들을 돌보시고 지켜주시는 목자 되신 하나님을 의미한다(The Lord is my shepherd). 목자와 양은 결코 떨어질 수 없듯이 임마누엘 하나님으로 항상 함께하시며 어리석은 백성들을 변함없이 사랑하고 보호해 주시는 하나님이시다. '여호와 로이'는 많은 여호와의 이름 중에서도 성도들에게 가장 아름답고 부드럽게 다가오는 하나님의 성호이다. 목자의 삶을 살았던 다윗은 자신과 하나님과의 관계를 양과 목자로 비유하여 "여호와는 나의 목자시니(여호와 로이) 내게 부족함이 없으리로다"(시 23:1)라고 고백하면서 자신을 돌보시는 목자 되신 하나님을 찬양했다. '여호와 로이'의 하나님은 우리를 푸른 풀밭에 누이시며 쉴 만한 물가로 인도해 주시고 원수의 위협으로부터 보호해 주시며 우리의 영혼을 소생시켜 의의 길로 인도해 주시는 선하신 하나님이시다(시 23:1-3). 이처럼 우리 죄인들에게 항상 큰 위로가 되고 친밀함을 주는 고귀한 이름 '여호와 로이' 그 거룩한 이름은 "나는 선한 목자라 선한 목자는 양들을 위하여 목숨을 버리거니와"(요 10:11)라고 말씀하신 예

수 그리스도를 통해 성취된다. 하나님의 영원하신 언약을 성취하기 위해 죄인들을 대신해 십자가 대속의 피를 흘리신 독생자 예수 그리스도만이 성도들을 천국으로 인도해 주시는 유일한 참 목자이시기 때문이다(히 13:20).

⑬ 여호와 치드케누(여호와는 우리의 의) : '여호와 치드케누'는 완전한 의의 근원이시오 영원히 의로우신(시 119:142) 하나님의 성호로서 '여호와는 우리의 의'(The Lord our righteousness)라는 뜻이다. 예레미야 선지자는 하나님을 버리고 죄악에 빠진 유다 백성들이 포로생활을 마친 후에 다시 회복될 것을 예언했다. "여호와의 말씀이니라 보라 때가 이르리니 내가 다윗에게 한 의로운 가지를 일으킬 것이라 그가 왕이 되어 지혜롭게 다스리며 세상에서 정의와 공의를 행할 것이며 그의 날에 유다는 구원을 받겠고 이스라엘은 평안히 살 것이며 그의 이름은 여호와 우리의 공의(여호와 치드케누)라 일컬음을 받으리라"(렘 23:5-6). 이것은 이제 유다의 마지막 왕인 시드기야에 이르러 다윗 왕국이 멸망할 것임에도 불구하도 하나님은 주권적으로 다윗에게 '한 의로운 가지'를 일으켜 이스라엘을 구원할 메시아를 보내 주실 것을 예언한 것이다. 이는 궁극적으로 다윗의 후손으로 오실 메시아 곧 예수 그리스도를 통해서 이루어질 영원한 정의와 공의의 통치를 의미하는 것이다. 우리 하나님은 영원히 죽을 수밖에 없던 죄인들을 십자가 보혈의 피로 깨끗케 해 주시고 의롭다 해 주신 '여호와 치드케누'의 하나님이시다(롬 3:24).

⑭ 여호와 삼마(여호와께서 거기 계신다) : 에스겔서 마지막 장의 마지막 절은 "그 사방의 합계는 만팔천 척이라 그날 후로는 그 성읍의 이름을 여호와 삼마라 하리라"(겔 48:35)하면서 에스겔의 예언이 끝나고 있다. 여

기서 '여호와 삼마'는 회복된 이스라엘에 세워질 성읍의 새 이름이며 '여호와께서 거기 계신다'(The Lord is there)라는 뜻이다. 하나님께서 이스라엘 백성들과 함께하심으로 영광스러운 하나님의 임재가 이스라엘 백성 가운데 머물게 될 것을 의미한다. 에스겔 선지자는 이스라엘의 죄악으로 인해 성전을 떠났던 여호와의 영광이(겔 11:23) 다시 돌아와 임재하심으로 그분의 영광으로 가득 찬 새 성전의 환상을 보면서 벅찬 감동을 누를 수가 없었다(겔 43:1-5). 에스겔은 이 환상을 통해서 하나님께서 이스라엘을 회복시켜 주실 것이며 이제 다시는 백성들을 떠나지 않고 영원히 그들과 함께해 주실 것을 믿었기에 '여호와 삼마'의 하나님을 부르짖으며 맡겨진 사명을 다 할 수가 있었다. 이는 궁극적으로 아담의 범죄로 인해 파괴된 하나님과 인간의 관계가 구원자이신 예수 그리스도의 구속으로 말미암아 '여호와 삼마'로 영원히 회복될 것을 상징하는 것이며 "보라 하나님의 장막이 사람들과 함께 있으매 하나님이 그들과 함께 계시리니 그들은 하나님의 백성이 되고 하나님은 친히 그들과 함께 계셔서"(계 21:3)라는 말씀대로 성도들이 천국에서 하나님과 영원히 함께할 것을 예표하고 있다. 따라서 '여호와 삼마'는 임마누엘(하나님이 우리와 함께 계신다)로서 영원히 우리와 함께하실 하나님께서 예수 그리스도 안에서 영원한 하나님 나라의 회복을 성취하실 것이라고 상징하는 놀라운 은혜의 메시지이다.

042. 하나님은 왜 아브람의 이름을 아브라함으로 바꾸어 주셨나?

하나님은 아브람이 99세 때에 그와 할례 언약을 맺으려 하셨다. "보라 내 언약이 너와 함께 있으니 너는 여러 민족의 아버지가 될지라 이제 후로는 네 이름을 아브람이라 하지 아니하고 아브라함이라 하리니 이는 내가 너를 여러 민족의 아버지가 되게 함이니라"(창 17:4-5)라고 하시면서 아브람의 이름을 아브라함으로 바꾸어 주셨다. '아브람'이란 '존귀한 아버지'라는 뜻으로서 당시에 족장이었던 그의 신분과 지위로 볼 때 조금도 부족함이 없던 고귀한 이름이었다. 그럼에도 불구하고 하나님은 왜 그의 이름을 아브라함으로 개명해 주셨을까?

참고할 만한 것은 사람의 이름이란 단순히 개인을 가리키는 호칭을 넘어서 그 사람의 인격과 삶을 드러내는 도구임을 감안할 때 하나님께서 직접 아브람의 이름을 아브라함으로 바꾸어 주셨다면 그것은 앞으로 그의 삶에 있어 놀라운 변화가 있을 것임을 암시한다고 볼 수 있다. 그것은 바로 하나님께서 새로운 이름의 아브라함을 통해서 성취해 나가실 구속사를 가리키는 것이다. '아브라함'이라는 이름은 '열국의 아버지'라는 뜻으로서 이제부터 그는 더 이상 한 집안을 위한 조상이 아니라 수많은 민족들과 나라들의 조상이 될 것을 의미하는 것이며, 나아가 하나님께서 택하신 모든 믿는 자들 곧 믿음의 조상이 될 것을 나타내는 것이다(히 11:8-19).

그런데 문제는 수많은 민족과 나라의 조상이 될 아브라함이 아내 사래와의 사이에 아직도 단 한 명의 자녀도 없다는 것이다. 아브람이 75세에 하란을 떠나(창 12:4) 가나안 땅에 도착해서 99세가 되기까지도 하나님은 약속의 후손을 허락지 않으셨다. 그동안 하나님은 아브람에게 약속의 땅 가나안과 함께 땅의 티끌처럼 많은 후손들로 번성케 해 주시겠다고 여러 번에 걸쳐 약속해 주셨지만(창 12:1-3; 13:14-17; 15:12-21) 24년이 지나도록 아브람이 아내 사래와의 사이에서 얻은 자녀는 아무도 없었다. 이제는 아내의 나이가 89세요 아브람 자신도 99세로서 인간적인 능력으로는 자녀를 낳을 수 없는 절망적인 나이였기에, 이제 와서 더 이상 후손을 바란다는 것은 불가능했다.

그러나 하나님은 바로 그때에 무기력한 아브람에게 찾아오셔서 "나는 전능한 하나님이라 너는 내 앞에서 행하여 완전하라"(창 17:1)라고 말씀하셨다. 여기서 "전능한 하나님"(엘 샤다이)이란 모든 것을 초월한 절대자로서 무한한 능력을 지니신 하나님을 의미한다. 이는 곧 하나님께서 그동안 아브람에게 하셨던 후손의 약속을 이제야 성취해 주실 것임을 시사하는 것이다. 또한 "완전하라"(타밈)라는 말은 '흠 없이 순결하라'는 뜻으로서 이것은 13년 전에 아브람이 하나님과의 약속을 파기하고 하갈을 취했던 불신앙(창 16장)을 질책하고 있는 것이다. 하나님은 이제 할례 언약을 맺기에 앞서 아브람이 지나간 잘못을 회개하게 하신 것이다.

이어서 하나님은 아브라함에게 "네 아내 사라가 네게 아들을 낳으리니 너는 그 이름을 이삭이라 하라 내가 그와 내 언약을 세우리니 그의 후손에게 영원한 언약이 되리라"(창 17:19)라고 하시며 이전에 아브라함과 맺었던 언약을 다시 그의 아들 이삭을 통해서 영원한 언약으로 이어 나가실 것을 약속하셨다. 이제까지는 무자했던 아브람이었지만 이제부터는 드디어 열국의 아버지인 아브라함으로 불리게 된 것이다. 결론적으로 볼 때 하나님께서 아브람의 이름을 아브라함으로 바꾸어 주신 것은 그동안 아브라함과 맺은 언약을 아브라함의 나이와 관계없이 전능하신 하나님의 절대적인 주권으로 성취해 나가시겠다고 보여 주신 것이다. 아울러 그 언약의 징표로서 할례 규례를 제정하시므로(창 17:9-14) 하나님과 맺은 언약은 반드시 성취된다는 것을 강조하고자 하셨다.

| 난제 KEY POINT |

- 지혜의 왕 솔로몬도 "좋은 이름이 좋은 기름보다 낫고"(전7:1)라고 했듯이 사람의 이름은 단지 다른 사람과 구별하는 외적 표시를 넘어서 그 사람의 인격과 성품을 대변한다. '아브라함'은 '아버지'(아브)와 '많다'(라브)와 '풍성함'(함)이 합성된 이름으로 '열국의 아버지'라는 뜻이다(창 17:5하).
- 하나님께서 직접 이름을 바꾸어 주신 경우는 아브라함 외에도 사래를 사라(창 17:15)로, 야곱을 이스라엘(창 32:28)로, 그리고 주님은 시몬을 베드로(요 1:42)로 개명해 주셨다. 이것은 단순한 개명이 아니라 후손들을 향한 하나님의 약속과 축복의 의미를 담고 있는 것이다.
- "나는 전능한 하나님이라"(창 17:1)라는 말씀은 하나님께서 자신을 직접 인간에게 계시하신 최초의 기록이다.

043.

할례 언약이란 무엇인가?
이 언약은 오늘날에도 지켜야 하는 것인가?

창세기 17장 9-14절은 하나님께서 아브라함과 맺은 할례 언약을 기록하고 있다. 하나님은 아브라함에게 "그런즉 너는 내 언약을 지키고 네 후손도 대대로 지키라 너희 중 남자는 다 할례를 받으라 이것이 나와 너희와 너희 후손 사이에 지킬 내 언약이니라"(창 17:9-10)라고 하시며 아브라함과 그의 후손들 중 남자는 모두 할례를 받으라고 명령하셨다. 하나님은 이 명령을 어기고 할례를 받지 않는 자는 언약을 배반하는 것으로 간주해 하나님의 백성에서 끊어지게 된다고 경고하셨다(창 17:14).

그렇다면 할례가 과연 얼마나 중요한 의식이며, 또한 할례를 받음이 무엇을 의미하기에 하나님은 아브라함과 그의 후손들에게 반드시 할례를 받아야만 한다고 하셨을까? '할례'(히브리어 '물로트')라는 용어는 '둥글게 자르다'라는 뜻으로서 남성 생식기의 표피 끝 부분을 자르는 의식을 말한다. 하나님은 이스라엘 백성들이 할례를 받음으로써 평생 눈에 보이는 육체의 흔적을 지니게 해서 하나님과의 언약을 잊지 않게 하는 징표로 삼고자 하신 것이다(창 17:11).

하나님은 이렇게 맺은 할례 언약을 통해서 아브라함과 그의 후손들이 언약 백성이 되었다는 외적 표징을 지니게 하시고 동시에 이제부터는 하나님께 택함받은 선민으로서 하나님의 말씀에 순종하는 삶을 살아 가겠다는 것을 약속하는 상징이 되게 하셨다(신 10:16). 이러한 의미의 할례는 아브라함 이후에 모세를 통해 법적으로 제정되면서(레 12:3) 이스라엘 남자는 누구든지 태어난 지 8일 만에 할례를 받아야만 했다. 나아가 이스라엘 백성들뿐만 아니라 노예나 나그네나 외국인들도 모두가 할례를 통해서 언약 백성이 될 수가 있었다(창 17:12; 출 12:48).

그러면 하나님께서 아브라함과 그의 자손들에게 대대로 행하라고 명령하신 이 할례 의식은 오늘날에도 지켜야만 하는 것인가? 그것은 아니다. "너희는 포피를 베어라 이것이 나와 너희 사이의 언약의 표징이니라"(창 17:11)라고 하신 말씀대로 할례는 하나님께서 아브라함과 맺은 언약 곧 하늘의 뭇별과 같은 후손과 가나안 땅을 주시겠다는 약속을 반드시 지키시겠다는 언약의 표징일 뿐 할례 자체가 언약이 아니기 때문이다. 따라서 엄밀히 말하자면 할례를 받음으로써 언약의 백성이 되는 것이 아니라 언약의 백성이기 때문에 그 외적인 표시로서 할례를 받아야만 했던 것이다.

궁극적으로 구약의 할례 의식은 신약 시대의 세례 의식을 예표한다고 볼 수 있다. 할례나 세례 모두가 구원받은 자의 외적 증표일 뿐 할례나 세례를 통해서 죄 사함을 받거나 구원을 얻을 수 있는 것이 아니기 때문이다. 이에 대해 사도 바울도 아브라함이 의인이 된 것은 할례를 받기 이전이며 오직 믿음으로 의롭게 되었음을 증거하고 있다(롬 4:9-11; 5:1). 또한 초대 교회 당시 예루살렘 공의회에서도 할례는 구원의 조건이 될 수 없으며, 구원은 오직 예수 그리스도를 믿음으로 인한 것임을 명확히 밝힌 바가 있다(행 15:1-21).

따라서 예수 그리스도의 복음을 믿음으로써 구원을 받은 우리 성도들은(롬 1:17) 육체의 일부를 잘라 내는 형식적인 할례에 메일 것이 아니라 예수 그리스도 안에서 죄로 물든 자신의 마음을 베어 내는 참할례를 행해야 한다(렘 4:4). 이는 곧 참된 회개를 통해서 구습을 따르는 옛사람을 버리고 새사람으로 거듭나는 마음의 할례를 행해야 한다는 것을 의미한다(신 30:6; 엡 4:22-24). 사도 바울은 "또 그 안에서 너희가 손으로 하지 아니 한 할례를 받았으니 곧 육의 몸을 벗는 것이요 그리스도의 할례니라"(골 2:11)라고 말씀하면서 진정한 하나님의 백성으로서의 증거는 육체적인 할례가 아니라 그리스도 안에서 행하는 마음의 할례가 참할례라고 증거한다(롬 2:28-29).

결론적으로 할례는 죄인을 향한 구원의 조건이나 수단이 아니라 단지 이스라엘 백성들이 하나님의 선민임을 드러내는 표징으로서 장차 성도들이 받을 참할례의 모형인 것이다. 그러므로 예수 그리스도의 보혈로 구원받은 우리 성도들은 이젠 더 이상 육체적인 할례를 행할 필요가 없으며 주님 다시 오실 때까지 오직 진리의 말씀에 순종하여 그리스도의 참된 할례를 받은 자의 삶을 살아가야 하는 것이다.

| 난제 KEY POINT |

- 태어난 지 8일째에 할례를 행한 것은 남자아이를 낳은 산모를 7일 동안 부정한 것으로 간주했기 때문이며(레 12:2-3), 하나님께서 천지를 창조하시고 안식하신 다음 첫날에 드려지는 속죄의 제사와도 관련이 있을 수 있다(출 22:30; 레 9:1; 14:10; 민 6:10). 의학적으로는 생후 8일째 되는 날이 출혈 방지에 가장 좋은 날이라고 한다.
- 참된 할례자는 외적인 육체의 흔적을 남기는 자가 아니라 거룩한 삶을 통해서 자신을 하나님께 산 제사로 드릴 수 있는 참된 크리스천을 의미한다. 그러므로 우리 성도들은 할례가 오늘날 세례와 같은 외적 표시일 뿐 구원의 수단이 될 수 없음을 깨닫고 오직 예수 그리스도의 십자가 복음을 붙들고 성령 안에서 승리해야 한다.

044. 창세기 18장의 아브라함과 19장의 롯 이야기는 어떻게 대비되는가?

창세기 18장은 아브라함을 방문하신 하나님께서 사라에게 아들이 생길 것이라고 약속해 주시고(9-15절) 이후에 소돔과 고모라 심판을 예고하시자 이들의 구원을 위해 간절히 기도하는 아브라함의 중보 기도를 기록하고 있다(16-33절). 이어지는 창세기 19장은 패악한 소돔과 고모라의 멸망 속에서 구원받은 롯과 그의 두 딸이 근친상간으로 인해 모압과 암몬의 조상이 되는 모습을 통해서 실패한 롯의 삶을 보여 준다.

창세기 18장은 여호와께서 두 천사와 함께 사람의 모습으로 아브라함을 찾아오시면서 시작되는데(창 18:1-2, 22; 19:1) 이 세 사람의 이야기는 19장에서 롯을 찾아간 두 천사의 이야기와 자연스럽게 연결되고 있다. 이와 관련해서 아브라함과 롯에 관한 두 이야기의 명암은 각장의 첫 절에서부터 뚜렷이 대비된다. 여호와께서 두 천사와 함께 아브라함에게 나타나신 시간은 날이 뜨거울 때였고, 아브라함이 장막 문에 앉아 있을 때였다(창 18:1). 반면에 두 천사가 롯을 방문했을 시간은 저녁 때에 롯이 소돔 성문에 앉아 있을 때였다(창 19:1). 이러한 창세기 18장 1절과 19장 1절의 두 본문의 내용에서 다음과 같은 세 가지 차이점을 발견할 수 있다.

❶ 여호와와 두 천사가 아브라함을 찾아오신 시점은 날이 뜨거울 때였다. 이때는 하루 중 태양 빛이 고조된 가장 밝은 시간이다. 이것은 믿음의 사람 아브라함이 빛 가운데 살아가고 있음을 암시한다. 반면에 하나님과 아브라함을 떠나 소돔으로 간 두 천사가(창 18:22) 롯을 찾아간 시간은 저녁 때인데 이때는 날이 저물어 어둠이 임하는 시간이다. 이는 마치 죄악으로 가득 찬 소돔 성의 음란과 패악이 넘쳐 나기 시작하는 어둠의 때를 말하고 있는 듯하다. 결국 아브라함의 낮과 롯의 저녁은 서로 상반되게 대비되면서 각 장의 2절 이하에서 계속될 빛과 어둠의 메시지로 연결되고 있다.

❷ 여호와께서 찾아오셨을 때 아브라함은 성문이 아니라 장막 문에 앉아 있었다. 이는 아브라함의 삶이 한 곳에 정착되지 않고 순례하는 나그네 인생을 살아가면서 이 땅이 아닌 하늘에 소망을 둔 신앙임을 시사한다. 이에 반해 롯은 타락한 자들로 득실거리는 소돔 성문에 앉아 있었다. 이러한 롯의 모습은 믿음의 사람인 아브라함과 그 공동체를 떠나서 안목의 정욕에 따라 세상과 타협하며 살아가고 있는 세속적인 성도의 모습을 바라보게 한다.

❸ 아브라함을 찾아가신 하나님은 그의 영접에 기쁨으로 응답하시고(18:5) 내년 이맘때에(기한이 이를 때에) 아브라함의 아내 사라에게 아들이 있을 것을 말씀하시면서(창 18:10, 14) 언약의 후손에 관한 복되고 기쁜 생명의 소식을 들려주셨다. 하지만 롯을 찾아간 두 천사들은 롯의 집으로 들어가기를 주저했다(창 19:2). 심지어 두 천사들은 롯의 집에서 집단적인 성범죄 소동을 치른 후에 롯에게 소돔과 고모라가 멸망케 될 것이며 그 가운데서 롯의 가정만이 구원을 받게 될 것이라는 심판의 메시지를 전

해 주었다. 두 천사의 말대로 어둠의 도시인 소돔과 고모라는 결국 태양이 떠오르면서 빛 가운데서 멸망당하고 롯과 두 딸만이 구원을 받았다(창 19:23–29).

빛 가운데 머물고 있던 신령한 아브라함은 비록 100세에 가까운 고령임에도 불구하고 하나님의 약속하신 새 생명을 통해 노년의 삶에 새로운 희망을 얻는 축복을 받았지만, 이에 반해 아브라함의 조카 롯은 자신이 가장 소중히 여겼던 가족과 재물들을 유황과 불 심판 가운데서 모두 잃어버리며 절망에 빠지고 말았다. 나아가 롯은 술에 취해 딸들과 동침하며 두 아들(모압과 벤암미)을 낳는 수치스러운 근친상간의 죄까지 범했다. 나중에 이 두 아들은 모압과 암몬의 조상이 되면서 그 후손들은 끊임없이 이스라엘을 대적하는 원수가 된다. 이 불미스러운 사건 이후에 성경에는 더 이상 롯의 행적은 기록되지 않는다. 그럼에도 불구하고 롯이 아브라함의 간구를 통해 멸망 가운데서 구원을 얻을 수 있었던 것은(창 19:29) 전적인 하나님의 은혜가 있었기 때문이다. 이로 인해 롯은 비록 온전한 믿음을 갖지 못했음에도 타락한 세상과 구별될 수 있었으며 죄로 인해 고통을 받는 상한 심령의 의인이 될 수 있었다고 성경은 증거한다(벧후 2:7–8).

우리는 이러한 롯의 구원을 통해서 소돔과 고모라가 결국 멸망할 수밖에 없었던 것은 그들이 죄를 지었기 때문이 아니라 죄를 짓고도 회개를 하지 않는 패악한 심령이었기 때문임을 깨닫게 된다. 이를 볼 때 창세기 18장의 아브라함과 19장의 롯 이야기는 낮과 저녁으로부터 시작되는 빛과 어둠의 두 사건을 통해서 언약의 후손에 대한 축복과 죄악에 대한 심판을 대비하면서 소돔과 고모라의 멸망 가운에서도 택하신 자를 강권적으로 구원해 주시는 변치 않는 하나님의 사랑을 교훈하고 있다.

| 난제 KEY POINT |

- 아브라함을 찾아온 세 사람 중에 한 분은 하나님이시며(창 18:1-2, 13) 나머지 두 분은 하나님을 수행한 두 천사로 볼 수 있다(창 19:1; 히 13:2). 그러나 아브라함이 창세기 18장 3절에서는 "나의 주여"(아도나이) 하고 단수 호칭을 사용했으나 18장 4-9절에서는 2인칭 복수로 대화하고 있어 한 분만 하나님이었다고 단정하기는 어렵다. 그럼에도 "손님 대접하기를 잊지 말라 이로써 부지중에 천사들을 대접한 이들이 있었느니라"(히 13:2)라는 신약의 말씀을 참조할 때 아브라함을 찾은 세 사람은 하나님과 두 천사로 보는 것이 가장 적절한 해석이라고 볼 수 있다.

- 아브라함은 자신을 찾아온 세 나그네를 발견한 즉시 달려나가 손님들을 영접했다. 창세기 18장 6-7절에는 '급히', '속히'라는 말이 3회나 반복되면서 100세를 앞둔 늙은 노인이 뜨거운 대낮에 손님을 위해 정성을 다하는 모습을 보여 준다. 당시에 아브라함은 나이가 99세였으며 집안에 300명이 넘는 충직한 일꾼들을 둘 정도로 부유했음에도 불구하고(창 14:14) 그는 아내 사라와 함께 직접 나서서 손님들을 극진히 대접했다.

045. 아브라함 당시에는 근친상간이 죄가 아니었나?

근친상간(近親相姦)이란 부모, 형제, 자식과 같은 가족이나 혈연관계로 맺어진 가까운 친척들 사이에서 발생하는 성적(性的) 관계를 말한다. 모세의 율법에는 같은 핏줄 간의 이러한 잘못된 성(性) 관계를 가증스러운 죄악으로 규정하고 있으며 이를 행하는 자는 백성 중에서 끊어져서 이스라엘의 공동체에서 완전히 쫓겨날 것이라고 기록하고 있다(레 18:29; 20:17). 하나님은 근친상간에 대해 "각 사람은 자기의 살붙이를 가까이 하여 그의 하체를 범하지 말라 나는 여호와니라"(레 18:6), "너는 네 자매 곧 네 아버지의 딸이나 네 어머니의 딸이나 집에서나 다른 곳에서 출생하였음을 막론하고 그들의 하체를 범하지 말지니라"(레 18:9)라고 말씀하셨고, 이외에도 성경의 여러 곳에서 근친상간을 행하는 자는 하나님과의 관계가 단절되는 저주를 받게 될 것이라고 경고하고 있다(레 18:29-30; 신 27:22).

그렇다면 이러한 율법이 제정되기도 전이었으며 모세보다 수백 년 전의 족장 시대에 살았던 아브라함 당시에도 근친상간이 죄가 되었을까? 이와 관련해서 아브라함과 그의 조카 롯에 해당되는 두 가지 사례를 들어서 족장 시대 당시의 근친상간에 대한 의미를 살펴보기로 하자.

❶ 아브라함은 이복 누이인 사라와 결혼했다(창 20:12). 아브라함은 사라를 가리켜 "그는 정말로 나의 이복 누이로서 내 아내가 되었음이니라"(창 20:12)라고 하면서 자신의 아내인 사라가 실제로 자신의 이복 누이였음을 증거한다. 이복 누이란 배다른 여동생을 말한다. 이는 곧 아브라함의 아버지 데라에게 또 다른 부인이 있었음을 의미한다. 즉 아브라함은 계모의 딸인 데라와 결혼을 한 것이다. 그렇다면 이는 근친상간 금지라는 율법을 어긴 죄에 해당된다(레 18:11). 율법대로라면 아브라함도 분명히 근친상간의 죄를 범한 것이다.

그러나 아브라함의 결혼은 근친상간의 범죄와는 성격이 다르다. 그것은 하나님께서 허락하신 근친결혼이기 때문이다. 하나님은 노아 홍수 이후에 인류 중 유일하게 살아남은 노아와 아들들에게 복을 주시며 생육하고 번성하여 땅에 충만하라고 명령하셨다(창 9:1). 태초에는 인류의 시조인 아담과 하와만 있었던 것처럼 홍수 심판 이후에는 노아의 식구들 8명만이 세상 인구의 전부였으므로 하나님의 명령대로 인류의 생육과 번성을 위해서는 당시에는 근친결혼이 필연적일 수밖에 없었다.

하나님은 인류가 아담과 하와로부터 번성해 나가기를 원하셨으므로(창 1:28) 인간들이 땅에 충만할 때까지는 일정 기간 동안 근친결혼을 허락해 주셨던 것이다. 하나님은 아브라함 이후에 500년 이상이 지나서 인류가 충분히 번창한 뒤에야 모세를 통해서 근친상간을 금지하는 율법을 선포하게 하셨다. 그러므로 아브라함이 이복 누이와 결혼한 것은 근친상간의 범죄에 해당되지 않으며 오히려 인류의 번성을 위한 근친결혼으로서 하나님께서 허락하신 축복이었다.

❷ 아브라함의 조카인 롯의 경우는 어떠한가? 소돔과 고모라의 멸망

이후에 롯의 두 딸은 종족 보존을 위한 목적으로 아버지를 술에 취하게 해서 관계를 맺었다. 정신을 잃은 롯은 자신의 두 딸을 잉태케 하여 모압과 벤암미를 낳는 돌이킬 수 없는 잘못을 범했다(창 19:36-38). 이러한 롯과 두 딸들의 불미스러운 행위는 당연히 근친상간 금지의 율법을 어긴 것이지만 롯이 살았던 당시에는 그러한 율법이 없었다. 그렇다면 롯과 두 딸들의 잘못된 성적(性的) 관계는 죄가 되지 않는 것일까?

그렇지 않다. 하나님은 남자와 여자가 연합하여 복된 가정을 이루게 하셨고(창 2:24) 성결한 부부간의 사랑을 통해서 종족을 보존하게 하는 거룩한 복을 누리게 하셨다(출 19:6; 레 19:2). 그러나 롯의 딸들은 그러한 하나님의 창조 질서를 어겼다. 그녀들은 소돔과 고모라가 멸망당하자 이제는 더 이상 남편을 얻을 수 없다는 절박감으로 잘못된 판단을 했다. 오직 집안의 대를 이을 자손을 얻겠다는 목적만으로 아버지를 술 취하게 해서 동침했던 것이다. 이것은 명백한 간음이요 그렇게 해서 자녀를 낳은 것 또한 반인륜적인 파렴치한 죄악이다. 롯의 딸들도 그것이 죄인 줄 알았기에 아버지를 두 번씩이나 술에 취하게 만들었던 것이다. 따라서 비록 당시에 율법이 없었다 할지라도 롯과 두 딸들의 부정한 관계는 명백한 근친상간의 죄악이 되는 것이다.

| 난제 KEY POINT |

- 성경을 근거로 할 때 근친결혼의 허용은 아담과 하와 이후부터 시작해서 이복 누이를 아내로 맞았던 아브라함과 그가 살았던 당시의 족장 시대까지 계속해서 이어졌다고 볼 수 있다.
- 두 천사를 보호하려던 롯은 음란한 소돔의 백성들에게 두 딸들의 순결을 바치려고 했다(창 19:8). 이것은 롯이 여자의 정절을 쉽게 여기는 패악한 소돔의 문화에

영향을 받았기 때문이다. 롯이 이처럼 두 딸들에게 큰 잘못을 범한 것은 한동안 하나님을 떠나 세상을 의지했던 결과였다. 믿음의 사람 아브라함은 독자 이삭을 하나님께 제물로 드리려 했지만(창 22장) 세상을 사랑했던 롯은 두 딸들의 순결을 악한 자들에게 희생시키려고 했다.

046. 하나님은 아무도 시험하지 않으신다고 했는데, 아브라함은 왜 시험하셨나?

아브라함은 100세에 언약의 아들인 이삭을 낳았다(창 21:5). 하나님께서 후손을 주시겠다고 약속하신 지 25년이 지나서였다(창 12:4). 아브라함이 자녀를 낳을 수 없는 노년에 얻은 이삭은 세상의 그 무엇과도 바꿀 수 없는 존재요 자신의 생명보다 더 귀한 아들이었다. 그런데 어느 날 하나님은 아브라함을 시험하시려고 독자 이삭을 모리아 산으로 데리고 가서 번제로 드리라고 말씀하셨다(창 22:1–2). 아브라함은 믿기지가 않았다. 상상할 수도 없는 충격적인 명령이었다. 하나님은 그 누구도 시험하지 않는 분이 아니신가! 그런데 어찌 독자 이삭을 번제의 제물로 드리라고 시험하실 수가 있단 말인가!

신약의 야고보서 1:13에서도 하나님은 친히 아무도 시험치 않으신다고 분명히 기록되어 있는데 그럼에도 하나님은 왜 아브라함을 시험하셨을까? 구약과 신약의 내용이 서로 상충되는 것이 아닐까? 그러나 구약과 신약의 모든 말씀들은 서로 상충되지 않는다. 신약에서 '시험하다'(고후 13:5; 히 11:17; 약 1:2, 12)라는 뜻의 헬라어 '페이라조'는 '유혹하다'(갈 6:1; 약 1:13–14)라는 뜻을 동시에 지니고 있기 때문이다.

한글 성경(공동번역 제외)에는 야고보서 1장의 '페이라조'가 모두 '시험'

이라는 단어로 동일하게 번역되어 있지만(약 1:2, 12-14) 사실 헬라어 성경 원문과 영어 성경에는 성도들이 받는 시험을 믿음의 연단과 죄에 대한 유혹이라는 뜻을 내포한 두 가지 의미로 각각 구별해서 기록되어 있다. 그러한 '페이라조'의 두 가지 의미를 세부적으로 살펴보면 다음과 같다.

❶ 하나님께서 성도들의 믿음을 연단시키기 위한 시험(test, trial)을 뜻한다. 이와 관련해서 구약 성경에는 아브라함 외에도 하나님의 시험이 많이 등장한다. 아브라함, 다윗, 히스기야, 욥과 같은 신실한 자들은 모두가 하나님의 시험(test)을 받았다. 하나님은 수시로 이스라엘 백성들을 시험하셨으며(출 15:25; 16:4; 20:20; 신 8:2, 16; 13:3; 삿 2:22; 3:1, 4) 하나님의 뜻을 구하지 않고 교만했던 히스기야 왕과(대하 32:31) 고난 가운데 있던 욥을 시험하셨다(욥 7:18). 다윗은 오히려 믿음의 단련을 위해서 하나님께서 자신을 시험해 주시기를 간구했다(시 26:2). 결국 하나님의 시험은 곧 하나님의 은혜인 것이다.

이에 대해 신약에서 야고보는 "내 형제들아 너희가 여러 가지 시험을 당하거든 온전히 기쁘게 여기라"(약 1:2), "시험을 참는 자는 복이 있나니 이는 시련을 견디어 낸 자가 주께서 자기를 사랑하는 자들에게 약속하신 생명의 면류관을 얻을 것이기 때문이라"(약 1:12)라고 말씀한다. 여기서 두 번 기록된 '시험'은 성도들이 시련과 고통 속에서 이를 극복하고 승리할 수 있도록 하기 위한 하나님의 선하신 목적의 시험(test, trial)을 의미한다. 그래서 하나님의 사람들은 이 시험을 기쁘게 받아들일 때 믿음의 시련을 통한 인내의 열매를 맺게 되는 것이다(약 1:3).

❷ 이와는 반대로 사탄이 성도들을 실족케 하여 멸망시키려는 악한 목적의 시험을 말한다. 이는 인간들 자신이 내적인 욕심을 품고 이에 끌려서 미혹되

는 유혹을 뜻한다. "사람이 시험을 받을 때에 내가 하나님께 시험을 받는다 하지 말지니 하나님은 악에게 시험을 받지도 아니하시고 친히 아무도 시험하지 아니하시느니라 오직 각 사람이 시험을 받는 것은 자기 욕심에 끌려 미혹됨이니"(약 1:13-14). 여기서 다섯 번이나 반복 기록된 '시험'은 모두가 마귀로부터 오는 시험으로서 죄의 유혹(temptation)을 가리킨다. 인간의 미혹됨은 결국 자기 자신의 욕심에 이끌렸기 때문이요 죄에 물든 본성 때문임을 분명히 하고 있는 것이다.

따라서 야고보서 1장 13절에서 주님의 종 야고보가 하나님은 아무도 시험하지 않으신다고 한 말씀은 하나님은 그 누구에게도 사탄과 같은 악한 유혹을 하지 않으시므로 사탄에게 시험을 받을 때에 그 책임을 하나님께 돌리지 말 것을 교훈하는 것이다. 하나님은 악한 유혹의 시험을 하지 않으시기 때문이다. 결국 하나님의 시험을 통한 고난과 시련의 결과는 영원한 생명을 가져다주지만 사탄의 시험으로부터 오는 달콤한 유혹의 결과는 영원한 사망뿐인 것이다.

하나님의 시험(test, trial)은 믿음의 성장을 위한 은혜이며 반면에 사탄의 시험(temptation)은 성도를 죄악에 빠뜨리는 유혹으로서 하나님의 시험과 사탄의 시험은 그 목적이 정반대임을 알 수 있다. 그러므로 하나님께서 아브라함을 시험하고자 하신 것은 아브라함의 신앙을 연단시켜서 모든 믿는 자의 조상으로 세우고자 하신 놀라운 은혜이므로 창세기 22장의 아브라함의 시험과 야고보서 1장의 시험의 내용은 상호 간에 전혀 성경적 모순이 되지 않음을 알 수 있다.

| 난제 KEY POINT |

- 하나님은 아브라함의 믿음을 연단시키기 위하여 모리아 산의 시험 외에도(창 22장) 아브라함의 삶 가운데 이미 여러 차례 시험을 하셨다. 아브라함이 가나안 땅에 도착하자마자 기근이 들게 하셨으며(창 12:10) 아브라함이 100세가 되기까지 약속의 아들을 주지 않으셨다. 이에 대해 아브라함은 두 번씩이나 아내를 누이라 속였고(창 12장, 20장) 하나님의 약속을 기다리지 못하고 육신의 아들 이스마엘을 낳음으로써(창 16장) 계속해서 하나님의 시험에 실패했다. 그러나 독자 이삭을 번제로 바치라는 일생 최대의 시험을 이김으로써 믿음의 조상으로 설 수 있었다.

047. 하나님께서 어떻게 인간을 제물로 드리라고 하실 수 있는가?

아브라함은 하나님의 말씀에 의지해서 75세에 하란을 떠나 가나안 땅으로 이주했다(창 12:4-5). 하나님은 이후에 25년이 지나고 아브라함이 100세가 되어서야 언약의 후손인 아들 이삭을 허락하셨다. 사랑스러운 이삭이 어느 정도 자란 어느 날 하나님은 아브라함을 시험하시려고 "네 아들 네 사랑하는 독자 이삭을 데리고 모리아 땅으로 가서 내가 네게 일러준 한 산 거기서 그를 번제로 드리라"(창 22:2)라고 말씀하셨다. 이삭을 번제로 드리라고 하신 것은 그를 죽여서 희생 제물로 드리라는 것이다. 번제란 제물을 죽여서 가죽을 벗겨 낸 다음에 마디별로 뼈를 잘라 각을 떠서 온전히 불에 태워 올리는 제사를 말한다(레 1장).

아브라함은 그런 이해할 수 없는 하나님의 명령을 믿기가 어려웠다. 하나님께서 어떻게 인간을 제물로 받으실 수가 있으며 어찌 그런 잔인한 명령을 내리실 수가 있단 말인가! 이삭은 자신의 목숨보다 귀한 하나밖에 없는 유일한 언약의 후손이 아니었던가? 그런 이삭을 번제로 드려야 한다면 아브라함의 후손들이 땅의 티끌처럼 번성하여 그가 많은 민족들의 조상이 될 것이라고 약속하셨던 하나님의 언약들(창 12:1-3; 13:14-17; 15:12-21; 17:1-14) 또한 성취되지 못할 것이 아닌가! 도무지 이해할 수가 없는 하나님의 명령과 독자 이삭을 생각할 때마다 아브라함의 심장은 터질 것만 같았다. 차라리 자신이 지닌 수많은 짐승들과 자신의 모든 것들을 제물로 다 드려서라도 이삭만은 대신하고 싶었다. 그러나 그럼에도 불구하고 아브라함은 하나님께 순종하고자 결심했다. 이삭을 드렸을 때 죽은 자 가운데서 다시 살려 주실 하나님을 믿었기 때문이다(히 11:17-19).

그렇다면 하나님은 왜 이삭을 번제로 드리라고 하셨을까? 하나님은 모세의 율법을 통해서 사람을 제물로 드리는 인신 제사(人身祭祀)는 여호와의 이름을 욕되게 하는 가증스러운 행위라고 스스로 말씀하셨다(레 18:21; 신 12:31; 18:9-10). "너는 이스라엘 자손에게 또 이르라 그가 이스라엘 자손이든지 이스라엘에 거류하는 거류민이든지 그의 자식을 몰록에게 주면 반드시 죽이되 그 지방 사람이 돌로 칠 것이요"(레 20:2)라고 명령하시며 인신 제사가 죽음의 형벌에 이르는 죄악이라고까지 말씀하지 않으셨던가(레 20:1-5)! 그러신 하나님께서 어찌하여 이삭을 제물로 받고자 하셨을까?

그것은 바로 아브라함의 믿음을 시험하시기 위함이었다(창 22:1). 하나님은 인신 제사를 원하셨던 것이 아니라 아브라함이 자신의 생명보다 귀한 이삭을 과연 하나님께 드릴 만한 믿음이 있는지를 확인하고자 하신 것이다. 그래서 하나님은 아브라함이 칼을 들어 이삭을 잡으려고 할 그때 "그 아이에게 네 손을 대지 말라 그에게 아무 일도 하지 말라 네가 네 아들 네 독자까지도 내게 아끼지 아니하였으니 내가 이제야 네가 하나님을 경외하는 줄을 아노라"(창 22:12)라고 하시며 이삭이 제물로 드려질 것을 막으셨던 것이다. 이것은 하나님께서 처음부터 인간을 제물로 받고자 하신 것이 아니었음을 잘 보여 준다.

하나님은 이미 이삭을 대신해서 아브라함이 드릴 번제의 제물로 한 숫양을 예비해 놓고 계셨다(창 22:13). 하나님의 목적은 오직 아브라함의 온전한 순종을 시험하고자 하신 것이다. 이에 더해 하나님은 아브라함에게 이 사건을 통해서 하나님의 독생자 또한 갈보리의 제물로 드려질 것을 교훈하고자 하셨다. 이제 모리아 산의 아브라함의 번제를 기뻐 받으신 하나님은 이후 천 년 뒤에는 바로 이곳 모리아 산에 세워질 거룩한 여호와의 성전에서 솔로몬 왕의 예배를 기뻐 받으실 것이다(대하 3:1). 그리고 솔로몬 성전 이후에 다시 천 년 뒤에는 독생자 예수 그리스도의 희생을 통한 영원한 속죄의 제사를 기뻐 받으실 것이다.

결국 아브라함 생애의 가장 큰 시험이었던 이삭 번제 사건은 하나님께서 이삭을 제물로 한 인신 제사를 받기 위함이 아니었다. 하나님은 모리아 산의 이 사건을 통해서 미래에 모든 믿는 자들의 믿음의 조상으로 서게 될 아브라함의 믿음을 연단시키고자 하셨으며, 이는 나아가 이후 2천 년 뒤에 바로 이곳에서 성취될 예수 그리스도의 십자가 사건을 아브라함에게 계시하고자 하셨던 것이다.

| 난제 KEY POINT |

- 아브라함은 이삭을 드릴 때에 하나님께서 죽은 자를 다시 살려 주실 것을 믿었다(히 11:17-19). 그래서 그는 산으로 올라가기 전에 종들에게 "너희는 나귀와 함께 여기서 기다리라 내가 아이와 함께 저기 가서 예배하고 우리가 너희에게로 돌아오리라"(창 22:5)하면서 이삭과 함께 다시 돌아오리라는 믿음의 고백을 할 수 있었을 것이다.

- 아브라함이 이삭을 희생 제물로 드린 것은 미래에 있을 예수 그리스도의 십자가 희생을 예표한다. 따라서 모리아 산의 번제 사건은 독생자 예수 그리스도의 복음을 암시하는 위대한 사건이라고 볼 수 있다. 믿음의 조상이 될 아브라함은 모리아 산의 독자 이삭을 통해서 하나님의 독생자 예수 그리스도를 바라볼 수 있었을 것이다.

048. 아브라함은 공짜로 주겠다는 땅을 왜 굳이 값을 치르고 사야만 했을까?

창세기 23장은 아브라함의 아내인 사라의 죽음과 장례에 관한 이야기를 기록하고 있다. 본문의 내용은 세 단락으로 구별되는데 사라가 127세에 죽자 아브라함이 이를 슬퍼하고(1-2절) 아내를 묻기 위한 땅을 구입하며(3-18절) 장례를 치르기까지 내용으로 나누어진다(19-20절). 요약해 보면 창세기 23장은 사라의 죽음으로 시작해서 그녀의 장례식으로 끝난다. 사라는 언약의 자손인 이삭을 낳은 어머니요(창 17:19) 남편 아브라함과 함께 평생을 나그네 인생을 살았던 믿음의 여인이었다(히 11:11-16).

창세기 23장 1절은 성경에 기록된 유일한 여자의 나이를 밝히면서 믿음의 어머니였던 한 여인의 죽음을 한 장 전체에 걸쳐서 기록하고 있다. 그런데 본문의 내용을 잘 살펴보면 정작 사라의 죽음과 장례에 관한 내용보다는 오히려 아브라함이 아내가 매장될 땅을 구입하는 내용에 초점이 더 맞추어져 있음을 알 수 있다. 그것은 본 장의 기록 목적이 사라의 죽음에서 끝나는 것이 아니라, 이를 통해서 아브라함이 어떻게 해서 헤브론의 땅을 소유하게 되었으며, 그리고 이 땅을 왜 소유해야만 하는지를 교훈하기 위한 것이기 때문이다.

아브라함은 사라의 장례를 치르기 위한 땅을 사기 위해 헷 사람 에브론이 소유한 밭의 끝부분에 있는 막벨라 굴을 매입하고자 했다. 그러나 에브론은 "내 주여 그리 마시고 내 말을 들으소서 내가 그 밭을 당신에게 드리고 그 곳의 굴도 내가 당신에게 드리되 내가 내 동족 앞에서 당신에게 드리오니 당신의 죽은 자를 장사하소서"(창 23:11)라고 하면서 밭을 포함해서 그 속의 굴까지도 모두 무료로 주겠다고 했다. 이에 아브라함은 에브론의 호의를 정중히 거절하면서 끝내 은 400세겔의 값을 치르고서야 막벨라 굴을 소유했다. 이것은 아브라함의 인생에서 처음이자 마지막으로 소유한 땅이다. 생전에 자신을 위해 단 한 평의 땅도 소유하지 않았던 아브라함이 유일하게 구입한 땅이 아내를 위한 무덤이었던 것이다(행 7:5).

그렇다면 아브라함은 공짜로 주겠다는 땅을 왜 굳이 그렇게 비싼 값을 치르고 사야만 했을까? 그것은 아브라함이 그의 후손들에게 이 땅의 소유권을 물려주기 위함이었다. 그래서 아브라함은 많은 헷 족속들이 모여 있는 성문 앞 광장에서(창 23:10) 그들을 증인으로 하여 확실한 매매 절차를 거쳐서 에브론의 땅을 매입하고자 했다. 에브론의 말대로 값없이 땅을 무료로 얻게 될 경우에는 훗날 아브라함의 후손들이 이 땅에 대한 소유권을 행사할 수가 없게 될 것이므로 아브라함은 미래에 이런 문제가 발생하지 않도록 의도적으로 많은 증인들이 보는 앞에서 정상적으로 땅 값을 치르고 소유권을 확보했던 것이다.

그렇게 확실하게 해야만 했던 이유는 아내를 묻고자 한 그곳이 하나님께서 약속하신 언약의 땅이었기 때문이다(창 12:1-3; 13:14-17). 아브라함은 사라가 묻힌 이 땅을 통해서, 이곳이 바로 하나님께서 자신들에게 주시겠다는 약속의 땅임을 그의 후손들에게 교훈하고자 했던 것이다. 이는 곧 가나안 땅을 그의 후손들에게 주시겠다고 하신 하나님의 약속이 반드시 성취될 것을 믿고 있는 아브라함의 확신에 찬 신앙의 증거이다.

아내를 장사지내고 38년이 지난 후에는 아브라함 자신도 이곳 막벨라 굴에 아내 사라와 함께 묻혔으며 아들 내외인 이삭과 리브가 그리고 손자 내외인 야곱과 레아까지도 모두가 같은 막벨라 밭 굴에 장사되었다(창 25:9; 49:31; 50:13). 그렇게 해서 한 개인의 밭의 모퉁이에 있던 보잘것없던 작은 동굴이 믿음의 조상들의 장지가 된 것이다. 결국 아브라함이 반드시 값을 치르고 소유하고자 했던 막벨라 굴은 단순한 매장지가 아니었다. 아브라함은 이 굴 속에 아내 사라를 묻으면서 동시에 믿음의 후손들에게 물려줄 하나님의 언약을 묻고 있었던 것이다.

| 난제 KEY POINT |

- 아브라함은 헤브론의 땅을 매입해서 사라를 안장한 이후에 자신도 이곳에 묻힐 때까지 38년의 세월을 헤브론에 정착해서 살았다. 자신들이 묻힌 그 땅에서 하나님의 나라가 건설될 것이라는 언약을 믿었기 때문이다. 이와 관련해서 창세기 23장에는 '소유지' 또는 '소유'라는 단어가 네 번이나 반복해서 강조된다(23:4, 9, 18, 20).

- 아브라함이 매입한 막벨라 굴의 값인 은 400세겔은 너무도 비싼 가격이었다. 물론 시대적인 차이는 있지만 예레미야가 은 17세겔로 사촌의 밭을 샀고(렘 32:9) 북왕국의 오므리 왕은 은 두 달란트(6000세겔)로 사마리아 산 전체를 사서 그 산 위에 성읍을 건설했다는 것은 참고할 필요가 있다(왕상 16:24). 결국 헷 사람 에브론이 밭과 굴을 공짜로 주겠다고 한 것은 오히려 교묘한 상술이었던 것이다.

- 남편 아브라함을 따라 65세에 하란을 떠나(창 12:4; 17:17) 가나안 땅으로 이주해 온 지 62년이 지났다. 사라는 90세에 언약의 후손인 이삭을 낳았고 이후 37년 뒤에 127세의 나이로 하나님 곁으로 떠났다(창 23:1-2). 그녀는 믿음의 조상인 아브라함의 신실한 동반자였다.

049. 그두라는 아브라함의 새 아내인가? 아니면 첩인가?

아브라함은 137세에 아내 사라의 장례식을 치렀고(창 17:17; 23:1) 이어서 140세에 아들 이삭의 결혼식을 치렀다(창 21:5; 25:20). 그리고 성경은 "아브라함이 후처를 맞이하였으니 그의 이름은 그두라라"(창 25:1)라고 말한다. 여기서 '후처'는 히브리어 '이샤'로서 '여자' 또는 '아내'를 의미한다. 영어 성경(NIV)에서도 'another wife'(후처)라고 기록한다. 따라서 아브라함이 아내를 떠나보내고 3년이 지난 이후인 그의 인생 말기에 새 아내를 얻은 것이라고 볼 수 있다.

그러나 이와는 다르게 역대기에서는 "아브라함의 소실 그두라가 낳은 자손은…"(대상 1:32)하면서 그두라가 정식 아내가 아니라 소실이라고 말씀하고 있다. '소실'(필레게쉬)이란 '첩'(妾)을 뜻하는 단어이다. 그렇다면 그두라가 아브라함의 두 번째 아내(후처)였을까 아니면 소실(첩)이었을까? 그두라가 아브라함의 후처라고 기록한 창세기 25장 1절과 그두라가 아브라함의 소실이라고 한 역대상 1장 32절의 기록 중 과연 어느 것이 옳은 것인가?

이와 관련해서 일부 학자들은 역대상 1장 32절의 기록과 창세기 25장 6절에서 아브라함이 자기 서자들에게(서자는 본부인이 아닌 첩에게서 태어난 자식을 말한다) 재산을 주어서 아들 이삭을 떠나가게 했다는 기록을 근거로 하여 아브라함이 사라가 살아 있을 때에 그두라를 첩으로 얻었을 것이라고 주장하기도 한다. 하지만 다른 많은 학자들은 그두라는 아브라함이 사라가 죽은 이후에 맞아들인 두 번째 부인이라고 주장한다. 이에 대해 성경은 그두라가 아브라함의 후처였는지 아니면 첩이었는지에 대한 명확한 답을 제시하고 있지는 않지만 창세기 25장 1절의 기록을 근거로 하여 아브라함의 후처(another wife)로 보는 것이 일반적인 해석이다.

성경의 기록 순서를 기준으로 할 때 사라가 죽고 이삭이 결혼을 한 이후에 아브라함이 그두라를 후처로 맞았다면 아브라함은 사라를 떠나보내고 3년 이상을 홀로 외롭게 지내다가 두 번째 아내를 얻은 것이 된다. 그리고 그는 그두라와의 사이에서 6명의 아들을 낳았다(창 25:1-2; 대상 1:32). 이에 따르면 그두라는 아브라함의 첩이라기보다는 후처로 볼 수 있다. 아브라함이 86세에 하나님의 언약을 어기고 사라의 여종 하갈을 통해 이스마엘을 낳은 것을 탄식하면서 자신을 죽은 자와 같이 여겼기에(히 11:12) 그가 사라 생전에 또다시 다른 여종을 첩으로 취했다고 보기는 어렵기 때문이다.

그렇다면 100세 가까이 되기까지도 아이를 낳을 수 없었던 아브라함이 어떻게 140세가 넘은 나이에 후처를 취해서 그렇게 많은 자녀를 낳을 수 있었을까? 그것은 아브람의 이름을 아브라함으로 바꾸어 주신 하나님께서 그의 이름의 의미대로 수많은 민족들의 아버지가 되게 하시려는 언약의 성취라고 볼 수 있다. 하나님께서 아브라함의 노년기에 특별한 은총을 베풀어 주셨기 때문일 것이다(창 17:5). 전능하신 하나님은 후손을 볼 수 없었던 아브라함이 100세에 이삭을 낳게 하셨듯이 140세 이후에도 얼마든지 더 많은 다산의 복을 누리게 하실 수 있기 때문이다. 따라서 그두라는 사라가 죽은 이후에 얻은 아브라함의 새 아내라고 볼 수 있다.

그럼에도 성경에서는 아브라함의 합법적인 아내인 그두라에 대해 소실이라고 기록하고 있는 것은 하갈처럼 여종이었을 그두라가 하나님의 언약과는 무관한 여인이었기 때문이다. 이는 하나님의 약속대로 언약의 후손을 낳은 아브라함의 유일한 아내이며 하나님께 택함받은 아내였던 사라와 명백히 구별하기 위함이었을 것이다. 아브라함과 사라의 몸을 통해서 태어난 후손인 이삭만이 하나님의 언약을 계승하기 위한 유일한 상속자가 될 수 있었기 때문이다.

| 난제 KEY POINT |

- 아브라함이 그두라에게 얻은 6명의 아들은 시므란 욕단 므단 미디안 이스박 그리고 수아이다(창 25:2; 대상 1:32). 이를 통해 아브라함은 여러 민족의 아버지가 되었지만 그두라의 자손들은 이후에 이스라엘 백성들을 끊임없이 괴롭히는 민족들이 되었다. 이들은 팔레스타인 동쪽과 남쪽 지역인 아라비아 반도를 중심으로 살아갔다(창 25:6).
- 아브라함은 하나님의 말씀에 따라 75세에 하란을 떠나 가나안 땅으로 온 지 100년이 지난 175세로 세상을 떠났다(창 25:7-8). 그는 100세에 언약의 계승자인 이삭을 낳았고 75년 동안 하나님의 언약 안에서 살다가 떠났다.
- 아브라함은 100세에 얻은 아들 이삭이 40세에 결혼할 때 140세였다(창 21:5; 25:20). 175세에 세상을 떠난 아브라함은(창 25:7) 이삭 결혼 이후에 35년을 더 살았으며 160세에 손자인 야곱과 에서가 태어난 뒤에도 15년을 더 살았다(창 25:26). 사라가 127세에 죽을 때 137세였던 아브라함은 사라 이후에 38년을 더 살았다.

050. 하나님은 왜 태중에서부터 에서와 야곱을 구별하셨는가?

이삭은 40세에 리브가와 결혼해서 20년이 지나서야 비로소 하나님의 언약을 계승할 자녀를 얻게 된다(창 25:20–26). 오랜 기간 동안 불임 때문에 고통받던 리브가가 쌍둥이를 잉태하며 복중 태아의 싸움으로 인해 고통받고 있을 때 하나님은 리브가에게 “두 국민이 네 태중에 있구나 두 민족이 네 복중에서부터 나누이리라 이 족속이 저 족속보다 강하겠고 큰 자가 어린 자를 섬기리라”(창 25:23)라고 말씀하셨다. 여기서 ‘큰 자’는 형 에서를, ‘어린 자’는 동생 야곱을 가리킨다. ‘두 국민’과 ‘두 민족’은 에서가 조상이 될 ‘에돔’과 야곱이 조상이 될 ‘이스라엘’을 의미한다.

여기서 두 민족이 복중에서부터 나누어진다는 것은 쌍둥이 두 아들이 어머니 배속에서부터 갈등을 빚기 시작해서 장차 두 아들을 통해서 세워질 나라인 이스라엘과 에돔이 서로 적대적인 관계가 될 것을 가리킨다. 아울러 큰 자인 형이 어린 동생을 섬긴다는 것은 장차 야곱이 에서보다 더 큰 민족의 조상이 될 것을 뜻한다. 지금 이삭의 아들 에서와 야곱은 아직 세상에 태어나지도 않았고 어머니 리브가의 복중에 있는 상태이다. 그런데 하나님은 왜 장자인 큰 자가 어린 자를 섬기게 하셨을까? 왜 태어나기도 전에 형이 아니라 동생이 더 복을 누리게 되고, 또한 어찌하여 그 후손들의 운명까지도 미리 결정해 주셨을까? 아직 태어나지도 않은 상태에서 야곱과 에서가 그 어떤 선이나 악을 행하지도 않았는데 하나님은 어떤 기준으로 그리고 무슨 이유로 이들을 구별하셨을까?

구약의 선지자 말라기와 신약의 사도 바울도 하나님께서 야곱은 사랑하고 에서는 미워하셨다고 말씀한다. "…나 여호와가 말하노라 에서는 야곱의 형이 아니냐 그러나 내가 야곱을 사랑하였고 에서는 미워하였으며…"(말 1:2하–3상). "기록된 바 내가 야곱은 사랑하고 에서는 미워하였다 하심과 같으니라"(롬 9:13). 사실 이 말씀들은 인간의 정상적인 판단으로는 이해하기가 어렵다. 그렇다면 과연 이렇게 구별하고 택하신 하나님의 선택 기준은 무엇일까?

결론부터 말하자면 그 선택 기준은 절대적인 하나님의 주권에 있다. 토기장이가 그릇을 마음대로 만들 권한이 있는 것과 마찬가지로 하나님께서 창조하신 인간을 하나님의 선하신 뜻대로 결정하시는 것 또한 전적인 하나님의 주권인 것이다. 이에 대해 사도 바울은 말씀한다. "이 사람아 네가 누구이기에 감히 하나님께 반문하느냐 지음을 받은 물건이 지은 자에게 어찌 나를 이같이 만들었느냐 말하겠느냐 토기장이가 진흙 한 덩이로 하나는 귀히 쓸 그릇을 하나는 천히 쓸 그릇을 만들 권한이 없느냐"(롬 9:20–21).

이는 곧 하나님께서 누구를 택하시고 누구를 사랑하시든 간에 피조물인 우리는 그 누구도 하나님께 항변할 수 없음을 증거한다. 모든 인간은 죄악으로 인해서 하나님 앞에서 택함을 받을 만한 자격이나 공로가 전혀 없기 때문이다(롬 3:10). 따라서 구원이란 인간의 노력이나 선행으로 얻을 수 있는 것이 아니라 무조건적인 하나님의 사랑과 주권적인 택하심에 근거하게 된다. 그래서 하나님께서 가인이 죽인 아벨 대신에 셋을 택하시고 그 많은 사람 중에서 노아와 그 가정을 택하시고 만민 중에서 아브라함을 택하셨으며 이스마엘이 아니라 이삭을 택하셨고 그리고 에서가 장자였음에도 불구하고 야곱을 택하셔서 언약의 후손으로 삼으신 하나님의 선택에 대해서 인간들은 그 어떤 항의나 거부를 할 수가 없는 것이다.

그렇다면 하나님께서 이런 주권적인 선택을 하신 목적은 무엇일까? 그것은 택하신 자를 통해서 이 땅에 메시아를 보내 주시기 위한 은혜의 섭리이며, 동시에 죄로 인해서 영원히 죽을 수밖에 없는 인간들을 구원하시기 위함이다. 하나님은 이를 위해서 세상 만민 중에서 택하신 자들을 하나님의 자녀가 되게 하셨다. 그리고 택하심을 받은 자들에게는 영원한 생명이신 예수 그리스도의 복음을 영접함으로서 구원을 얻을 수 있는 길을 열어 주셨다. 이것은 유대인이나 이방인이나 관계없이 하나님의 택함을 받은 자들은 누구든지 오직 믿음으로 얻게 되는 구원이다. 따라서 하나님의 주권적인 선택으로 인한 우리의 믿음은 인간이 거부할 수 없는 불가항력적인 하나님의 은혜요 선물인 것이다(롬 9:16; 11:5).

이는 곧 하나님께 선택된 자들에게는 오직 순종과 감사만이 있을 뿐이요(롬 1:27-29), 성도된 우리가 영원히 살아 계신 하나님만을 찬양해야 할 유일한 이유가 될 것이다.

| 난제 KEY POINT |

- 리브가의 복중 계시는 이후에 사도 바울의 선택 교리의 근본이 된다(롬 9:10–13). 하나님의 선택은 인간의 조건이나 자격과 무관하게 하나님의 기쁘신 뜻에 근거한 영원성을 지니므로 한 번 택함받은 자의 구원은 영원히 변하지 않는다(엡 1:5).
- 하나님의 주권적인 선택이 있는 반면에 어떤 자들은 하나님께서 죄악 가운데 그냥 버려두시는 유기도 있다. 하나님의 선택은 택함받은 자의 공로가 아니라 절대적인 하나님의 은혜의 선물이지만 유기된 자들이 영벌에 처해지는 이유는 하나님께 있는 것이 아니라 절대적으로 자신들의 죄로 인한 것이다(요 3:19).
- 에서와 야곱의 적대 관계는 그들의 후손들에게까지 이어지면서 급기야 신약 시대에 이르러 에서의 후손인 헤롯 왕이 야곱의 후손인 메시야를 죽이고자 함에 이르러 절정에 달하게 된다.

051. 야곱이 형 에서에게서 샀던 장자의 명분이란 무엇인가?

'장자의 명분'(히브리어 '베코라')이란 부모에게서 처음 태어난 아들(장자)이 갖는 권리로서 장자권을 의미한다. 구약 시대에 장자들은 가문에서 첫 열매로 태어난 가장 귀한 아들이며 부모의 자랑이요 희망으로 인식되었다. 또한 후손의 번성을 위한 시작이며 아버지의 대를 이을 자로서, 장자에게는 가정의 권위와 품격이 주어졌다. 이는 야곱이 죽기 전에 했던 장자를 위한 축복문에도 잘 나타난다. "르우벤아 너는 내 장자요 내 능력이요 내 기력의 시작이라 위풍이 월등하고 권능이 탁월하다마는"(창 49:3). 이처럼 구약 시대 당시에 이스라엘에게 특별하게 인식되었던 장자권, 즉 장자가 누릴 수 있는 일반적인 특권에는 다음과 같은 세 가지가 있었다.

❶ 장자는 부모의 유산을 상속할 때 다른 형제들에 비해서 두 배를 받았다. 이러한 장자의 권리는 율법으로 제정되어 엄격히 보호를 받았다. 신명기에 기록된 장자의 상속권에 관한 율법에는 아버지의 임의적인 결정이나 편견으로 인해 장자의 권리가 상실되지 않도록 엄격히 보호하고 있다(신 21:15-17).

❷ 가문의 계보가 장자를 통해서 이어지며 부친의 권위를 이어서 가

정을 통솔할 수 있는 권리를 지닌다. 부모의 첫 태를 연 초태생으로서 아버지의 절대적인 권위를 물려받았기 때문이다.

❸ 이에 더해 하나님께 택함을 받은 아브라함 가문의 장자는 하나님의 언약 안에서 누릴 수 있는 특별한 영적 축복권도 상속을 받았다(창 48:15-16). 하나님은 모세에게 "…여호와의 말씀에 이스라엘은 내 아들 내 장자라"(출 4:22)라고 말씀하시며 택함을 받은 아브라함의 후손을 향한 특별한 사랑을 나타내셨다. 아브라함으로부터 이삭을 통한 하나님의 약속은 이 장자권을 통해서 계승되었다.

이러한 장자권의 넘치는 축복과 그 권리에 대해 동생 야곱은 어려서부터 잘 알고 이를 중요하게 여기고 있었다. 하지만 형 에서는 사냥을 좋아하는 들사람으로서 강한 육체와 자신감으로 영적인 축복보다는 육적인 것을 즐기며 장자권을 하찮은 것으로 여겼다(창 25:34). 그래서 들에서 돌아온 에서는 지치고 허기진 상태에서 "내가 죽게 되었으니 이 장자의 명분이 내게 무엇이 유익하리요"(창 25:32)라고 하면서 동생 야곱에게서 떡과 팥죽을 얻는 대가로 장자권을 팔아 버렸다. 배가 고파 죽을 정도로 견딜 수 없으니 자신에게 그까짓 장자권은 아무런 소용이 없다고 여긴 것이다. 심지어 이 장자의 명분 속에는 하나님께서 아브라함에게 약속하신 언약의 성취가 담겨 있다는 것마저도 에서는 무시했던 것이다.

그러므로 형 에서가 한 순간의 육체적 만족을 위한 한 끼의 식사 때문에 이렇게 쉽게 장자권을 포기한 것은 이 땅의 세속적인 권리만을 포기한 것이 아니라 궁극적으로는 하나님의 약속을 업신여긴 것이며 하나님께서 아브라함과 맺으신 영원한 언약의 상속권을 포기하는 결정적인 실수를 자행한 것이다. 이로 인해 장자인 자신을 대신해서 동생 야곱이 하나님의 언약을 계승받는 영적 축복을 누리게 되었으며, 마침내 형은 동생을 섬기는 자가 되어 버렸다.

이후 에서의 후손들은 이스라엘을 대적하는 에돔 족속이 되고, 야곱의 아들들은 열두 지파가 되어서 이스라엘의 민족을 이루게 된다. 큰 자가 어린 자를 섬길 것이라는 어머니 리브가의 태중 계시가 성취된 것이다. 이는 형 에서가 장자의 명분을 동생에게 판 행동이 단순히 한 가정의 장자권에 미치는 행위가 아니라, 이전에 아담과 하와가 에덴동산의 영원한 복을 선악과 열매와 바꾼 것과도 같은 역사상 가장 큰 실수 중에 하나였음을 보여 주는 사건이다.

이러한 에서의 행동은 오늘날 세상의 일시적이고 육체적인 만족만을 채울 목적으로 영원한 하나님의 신령한 복을 경시하는 자들을 향해 교훈하고 있다. 이것은 또한 아직까지도 장자의 명분, 즉 하나님의 영원하신 기업을 가볍게 여기고 오늘도 무엇을 먹을까 무엇을 마실까 만을 고민하면서 오직 세상만을 위해 살아가는 자들을 향한 경고의 메시지이다.

| 난제 KEY POINT |

- 에서는 장자의 명분을 업신여겼고 야곱은 필사적으로 장자권을 차지하고자 교묘한 방법으로 장자권을 사들였다. 그리고 형 에서처럼 변장해서 아버지를 속이고 장자의 축복마저 받아 냈다. 이로 인해 에서와 야곱 그리고 그 후손들인 에돔과 이스라엘은 원수가 되고 말았다(민 20:18).
- 당시에는 여러 사정으로 인해 장자의 권리를 팔고 사기도 했다. 장자권을 상실했던 일반적인 경우는 ❶ 아버지의 권한으로 다른 아들을 장자로 대신 선택한 경우(대상 26:10). ❷ 에서처럼 장자인 자신의 권한으로 직접 양도한 경우(창 25:33). ❸ 야곱의 장자 르우벤처럼 죄로 인한 징계로 박탈당하는 경우 등이 있었다(대상 5:1).

052. 아브라함과 이삭이 자신의 아내를 누이라고 속였던 당시의 아비멜렉은 동일 인물인가?

창세기에는 자신의 아내를 누이라고 속이는 장면이 세 번이나 기록된다(창 12장, 20장, 26장). 가장 먼저 창세기 12장에서는 아브라함이 애굽 왕 바로에게, 그리고 20장에서는 역시 아브라함이 그랄 왕 아비멜렉에게 아내를 누이라고 속였다. 이어서 26장에서는 아브라함의 아들 이삭도 블레셋 왕 아비멜렉에게 아내를 누이라고 속였다. 아버지와 아들에게 있었던 이 세 번의 반복적인 사건들을 아브라함과 이삭으로 각각 나누어 정리해 보면 다음과 같다.

❶ 가나안 땅의 기근으로 인해서 애굽으로 피신을 갔던 아브라함은 아내 사라의 미모로 인해 자신의 목숨을 잃을 것을 우려한 나머지 아내를 누이라고 속이는 잘못을 범했다(창 12:10-13). 그리고 약 20여 년이 지난 후, 그는 블레셋의 그랄 왕 아비멜렉에게도 아내를 누이라고 속이는 잘못을 또다시 범했다(창 20장). "그의 아내 사라를 자기 누이라 하였으므로 그랄 왕 아비멜렉이 사람을 보내어 사라를 데려갔더니"(창 20:2). 아브라함은 과거 애굽에서 행했던 죄를 그랄에서도 다시 반복함으로써 아내를 두 번씩이나 빼앗길 위기에 처했었다.

❷ 아브라함이 처음 흉년을 겪은 이후에(창 12:10) 100년이라는 긴 세월

이 지나면서 아브라함도 향년 175세로 이 땅을 떠났다(창 25:7-8). 그리고 어느 날 아들 이삭에게도 흉년이 찾아왔다(창 26:1). 이로 인해 이삭도 그랄로 가서 블레셋 왕 아비멜렉에게 아내를 누이라고 속임으로써 이전에 아버지 아브라함과 유사한 사건을 겪게 된다(창 26:1-11). "…그가 말하기를 그는 내 누이라 하였으니 리브가는 보기에 아리따우므로 그곳 백성이 리브가로 말미암아 자기를 죽일까 하여 그는 내 아내라 하기를 두려워함이었더라"(창 26:7).

안타깝게도 약 백 년에 걸쳐서 부자지간에 계속된 이 세 번의 거짓말은 하나님께 대한 믿음의 연약함을 보여 주는 불신앙의 행동들이다. 그렇다면 여기서 아브라함이 아내를 누이라고 속였던 아비멜렉 왕과 이삭이 속였던 아비멜렉 왕은 동일 인물이었을까? 만약에 창세기 20장과 26장의 아비멜렉이 같은 사람이 맞다면 그는 적어도 100년 이상의 긴 기간 동안 그랄을 통치했던 왕이 된다.

그러나 창세기 20장과 26장에 각각 기록된 아비멜렉은 동일 인물이 아니다. 비록 아버지 아브라함과 아들 이삭이 블레셋 땅의 그랄이라는 같은 성읍에서 같은 실수로 동일한 사건을 일으켰지만, 두 사람을 상대했던 아비멜렉 왕은 동일 인물이 아니라 전혀 다른 사람이다. 아브라함이 아비멜렉을 만날 때는 이삭이 태어나기도 전이었으며 이삭이 아비멜렉을 만난 것은 이미 아버지 아브라함이 죽은 이후의 사건이다.

여기서 '아비멜렉'이라는 이름은 '나의 아버지는 왕이시다'라는 뜻으로서, 이는 사람의 이름이 아니라 당시에 블렛셋 땅의 왕들에게 붙여졌던 공식적인 호칭이었다. 그래서 성경의 기록에는 서로 다른 여러 명의 아비멜렉 왕이 등장한다. 창세기 20장에는 그랄 왕 아비멜렉 26장에는 블레셋 왕 아비멜렉, 그리고 다윗이 사울 왕에게 오랜 세월 동안 쫓겨 다닐 때에 머물렀던 가드 왕 아비멜렉(삼상 21:12; 시 34편 표제) 등으로 각 시대에 따라서 다양한 아비멜렉 왕이 성경 속에 등장하고 있다.

이것은 마치 애굽 왕의 칭호를 '바로'라고 부르는 것과 같은 이치이다. 애굽의 바로 왕 역시 사람의 이름이 아니라 '큰 집'이라는 뜻의 애굽 왕의 공식 호칭이다. 또한 로마 황제를 '가이사'로 불렀던 것도 같은 맥락이다. 그래서 성경 속에는 아브라함이 아내를 누이라고 속였던 바로 왕(창 12장)과 요셉이 꿈을 해몽해 주었던 바로 왕(창 41장) 그리고 모세가 이스라엘 백성들을 출애굽 시키고자 할 때 이를 방해함으로 열 가지 재앙을 당했던 바로 왕(출 5장) 등 모두가 각기 서로가 다른 바로 왕들이 등장하고 있다. 아울러 창세기 21장 22절에서 아브라함이 아비멜렉 왕과 브엘세바 동맹으로 우물 언약을 맺을 때 함께 있었던 군대장관 비골도 개인의 이름이 아니라 당시 군대 장관의 호칭이다. 따라서 이삭도 아브라함처럼 브엘세바 동맹을 맺을 때에 있었던 군대장관 비골(창 26:26) 역시 아브라함 당시의 군대 장관 비골과는 전혀 다른 인물임을 알 수 있다.

| 난제 KEY POINT |

- 아내를 누이라고 속인 사건은 아브라함과 이삭 두 사람 모두가 떠나서는 안 될 언약의 땅을 벗어났을 때 일어난 죄의 악순환이다. 하나님은 반복되는 이 사건들을 통해서 그들의 삶에 언제 어떠한 고난이 닥친다 하더라도 다시는 하나님께서 약속하신 언약의 땅을 떠나지 말라고 교훈하고 계신다.
- 이삭은 아버지 아브라함과 닮은 꼴 인생을 살았다. 두 사람 모두 하나님 언약의 유일한 계승자들이요 아버지 아브라함은 하나님의 약속을 받고도 25년 동안이나 아들을 낳지 못했고 아들 이삭도 결혼 후 20년간 아들을 잉태하지 못했다.

- 창세기 26장에서 이삭이 아버지 아브라함처럼 아비멜렉 왕과 브엘세바(맹세의 우물) 언약을 맺는 모습들은 이삭의 삶이 아브라함 인생의 축소판임을 잘 보여 준다. 어디를 가든지 항상 하나님과 동행하는 삶을 살아갔던 아브라함과 이삭, 하나님께서 항상 이들과 함께하심으로써 보호해 주셨던 것은 이들을 통해서 만민을 구원하실 메시아를 이 땅에 보내시기 위한 하나님의 섭리요 계획이었다.

053. 에서의 아내는 모두 몇 명이었나?

믿음의 사람 아브라함은 아들 이삭이 가나안 여자와 결혼하지 못하도록 900㎞가 넘는 머나먼 하란(아브라함의 제2의 고향)에서 살던 친척인 리브가를 데려다가 동족 결혼을 하게 했다(창 24장). 가나안 사람들은 함의 후손들로서 이미 노아에게 저주받은 자들이었기에 하나님의 언약에 따른 혈통의 순수성을 지키고자 했던 것이다(창 9:25-27). 그러나 이렇게 언약 가문의 혈통을 보존하고자 했던 아브라함의 노력은 그의 손자인 에서에게서 그 의미를 상실하게 된다.

이삭의 큰 아들 에서가 가문의 순수 혈통을 어기고 헷 족속 출신의 두 여인과 결혼을 한 것이다. "에서가 사십 세에 헷 족속 브에리의 딸 유딧과 헷 족속 엘론의 딸 바스맛을 아내로 맞이하였더니"(창 26:34). 아들의 잘못된 결혼은 부모인 이삭과 리브가에게 큰 근심거리가 되었다(창 26:35). 가나안식 풍습과 우상 숭배가 믿음의 가정 속으로 들어왔기 때문이다. 부모의 근심을 통해 자신의 결혼이 잘못된 것을 알게 된 에서는 부모의 환심을 사기 위해 세 번째 결혼으로 큰아버지 이스마엘의 딸인 마할랏을 취했다(창 28:8-9). 에서는 그렇게 세 아내(유딧, 바스맛, 마할랏)를 맞았다.

그런데 창세기 36장에서도 에서의 세 아내(아다, 오홀리바마, 바스맛)를 소개하고 있는데 이 이름들은 앞서 기록된 내용과는 서로 다른 차이가 있다. "에서가 가나안 여인 중에 헷 족속 엘론의 딸 아다와 히위 족속 시브온의 딸인 아나의 딸 오홀리바마를 자기 아내로 맞이하고 또 이스마엘의 딸 느바욧의 누이 바스맛을 맞이하였더니"(창 36:2–3). 두 자료 속의 이름들을 살펴보면 '바스맛'만 같은 이름일 뿐 총 다섯 명의 이름들이 등장한다. 에서의 아내의 이름들이 왜 이렇게 다른 것일까? 어느 한 쪽의 기록이 잘못된 것일까? 그렇지 않다면 에서의 아내들의 이름은 정확히 무엇이며 아내들의 수는 과연 몇 명이었을까? 이를 비교해서 정리해 보면, 다음과 같다.

❶ 창세기 26장에서 에서의 첫 번째 아내로 기록된 헷 족속 브에리의 딸 '유딧'(창 26:34)의 이름이 창세기 36장에는 누락되어 있다. 그것은 창세기 36장이 에돔의 조상인 에서의 후손들의 계보이기 때문에 아마도 유딧이 에서의 자손을 낳지 못한 이유로 명단에서 제외되었거나, 아니면 자손이 없이 일찍 죽었기 때문일 것이다. 그래서 에서는 40세에 두 아내를 얻어야 했을지도 모른다(창 26:34).

❷ 창세기 26장에서 에서의 두 번째 아내로 기록된 헷 족속 엘론의 딸 '바스맛'(창 26:34)과 36장에서 헷 족속 엘론의 딸 '아다'(창 36:2)는 이름은 다르지만 같은 헷 족속이며 아버지의 이름도 같으므로 동일 인물로 볼 수 있다. 구약 시대나 신약 시대나 한 사람이 하나 이상의 이름을 가진 경우는 흔했기 때문이다.

❸ 창세기 28장에 기록된 이스마엘의 딸 '마할랏'(창 28:9)과 36장의 이스마엘의 딸 '바스맛'(창 36:3) 역시, 비록 두 사람의 이름은 다르지만 두 인물 모두가 에서의 삼촌인 이스마엘의 딸이며 느바욧의 누이며 동시에

아브라함의 손녀로서 같은 인물이라는 것을 알 수 있다.

❹ 창세기 26장의 헷 족속 엘론의 딸 '바스맛'(창 26:34)은 가나안 여인이다. 반면에 36장의 이스마엘의 딸 '바스맛'(창 36:3)은 아브라함의 손녀이므로 비록 이름이 같다고 하더라도 혈통이 전혀 일치하지가 않으므로 두 사람은 서로가 다른 인물이라고 볼 수 있다.

❺ 창세기 36장에는 26장과 28장에 기록되지 않은 유일한 히위 족속 아내인 '오홀리바마'가 등장한다(창 36:2).

이 자료들을 모두 종합해서 에서가 각각의 아내들과 결혼한 순서대로 본다면 ① 유딧: 헷 족속 브에리의 딸 ② 바스맛(아다): 헷 족속 엘론의 딸 ③ 오홀리바마: 히위 족속 아나의 딸 ④ 마할랏(바스맛): 이스마엘의 딸 순으로 정리할 수 있다. 결국 에서에게는 모두 네 명의 아내가 있었다고 볼 수 있다.

| 난제 KEY POINT |

- 에서가 부모를 위해서 세 번째 결혼을 택했지만 장인 이스마엘 역시도 언약 밖의 자손이었다. 더구나 장인 이스마엘과 사위인 에서 두 사람 모두는 장자권을 동생들(이삭과 야곱)에게 빼앗겼다는 공통점을 지니고 있다.
- 일부 학자들은 창세기 26장 34절과 28장 9절에 기록된 순서대로 이스마엘의 딸을 세 번째 아내로 보고 오홀리바마를 마지막 네 번째 아내로 보기도 한다. 그러나 많은 학자들은 창세기 36장 2-3절의 에서의 족보에 기록된 순서대로 이스마엘의 딸을 마지막 네 번째 아내로 간주한다.
- 이삭은 40세에 결혼해 60세에 에서와 야곱을 낳았다. 에서도 40세에 결혼했으니 아버지 이삭이 100세 때였다. 믿음의 조상 아브라함은 100세에 순종의 아들 이삭을 낳고 기쁨과 감격에 넘쳤지만 이삭은 100세에 두 며느리를 잘못 들임으로 고통 속에서 힘들어했다.

• 이삭은 아버지 아브라함의 뜻에 따라 동족과 결혼했지만 그의 아들 에서는 자신의 뜻에 따라 이방 여인과 결혼을 했다. 에서의 잘못된 결혼은 조부 아브라함 때부터 지켜 온 하나님의 택함받은 언약 가정으로서의 순수성을 상실하게 만든 경거망동이었다.

054. 야곱이 집을 떠나 하란으로 간 이유는 형 에서로부터 도피하기 위함인가 아니면 결혼을 하기 위함인가?

야곱이 형 에서에게서 팥죽으로 장자의 명분(장자권)을 사들이고 아버지 이삭을 속여서 형의 축복권 마저 가로채자 분노에 찬 에서는 아버지가 돌아가신 이후에 야곱을 죽이겠다는 살의를 품게 된다(창 27:41). 이를 알게 된 어머니 리브가는 야곱에게 "네 형 에서가 너를 죽여 그 한을 풀려 하니 내 아들아 내 말을 따라 일어나 하란으로 가서 내 오라버니 라반에게로 피신하여 네 형의 노가 풀리기까지 몇 날 동안 그와 함께 거주하라"(창 27:42-44)라고 하면서 형 에서의 위협을 피해 야곱을 자신의 고향인 하란으로 도피시키고자 했다.

그러나 이러한 도피 목적과는 달리 창세기 27장 46절에서는 아들 야곱이 우상을 섬기는 가나안의 이방 여인과 결혼하지 못하도록 하기 위해서 리브가가 남편 이삭에게 야곱을 자신의 친정이 있는 하란으로 보내 줄 것을 당부하고 있다. 그래서 이삭은 이전에 아버지 아브라함이 자신의 결혼을 위해 하란의 친척 집에서 아내 리브가를 얻어 주었던 것처럼 둘째 아들인 야곱도 외삼촌 라반의 딸과 결혼시키기 위해 축복해서 하란으로 보냈다(창 28:1-2). 이것은 이삭이 부친 아브라함처럼 언약 가문의 혈통을 지켜 그 순수성을 보존하기 위한 것이었다.

그렇다면 야곱이 하란으로 간 것은 형 에서의 살해 위협으로부터의 도피였는가 아니면 언약 가문의 혈통을 보존하기 위한 결혼이 목적이었는가? 이를 알기 위해 먼저 고려해야 할 것은 야곱이 빼앗은 장자권과 축복권에 대한 에서의 증오로 가득 찬 복수심이다. 이것은 어머니 리브가가 자신이 장자인 에서보다 더 사랑했던 차자 야곱을 급히 친정 오빠인 라반의 집으로 피신시켜야만 했던 이유였다.

그러나 여기서 리브가는 당황하지 않고 놀라운 지혜를 발휘했다. 그동안 남편과 자신이 우상을 섬기는 이방 며느리들 때문에 삶의 의미를 잃고 고통받아 온 것을 이유로 들어서(창 26:34–35) 야곱만큼은 형 에서처럼 가나안 여인들과 결혼하는 것이 옳지 않다는 것을 남편에게 설득시켰다(창 27:46).

리브가의 말이 옳다고 생각한 이삭은 집을 떠나는 야곱을 축복해 주었다. "전능하신 하나님이 네게 복을 주시어 네가 생육하고 번성하게 하여 네가 여러 족속을 이루게 하시고 아브라함에게 허락하신 복을 네게 주시되 너와 너와 함께 네 자손에게도 주사 하나님이 아브라함에게 주신 땅 곧 네가 거류하는 땅을 네가 차지하게 하시기를 원하노라"(창 28:3–4). 이것은 하나님께서 아브라함에게 내려 주셨던 복이며(창 12:2–3) 이삭 자신에게도 주셨던 복과 일치하고 있다(창 26:2–5). 이는 하나님께서 아브라함과 맺은 언약의 정통성이 이삭에 이어서 리브가의 복중 계시대로 야곱에게 계승되었음을 의미하는 것이며 동시에 야곱이 아브라함과 이삭이 받은 영적 축복의 상속자가 되었음을 확증하는 것이다.

이로써 리브가는 야곱이 형 에서의 위협으로부터 벗어나 도피해야 하는 험난한 길을 오히려 아버지 이삭의 축복을 받고 떠나는 은혜의 길로 변화시켰다. 야곱의 떠남이 자신의 생명만을 보존키 위한 단순한 도피 행각이 아니라 언약 가문의 순수성을 보존하기 위한 거룩한 여정으로 전화위복이 된 것이다.

결론적으로 볼 때 야곱의 도피는 일차적으로는 형 에서의 보복을 피하기 위한 것이었지만, 하나님은 이를 통해서 아브라함과 이삭과 야곱으로 이어지는 언약 신앙과 혈통의 순수성을 보존하게 하셨다. 야곱의 단순 도피로 보이는 이 여정을 통해서도 모든 것을 합력하여 선을 이루게 하시는 하나님은 장차 야곱으로 하여금 열두 아들을 낳게 하시고 이 아들들이 이스라엘의 열두 지파가 되어서 택하신 민족을 이루게 하시는 놀라운 구속사를 성취해 나가고 계셨던 것이다(롬 8:28).

| 난제 KEY POINT |

- 야곱이 교활한 방법으로 형의 장자권을 사들이고 리브가가 남편을 속이고 아들들도 서로 속고 속이게 만든 것은 결코 옳지 못한 행동이었다. 이것은 에서와 야곱이 태어날 때 리브가가 하나님께 받았던 '큰 자가 어린 자를 섬길 것이라'는 복중 계시(25:23)를 이루기 위한 성급한 불신앙의 결과였다.
- 복중 계시를 성취하기 위해서 속임수를 쓰면서까지 목적을 이루려 했던 어머니 리브가와 야곱의 잘못은 가족들에게 큰 아픔과 이별의 고통만을 남기는 큰 대가를 치르게 했다. 이것은 하나님의 거룩한 목적은 반드시 하나님의 선한 방법으로 성취되어야 함을 교훈하고 있다.
- 리브가가 야곱에게 몇 날 동안만 외삼촌 집에 가 있으라고 한 날이 20년이 되면서(창 31:38) 얼마 뒤에 아들을 다시 만날 것이라는 기대는 물거품이 되었다. 이후 리브가는 평생동안 야곱을 다시 보지도 못한 채 죽었다.
- 야곱은 자신의 생명을 지키기 위해 형 에서로부터 도피해 하란에 있는 외삼촌 라반에게 갔다. 하지만 20년 뒤에는 반대로 외삼촌 라반에게서 다시 도피해 부모가 있는 가나안 땅으로 피신해야 했다(창 31:17-22). '야곱'이라는 이름 그대로 속고 속이는 연속된 도피의 삶은 야곱에게는 참으로 험악한 세월이었다(창 47:9).

그럼에도 이것은 택하신 야곱을 이스라엘 민족이 되기까지 연단시키고자 하신 하나님의 섭리였다.

055. 야곱이 벧엘에서 꿈에 본 사닥다리 환상은 무엇을 의미하는가?

야곱은 야비한 방법과 속임수로 형 에서와 아버지를 속여서 형의 장자권과 축복권을 모두 빼앗았다. 이후에 야곱은 형 에서의 위협을 피해서 브엘세바의 집을 떠나 외삼촌 라반이 있는 하란(밧단아람)으로 도피해 가던 도중에 날이 어두워 그곳에서 하루를 유숙하게 된다. 그곳의 한 돌을 베개 삼아 잠을 자던 야곱은 꿈에서 하나님의 사자들(천사들)이 하늘에 닿아 있는 사닥다리 위를 오르내리는 환상을 보았다. "꿈에 본즉 사닥다리가 땅 위에 서 있는데 그 꼭대기가 하늘에 닿았고 또 본즉 하나님의 사자들이 그 위에서 오르락내리락 하고"(창 28:12).

그리고 스스로를 아브라함의 하나님이요 이삭의 하나님이라고 말씀하신 여호와께서 야곱에게 땅과 자손을 약속하시면서 "내가 너와 함께 있어 네가 어디로 가든지 너를 지키며 너를 이끌어 이 땅으로 돌아오게 할지라 내가 네게 허락한 것을 다 이루기까지 너를 떠나지 아니하리라"(창 28:15)라고 하시며 임마누엘 하나님으로 야곱을 보호해 주시겠다고 약속하셨다. 잠에서 깬 야곱은 두려움 속에서 하나님의 임재를 느꼈다. 그곳은 이제 자신이 거룩하신 하나님을 만난 '하나님의 집'이요 하나님을 향해 들어갈 수 있는 '하늘의 문'이 있는 곳이 되었다.

야곱은 이를 기념하기 위해 베개로 삼았던 돌을 기둥으로 세워 제단으로 삼고 그 위에 기름을 부어서 하나님을 경배하고 그곳 이름을 '벧엘'(하나님의 집)이라고 불렀다(창 28:19). 이렇게 벧엘에서 야곱이 사닥다리 환상을 통해서 하나님께서 땅과 자손들과 임마누엘의 복을 약속하신 이 언약을 가리켜 '벧엘의 사닥다리 언약'이라고 부르기도 한다. 여기서 '사닥다리'(히브리어 '술람')는 '사다리'로 표현되나 층계가 있는 '계단'으로 해석하는 것이 더 자연스럽다. 이것은 하늘과 땅을 연결하는 영적 가교 역할을 하고 있으며 하늘에 계신 하나님과 땅에 있는 야곱 사이에 긴밀한 만남을 통한 영적 교제가 이루어짐을 상징하는 것이다.

집을 떠나 하란으로 도주해야 했던 야곱은 부모를 떠난 외로움과 앞으로 어떻게 살아가야 할지도 모르는 막막한 불안감을 안고서 외가집까지 1000㎞가 넘는 머나먼 길을 홀로 찾아가야만 했다. 하나님은 그렇게 영육 간에 지치고 절망에 빠진 야곱에게 사닥다리 언약을 통해서 조부 아브라함과 아버지 이삭에게 주셨던 복과 동일한 복을 허락해 주신 것이다(창 12:3, 7; 13:15–16; 18:18; 22:18; 26:3, 24).

하나님은 이 사건을 통해서 야곱이 아브라함과 이삭을 잇는 언약의 계승자임을 믿고 확신하게 하셨다. 그래서 이제부터는 자신이 형을 피해서 달아나는 도망자가 아니라 어디로 가든지 하나님과 동행하는 참된 예배자의 삶을 살아가는 자가 되었음을 깨닫게 해 주셨다. 여기서 하나님과 야곱 사이를 이어준 사닥다리는 곧 죄인 된 우리에게 하나님의 영원한 은총을 누리게 해 주신 예수 그리스도의 중보 사역을 예표하고 있다.

| 난제 KEY POINT |

- 야곱이 출발한 브엘세바에서 하란까지는 약 1000㎞로서 한 달가량이 걸린다. 벧엘까지는 약 90㎞로 이는 3일 정도 걸리는 길이다. 벧엘은 예루살렘 북쪽 약 17㎞ 지점으로 원래 이름은 루스였다(창 28:19). 야곱이 벧엘에서 하나님을 만난 것과 이후에 얍복 강가에서 하나님과 씨름했던(창 32:22-32) 두 사건은 야곱의 인생에 있어서 그의 삶을 변화시킨 가장 중요한 두 사건이다.

- '사닥다리'(술람)라는 단어는 성경 전체에서 본문에 단 한 번 기록된다(창 28:12). 하나님께서 직접 "내가 너와 함께 있어 네가 어디로 가든지 너를 지켜주겠다"(창 28:15)라는 약속을 받은 사람도 역시 성경에서 야곱이 최초이다. 열왕기상 6장 8절에 기록된 '사닥다리'(룰림)는 나선형 계단을 의미한다.

- 벧엘에서 가장 먼저 단을 쌓고 하나님을 경배한 사람은 아브라함이었다(창 12:8). 벧엘은 사사 시대 이후로 이스라엘의 종교적 성지 역할을 한 곳이며 사무엘이 이스라엘을 다스릴 때 순회하던 중심 도시 세 곳 중의 하나였다(삼상 7:16). 그러나 북이스라엘의 여로보암 왕 이후에는 우상 숭배의 본거지가 되었고(왕상 12:28-29) 호세아 선지자는 이곳을 '벧엘'(하나님의 집)이 아닌 '벧아웬'(우상의 집)이라 칭할 정도로 우상 숭배가 극심했다(호 4:15; 10:5).

056. 평생 남을 속이며 산 야곱에게 하나님께서 복을 주신 이유가 무엇인가?

야곱은 태어날 때부터 쌍둥이 형의 발꿈치를 붙잡고 늘어져서 '야곱' 이라는 이름을 얻었다(창 25:26). '야곱'은 '발뒤꿈치를 잡다' 또는 '속이다' 라는 의미이다. 이후에는 팥죽 한 그릇의 교활한 방법으로 형 에서의 장자권을 샀고 어머니 리브가와 공모해서 털 많은 형 에서처럼 변장하여 아버지 이삭을 속이고 형의 축복권마저 빼앗았다. 그렇게 자신의 이름대로 남을 속이며 살아가던 자가 하란에 있는 외삼촌 라반의 집으로 피신한 후에는 오히려 라반의 간사한 속임수에 당해서 20년 동안이나 머슴 같은 처절한 삶을 살아야 했다(창 29-30장).

하란에서 고향으로 다시 돌아올 때는 하나님과 이전에 했던 약속을 어기고 서원했던 벧엘로 가지 않았고 세속의 도시였던 세겜에 정착함으로써 딸 디나가 강간을 당하고 이에 대한 복수를 위해 아들들이 잔인한 살인을 저지르게 만드는 원인을 제공하기까지 했다(창 34장). 많은 아들들 중에서 라헬의 아들인 요셉만을 편애함으로써 형제들 간의 불화를 일으켜 형들이 살의를 품게 만들었고 급기야 형들이 요셉을 미디안 상인들에게 팔아넘기게 만들었다. 요셉을 팔아넘긴 아들들은 요셉의 옷을 염소의 피로 적셔 요셉이 짐승에 찢겨 죽은 것처럼 아버지 야곱을 속였다.

그렇게 속고 속이는 굴곡의 삶을 살아온 130세의 노인 야곱은 애굽 왕 바로에게 자신의 교활했던 삶이 얼마나 험악한 세월이었는지를 스스로 고백하기도 했다. "내 나그네 길의 세월이 백삼십 년이니이다 내 나이가 얼마 못되니 우리 조상의 나그네 길의 연조에 미치지 못하나 험악한 세월을 보내었나이다"(창 47:9). 그럼에도 그토록 야비했던 야곱의 지난 삶을 돌아볼 때 하나님은 그가 아버지 이삭에게 축복을 받고 하란으로 떠나게 하셨고(창 28:1-4), 하란으로 가던 도중에는 불안과 두려움에 빠져 있던 그에게 벧엘의 사닥다리 언약으로 큰 복을 주시며(창 28:13-15) 심신을 회복하게 해 주셨다.

그리고 하란에서 외삼촌 라반에게서 도망쳐 나올 때도 라반이 야곱에게 해를 가하지 못하도록 지켜 주셨고(창 34:24) 야곱을 죽이기 위해서 400명의 병사를 이끌고 쳐들어오던 형 에서마저도 야곱을 만나고는 그를 용서하고 입맞추게 해 주셨다(창 33:1-4). 그렇다면 하나님은 왜 이처럼 평생 거짓말로 남을 속이며 또 남에게 속고 살아온 비열한 야곱에게 징벌이 아니라 오히려 위기에 처할 때마다 이런 큰 복을 허락하셨을까?

그것은 이 세상에 죄가 없는 의인이란 한 사람도 없으며 인간들 모두가 범죄 한 죄인으로서 하나님의 영광에 이르지 못하기 때문이다(롬 3:10, 23; 5:12). 하나님은 야곱이 교활했던 죄인이었기 때문에 복을 주신 것이 아니었다. 그가 죄인임에도 불구하고 복을 주셨던 것이다. 하나님의 복을 누리는 모든 사람들 역시 그들 각자의 죄에도 불구하고 전적인 하나님의 사랑으로 인해서 분에 넘치는 복을 누리고 있다. 야곱이 그 이름대로 속이는 자였음은 분명한 사실이다. 그러나 그럼에도 불구하고 하나님의 주권적인 선택으로 야곱을 택하셨기에 그는 언약의 상속자가 되는 복을 누릴 수가 있었던 것이다.

이것은 야곱에게 그런 복을 누릴 만한 무슨 자격이나 공로가 있기 때문이 아니다. 단지 하나님의 절대적인 주권으로 아브라함을 택하셨고 동일한 방법으로 이삭과 야곱을 택하셨기에 메시아 언약의 계승자로 삼으셨다. 그래서 하나님은 야곱이 어디로 가든지 그를 지켜 주셨고 그를 떠나지 않고 함께해 주셨던 것이다(창 28:15). 이것은 우리 인간들의 죄악에도 불구하고 변함없이 홀로 언약을 성취해 나가시는 전적인 하나님의 은혜가 지금 나에게도 한없이 넘쳐 나고 있음을 증거하는 것이다.

| 난제 KEY POINT |

- 하나님의 택하심으로 인해 누리는 최고의 복은 천국을 사모하는 영생이다. 그러므로 하나님께 택함받은 자는 이전의 반복적인 죄악에서 떠나 반드시 회개를 통한 거듭남의 삶을 살아가게 된다.

- 야곱 자신도 외삼촌 라반의 집에서 20년 동안 철저히 속임을 당하고 이용을 당했다. 그럼에도 야곱의 기나긴 타향살이는 결코 버려진 시간들이 아니었다. 하란에서의 모진 삶은 야곱 자신이 이전에 지었던 죄, 즉 자신 또한 거짓말로 형을 속이고 아버지를 속였던 죄의 열매들임을 깨달았기 때문이다. 하나님은 야곱이 20년 세월의 혹독한 시련과 고난을 통해 자신의 죄를 뼈저리게 느끼게 하셨고 동시에 믿음의 연단을 위한 훈련이 되게 하셨다.

- 야곱이 하란에서 겪었던 20년간의 시련은 야곱을 이스라엘로 변화시키기 위한 하나님의 섭리이며 야곱의 이름이 언약 백성의 이름이 되고 아브라함에게 약속하신 축복이 이스라엘의 이름으로 성취되길 원하신 전적인 하나님의 은혜였다. 그래서 하나님은 야곱의 아들들을 통해 이스라엘의 열두 지파가 되게 하시고 나아가 이스라엘 민족이 되게 하는 놀라우신 계획을 성취하셨다. 야곱의 도피 행각마저도 선으로 열매 맺게 하시는 하나님의 은혜, 이 보이지 않는 하나님의 손길은 오늘날에도 변함없이 우리와 함께하신다.

• 이전에는 어머니의 사랑만 받던 겁 많은 청년 야곱, 집을 떠날 때 지팡이 하나만 가지고 요단강을 건넜던 야곱(창 32:10)이 어느새 큰 부자가 되어 11명의 아들들을 거느린 대식구의 가장으로 변화되었다(창 30:43). 이것은 야곱의 삶 뒤에서 항상 그를 보호해 주신 보이지 않는 하나님의 손길이 있었기 때문이다.

057. 하나님의 얼굴을 대면한 야곱이 어떻게 살아날 수 있었나?

창세기 32장 22-32절에는 야곱이 얍복 강가에서 하나님과의 씨름을 통해 야곱이라는 이름이 이스라엘로 바뀌는 사건이 기록되어 있다. 야곱은 씨름을 하다가 허벅지 관절(환도뼈)이 부러지는 고통을 겪으면서도 상대를 끝까지 놓지 않고 "당신이 내게 축복하지 아니하면 가게 하지 아니하겠나이다"(창 32:26)라며 결사적으로 축복을 요구하면서 매달렸다. 이에 대해 하나님은 말씀하셨다. "네 이름을 다시는 야곱이라 부를 것이 아니요 이스라엘이라 부를 것이니 이는 네가 하나님과 및 사람들과 겨루어 이겼음이니라"(창 32:28).

여기서 야곱은 '속이는 자'라는 뜻이며, 이스라엘은 '하나님을 이긴 자'라는 의미이다. 그렇다면 이 말씀은 야곱이 이 사건을 통해서 이기적이고 교활했던 속이는 자의 삶을 벗어나 이제부터는 하나님 중심의 삶을 살아가는 자로 변화될 것을 의미하는 것이다. 큰 축복을 받은 야곱은 날이 새도록 씨름한 그곳을 "내가 하나님과 대면하여 보았으나 내 생명이 보전되었다"(창 32:30)라고 하여 '브니엘'(하나님의 얼굴)이라고 불렀다. 그렇다면 야곱이 하나님과 씨름도 하고 하나님과 대면을 하면서도 어떻게 죽지 않고 살 수 있었을까?

아담과 하와의 범죄 이후 죄로 물든 인간은 그 누구도 하나님의 거룩하신 얼굴을 더 이상 볼 수 없었다. 이는 사도 바울의 말에서도 잘 나타난다. "오직 그에게만 죽지 아니함이 있고 가까이 가지 못할 빛에 거하시고 어떤 사람도 보지 못하였고 또 볼 수 없는 이시니 그에게 존귀와 영원한 권능을 돌릴지어다 아멘"(딤전 6:16). 그래서 하나님은 모세에게 "네가 내 얼굴을 보지 못하리니 나를 보고 살 자가 없음이니라"(출 33:20)라고 말씀하셨다.

그럼에도 야곱은 죽지 않았다. 과연 야곱과 대면하신 하나님은 누구였을까? 이에 대해 일부 학자들은 야곱과 씨름한 사람을 하나님이 아니라 천사라고 보기도 한다(호 12:4). 그래서 야곱이 밤 새워 씨름한 것은 밤새 간절히 기도한 야곱의 '영적 씨름'이라고 해석하기도 한다. 그러나 야곱이 허벅지 관절을 다친 것은 실제 씨름으로 인한 것이었다. 하나님은 이후로 야곱이 걸을 때마다 이 사건을 잊지 않고 평생 기억할 수 있도록 절룩거리며 살게 하셨다. 그것은 자신의 꾀만 믿고 자기중심적으로 살던 야곱을 하나님을 의지하는 사람인 이스라엘로 변화시키기 위함이었다. 그래서 이에 대해 호세아 선지자도 야곱이 하나님과 힘을 겨루었다고 증거하고 있다(호 12:3).

그렇다면 야곱이 대면한 하나님은 어느 분이었을까? 성부 성자 성령의 삼위일체 하나님 중에서 우리가 인간의 모습으로 직접 대면할 수 있는 하나님은 성자 하나님 곧 예수 그리스도밖에 없으시다. 성부와 성령 하나님은 영이시니 우리 인간과 같은 얼굴과 육체의 형상이 없으시기 때문이다. 그렇다면 야곱과 씨름하며 대면하셨던 하나님은 성자 하나님이셨을 것이다. 따라서 야곱이 씨름하면서 대면했던 하나님은 성육신 이전의 그리스도를 본 것이라고 할 수 있다(창 16:13; 18:1-3; 삿 6:22; 13:21-22).

그래서 야곱은 하나님과 대면하고도 죽지 않았던 것이다. 그렇다면 모세가 자기 친구와 이야기하듯이 성부 하나님과 대면하여 말씀을 나누고도(출 33:11) 죽지 않은 것은 어떻게 해석해야 하는가? 출애굽기 33장 11절의 "대면하여"(히브리어 '파님 엘 파님')는 모세가 하나님과 직접 얼굴을 맞대고 말씀을 나누었다는 뜻이 아니다. 이는 하나님께서 모세와 얼굴과 얼굴을 서로 맞대고(face to face) 대화하시는 것처럼 그만큼 친밀한 관계 속에서 모세와 대화를 나누었음을 의미한다. 그러므로 모세를 포함한 그 누구도 실제적인 하나님의 본체를 직접적으로 볼 수 있는 자는 아무도 없었다. 오직 성부 하나님의 독생자이신 예수 그리스도를 통해서만이 살아 계신 하나님을 직접 만나고 볼 수 있기 때문이다(요 1:18).

결론적으로 야곱이 날이 새도록 씨름하면서 대면했던 하나님은 성육신 이전의 그리스도라고 해석하는 것이 가장 성경적이라고 볼 수 있다. 야곱의 얍복 강가의 씨름 사건을 통해서 야곱이 이스라엘로 변화된 것은 죄인이었던 우리가 예수 그리스도 안에서 의인으로 변화됨을 시사한다. 야곱과 씨름하셨던 하나님은 오늘날 우리 성도들의 믿음을 연단시키기 위해 우리와도 씨름하길 원하신다. 나를 붙들고 계신 하나님은 지금도 한 손으로는 우리와 싸우시고 또 다른 손으로는 우리를 위해 싸우시는 분이시기 때문이다.

| 난제 KEY POINT |

- 예수 그리스도께서는 자신을 통해서 성부 하나님을 알게 되고 오직 주님 자신을 통해서만이 성부 하나님을 볼 수 있다고 말씀하셨다(요 14:6-7).

- 하나님은 "그 후에는 이스라엘에 모세와 같은 선지자가 일어나지 못하였나니 모세는 여호와께서 대면하여 아시던 자요"(신 34:10)라고 하셨다. 하나님은 다른 선지자들에게는 꿈이나 환상으로 계시하셨지만 특별히 모세에게는 친구와 마주보고 대화하듯이 친밀한 교제를 나누셨다.

- 성경에서 하나님을 직접 대면한 두려움을 고백하고도 죽지 않았던 자는 하갈(창 16:13), 기드온(삿 6:22), 삼손의 부모(삿 13:22), 이사야(사 6:5), 사도 요한(계 1:17), 등이 있다.

- 태어날 때부터 형 에서의 발꿈치를 붙들고 씨름했던 야곱은 축복을 얻기 위해 아버지 이삭과 씨름했고 외삼촌 라반과도 씨름하면서 평생을 속고 속이는 씨름을 하며 살아 왔다. 그런 그가 하나님과의 씨름을 통해서 야곱이라는 이름이 이스라엘로 바뀌는 큰 복을 얻었다. 벧엘에서 사닥다리 언약(창 28장)으로 거듭났던 야곱이 브니엘에서 성화의 삶으로 변화된 것이다.

058. 창세기 37장부터 50장까지는 요셉 중심의 이야기인데, 왜 38장에서 유다 이야기가 불쑥 끼어드는가?

창세기 37장부터는 드디어 꿈쟁이 요셉이 등장하면서 이로부터 50장까지는 성경에서 가장 흥미진진한 요셉과 그 형제들에 관한 이야기를 기록하고 있다. 창세기 12장부터 36장까지는 믿음의 조상 아브라함과 이삭과 야곱의 이야기를 통해서 약속의 땅으로 이주해 온 언약의 가정들이 믿음 안에서 어떻게 살아가는지를 기록했다. 반면에 창세기 37장 이후부터는 요셉 이야기를 중심으로 하나님의 언약 백성들이 어떻게 해서 애굽으로 내려가서 400년 동안을 살아가게 되었는지를 기록하여 앞으로 진행될 하나님의 구속사를 예견하고 있다.

그런데 창세기 37장부터 시작된 요셉의 흥미진진한 이야기는 시작하자마자 38장에서 갑자기 끊어진다. 그리고 38장에는 시아버지인 유다와 며느리 다말 사이에서 근친상간의 불륜으로 태어난 베레스와 세라 이야기가 기록되어 있다. 그래서 38장은 요셉과 전혀 관계가 없는 내용이 잘못 끼어든 것처럼 느껴진다. 그러나 이 내용 속에는 요셉과 직접적인 관련이 되는 중요한 메시지가 숨겨져 있다. 그 숨겨진 메시지는 38장을 기록하게 된 두 가지 목적을 통해서 알게 된다.

❶ 아브라함과 이삭과 야곱으로 이어져 오는 메시아의 계보가 요셉

이 아니라 야곱의 넷째 아들 유다로 이어진다는 것을 증거하기 위함이다. 37장부터 창세기 마지막 장까지 이어지는 요셉 중심의 이야기 흐름은 마치 요셉이 아브라함, 이삭, 야곱을 잇는 언약의 계승자인 것처럼 오해할 수 있다. 그래서 38장에서는 유다가 며느리 다말을 통해서 낳은 베레스가 앞으로 오실 메시아의 조상이 된다고 말한다. 이로써 요셉이 아니라 유다가 야곱의 열두 아들을 대표하는 자이며 동시에 열두 아들 중에서도 으뜸인 유다 지파를 통해서 메시아가 오실 것을 증거하고 있다.

❷ 열두 아들 중에서 형제들을 대표하게 될(창 49:8-10) 유다가 우상을 섬기는 가나안의 이방 여인과 결혼했다는 것에 대해 강력히 경고하기 위함이다. 이것은 인간은 자력으로는 하나님께 구원받을 만한 자격이 전혀 없다는 것을 보여 준다. 시아버지가 며느리와 근친상간의 불륜을 저질렀다는 것은 어떤 이유로도 정당화할 수 없는 것이다. 더욱이 야곱의 아들들 중에서 메시야의 조상이 될 유다마저도 이렇게 쉽게 가나안 여인을 아내로 취했다는 것은 하나님께서 왜 요셉을 애굽으로 팔려 가게 하셨는지, 그리고 장차 야곱의 가족들이 왜 애굽으로 내려가야만 했는지 그 이유를 잘 보여 주는 것이다.

만약 언약의 후손들이 이렇게 타락한 채로 가나안에서 계속 살았다면 계속해서 이방 여인들과 결혼을 했을 것이며 그렇게 된다면 언약 백성으로서의 신앙과 혈통을 보존할 수 없었을 것이다. 따라서 37장에서 요셉의 이야기를 시작하면서 곧이어 38장에서 전혀 생소하게 보이는 유다 다말 이야기를 기록한 것은 메시아의 계보가 야곱에서 요셉으로 이어지는 것이 아니라 유다와 베레스로 이어짐을 밝히기 위함인 것이다. 동시에 이렇게 부끄러운 불륜의 역사임에도 불구하고 하나님의 구원 계획은 주권적으로 성취되어 나간다는 것을 밝히 보여 주고자 한 것이다.

| 난제 KEY POINT |

- 하나님께서 야곱과 가족들을 애굽으로 내려가게 하신 것은 그들이 가나안의 우상과 음란의 죄악에 더 이상 물들지 않도록 세상과 분리하기 위함이다. 하나님은 이를 위해 요셉이 애굽의 총리가 되게 하시고 야곱의 가족 70명을 통해 하나님의 언약 국가인 이스라엘을 만들기 위한 역사를 애굽의 고센 땅에서 진행하고자 하셨다. 그리고 약 4백 년이 지난 후 이 보잘것없는 70명의 씨족들을 수백만 명이 넘는 민족으로 성장하게 하셨다.
- 결국 우리는 창세기 38장을 통해서 인간의 죄악이 넘쳐 나는 가운데서도 변함없이 구속사를 성취해 나가시는 하나님의 은혜를 만나게 된다. 유다와 베레스처럼 우리 모두는 구원받을 만한 자격이 전혀 없음에도 불구하고 조건 없이 우리를 택하시고 영생을 허락하심은 하나님의 전적인 주권이요 영원하신 사랑의 결과이다.

059. 요셉이 애굽의 노예로 팔려 가고 감옥살이 한 것이 왜 형통한 삶인가?

형들에게 미움을 사서 애굽으로 팔려 간 요셉은 애굽 왕 바로의 친위 대장인 보디발의 노예로 전락하게 된다(창 39:1). 그곳에서 주인 보디발의 신뢰를 얻은 요셉은 온 집안의 일을 관리하는 가정 총무가 되어 열심히 주인을 섬겼다. 그러나 보디발의 아내의 집요한 성적 유혹을 뿌리친 요셉은 오히려 누명을 쓰고서 억울하게 감옥에 갇히게 된다(창 39:20). 이전에는 아버지의 특별한 사랑을 받던 자가 형들의 시기로 인해 이방의 먼 나라로 팔려가 종이 되었고 그것도 모자라 여주인의 모함으로 누명을 쓰고 감옥에까지 갇히는 절망적인 신세가 된 것이다.

그런데도 성경은 그토록 끝없이 추락하는 요셉의 삶에 대해서 '요셉이 범사에 형통한 자가 되었다'라고 세 번이나 반복해서 말하고 있다(창 39:2, 3, 23). "여호와께서 요셉과 함께하시므로 그가 형통한 자가 되어 그의 주인 애굽 사람의 집에 있으니 그의 주인이 여호와께서 그와 함께 하심을 보며 또 여호와께서 그의 범사에 형통하게 하심을 보았더라"(창 39:2-3). "…이는 여호와께서 요셉과 함께 하심이라 여호와께서 그를 범사에 형통하게 하셨더라"(창 39:23). 그렇다면 성경은 왜 요셉이 애굽 땅으로 팔려가 노예가 되었는데도 형통했고, 강간죄로 억울한 감옥살이를 하며 전혀 삶의 희망이 없을 것 같아 보이는데도 형통했다고 말하고 있을까?

그것은 바로 여호와께서 요셉과 함께하셨기 때문이다. 요셉이 형통했다고 하는 성경 본문을 잘 살펴보면 그 앞에 항상 따라 붙는 말이 있다. 그것은 바로 "여호와께서 요셉과 함께 하심으로"라는 네 번이나 반복된 표현이다(39:2, 3, 21, 23). 이것은 요셉의 고난이 단순히 하나의 개인적인 사건이 아니라 이를 통해서 요셉의 신앙을 연단시키려는 하나님의 섭리가 작용하고 있음을 암시하는 것이다.

그래서 요셉은 17살의 어린 나이에 애굽으로 팔려가 머슴살이를 하면서도 한마디 불평도 하지 않을 수 있었으며, 게다가 아무런 죄도 없이 억울한 감옥살이를 하면서도 그 누구도 원망하지 않을 수가 있었던 것이다. 이처럼 성경은 그렇게 이유도 없이 고난을 당하고 시련을 겪어야만 했던 요셉의 생애가 기록될 때 단 한마디의 불평이나 원망도 담지 않았다. 하나님은 이러한 요셉의 모진 신앙적 경험을 통해서 장차 이스라엘을 구원할 자로 연단시키고자 하신 것이다. 요셉의 순전한 신앙적 체험을 도구 삼아 언약 백성인 야곱 가문을 애굽으로 이주하게 하시려고 계획하셨기 때문이다.

따라서 요셉이 애굽으로 팔려 가고 누명을 쓰고 감옥에 갇힌 것은 보이지 않는 하나님의 손길이 함께함이요 동시에 절망 가운데서도 형통할 수 있었던 것 또한 임마누엘 하나님께서 항상 요셉과 함께해 주시고 지켜 주셨기 때문이다. 그래서 요셉은 범사에 형통한 자가 될 수 있었고 어디를 가든지 무엇을 하든지 뭇 사람들의 총애를 받으며 전적인 신뢰를 얻는 형통한 자의 복을 누릴 수가 있었다.

이처럼 하나님 앞에서 형통한 삶이란 우리 인생에서 아무런 어려움이 없고 고난도 없는 삶이 아니라 어떠한 고난과 아픔 속에서도 하나님께서 우리와 함께하심을 믿고 의지할 때 얻을 수 있는 하나님의 은혜인 것이다.

| 난제 KEY POINT |

- 요셉은 어머니 라헬이 아름다웠던 것처럼(창 29:17) 용모가 뛰어나게 아름답던(39:6) 27세 가량의 젊은 청년이었다(41:1, 46). 이를 본 보디발의 아내는 요셉을 유혹했으나 요셉은 단호하게 거절했다. 이것은 자신을 철저히 믿고 신뢰해 준 주인 보디발에 대한 예의요, 나아가 "내가 어찌 이 큰 악을 행하여 하나님께 죄를 지으리이까"(39:9)라는 신앙 고백처럼 하나님 앞에(coram Deo) 신실한 신앙을 지키기 위함이었다.
- 요셉이 노예 신분으로서 실제로 주인의 아내를 범하려 했다면 이는 즉결 사형에 해당된다. 그럼에도 보디발은 요셉을 죽이지 않았다. 게다가 일반 감옥이 아니라 왕의 죄수를 가두는 특별한 곳에 가둔 것은(창 39:20) 보디발이 요셉을 그만큼 신뢰했음을 의미한다. 이는 나아가 요셉과 함께하신 하나님의 보호하심이 있었기 때문이다.
- 하나님은 요셉이 애굽의 친위대장인 보디발의 집을 관리하는 가정 총무의 직분을 성실하게 감당케 하심으로써 이후에 이를 바탕으로 요셉이 애굽의 총리가 되어 나라를 관리할 수 있는 자가 되도록 예비하셨다.
- 요셉 이야기에는 꿈 해몽 외에 특별한 이적 사건도 없다. 하나님은 요셉의 조상인 아브라함, 이삭, 야곱과는 직접 대화도 나누시고 그들의 삶에 직접적으로 개입하셔서 인도해 주셨지만 요셉과는 직접적인 대화도 없으셨고 요셉의 삶에도 직접적인 개입을 하지 않으셨다. 그럼에도 보이지 않는 하나님의 손길은 요셉을 형통하게 했다.

060. 요셉은 총리의 신분을 감추면서까지 왜 반복해서 형들을 시험했나?

창세기 42장부터 45장은 요셉이 애굽의 총리인 자신의 정체를 숨기고 두 번에 걸쳐서 형들을 시험에 빠뜨리는 내용을 기록하고 있다. 요셉은 왜 자신의 신분을 감추면서까지 형들에게 피를 말리는 고통이 따르는 그런 시험을 겪게 했을까? 과연 형들이 치른 시험의 내용과 그 의미는 무엇일까?

요셉이 애굽의 총리가 되었을 당시에 아버지 야곱과 다른 형제들 모두는 가나안 땅에서 살고 있었다. 그런데 갑작스러운 기근이 온 세상으로 확산되자 야곱은 양식을 구하기 위해서 베냐민을 제외한 10명의 아들들을 풍요의 땅인 애굽으로 내려보냈다(창 42:1–4). 애굽으로 간 요셉의 형들은 총리인 요셉과 약 20년 만의 숙명적인 만남을 가졌지만 요셉 앞에 엎드려 절까지 하면서도 동생인 요셉을 전혀 알아보지 못했다.

요셉은 자신의 정체를 감춘 채 형들이 단순히 양식을 구하러 온 줄을 알면서도 그들을 애굽의 정세를 엿보러 온 정탐꾼으로 몰아세웠다. 그리고 형들을 모두 3일 동안 감옥에 가두고 1차적인 시험을 치르게 했다. 머나먼 이방 땅인 애굽의 감옥에서 예상치 못한 고난을 겪게 된 형들은 과거에 20년 전에 요셉을 팔아넘긴 죄를 새삼스럽게 기억해 내기 시작했다. “그들이 서로 말하되 우리가 아우의 일로 말미암아 범죄 하였도다 그가 우리에게 애걸할 때에 그 마음의 괴로움을 보고도 듣지 아니하였으므로 이 괴로움이 우리에게 임하도다 르우벤이 그들에게 대답하여 이르되… 그러므로 그의 핏값을 치르게 되었도다 하니”(42:21-22). 지금 감옥에서 겪는 고통이 당시에 지었던 죄의 대가임을 인식하기 시작한 것이다.

이를 지켜보던 요셉은 둘째 형인 시므온 한 사람만을 볼모로 잡아 두고 나머지 형들에게는 막내인 베냐민을 다시 애굽으로 데리고 온다는 조건부로 모두 풀어 주었다. 그리고 요셉은 형들을 돌려보낼 때 각각의 곡식 자루 속에다 돈 뭉치를 넣게 해서 형들이 값을 치르지도 않고 곡식을 훔쳐 간 것처럼 도적의 누명까지 씌웠다(42:28). 집으로 돌아가던 중에 이를 알게 된 형제들은 이 일이 자신들을 향한 하나님의 징계일 것이라고 믿으며 두려움 속에서 지난 과거를 더욱 뼈저리게 뉘우쳤다(42:28).

집에 도착한 형제들이 막내인 베냐민을 데리고 다시 애굽으로 내려가기 위해서는 아버지 야곱을 설득해야만 했다. 이전에 그토록 사랑했던 요셉을 잃고 나서 막내인 베냐민마저 잃을까 봐 탄식하는 아버지를 설득하는 것은 결코 쉬운 일이 아니었다. 아버지를 안심시키고자 장자인 르우벤은 자신의 두 아들의 생명을 담보로 해야만 했고(42:37) 넷째인 유다는 직접 자신의 목숨까지도 담보로 내놓았다(43:9).

극도로 어렵고 난감한 상황 속에서도 형제들은 서로가 다른 형제들을 염려하면서 급기야 자신을 희생하는 모습까지도 보였다. 이제는 분명히 20년 전에 요셉을 팔아넘길 때에 그 형들의 모습이 아니었다. 참된 회개를 통해 변화되고 있었던 것이다. 애굽에 인질로 잡혀 있는 형제인 시므온을 살리기 위해서는 어쩔 수 없이 막내 베냐민을 데리고 다시 애굽으로 가야만 했기 때문이다.

그렇게 다시 애굽으로 찾아 온 형제들에게 요셉은 2차 시험을 감행했다. 곡식을 싣고 집으로 돌아가는 베냐민의 자루 속에 총리의 은잔을 몰래 넣어서 베냐민에게 도둑의 올무를 씌운 것이다. 그러자 전혀 예상치 못한 일이 일어났다. 막내 베냐민이 위기에 처하자 그를 대신해서 형제들 모두가 책임을 지겠다고 나선 것이다. 심지어 유다는 베냐민을 살리기 위해 대신해서 자신을 종으로 삼아 달라고 애원했다. "이제 주의 종으로 그 아이를 대신하여 머물러 있어 내 주의 종이 되게 하시고 그 아이는 그의 형제들과 함께 올려 보내소서"(창 44:33). 동생을 위해 자신의 생명까지 담보로 하고 나선 것이다.

결국 형제들과 유다의 간절한 탄원은 요셉을 감동시켰다. 그리고 마침내 총리인 자신의 신분을 밝히게 만들었다(45:1). 이것이 바로 요셉이 형들에게 두 번이나 가혹한 시험을 치르게 했던 이유였다. 형들은 20년 전에 자신을 죽이려고 했고 미디안 상인들에게 팔아 넘겼던 죄를 아직 회개하지 않은 상태였기 때문이었다. 요셉은 형들이 시험을 통해서 이같이 이전의 죄를 자복하고 거듭나길 원했던 것이다. 참된 회개를 통해서 진심으로 서로를 용서하고 온전한 형제들 간의 사랑을 회복하길 원했던 것이다.

이것은 요셉을 도구 삼아 야곱의 아들들을 회개시키고자 하신 놀라운 하나님의 섭리였다. 하나님은 야곱의 아들들을 회개케 하셔서 이스라엘의 열두 지파가 되게 하시고, 나아가 이스라엘이라는 나라를 세우고자 하셨기 때문이다. 그런 놀라운 계획을 성취하길 원하신 하나님은 이스라엘의 기둥이 될 야곱의 아들들이 요셉의 시험을 통해서 참된 회개를 이루기를 원하셨던 것이다. 하나님은 이를 위해 요셉이 자신의 신분을 감추고 하셨고 형들이 과거의 잘못을 회개할 때까지 반복해서 시험하게 하신 것이다.

| 난제 KEY POINT |

- 요셉이 형들에게 미움을 받지 않았다면 애굽으로 팔려 가지 않았을 것이다. 그렇게 팔려 가지 않았다면 보디발의 종살이도 하지 않았을 것이다. 종살이를 하지 않았다면 간음의 누명을 쓰고 감옥도 가지 않았을 것이며 결국에는 애굽의 총리도 되지 못했을 것이다. 이는 결국 성도들 삶의 모든 것을 선으로 열매 맺게 하시는 전적인 하나님의 섭리요 은혜임을 증거한다.
- 요셉이 형들을 만난 것은 애굽에서 7년의 풍년이 끝나고 7년의 흉년이 시작되던 해로서 애굽의 총리가 된 지 8년째 되는 해이며 이때 요셉의 나이는 약 38세였다(창 41:46, 53–54).
- 요셉은 형들을 시험하면서도 가족들에 대한 북받치는 감정을 억누를 수 없어 형제들 몰래 혼자서 울어야만 했다(42:24; 43:30). 이것은 시험과 관계없이 요셉이 이미 형들의 죄를 용서하고 있었다는 것을 암시한다(45:8).
- 온 땅의 기근으로 인해 요셉과 형제들이 약 20년 만에 상봉하는 장면은 요셉의 인생에서 가장 극적인 장면들이다. 10명의 형들이 요셉에게 땅에 엎드려 절한 것은 요셉이 17세의 청소년 시절에 꾸었던 꿈이 20년 만에 성취되는 감격스러운 순간이다(창 37:6–9).

061. 애굽으로 이주한 야곱의 가족은 모두 몇 명인가?

창세기 46장 8-27절은 야곱과 함께 애굽으로 이주한 가족들의 이름을 나열하면서 야곱의 열두 아들을 중심으로 모계(母系)별로 기록하고 있다. 그런데 창세기 46장 26절에서는 야곱과 함께 애굽에 들어간 자가 야곱의 며느리들 외에 66명이라고 기록되어 있고 창세기 46장 27절에서는 야곱의 집 사람으로 애굽에 이른 자가 모두 70명이라고 기록되어 있다. 이와 동일하게 출애굽기 1장 15절과 신명기 10장 22절에서도 애굽으로 들어간 야곱의 가족은 모두 70명이라고 밝힌다.

반면에 신약에서 스데반은 75명이 애굽으로 내려갔다고 증언한다(행 7:14-15). 이처럼 성경에서 애굽으로 내려간 야곱의 가족 수가 66명, 70명, 75명으로 각각 다르게 기록된 이유는 무엇일까? 어느 것이 맞는 것일까? 이것은 서로 모순되는 성경의 오류가 아니라 모두가 옳은 숫자이다. 단지 야곱의 가족들을 구분하는 관점에 따라서 숫자를 계산하는 방법이 서로 달랐을 뿐이다. 야곱의 가족 수에 대한 세 가지 내용들의 차이점을 각각 정리해 본다.

❶ "야곱과 함께 애굽에 들어간 자는 야곱의 며느리들 외에 66명이니"(창 46:26) : 이것은 가나안 땅에서 애굽으로 들어간 자가 야곱 자신을 제외

하고 12명의 아들들과 손자들과 증손자들을 모두 합해서 직계 자손들이 66명이라는 뜻이다. 참고로 성경에 기록된 야곱의 가족들의 명단을 보면(창 46:8-25) 레아의 자손들이 33명(15절), 실바의 자손이 16명(18절), 라헬의 자손이 14명(22절), 빌하의 자손이 7명(25절)으로 모두 합해서 70명이다. 그러나 이 숫자가 애굽으로 이주한 실제적인 70명의 수는 아니다. 왜냐하면 이 속에는 이미 가나안에서 죽은 엘과 오난(12절)이 포함이 되어 있으며, 두 명의 여인 즉 디나(15절)와 세라(17절)도 포함이 되어 있기 때문이다. 오히려 이 네 사람을 제외하면 66명이 된다.

❷ **"애굽에서 요셉이 낳은 아들은 두 명이니 야곱의 집 사람으로 애굽에 이른 자가 모두 70명이었더라"(창 46:27)** : 야곱의 직계 자손들 66명에(창 46:26) 더해서 야곱 자신과 이미 애굽에 있던 요셉과 그가 애굽에서 낳은 두 아들인 에브라임과 므낫세를 포함하면 모두 70명이 된다. 그러나 애굽으로 이주한 실제적인 야곱 가족들의 수는 70명보다 훨씬 더 많았을 것이다.

야곱의 며느리들을 포함해서 대부분의 여인들과 야곱의 직계 가족이 아닌 사람들은 이주 명단에서 제외되었기 때문이다. 따라서 칠십이라는 수는 하나님의 나라를 상징하는 완전수 7에다 10이라는 충만수를 곱한 것으로서 창세기 10장의 노아의 후손들인 70족속과 유사 개념으로 보기도 한다. 이는 곧 야곱의 가족들의 애굽 이주가 하나님의 완전하신 계획에 따라 이루어진 것임을 암시하는 것이다. 앞으로 야곱의 자손들을 통해서 일어날 출애굽의 역사를 준비하시려는 하나님의 보이지 않는 섭리가 작용하고 있는 것이다.

❸ **"요셉이 사람을 보내어 그의 아버지 야곱과 온 친족 일흔다섯 사람을 청하였더니 야곱이 애굽으로 내려가 자기와 우리 조상들이 거기서 죽고"(행 7:14-15)** :

스데반의 설교에서 야곱의 가족이 75명이라고 한 것은 기존의 70명에 다가(창 46:27) 요셉의 손자들 5명 곧 에브라임과 므낫세의 5명의 자녀들을(창 50:23; 민26:28-37; 대상7:14-21) 더한 수이다.

이와 관련해서 히브리어 구약 성경의 맛소라 사본은 애굽으로 이주한 야곱의 자녀들 수를 70명으로 기록하고 있고 구약 성경의 헬라어 역본인 70인역(LXX)은 75명으로 서로 다르게 기록하고 있다. 따라서 사도행전의 스데반의 설교는 70인역(LXX)의 내용을 따른 것으로 보인다.

이 자료들을 모두 종합해 볼 때 야곱의 자손들이 66명과 70명 그리고 75명으로 구약과 신약에서 서로 다르게 기록된 것은 성경의 오류가 아님을 알 수 있다. 이것은 오직 야곱 자신과 이미 애굽에서 살고 있던 요셉, 그리고 애굽에서 태어난 요셉의 후손들을 포함할 것이냐 아니면 제외할 것이냐에 따라서 계산 방법이 달랐기 때문이라고 볼 수 있다.

| 난제 KEY POINT |

- 구약과 신약의 성경 원본은 오늘날 남아 있지 않다. 따라서 오늘날에는 이전에 성경의 원본을 다시 옮겨 쓴 수천 종의 '사본'(寫本)과 다른 언어로 번역한 '역본'(譯本)만이 전해져 오고 있다.
- '맛소라 사본'은 맛소라 학파로 불리던 학자들이 자음만으로 기록되어 있던 히브리어 구약 사본에 모음과 엑센트를 붙여서 보다 명확한 발음으로 정확히 해석할 수 있도록 A.D. 6-7세기경에 완료한 구약 사본이다.
- 70인역(LXX)은 애굽 왕 톨레미 2세가 70명의 유대인 학자들에게 히브리어로 된 구약 사본을 헬라어로 번역하게 한 역본이다. B.C. 250-150년경에 알렉산드리아에서 번역되었으며 예수님 당시에도 모든 성도들이 사용했던 표준 성경으로서 구약의 고대 역본 중에서도 가장 오래되고 중요한 역본으로 전해져 오고 있다.

062. 야곱은 손자인 므낫세와 에브라임에게 왜 손을 엇바꾸어 축복했나?

애굽의 바로를 만난 야곱은 자신의 굴곡진 삶을 다음과 같이 고백했다. "…내 나그네 길의 세월이 백삼십 년이니이다. 내 나이가 얼마 못되니 우리 조상의 나그네 길의 연조에 미치지 못하나 험악한 세월을 보내었나이다…"(창 47:9). 그러한 자신의 고백처럼 그는 교활하고 기회주의적인 성격대로 속고 속이는 얼룩진 삶을 살았다. 지나온 130년 동안 참으로 파란만장했던 삶을 살았지만, 그래도 야곱은 147세에 세상을 떠나기 전까지(47:28) 생의 마지막 17년 동안은 애굽의 총리인 아들 요셉에게 극진한 대접을 받으면서 정말 꿈같은 말년을 보냈을 것이다.

그리고 창세기 48~49장은 임종 전의 야곱의 마지막 모습을 보여 준다. 이스라엘 12지파의 선조인 야곱이 자신의 죽음을 앞두고 자손들에게 하나님의 언약을 전수하면서 축복을 해 준 것이다. 그런데 창세기 48장에서는 두 가지 특이한 점이 발견된다. 첫째는 야곱이 열두 아들들을 축복하기 전에 먼저 요셉의 두 아들인 므낫세와 에브라임을 축복했다는 것이다. 그리고 둘째는 야곱이 두 손자들을 축복할 때에 오른손을 차자인 에브라임의 머리에 올리고 왼손은 장자인 므낫세의 머리에 얹어서 팔을 엇바꾸어서 축복했다는 것이다(48:14). 과연 야곱이 그렇게 행한 이유는 무엇일까? 두 가지 특이점을 각각 나누어 살펴보자.

❶ 야곱이 열두 아들들보다 먼저 므낫세와 에브라임을 축복한 것은 두 손자들을 자신의 양자로 입양하기 위한 것이었다. 야곱이 한 세대를 넘어서 자신이 직접 두 손자들에게 축복을 한 것은 당시의 법적 입양 절차로서, 이는 곧 야곱이 두 손자를 자신의 아들로 입양했다는 것을 의미한다. 그렇다면 야곱은 죽기 전에 왜 요셉의 아들들을 자신의 아들로 삼아야만 했을까? 그것은 그렇게 하지 않으면 애굽의 이방 땅에서 그것도 이방 여인을 통해서 태어난 요셉의 두 아들인 에브라임과 므낫세는 자신이 죽은 이후에 그 누구에게도 이스라엘 민족의 일원으로서 인정받지 못할 것이기 때문이다.

그래서 야곱은 임종 전에 직접 두 손자를 양자로 입양해서 미리 아들로 삼음으로써 에브라임과 므낫세도 이스라엘의 공동체에 속하게 되었음을 확증하고자 했다. 이로써 요셉은 이후에 자연스럽게 두 아들의 몫으로 두 지파의 복을 누리게 되었다(창 48:22). 이것은 다른 아들들보다 두 배의 상속을 받을 수 있는 이스라엘의 장자권이 큰아들 르우벤에서 요셉에게로 넘어갔음을 의미한다(대상 5:1-2). 이는 야곱 한 개인의 축복이 아니라 애굽으로 팔려간 요셉을 통해서 만백성을 구원하고자 하신 거룩하신 하나님의 뜻이었다(창 50:20).

❷ 야곱은 두 손자를 축복할 때 손을 엇바꾸어서 장자와 차자의 머리 위에 올렸다. 성경에서 '오른손'이란 단순한 의미를 넘어서 하나님의 권능(출 15:6; 시 89:13; 사 62:8)이나 구원(시 17:7; 20:6; 108:6)과 같은 특별한 능력이나 주권을 상징한다. 그렇다면 당연히 오른손은 요셉의 장자인 므낫세에게 안수를 해야 했다. 그럼에도 불구하고 야곱이 손을 바꾸어 X자

형태로 안수한 이유는 무엇일까?

그것은 야곱이 의도적으로 차자인 에브라임에게 장자의 복을 주기 위함이었다. 야곱이 임종 전에 자손들에게 한 축복은 단순한 개인적인 행위가 아니라 하나님의 뜻이 담긴 구속사적 예언이었기 때문이다(창 49:1). 그러므로 야곱이 손을 엇바꾸어 축복한 것은 야곱 자신의 뜻이 아니라 하나님께서 아우를 형보다 더 축복하길 원하셨다는 것을 의미한다(48:19-20). 야곱은 이를 통해서 자신의 축복권이 장자를 더 축복하는 당시의 사회적 관습을 따르는 것이 아니라 하나님의 뜻에 순종하는 것임을 아들 요셉에게 교훈하고 있다.

이것은 이삭이 형 이스마엘을 대신해서 장자권을 얻은 것과 같은 이치이며 동시에 야곱 자신도 형 에서를 대신해서 장자의 축복을 받았다. 이 모든 것은 하나님의 주권적인 섭리로 인한 것이다. 이로써 요셉의 아들이었던 에브라임과 므낫세는 야곱의 아들로 입양되었으며 정식으로 야곱의 다른 아들들과 반열을 같이하는 이스라엘 언약 공동체가 되었다. 이후에는 에브라임과 므낫세 지파로서 이스라엘의 12지파 중에 당당하게 속하게 될 것이다.

결국 야곱의 유언과도 같은 마지막 축복은 앞으로 형성될 이스라엘의 12지파를 이루기 위함이며, 이것은 택하신 백성들을 향한 하나님의 기쁘신 뜻이었다.

| 난제 KEY POINT |

- 야곱이 열두 아들 중에서 가장 사랑했던 요셉과 애굽에서 함께 살았던 마지막 세월은 17년(47:28)이었으며 동시에 요셉이 미디안 상인에게 팔려가기 전까지 가나안 땅에서 함께 살았던 기간도 17년이었다(37:2).
- 이후 여호수아가 가나안 땅을 정복하고 기업을 분배해 줄 때 요셉의 아들들(에브라임, 므낫세)에게는 각각의 몫을 따로 할당해서 두 지파의 기업을 줌으로써 요셉의 장자권이 성취된다(수 16-17장).
- 통일 이스라엘 왕국 이후 남북으로 분열된 이후에는 북이스라엘 전체를 에브라임이라고 부를 정도로(대하 25:7; 사 11:13; 호 5:3) 에브라임이 북왕국에서 가장 강력한 지파가 되었다. 손을 엇갈려 안수했던 야곱의 축복이 그대로 성취된 것이다.

063. 이스라엘은 12지파인가? 아니면 13지파인가?

이스라엘 민족이라는 공식적인 명칭은 야곱이 하나님께 '이스라엘'이라는 새 이름을 부여받으면서부터 시작된다(창 32:28; 35:9–13). "그가 이르되 네 이름을 다시는 야곱이라 부를 것이 아니요 이스라엘이라 부를 것이니…"(창 32:28). "하나님이 그에게 이르시되 네 이름이 야곱이지마는 네 이름을 다시는 야곱이라 부르지 않겠고 이스라엘이 네 이름이 되리라 하시고…"(창 35:10).

구약 성경에서 이스라엘의 12지파란 하나님의 택한 백성들과 그 나라를 가리키는 것이며(벧전 2:9), 이는 야곱의 12명의 아들들을 비롯해서 이루어진다. 야곱은 두 아내인 레아와 라헬 그리고 여종인 빌하와 실바를 포함해서 모두 네 명의 여인에게서 12명의 아들을 두었다. 그들의 이름은 르우벤, 시므온, 레위, 유다, 단, 납달리, 갓, 아셀, 잇사갈, 스블론, 요셉, 베냐민이다(창 46:8–25). 하나님은 야곱의 열두 아들들을 택하셔서 이스라엘을 대표하는 12지파로 세우셨다.

그런데 야곱은 죽기 전에 두 손자, 즉 요셉이 애굽에서 총리가 되어 낳은 두 아들인 에브라임과 므낫세를 자신의 아들로 입양했다(창 48:5). 그래서 야곱의 아들은 기존의 12명에서 2명이 추가되어 14명이 되었다.

그러나 요셉을 대신해서 그의 두 아들인 에브라임과 므낫세가 이스라엘 공동체로 들어가게 되었다. 그러므로 이스라엘은 12명의 아들 중에서 요셉을 뺀 11지파에서 대신에 요셉의 아들 두 지파가 추가됨으로써 13지파가 되었다. 그럼에도 성경에서는 이스라엘의 공동체를 항상 13지파가 아닌 12지파라고 말한다(창 49장; 민 1장; 26장; 계 7장). 그 이유는 무엇일까?

그것은 하나님께서 이스라엘 중에서 레위인을 특별히 구별해서 제사장 지파로 세우시고 이후에 이스라엘의 지파를 계수할 때에는 레위 지파를 제외시켰기 때문이다(민 1:47-54; 수 13:33). 이들은 모든 지파를 대신해서 오직 하나님만을 경배하는 제사에 전념해야 했다. 이로 인해 출애굽 이후에는 12지파 중에서 레위 지파는 별도로 하나님의 소유가 되었고(민 3:12) 이스라엘이 가나안 땅을 정복한 이후에도 레위 지파만은 기업을 분배받지 못했다.

그래서 레위인들은 다른 지파들 가운데에 흩어져 있는 48개의 성읍에 나누어 거주하면서 이스라엘 백성들에게 하나님의 율법을 가르치고 성막과 제사에 관련된 일을 하면서 살아야 했다(신 33:10; 수 21:41). 따라서 야곱이 아들 요셉을 대신해서 손자인 에브라임과 므낫세를 양자로 입양함으로써 13지파가 된 셈이었으나, 하나님은 제사장의 직분을 맡은 레위 지파를 계수에서 빠지게 하심으로써 이스라엘은 12지파로 구성되게 된 것이다.

때문에 레위와 요셉을 제외하고 에브라임과 므낫세를 포함한 야곱의 12명의 아들들이 이스라엘의 민족 공동체인 12지파의 조상이 된 것이다. 그렇다면 이스라엘은 반드시 12지파가 되어야만 했는가? 왜 하필

12지파인가? 그것은 성경에 기록된 '12'라는 숫자가 하나님의 충만하심과 완전하신 통치를 상징하는 완전수로서의 특별한 의미를 내포하고 있기 때문이다. '12'라는 수는 3×4로서 삼위일체 하나님을 가리키는 하늘의 수 3과 하나님께서 동서남북의 온 세상을 창조하신 땅의 수 4를 곱한 숫자이다. 여기서 '12'는 곧 하나님께 구원받게 될 모든 성도들을 의미하는 숫자로 볼 수 있다.

따라서 이스라엘의 12지파는 하나님께서 주권적으로 택하신 구약 시대의 교회와 구원받을 성도들을 상징하게 된다(마 19:28; 눅 22:30). 이는 신약 시대의 교회와 구원받을 성도들을 상징하는 예수 그리스도의 12사도와 더불어서 하나님께 택함받고 구원받은 모든 성도들의 공동체를 시사하는 것이다.

이와 관련해서 요한계시록 7장 4절에는 하나님의 인침을 맞은 자 144,000이라는 상징적인 숫자가 등장한다. 144,000은 12×12×1,000으로 구성된다. 이것은 구약 시대의 12지파×신약 시대의 12사도 = 144에다 최대수인 1,000을 곱한 숫자이다. 그러므로 144,000이라는 숫자 역시도 예수 그리스도의 복음 안에서 구원받은 구약과 신약 시대의 모든 충만한 성도들을 가리킨다고 볼 수 있다(계 14:1).

| 난제 KEY POINT |

- **야곱이 임종 전에 열두 아들을 축복할 때는 레위와 요셉이 포함되었지만(창 49:5, 22) 이스라엘이 출애굽 한 이후에 인구 조사 할 때는(민 1장, 26장) 레위 지파와 요셉 지파는 제외되고 에브라임과 므낫세 지파가 요셉 지파를 대신해서 12지파에 포함되었다.**

- 새 예루살렘 성의 열두 문에는 12지파의 이름들이 새겨지고 열두 기초석에는 12사도들의 이름이 새겨졌다(계 21:10-14). 이는 영적 이스라엘의 구원을 통한 하나님 나라의 완성을 시사한다.
- 결국 야곱이 손자인 에브라임과 므낫세를 아들로 입양해서 축복한 것은 요셉에게 두 지파의 복을 준 것이며(창 48:22) 이는 곧 두 배의 상속을 받을 수 있는 장자권을 요셉에게 주었음을 의미한다(대상 5:1-2).

064. 창세기의 야곱의 축복과 신명기의 모세의 축복은 어떤 차이점이 있는가?

창세기 49장의 야곱의 축복과 신명기 33장의 모세의 축복은 두 사람 모두가 임종을 앞두고 선포한 유언적 성격을 띤 축복이며 동시에 장차 이스라엘의 미래에 일어날 예언이라는 점에서 공통점을 지닌다. 모세는 이스라엘 백성들을 대변하는 중보자로서 그리고 민족의 지도자로서 이스라엘의 12지파를 축복했지만 야곱은 한 가정의 아버지로서 열두 아들들에게 축복을 선포했다.

그럼에도 야곱의 열두 아들은 장차 이스라엘의 12지파의 조상이 될 자들이었기에 야곱이 아들들에게 축복한 내용 역시도 단순히 아버지로서의 개인적인 축복을 넘어서는 것이었다. 하나님께서 야곱에게 보여주신 열두 아들에 대한 계시에 따라 장차 이스라엘의 역사를 통해 실현될 이스라엘 공동체의 미래를 예언했기 때문이다.

따라서 야곱의 축복과 모세의 축복의 내용은 하나님의 구속사의 흐름을 계시하고 있다는 점에서 일관성을 지닌다. 단지 모세의 축복이 야곱의 축복 이후 약 450년 이상 지난 시점에서 이루어졌으므로 보다 더 구체적으로 기록되어 있음을 알 수 있다. 그럼에도 야곱의 축복과 모세의 축복은 다음과 같은 여러 가지 차이점을 지닌다.

❶ 야곱의 축복은 열두 아들들의 이전까지의 삶과 관련해서 미래를 예언하고 있지만 모세의 축복은 12지파의 삶이나 특징보다는 하나님과의 언약을 중심으로 선포되고 있다. 그래서 야곱의 축복에는 실제적으로 열두 아들들의 선행과 악행에 따라서 축복뿐 아니라 저주도 주어지고 있지만(창 49:7), 모세의 축복에는 모든 지파에게(시므온 제외) 축복만 선포된다.

❷ 야곱의 축복에서 장자인 르우벤은 아버지의 첩 빌하와의 통간으로 인해 장자권을 박탈당함으로 사실은 축복이 아니라 저주에 가까운 예언을 들었다(창 49:4). 그러나 모세의 축복에서는 르우벤의 종족이 지속적으로 보존될 것이라는 축복을 받았다(신 33:6).

❸ 야곱의 축복에는 열두 아들 모두가 포함 되어 있지만 모세의 축복에는 시므온 지파가 빠져 있다. 야곱의 축복에서 둘째 아들인 시므온은 셋째인 레위와 함께 이스라엘 중에서 흩어질 것이라는 저주를 받았다. 그 이유는 시므온과 레위가 여동생 디나가 강간당했던 '세겜 사건'(창 34장)의 주동자로서 자신들의 분노대로 무자비하게 살인을 저질렀던 잔인한 폭력성(창 34:25–26) 때문이었다. 그럼에도 시므온의 후손들은 회개하지 않았으며 가나안 땅 입성 직전에도 싯딤에서 모압 여자들과 음행을 저지르고 우상에 빠짐으로써 하나님의 큰 징계를 받았다(민 25장). 이로써 시므온 지파는 가나안 입성 후에도 별도의 기업을 분배받지 못하고 유다 지파에 흡수되어 살아가는 신세가 되었다(수 19:1–9). 그래서 모세는 이스라엘의 12지파를 축복하면서 시므온 지파를 제외시켰을지도 모른다.

❹ 야곱은 다른 아들들에 비해 유다와 요셉에게 가장 풍성한 축복을 했다(창 49:8–12; 22–26). 하지만 모세는 유다 지파의 축복은 단 한 절로 짧

게 기록한 반면에(신 33:7) 레위와 요셉 지파에게 가장 많은 분량의 복을 선포하고 있다(신 33:8-11; 13-17). 이는 마치 모세가 유다 지파보다 레위 지파를 더 중요하게 여긴 것처럼 보인다. 그러나 야곱이 넷째 아들인 유다를 네 번째로 축복한 반면에(창 49:8) 모세는 장자인 르우벤 다음으로 유다를 두 번째로 축복했으며, 또한 그 내용은 비록 짧지만 유다가 항상 대적들을 물리쳐 승리할 것이라고 예언한 점은 주목해야 한다. 이것은 야곱의 축복대로 실로(메시아)가 오시기까지 유다가 형제들을 통치하며 궁극적으로는 죄와 사망으로부터 승리할 것이라는 메시아 대망의 예언이면서 모든 축복 중에서도 가장 중요한 요소라고 할 수 있기 때문이다.

❺ 야곱은 셋째 아들 레위를 저주했지만(창 49:5-7) 반대로 모세는 레위 지파를 축복하고 있다(신 33:8-11). 야곱의 저주는 레위가 시므온과 공모하여 세겜 땅에서 저지른 잔인한 학살 때문이었다(창 34장). 그래서 레위 지파는 가나안 입성 후에도 기업을 얻지 못하고 모두 흩어져서 다른 지파들 속에 섞여서 살아가야 했다. 그러나 이 저주는 오히려 축복으로 바뀌었다. 모세와 아론으로 대표되는 레위 지파는 출애굽 여정 중에 하나님께 열심을 다 해 충성했다. 특히 온 이스라엘이 금송아지를 숭배했을 때 레위 자손들이 우상을 섬겼던 3천 명을 징계함으로써 조상들이 받았던 야곱의 저주를 축복으로 바꿀 수 있었다(출 32:25-29; 말 2:5-6).

이로써 레위 지파는 이스라엘의 제사장 지파가 되었으며 다른 지파들 속으로 흩어져 거룩한 예배를 섬기며 이스라엘의 온 백성들에게 율법을 가르치는 특권을 얻게 되었다(신 33:10). 결국 레위의 후손들의 참된 회개와 섬김은 조상 레위에게 임했던 저주를 오히려 이스라엘 모든 지파들을 위한 축복으로 변화시킨 것이다. 그래서 모세의 축복에는 12지파 중에서도 특히 레위에 대한 축복의 내용이 가장 많이 기록되고 있다.

❻ 야곱은 아홉 번째 아들인 잇사갈이 노예가 될 것이라고 예언했는데(창 49:15하) 반면에 모세는 잇사갈 지파가 장막에서 즐거움을 누릴 것이라고 축복했다(신 33:18). 두 예언은 서로가 징계와 축복으로 전혀 반대되는 예언처럼 보인다. 그러나 이것은 단지 잇사갈 지파가 서로 다른 시기에 겪었던 일들을 예언하고 있는 것이다. 야곱은 잇사갈의 후손들이 B.C. 732년경에 앗수르의 디글랏 빌레셀 왕에게 점령당해서 포로로 끌려갈 것을 예언한 것이며(왕하 15:29), 모세는 잇사갈 지파가 앗수르에 멸망당하기 전에 북쪽의 다볼 산과 남쪽의 길보아 산 사이의 비옥한 평야에서 번영을 누릴 것을 예언한 것이다.

위의 모든 내용들을 종합해 볼 때 야곱의 축복과 모세의 축복은 여러 차이점에도 불구하고 이스라엘의 미래를 향한 하나님의 계시라는 점에서는 일치되고 있다. 그리고 야곱과 모세의 축복은 실제 이스라엘의 역사 속에서 대부분이 그대로 성취되었다.

| 난제 KEY POINT |

- '세겜 사건'이란 야곱의 딸 디나가 세겜 땅의 추장에게 강간을 당하자 디나의 친오빠였던 시므온과 레위가 주동이 되어서 세겜 성읍의 남자들을 무자비하게 학살하고 노략질한 사건을 말한다(창 34장). 이로 인해 시므온과 레위는 형제들과 나누어지고 흩어질 것이라는 예언을 들었다. 훗날 이스라엘의 가나안 땅 정복 후에 시므온 지파는 기업을 따로 받지 못한 채 유다 지파에 흡수되었고(수 19:1-9) 레위 지파 역시 기업을 분배받지 못하고 다른 지파에 흩어져 살아감으로써 야곱의 예언은 성취되었다(수 21장).

- 야곱의 축복의 특징은 태어난 나이 순서가 아니라 모계별(母系別) 순서로 복을 빌었다는 것이다. 제일 먼저 첫 번째 아내인 레아가 낳은 6명의 아들들에게(창 49:1-15), 다음은 두 첩인 빌하와 실바를 통해 낳은 4명의 아들들에게(16-21절), 그리고 마지막에는 라헬이 낳은 요셉과 베냐민을 축복했다(22-28절).
- 야곱의 열두 아들은 이스라엘의 12지파가 되고 이들의 영적 의미는 신약 시대의 12사도로 연결된다. 결국 새 예루살렘 성의 열두 문에는 12지파의 이름이 새겨지고 열두 기초석에는 12사도의 이름이 새겨졌다(계 21:10-14). 이것은 야곱과 모세의 축복이 단순한 개인적인 축복이 아니라 하나님 나라의 완성과 직결되고 있음을 의미한다.

32문항

출애굽기

065-096

065. 출애굽기는 왜 야곱의 열두 아들들의 이름으로 시작하고 있을까?

출애굽기 1장은 야곱과 함께 애굽으로 들어갔던 열두 명의 아들들의 이름으로 시작된다. 창세기의 역사를 돌아볼 때 야곱은 태어날 때부터 형 에서의 발꿈치를 잡고 늘어지더니 이후에도 계속해서 속고 속이는 모질고 야비한 인생을 살았다. 야곱은 그렇게 험난한 삶의 역경 속에서도 장자 르우벤부터 막내 베냐민까지 모두 12명의 아들을 두었다. 그러나 그의 아들들 역시도 자신처럼 하나님께 합당한 믿음의 삶을 살아가지 못했다.

열두 명의 아들들 중에서 유일하게 하나님을 의지하는 삶을 살았던 꿈쟁이 요셉이 있었지만, 그는 이미 형들의 계교로 애굽으로 팔려 가고 없었다. 장자인 르우벤은 아버지의 첩 빌하와 통간을 범해 장자권을 박탈당했고 시므온과 레위는 여동생 디나의 강간 사건을 빌미로 잔인한 피의 학살을 주동했으며(창 34장) 그나마 나머지 아들 중에서 가장 뛰어났던 유다마저도 우상을 섬기던 이방 여인과 결혼함으로써 언약 백성으로서의 믿음을 상실한 상태였다(창 38장). 게다가 그는 창녀로 가장한 며느리와의 패륜적인 관계로 아이를 낳는 등 야곱의 아들들 모두가 언약 백성으로서 자랑하거나 내세울 만한 것이 전혀 없는 자들이었다.

그렇게 세상과 섞여서 살아가던 가족들이 어느 날 애굽에서 총리가 된 요셉의 도움으로 모두가 애굽으로 이주하게 되었다. 형들은 동생 요셉을 팔았지만 그 요셉이 형들을 기근 속에서 살렸고 아버지 야곱과 모든 가족들을 구원할 수 있었다. 형들의 죄악이 오히려 전화위복이 되어버린 것이다. 덕분에 야곱의 가족들은 애굽의 고센이라는 구별된 땅에서 자신들만의 안정된 촌락을 형성할 수 있었다.

그렇게 70명에 불과했던 작고 초라한 가족은 어느새 4백 년의 세월이 지나면서 엄청난 수의 이스라엘 민족으로 변해 있었다(출 1:5-7). 그 누구도 상상할 수 없었던 기적적인 변화였다. 야곱의 아들들이 이렇게 이스라엘로 번성할 수 있었던 것은 이들이 그런 축복을 받을만한 자격이 있었거나 그에 합당한 노력을 했기 때문이 아니었다. 이스라엘의 번성의 원인은 오직 약하고 보잘것없던 소수의 무리를 택하사 아브라함에게 약속하신 언약을 성취해 나가시기 위한 하나님의 주권적인 은혜요 계획이었다.

이것은 하나님께서 지금까지는 아브라함과 이삭과 야곱이라는 한 개인을 통해서만 언약을 맺어 오셨지만 이제부터는 한 사람이 아니라 야곱의 열두 아들들을 이스라엘의 12지파로 세우시고 이들과 함께 언약을 맺어 나가실 것을 계획하셨기 때문이다. 한 개인을 통한 족장 중심의 구속사가 향후에는 이스라엘 민족 공동체를 중심으로 한 언약 백성의 구속사로 확대될 것을 의미하는 것이다.

그래서 출애굽기 1장 1절은 '야곱의 아들들의 이름'이라 하지 않고 '이스라엘의 아들들'이라고 기록하면서 이 모든 것이 전적인 하나님의 은혜로 인한 것임을 교훈하고자 연약한 야곱의 열두 아들들의 이름으로 시작하고 있는 것이다. 궁극적으로 하나님은 이 부족한 열두 아들들의 이름으로 시작되는 출애굽기를 통해서 하나님의 구속 사역을 어떻게 이루어 나가실지를 계시하고자 하신다.

이제부터 하나님은 야곱의 열두 아들 곧 이스라엘의 12지파들을 통해서 하나님의 구원의 역사를 점진적으로 이루어 나가실 것이다. 앞으로 하나님은 이 열두 아들의 후손들을 통해서 이스라엘을 인도할 거룩한 선지자들과 제사장들을 보내 주실 것이며 다윗과 솔로몬 같은 훌륭한 왕들도 이 자손들 안에서 태어나게 해 주실 것이다. 나아가 다윗의 자손을 통해서 오실 메시아, 곧 만민을 구원하실 예수 그리스도를 이 땅으로 보내 주실 것이다.

그래서 출애굽기 1장은 처음부터 보잘것없는 야곱의 열두 아들들의 이름으로 시작함으로써 이제부터 이 연약한 자들을 통해 성취해 나가실 메시아 언약, 곧 하나님 나라의 완성이 전적으로 하나님의 주권적인 역사임을 암시하고 있다.

| 난제 KEY POINT |

- 야곱의 자손들이 애굽에 머물렀던 400년 이상의 기간은 단순히 기근을 피하기 위한 일시적인 피난이 아니었다. 이것은 하나님께서 애굽의 고센이라는 안정된 울타리 안에서 초라한 70인의 히브리인 씨족을 이스라엘이라는 창성한 민족으로 세우고자 하신 위대하신 섭리의 결과였다.
- 출애굽기는 야곱의 열두 아들 곧 이스라엘의 12지파의 이름으로 시작하면서 앞으로 전개될 사건의 전조를 암시한다. 그동안 야곱의 가정이 하나님의 특별한 은총으로 이스라엘이라는 민족으로 성장했지만 이제부터는 요셉을 알지 못하는 새로운 왕조가 등장하고 이스라엘을 핍박하면서 출애굽 역사라는 새로운 국면을 맞게 된다.

066. 갈대 상자에 담겨 강으로 떠내려간 모세가 어떻게 애굽 공주의 아들이 되었나?

출애굽기 1장은 당시에 애굽의 고센 땅에서 살던 이스라엘 자손들이 날이 갈수록 번성하고 강해지는 모습을 기록한다. 이에 두려움을 느낀 애굽의 왕 바로는 번성한 이스라엘이 주변 나라들과 연합해서 자신들을 공격한 이후에 애굽을 떠날지도 모른다는 강박증에 시달리고 있었다(출 1:9-10). 이를 위해 바로는 이스라엘의 인구 증가를 막기 위한 3가지 계략을 꾸몄다.

첫 번째는 이스라엘 백성들에게 가혹한 노동을 시켜서 자손들의 번성을 막고자 한 것이며(출 1:11-14), 두 번째는 히브리 산파에게 갓 태어난 히브리 사내아이를 다 죽이라고 명령했다(출 1:15-16). 그러나 두 계략은 모두 다 실패했다. 그러자 당황한 바로는 더 포악해져 갔다. 그는 마지막 세 번째 계략으로, 모든 백성에게 갓 태어난 히브리 남자 아기는 모두 나일강에 던져 죽이라고 명령했다(출 1:22). 모든 백성들이 공개적으로 히브리 신생아를 죽일 수 있도록 공포한 것이다. 이스라엘에 대한 애굽의 핍박은 극에 달하고 있었다.

이때 한 레위인 부부에게서 한 아기가 태어났다(출 2:1-2). 아기의 모습은 범상치가 않았다. 이에 부모는 바로의 명령을 어기고 석 달 동안 아기를 몰래 키웠다. 그러나 아이가 자라서 더 이상 집 안에 숨길 수 없게 되자 부모는 아기를 갈대 상자에 실어 나일 강으로 내려보냈다. 아기는 강물을 따라 흘러갔으며, 그리고 얼마 후 바로의 딸이 나일 강으로 목욕을 하러 나왔다. "바로의 딸이 목욕하러 나일 강으로 내려오고 시녀들은 나일 강가를 거닐 때에 그가 갈대 사이의 상자를 보고 시녀를 보내어 가져다가"(출 2:5). 아기가 나일 강을 따라 떠내려갈 그때에 애굽의 공주가 이를 발견한 것이다.

그때 마침 아기는 울고 있었고, 공주는 유난히 아름답게 보이는 아기에게 연민을 느꼈다. 바로의 딸은 이 아기가 나일강의 신이 자신에게 준 선물이라고 확신했다. 그녀는 이 아기를 아들로 삼았으며 이름을 '모세'라고 지었다. "… 그가 그의 이름을 모세라 하여 이르되 이는 내가 그를 물에서 건져내었음이라 하였더라"(출 2:10).

그래서 바로 왕이 나일 강에 던져 죽이라고 했던 아기 모세는 오히려 나일 강에서 구원을 받았다. 바로 왕에게 죽었어야 할 모세가 오히려 그의 왕궁으로 들어가서 왕실의 총애를 받고 자랐다. 히브리인 모세가 애굽의 왕자가 된 것이다. 이것은 영화가 아니다. 오히려 영화보다 더 영화 같은 실제적인 사건이다. 지금으로부터 약 3500년 전에 있었던 실제적 역사이다.

이 모든 것이 우연이었을까? 아니다. 모세의 삶의 전부는 보이지 않는 하나님의 섭리였다. 하나님은 모세의 부모가 아기를 더 이상 집에 숨기기가 어려워졌을 그때에 나일 강으로 내려보내게 하시고 마침 그때에 바로의 딸이 그곳으로 나오게 하시고, 하나님은 바로 그때 모세가 울게 하심으로써 바로의 딸이 이 범상치 않은 아기를 택하게 하시고 사랑하게 만드신 것이다.

이 얼마나 오묘한 하나님의 섭리인가? 더욱 놀라운 것은 모세가 젖을 떼기까지 친모인 요게벳이 유모가 되어 젖을 먹이며 자신의 아들인 모세를 직접 키울 수 있었다는 것이다. 이 기간 동안 요게벳은 모세에게 젖을 물리면서 틀림없이 하나님을 향한 믿음과 신앙까지도 함께 물렸을 것이다. 이로써 하나님은 모세에게 자신이 애굽의 왕자가 아니라 하나님의 택하신 이스라엘의 구원자임을 분명히 깨닫게 해 주셨을 것이다. 하나님은 모세를 통해서 이스라엘의 출애굽을 성취하실 것이기 때문이다.

이러한 모세의 삶처럼 우리의 인생에도 우연이란 없다. 오늘날 우리 성도들 삶의 전부도 보이지 않는 하나님의 섭리 안에 있음을 우리는 확신한다. 하늘을 나는 참새 한 마리일지라도 하나님의 허락 없이는 절대로 땅에 떨어지지 않기 때문이다(마 10:29).

| 난제 KEY POINT |

- 요게벳이 믿음으로 젖을 먹이며 키웠던 모세의 유아기는 4~5년(당시의 풍습) 정도였다. 그러나 이것은 이집트 왕자로서 받았던 35년의 교육보다 모세의 삶에 더 큰 영향을 끼친 위대한 신앙 교육이었다.

067. 모세가 히브리 사람을 폭행하는 애굽 사람을 죽인 것은 의로운 행동이었나?

모세는 나일 강에서 극적으로 건져져서 애굽 왕인 바로의 딸에게 아들로 입양되었다. 애굽의 학살로 인해 죽을 뻔했던 히브리인 아기가 애굽의 왕자가 된 것이다. 게다가 아기 모세는 친모인 요게벳이 유모가 되었기에 젖을 떼기까지 수년 동안 친어머니와 함께 있을 수가 있었다. 그래서 모세는 어머니로부터 믿음의 젖을 먹고 자라면서 자신이 애굽인이 아니라 이스라엘의 백성이요 하나님의 택하신 민족임을 분명히 인식하고 있었다.

이는 신약의 히브리서에서도 증거한다. "믿음으로 모세는 장성하여 바로의 공주의 아들이라 칭함받기를 거절하고 도리어 하나님의 백성과 함께 고난받기를 잠시 죄악의 낙을 누리는 것보다 더 좋아하고"(히 11:24–25). 그런 모세가 장성한 후에 그에게 예상치 못한 사건이 발생했다. "모세가 장성한 후에 한번은 자기 형제들에게 나가서 그들이 고되게 노동하는 것을 보더니 어떤 애굽 사람이 한 히브리 사람 곧 자기 형제를 치는 것을 본지라"(출 2:11). 본문은 애굽의 노예로 고통받던 히브리 사람들을 '자기 형제'라고 두 번씩이나 기록한다.

이것은 모세가 자신이 누구인지 그 정체성에 대한 확신을 지니고 있었음을 암시한다. 그래서 모세는 자기 동족을 학대하던 애굽 사람을 쳐 죽여서 모래 속에 감추었다. 이 일은 곧 발각이 되었고 이어서 모세는 자신을 죽이려는 바로를 피해서 미디안 광야로 도피해야 했다. 그렇다면 여기서 모세가 애굽인에게 학대당하던 히브리인의 아픔을 외면하지 않고 그들을 돕기 위해서 애굽인을 죽인 것이 과연 정당한 행동이었을까 아니면 잘못된 행동이었을까?

본문을 단순히 문자적으로 볼 때 이것은 마치 큰 고난을 당하고 있는 동족들의 아픔에 대한 모세의 의분처럼 보인다. 그러나 사실은 이와는 다르다. 이것은 모세가 자신의 감정을 이기지 못하고 저지른 단순한 살인 행위에 지나지 않는다. 모세는 왕자의 신분으로서 좀 더 신중하고 지혜로워야 했다. 그런 문제라면 굳이 살인을 행하지 않고도 얼마든지 하나님의 뜻에 따라 때를 기다리며 해결해 나갈 수가 있었기 때문이다.

따라서 모세가 애굽인을 죽인 것은 하나님의 뜻이 아니라 자신의 감정에 따라 순간적 혈기를 이기지 못한 신앙적 미숙함에서 비롯된 행동이었다. 이스라엘의 구원자로서 아직까지 하나님의 부르심과 소명이 없었음에도 불구하고 때가 이르기도 전에 모세 스스로가 이스라엘의 구원자인 것처럼 경솔하게 나섰던 것이다. 그것은 "누가 너를 우리를 다스리는 자와 재판관으로 삼았느냐"(출 2:14)라는 동족들의 비난을 통해서도 잘 드러난다. 동족인 히브리인들까지도 모세 네가 누구기에 감히 이스라엘의 지도자 행세를 하느냐고 빈정대며 조롱했던 것이다.

이를 볼 때 모세는 아직은 육체적 힘이 넘쳐 나는 40세의 나이와 동시에 애굽의 왕자라는 지극히 높은 세상적 지위를 의지하고 있었던 것이다. 그래서 이제는 자신이 이스라엘의 지도자로 나서도 되겠다는 자신감으로 가득 차 있었을 것이다. 그러나 그런 모세의 잘못된 판단은 오히려 자신을 애굽의 왕자에서 단순 살인범으로 추락하게 만들었다. 이는 준비된 이스라엘의 구원자의 모습이 아니라 자기 자신의 목숨 하나를 겨우 지키기 위해서 황급히 애굽을 탈출해야만 했던 비겁한 도망자의 신세로 전락하게 만든 것이다. 이후 모세는 40년이라는 긴 세월을 미디안 광야에 숨어서 목자로서의 삶을 살아가야 했다.

그럼에도 하나님은 모세가 광야의 삶 40년을 단순한 도피 목적의 삶으로 살아가게 하지 않으셨다. 더욱 낮아진 목자의 삶을 통해서 겸손을 배우게 하시고 묵묵히 순종하는 삶을 훈련하게 하셨다. 더 이상 세상의 높은 지위와 육체적 힘만을 의지하는 자가 아니라 오직 하나님만 의지하며 순종하는 자의 삶으로 연단시켜 주셨다. 하나님은 애굽의 노예로 압제와 고통의 나날을 보내고 있는 이스라엘을 구원하시기 위해 연약한 모세를 신실한 여호와의 종으로 변화시키고 계셨다.

| 난제 KEY POINT |

- 애굽 왕자의 신분임에도 이스라엘 동족의 아픔을 외면하지 않은 모세! 비록 잘못된 살인으로 경솔함을 보이기는 했지만 믿음의 사람 모세는 왕궁의 안락한 삶 속에서도 하나님의 백성으로서의 자신의 정체성을 잃지 않기 위해 항상 갈등하고 있었다. 히브리서는 증거한다. "그리스도를 위하여 받는 수모를 애굽의 모든 보화보다 더 큰 재물로 여겼으니 이는 상 주심을 바라봄이라"(히 11:26).

- 모세는 항상 신실했던 여호와의 종이었지만(민 12:7-8; 신 34:10) 때로는 불의를 보면 자신의 감정을 억제하지 못하는 격한 감정의 소유자였다. 모세는 금송아지 우상을 숭배하던 백성들을 보고 분노하여 하나님의 거룩한 십계명의 돌판을 산 아래로 던져 깨뜨렸다(출 32:19).

- 모세는 가데스에서 목이 말라 불평하는 백성들 때문에 말씀만으로 물을 내라는 하나님의 명령을 어기고 혈기로 반석을 두 번이나 쳐서 물을 내었다. 이 때문에 자신과 형 아론까지도 가나안으로 들어가지 못하는 심판을 받았다(민 20:1-13).

068. 하나님은 모세에게 소명을 주실 때 왜 하필 떨기나무 가운데서 나타나셨나?

출애굽기 3장에는 애굽을 탈출해 미디안 광야에서 양치기 목자로 살아가던 모세가 하나님께 소명을 받는 내용이 기록되어 있다. 애굽의 왕자에서 미디안의 목동으로, 그리고 이제 인생의 후반기에 이스라엘의 지도자로서 소명을 받게 된 것이다. 이 장면은 모세의 인생에서 가장 중요한 전환점이 되는 순간을 보여 준다. 모세가 양 떼를 치며 하나님의 산 호렙에 도착했을 때 여호와의 사자가 떨기나무 가운데에서 나타나셨다. "여호와의 사자가 떨기나무 가운데로부터 나오는 불꽃 안에서 그에게 나타나시니라 그가 보니 떨기나무에 불이 붙었으나 그 떨기나무가 사라지지 아니하는지라"(출 3:2).

그런데 신비한 것은 작은 떨기나무에 불이 붙었음에도 불구하고 그 불꽃이 계속해서 꺼지지 않았다는 것이다. 그 작고 메마른 떨기나무가 어떻게 땔감도 없이 계속해서 불 타오를 수 있었을까? 이 현상들은 과연 무엇을 의미하는 것일까?

하나님께서 이렇게 호렙 산의 불타는 떨기나무 가운데 나타나신 것은 당시에 애굽의 노예로 고통받고 있던 이스라엘을 구원하기 위해서였다. 이를 위해 하나님은 모세를 지도자로 세우시려고 "모세야 모세야"

라고 부르시며 소명을 부여하셨다. "이제 내가 너를 바로에게 보내어 너에게 내 백성 이스라엘 자손을 애굽에서 인도하여 내게 하리라"(출 3:10).

이제서야 모세가 이스라엘을 위한 지도자로 나설 때가 된 것이다. 그러나 현재 모세가 처한 상황과 현실은 그렇지가 못했다. 모세는 이미 40년 전에 왕자의 신분을 상실했으며 살인자의 신분이 되었고 애굽을 탈출해서 망명자가 되었다(출 2:11–15). 그리고 미디안 땅으로 피신하여 40년 동안을 숨어 살면서 오직 장인 이드로의 가축을 돌보는 평범하고 초라한 목자의 삶을 살았다. 그 세월동안 모세는 이젠 힘도 없고 아무런 능력도 없는 80세의 노인이 되어 있었다. 지난 40년 동안 지극히 일상적인 광야의 삶을 살면서 왕자로서의 자부심과 명예 그리고 이스라엘의 구원자가 될 것이라는 생각은 이미 버린 지가 오래였다.

그렇게 연약한 모습으로 변한 모세에게 하나님은 이제서야 떨기나무 불꽃 가운데서 찾아오신 것이다. 본문의 떨기나무는 당시 애굽이나 시내 광야에서 흔히 볼 수 있었던 키가 작고 앙상한 가시덤불을 가리킨다. 이것은 아카시아 종류의 가시나무 떨기로서 사람에게는 쓸모가 거의 없는 하찮은 식물로 분류된다. 그렇다면 하나님은 왜 하필 떨기나무 가운데서 모세에게 나타나셨을까?

여기에서 이 보잘것없는 떨기나무는 현재 애굽의 노예로 고통 속에서 살아가는 무기력한 이스라엘을 상징한다. 또한 그러한 떨기나무에 사라지지 않는 불이 붙었다는 것은 전능하신 하나님께서 임재하셨음을 의미한다. 이는 결국 그토록 연약한 이스라엘일지라도, 그들이 아무리 애굽의 박해와 학대 속에서 불같은 고난과 시련을 겪을지라도 이스라엘은 결코 꺼지지 않는 불꽃처럼 멸망하지 않을 것이며 오히려 사라지지 않는 불꽃처럼 타올라 더욱 번성할 것을 상징하는 것이다. 전능하신 하나님께서 압제 가운데 신음하는 히브리 민족과 함께 하셔서 영원히 이스라엘을 지켜 주시고 보호해 주실 것이기 때문이다.

이러한 하나님의 주권적인 은혜는 지난 2천 년 동안의 우리 기독교의 역사를 통해서도 잘 드러난다. 죄악 된 세상 속에서 금방이라도 불타서 곧 사라질 것만 같았던 연약한 교회와 성도들이었다. 그러나 활활 타오르는 불꽃처럼 오히려 고난과 핍박이 더할수록 꺼지지도 않고 사라지지도 않는 떨기나무의 역사로 이어져 왔다. 떨기나무 불꽃 가운데서 모세와 함께해 주신 임마누엘의 하나님. 그분은 오늘도 우리 안에 임재하신 예수 그리스도를 통해서 영원히 우리 성도들과 함께 동행하신다.

| 난제 KEY POINT |

- 대부분의 학자들은 호렙 산과 시내 산을 같은 산으로 본다. 성경은 두 산을 모두 '하나님의 산'이라고 부른다(출 3:1; 4:27; 18:5; 24:13). 두 산의 차이점으로 호렙 산은 산 전체를 가리키며(출 17:6; 33:6) 그중에서 가장 높은 정상 부분은 시내 산으로 구분하기도 한다(출 19:20). 이와 관련해 모세가 하나님께 십계명의 두 돌판을 받았던 곳은 시내 산으로 기록된다(출 24:16; 31:18; 34:29). 나머지는 대부분 호렙 산으로 기록된다(신 1:2, 6, 19; 왕상 8:9; 시 106:19).
- 선지자 엘리야가 이세벨의 보복을 피해 40일을 걸어서 도착했던 하나님의 산 호렙도 역시 시내 산을 의미한다(왕상 19:8).
- 오늘날 보잘것없는 떨기나무 같은 우리 교회와 성도들 역시 죄로 넘쳐 나는 세상 속에서도 오직 예수 그리스도의 복음 안에서 영원히 타지도 않고 사라지지도 않을 천국의 영생을 누리게 될 것이다.

069. 모세는 하나님께서 주신 소명을 왜 다섯 번이나 반복해서 거절했을까?

출애굽기 3장과 4장은 모세가 하나님께서 맡기시는 이스라엘의 구원자적 소명에 대해 거절하는 모습을 보여 준다. 특이한 것은 하나님의 소명임에도 불구하고 모세가 다섯 번이나 반론을 제기하면서 거절했다는 것이다(3:11, 13; 4:1, 10:13). 어찌하여 모세가 감히 하나님의 명령을 반복해서 거절했을까? 특별한 사정이라도 있었던 것일까? 여기서 모세의 소명과 그의 다섯 번의 거절에 대해 살펴본다.

❶ 하나님께서 모세를 바로에게 보내어 이스라엘 자손들을 애굽에서 나오게 하겠다고 말씀하셨다. 그러나 모세는 "내가 누구이기에 바로에게 가며 이스라엘 자손을 애굽에서 인도하여 내리이까"(출 3:11)라고 반문했다. 40년 전의 모세는 애굽 왕실의 문무를 익힌 젊은 야망과 열정으로 가득 찼던 애굽의 왕자였다. 그래서 그때는 자신의 신분과 능력만으로도 충분히 이스라엘을 구원할 수 있다고 믿었다.

그러나 지금은 왕자의 권세와 젊음도 다 사라진 무기력한 양치기 목자로서 자신의 능력으로는 아무것도 할 수 없는 80세의 초라한 노인에 불과했다. 지난 40년의 세월이 모세의 자존감을 앗아가 버린 것이다. 그래서 모세는 자신의 무능력을 통감하면서 "내가 누구이기에"라며 하나님께 반문을 해야만 했다.

❷ 이에 대해 하나님은 반드시 모세와 함께 있겠다고 동행을 약속해 주셨다. 그리고 출애굽 한 후에는 이스라엘이 바로 이 산(모세가 소명을 받고 있는 호렙 산)에서 하나님을 경배하게 될 것이니 이것이 모세를 보내는 증거가 될 것이라고 말씀하셨다(출 3:12). 하지만 모세는 다시 두 번째 반론을 제기했다. "너희의 조상의 하나님이 나를 너희에게 보내셨다 하면 그들이 내게 묻기를 그의 이름이 무엇이냐 하리니 내가 무엇이라고 그들에게 말하리이까"(출 3:13). 모세는 자신이 하나님에 대한 지식이 없음을 고백했다.

❸ 하나님은 두 번의 소명을 계속 거부하며 주저하는 모세에게 "나는 스스로 있는 자이니라"(에흐예 아쉐르 에흐예), 곧 영원부터 영원까지 스스로 존재하시는 분이심을 스스로 밝히시며 모세를 위로하셨다(I am who I am). 그럼에도 모세는 "그러나 그들이 나를 믿지 아니하며 내 말을 듣지 아니하고 이르기를 여호와께서 네게 나타나지 아니하셨다 하리이다"(출 4:1)라고 하면서 이스라엘 백성들이 틀림없이 아무런 자격도 없는 자신을 거부할 것이라는 두려움에 다시 소명을 거부했다.

❹ 하나님은 세 번씩이나 소명을 거절한 모세에게 이전과 같은 위로의 답변 대신에 세 가지 징표를 제시해 주셨다. ① 모세가 하나님의 말씀대로 들고 있던 지팡이를 던지자 뱀으로 변했고 다시 말씀대로 뱀의 꼬리를 잡자 지팡이로 변했다. ② 하나님은 모세가 품속에 넣었던 손에 나병이 생겼다가 사라지는 이적을 베푸셨다 ③ 그럼에도 이스라엘이 앞의 두 이적을 믿지 못할 때는 모세가 나일 강에서 떠다가 부은 물이 땅에서 피가 될 것이라고 말씀하셨다(출 4:2-9).

그러나 이렇게 놀라운 하나님의 이적들도 이미 자신감을 상실한 모세의 마음을 돌릴 수 없었다. 오히려 모세는 계속되는 네 번째 변명과 함께 하나님께 간절한 탄원을 올렸다. "오 주여 나는 본래 말을 잘 하지 못하는 자니이다. 주께서 주의 종에게 명령하신 후에도 역시 그러하니 나는 입이 뻣뻣하고 혀가 둔한 자니이다"(출 4:10). 자신은 언어 표현력도 떨어지고 말도 느리고 어눌하니 하나님의 대언자로서 적합하지가 않다는 것이다.

❺ 이에 대해 하나님은 단호하게 말씀하셨다. "이제 가라 내가 네 입과 함께 있어서 할 말을 가르치리라"(출 4:12). 하나님은 모세의 무능력을 친히 해결해 주시겠다고 약속해 주셨다. 그럼에도 모세는 하나님을 신뢰하지 못했다. 끝까지 하나님을 바라보지 못하고 자신의 무능함만을 보았기 때문이다. 모세는 즉각 "오 주여 보낼 만한 자를 보내소서"(출 4:13). 모세 자신은 무능한 자라 도저히 불가능하오니 자신이 아닌 다른 능력자를 보내달라며 다섯 번째로 소명을 완강하게 거부했다.

겸손이 지나치면 불신앙이라고 했던가! 모세는 하나님의 말씀과 능력보다는 마지막까지 자신의 인간적 연약함만을 핑계로 하나님의 소명을 거부하는 불신앙을 드러내고 말았다. 이제는 어떠한 변명의 여지도 없었다. 하나님께서도 더 이상 인내하지 않으셨기 때문이다. 드디어 하나님은 노를 발하셨고, 결국 모세는 하나님 앞에 온전히 무릎을 꿇을 수밖에 없었다(출 4:14).

우리는 인간적으로 볼 때 모세의 입장을 충분히 이해할 수도 있다. 자신의 실수로 애굽에서 쫓겨났고 그렇게 고통받던 이스라엘 백성들을 떠나서 40년 동안이나 얼굴도 보이지 않고 숨어 살았던 그가 아니었던가. 그런 모세가 이제 와서 초췌한 노인의 모습으로 지팡이 하나 달랑

들고 나타났을 때 과연 누가 그를 이스라엘의 구원자라고 신뢰할 수 있을 것인가! 게다가 야곱의 가족들이 애굽으로 이주한 이후에 4백 년이 넘도록 이스라엘의 그 누구에게도 하나님의 계시가 없지 않았던가!

그런데 하나님께서 이제 와서 이런 보잘것없이 초라한 노인을 이스라엘의 구원자로 보내셨다면 이를 과연 누가 믿어 줄 것인가! 이같은 모세의 형편만을 고려해 본다면 어쩌면 그의 계속된 거절은 변명이 아닐 수도 있다. 그러나 하나님 앞에서 그의 모습은 철저한 불신앙에 불과했다. 왜냐하면 모세가 누구인지, 그의 직업이 무엇이며, 그의 나이가 얼마인지, 그것은 중요한 것이 아니었기 때문이다.

"내가 반드시 너와 함께 있으리라"(출 3:12상)라고 약속해 주신 하나님. 그 이름만으로도 완전한 순종의 조건임을 모세는 알지 못했다. 임마누엘 하나님, 오직 그분께서 함께해 주신다는 그 이유 하나만으로도 모세에겐 이미 완전한 승리의 조건임을 깨닫지 못했던 것이다.

| 난제 KEY POINT |

- 모세가 애굽을 떠나 미디안 땅에 머물렀던 40년 동안의 긴 세월은 교만했던 애굽 왕자의 신분을 버리고 오직 목자로서의 낮아진 삶을 통해 얻게 될 겸손을 위한 훈련이었다. 그러나 자존감을 잃고 자신감마저 상실해 버린 모세의 지나친 겸손은 하나님의 소명에 대해 5번이나 변명으로 거부하면서 불신앙이 되어 버렸다.
- 성경은 모세처럼 변명으로 일관하며 끝까지 하나님의 소명을 거부했던 선지자가 또 있음을 기록한다. 그는 바로 요나 선지자다. 북이스라엘에서 활동했던 요나 역시 앗수르의 성읍 니느웨에 하나님의 메시지를 전하라는 소명을 거부했다. 그는 배를 타고 다시스로 도망하다 3일간 물고기 배 속에 갇힌 후에 회개하고 살아났다. 모세와 요나 두 선지자의 공통점은 자신들의 의사와는 무관하게 하나님의 주권적인 능력으로 소명을 받았다는 것이다.

070. 하나님은 히브리인들에게 애굽 사람들의 물품을 왜 뺏으라고 하셨나?

하나님은 모세에게 이스라엘 백성들이 출애굽 할 때에 빈 손으로 가지 않고 애굽에서 많은 재물들을 가지고 나가게 될 것이라고 말씀하셨다. "여인들은 모두 그 이웃 사람과 및 자기 집에 거류하는 여인에게 은 패물과 금 패물과 의복을 구하여 너희의 자녀를 꾸미라 너희는 애굽 사람들의 물품을 취하리라"(출 3:22). 여기서 "구하다"(히브리어 '샤알')라는 단어는 '요구하다'(출 11:2; 삼상 12:13; 삼하 3:13) 또는 '빌리다'(출 22:14; 왕하 4:3; 6:5)라는 뜻으로서 본문에서는 '요구하다'라는 의미로 쓰이고 있다. "취하다"(나찰)는 '빼앗다'(출 12:36) 또는 '약탈하다'라는 뜻이며 전쟁에서 승리한 자가 전리품을 탈취하는 행위를 의미한다.

그렇다면 본문의 말씀은 마치 하나님께서 히브리인들에게 애굽의 물품을 강탈해서 빼앗으라는 명령처럼 들린다. 하나님은 왜 출애굽 시 히브리인들에게 애굽 사람들의 재산을 약탈하라고 하셨을까? 어떻게 공의롭고 선하신 하나님께서 그런 부도덕한 명령을 하실 수 있는가? 하나님의 이 명령은 과연 옳은 것인가?

본문을 문자적으로만 바라볼 때 그렇게 잘못된 해석을 할 수 있다. 본문의 의도는 하나님께서 애굽의 물품들을 약탈하고 도적질하라는 의미가 아니다. 이스라엘 백성들은 400년이 넘도록 애굽에 머물면서 애굽이 두려워할 정도로 인구 수가 번성하며 강대해졌다(출 1:7-10). 그리고 수세기 동안이나 애굽의 압제하에서 고달픈 노예 생활을 했다. 그럼에도 히브리인들은 그 오랜 세월 동안을 아무런 대가나 보상도 없이 이제껏 노동력을 착취당해 왔다. 그러나 히브리인은 이제 더 이상 그들의 노예가 아니다.

애굽을 이긴 승리자요 정복자로서 자유의 몸이 될 것이다. 즉 애굽은 그동안 히브리인들을 짐승처럼 부려먹은 노동에 대한 대가를 정당하게 지불해야만 했던 것이다. 이스라엘 백성들이 애굽에게 요구한 은과 금의 패물과 의복은 그동안 착취당한 것에 비하면 오히려 보상의 일부에 지나지 않는 미미한 것에 불과했다. 따라서 애굽 사람들은 이스라엘 백성들에게 귀중품들을 강탈당한 것이 아니라 당연히 자발적으로 주어야만 했던 것이다(출 12:32-36).

그렇다면 애굽인들은 자신들의 귀중한 물품들을 어떻게 그렇게 순순히 이스라엘 백성들에게 내어 주었을까? 그것은 이스라엘 백성들이 애굽인들에게 귀중품을 요구했던 시점이 하나님께서 애굽에 내린 열 재앙이 모두 끝나면서 애굽의 장자들이 모두 죽은 이후였기 때문이다(출 12:35-36). 상상하지도 못했던 무시무시한 재앙을 겪고 난 바로와 애굽인들은 이제 더 이상 이스라엘 백성들을 붙잡아 둘 수가 없었다. 하나님께서 언제 또 다른 재앙을 내리실지 두려웠기 때문이다. 그래서 애굽인들은 오히려 히브리인들이 하루빨리 애굽을 떠나기를 바라는 마음으로 그들이 요구하는 모든 것들을 시급히 들어줄 수밖에 없었다(출 12:33).

더 정확히 표현하자면 애굽인들은 이스라엘의 하나님이 두려워서 그 백성들의 요구를 거절할 수가 없었다. 이와 관련해 성경은 "여호와께서 애굽 사람들에게 이스라엘 백성에게 은혜를 입히게 하사 그들이 구하는 대로 주게 하시므로 그들이 애굽 사람의 물품을 취하였더라"(출 12:36)라고 기록한다. 그러므로 하나님께서 이스라엘 백성들에게 무력을 동원해서 애굽의 물품을 강제로 약탈하게 한 것이 아니었다. 히브리인들은 이제 더 이상 노예가 아니었기에 애굽의 정복자로서의 당연한 권리를 보상으로 요구했던 것이다.

이처럼 이스라엘 백성들이 출애굽 할 때에 많은 귀금속을 얻어서 떠날 수 있었던 것은 전적인 하나님의 은혜였으며, 이것은 동시에 이전에 하나님께서 아브라함에게 하셨던 언약의 성취였다. "그들이 섬기는 나라를 내가 징벌할지며 그 후에 네 자손이 큰 재물을 이끌고 나오리라"(창 15:14).

| 난제 KEY POINT |

- 이스라엘 백성들이 애굽에서 얻은 많은 금과 은 같은 귀금속들은 이후에 시내 광야에서 성막을 건축하여 하나님을 경배하는 목적으로 사용되었다(출 25:1-3; 35:22).

071. 애굽과 바로 왕은 왜 열 재앙을 당해야만 했나?

하나님은 이스라엘 백성들을 출애굽 시키기 위해서 애굽으로 들어가는 모세에게 "내가 그의 마음을 완악하게 한즉 그가 백성을 보내 주지 아니하리니"(출 4:21하)라고 말씀하셨다. 여기서 "그"는 애굽의 왕인 바로를 가리킨다. "완악하다"(히브리어 '하자크')는 '고집스럽고 완고하다'는 뜻으로서 부패하고 악한 마음으로 닫힌 상태를 의미한다. 본문은 마치 하나님께서 바로의 마음을 완악하게 만드셨기 때문에 바로가 이스라엘 백성들을 애굽에서 보내 주지 않은 것처럼 보인다. 이어서 하나님은 바로와 애굽에 대한 심판으로 그들에게 열 가지 재앙까지 내리셨다.

그렇다면 바로와 애굽인들이 계속되는 열 가지 재앙을 당하면서 그토록 큰 고통을 받아야만 했던 이유가 무엇인가? 본문이 의미하는 대로 바로가 이스라엘이 출애굽 하지 못하도록 만드신 분이 하나님이시라면 그 책임은 처음서부터 하나님께 있었던 것이 아닌가? 그렇다. 출애굽기 4장 21절을 문자적으로만 볼 때는 하나님께서 직접 바로의 마음을 완악하게 만드셨기 때문에 바로가 이스라엘 백성들의 출애굽을 방해한 것으로 볼 수 있다. 그러나 그것은 문자적인 해석일 뿐 바른 성경 해석이 아니다. 거룩하신 하나님은 결단코 사람을 악한 길로 인도하시거나 완악하게 만드시는 분이 아니시기 때문이다. 사랑의 하나님은 아무리 악한 자라 할지라도 누구든지 회개하면서 선한 삶을 살아가기를 원하신다.

따라서 바로가 이스라엘 백성들의 출애굽을 방해하고 보내 주지 않은 것은 하나님 때문이 아니다. 그것은 바로가 이전부터 지니고 있던 죄악 된 심성과 오만함으로부터 나온 결과이기 때문이다. 본문에서 하나님께서 바로의 마음을 완악하게 하셨다는 말씀의 올바른 해석은 바로의 교만하고 사악한 마음이 강퍅하게 드러날 것을 하나님께서 막지 않으시고 이를 허용하셨다는 것을 뜻하는 것이다. 그 결과로 인해서 애굽에 내려진 열 가지 재앙은 하나님의 뜻을 완강하게 거부했던 바로와 애굽의 악한 심령에 대한 하나님의 심판이었던 것이다.

그러므로 애굽 역사상 전무후무했던 열 가지 재앙의 모든 책임은 처음부터 끝까지 완악했던 바로 자신에게 있었다. "그러나 바로의 마음이 완악하여 그들의 말을 듣지 아니하니 여호와의 말씀과 같더라"(출 7:13)라는 말씀대로 바로 자신이 마음을 완강(완악)하게 닫고 하나님을 끝까지 대적함으로써 스스로 재앙을 자초했던 것이다(출 7:14, 22; 8:15, 19, 32; 9:7). 그래서 성경에서도 "바로의 마음이 완악하여" 또는 "바로가 그의 마음을 완강하게 하여"라는 표현을 열 번이나 반복해 기록함으로써 애굽에서 일어났던 모든 재앙의 책임이 바로 왕 자신과 애굽에 있다는 것을 강조하고 있다(7:13, 14, 22; 8:15, 19, 32; 9:7, 34, 35; 13:15).

이와 관련해 사도 바울은 "또한 그들이 마음에 하나님 두기를 싫어하매 하나님께서 그들을 그 상실한 마음대로 내버려 두사 합당하지 못한 일을 하게 하셨으니"(롬 1:28)라고 기록한다. 하나님은 참된 회개를 하는 자는 반드시 용서하시지만 끝까지 하나님을 대적하고 거부하는 자는 그가 지닌 악한 마음대로 내버려 두셔서 멸망에 이르게 하신다는 것을 증거하고 있다.

| 난제 KEY POINT |

- 한 낮의 뜨거운 햇볕에 얼음은 녹지만 반대로 콘크리트는 더욱 굳어진다. 이와 마찬가지로 바로가 완악하게 된 것은 자신의 교만함과 강퍅함이 그 동기가 되었다.
- 출애굽기 4장부터 14장 사이에는 '완악하다'라는 표현이 20회 기록되며 그중에서 "여호와께서 바로의 마음을 완악하게 하셨다"는 표현이 10회 반복된다(4:21; 7:3; 9:12; 10:1, 20, 27; 11:10; 14:4, 8, 17). 이와 대비해 "바로의 마음이 완악하여"라는 표현도 10회나 반복 강조된다(7:13, 14, 22; 8:15, 19, 32; 9:7, 34, 35; 13:15).
- 궁극적으로 애굽에 내린 열 재앙은 하나님을 거역하고 대적하려 했던 바로의 배후에서 이스라엘의 구원을 방해하려는 사탄의 사악함을 드러낸 사건이다. 마지막 열 번째인 장자 재앙은 유월절 어린양의 피로써만이 구원이 가능하다는 것을 보여 준 놀라운 복음의 메시지이다.

072. 모세가 애굽으로 들어갈 때, 하나님은 왜 갑자기 모세를 죽이려고 하셨나?

이스라엘 백성들을 구원하라는 하나님의 소명을 받은 모세가 애굽으로 가던 중에 한 숙소에 머물면서 휴식을 취하고 있을 때였다. 그런데 이곳에서 갑자기 하나님께서 모세를 죽이시려는 예상치 못한 돌발적인 사건이 발생했다. “모세가 길을 가다가 숙소에 있을 때에 여호와께서 그를 만나사 그를 죽이려 하신지라”(출 4:24). 성경은 이 뜻밖의 사건에 대해서 그 원인을 충분히 설명해 주지 않는다. 하나님은 왜 갑자기 모세를 죽이려고 하셨을까? 하나님은 애굽에서 신음하는 이스라엘 백성들을 구원하시기 위해 80년이라는 오랜 세월 동안 모세를 연단시키시고 준비시켜 오지 않으셨던가. 그런데 하나님은 왜 이제 와서 모세를 죽이고자 하셨을까?

과연 그 이유가 무엇일까? 이에 대해 성경은 이 사건이 할례와 관련이 있음을 제기한다. “십보라가 돌칼을 가져다가 그의 아들의 포피를 베어 그의 발에 갖다 대며 이르되 당신은 참으로 내게 피 남편이로다 하니 여호와께서 그를 놓아 주시니라 그때에 십보라가 피 남편이라 함은 할례 때문이었더라”(출 4:25-26). 모세가 죽음의 위기에 처하게 되자 이에 당황한 아내 십보라가 급하게 돌칼을 가져다가 남편을 대신하여 아들에게 할례를 행했던 것이다. 그리고 이후에 모세를 "피 남편"이라고 하자 하나님은 모세를 살려 주셨다(출 4:25-26).

본문에서 "놓아 주시니라"(히브리어 '와이레프')는 '치료해 주시니라'라는 뜻으로 해석이 된다. 따라서 당시에 하나님은 모세가 생사를 넘나드는 심한 질병에 걸리게 하셨던 것으로 추정이 된다. 결국 모세를 죽음의 위기로부터 건진 것은 신속하게 할례를 행한 십보라의 민첩한 행동이었다. 그래서 성경에서도 "그때에 십보라가 피 남편이라 함은 할례 때문이었더라"(출 4:26하)라고 증거한다. "피의 남편"이라는 말은 생명이 위험한 남편을 대신해서 할례를 행해야만 했던 십보라가 아들의 할례를 통해서 하나님의 진노를 피할 수 있었다는 것을 암시한다.

그래서 십보라는 그 할례의 피로 인해서 죽을 뻔했던 남편 모세를 살렸기 때문에 그가 참으로 피로 산 남편이요 죽음으로부터 벗어나서 새로 얻게 된 남편이라는 뜻으로 그렇게 '피의 남편'이라고 고백을 했을 것이다. 그렇다면 하나님께서 모세를 죽이려고 하셨던 이유는 모세가 그의 아들에게 할례를 행하지 않았기 때문이라고 볼 수 있다. 아브라함의 후손은 하나님과의 언약의 징표로서 남자는 누구든 태어난 지 8일 만에 할례를 받았어야 했는데(창 17:9-14) 모세가 이 언약을 어기고 아들에게 할례를 행하지 않았던 것이다. 이 언약을 어기고 할례를 받지 아니한 자는 이스라엘의 공동체에서 끊어진다는 것을 모세는 분명히 알고 있었을 것이다.

그럼에도 하나님의 백성들을 구원하기 위해 애굽을 향하고 있는 모세가 자신이 이스라엘의 지도자임에도 불구하고 정작 자신의 가정은 하나님의 언약을 준수하지 않았던 것이다. 개인의 집안조차 영적으로 다스리지 못하는 자가 어찌 이스라엘을 구원할 수가 있겠는가? 그래서 하나님은 모세의 생명을 위협하면서까지 언약 준수의 중요성을 각인시키고자 그에게 죽음에 이르는 질병을 겪게 하셨던 것이다. 하나님의 언약을 지키지 못하는 자는 이스라엘을 구원할 지도자로서의 사명을 감당할 수가 없었기 때문이다.

결국 하나님은 이 할례 사건을 통해서 모세를 언약의 후계자로 세우시고 아울러 이스라엘을 출애굽 시킬 하나님의 대리자로서 그를 연단시켜 주셨다. 그러므로 하나님께서 갑자기 모세를 죽이려고 하셨던 것은 실제로 모세를 죽이려고 하셨던 것이 아니라, 이 사건을 통해서 모세에게 할례 언약을 준수하게 만들고 나아가 여호와의 종 모세로 거듭나게 해 주시려는 하나님의 은혜였던 것이다.

| 난제 KEY POINT |

- "십보라가 돌칼을 가져다가 그의 아들의 포피를 베어"(출 4:25)에서 "그의 아들"은 남성 단수 명사로서 한 아들을 가리킨다. 즉 십보라가 한 아들에게만 할례를 행했다는 것은 두 아들(출 4:20) 중 큰 아들 게르솜(출 2:22)이 모세가 소명을 받기 전에 이미 할례를 받았기 때문일 것이다. 둘째 아들 엘리에셀은(출 18:4) 모세가 소명 받은 이후에 태어나 8일이 지났는데도 모세가 할례를 행하지 않음으로써 죽을 고비를 겪게 된 것으로 보인다.
- 할례 언약은 하나님께서 아브라함과 맺으신 언약으로서(창 17:9-14) 할례(물로트)란 남성 성기의 표피 끝을 자르는 의식이다. 이것은 하나님과 이스라엘 사이의 언약의 표징으로서(창 17:11) 이스라엘이 하나님께 선택된 언약의 백성임을 상징한다.
- 아내 십보라는 미디안 출신이라 히브리인들의 할례 언약의 의미를 잘 알지 못했을 것이다. 그래서 모세는 자신의 종교와 문화적 풍습이 달랐던 아내 십보라의 영향으로 아들에게 할례를 행하지 않았을 것이다. 그러나 구약 시대의 할례는 하나님 언약의 핵심 요소로서 모세가 이를 지키지 않은 것은 하나님 앞에 죄를 범

한 것이 된다.

- '피의 남편' 사건을 계기로 아내 십보라와 두 아들을 한동안 성경에 등장하지 않는다. 아마도 모세가 이 사건으로 인해 가족들은 장인 이드로의 집으로 돌려보낸 것으로 보인다. 이후 출애굽을 하고 많은 시간이 흐른 뒤에야 모세는 광야에서 다시 아내와 두 아들을 만나게 된다(출 18:5-6).

073. 이스라엘의 출애굽을 방해했던 애굽의 왕 바로는 누구일까?

바로(히브리어 '파르오')는 '큰 집'이라는 뜻으로서 고대 애굽의 왕을 가리키는 공식 명칭이다. 즉 '바로'(영어 'Pharaoh')는 사람의 이름이 아니라 애굽의 왕에 대한 일반적인 호칭이다. 구약 성경에는 10명 이상의 바로들이 등장한다. 아브라함이 아내 사라를 누이라고 속였을 때의 바로(창 12:15), 요셉이 꿈을 해몽 해 주었던 바로(창 41:15), 요셉을 알지 못하는 새 왕 바로(출 1:8), 그리고 모세가 이스라엘 백성들을 인도해서 출애굽 할 때 이를 방해하고 하나님을 대적했던 애굽의 왕 바로(출 5:1-2), 이외에도 성경에는 많은 바로들이 등장한다.

그러면 여기서 이스라엘의 출애굽을 방해했던 애굽의 왕 바로는 누구였을까? 이에 대해 출애굽기에는 그가 누구인지 정확히 기록하고 있지는 않다. 그러나 만일 출애굽 사건이 발생했던 연대를 추정할 수만 있다면 동시대에 애굽을 통치했던 바로 왕이 누구인지도 알 수 있을 것이다. 이와 관련해 성경의 여러 곳에서는(삿 11:26; 왕상 6:1; 행 13:17-20; 갈 3:17) 이스라엘 백성들이 출애굽 한 연대를 파악할 수 있게 해 주는 다양한 정보들을 제공해 준다. 성경 본문과 관련된 네 가지 자료들을 통해서 당시의 출애굽 연대를 살펴보기로 하자.

❶ "이스라엘이 헤스본과 그 마을들과…아르논 강가에 있는 모든 성읍에 거주한 지 삼백 년이거늘…"(삿 11:26). 본문은 사사기에서 사사 입다와 암몬 왕이 요단강 동편의 영토권을 놓고 서로가 논쟁을 벌이고 있는 내용 중의 일부이다. 여기에서 사사 입다는 이스라엘 백성들이 가나안 땅에 입성해서 거주한 지가 이미 300년이라고 언급한다. 그렇다면 입다가 사사로서 이스라엘을 다스릴 때가 B.C. 1100년경이므로 이 연대를 거슬러 올라가면 이스라엘의 출애굽 연대는 대략 B.C. 1100년 + 300년 + 광야 40년 = B.C. 1440년경이 된다.

❷ "이스라엘 백성이 애굽 땅에서 나온 지 사백팔십 년이요 솔로몬이 이스라엘 왕이 된 지 사년 시브월 곧 둘째 달에 솔로몬이 여호와를 위하여 성전 건축하기를 시작하였더라"(왕상 6:1). 본문은 솔로몬 왕이 성전 건축을 시작했을 때가 왕이 된 지 4년이 지난 해이며(B.C. 966년경) 출애굽은 이보다 480년 전에 있었다고 증거한다. 그렇다면 출애굽 연대는 B.C. 966년 + 480년 = B.C.1446년경이 된다.

❸ 사도 바울은 1차 전도 여행 중에 비시디아 안디옥에서 복음을 전했다. "이 이스라엘 백성의 하나님이 우리 조상들을 택하시고 애굽 땅에서 나그네 된 그 백성을 높여 큰 권능으로 인도하여 내사 광야에서 약 사십 년간 그들의 소행을 참으시고 가나안 땅 일곱 족속을 멸하사 그 땅을 기업으로 주시기까지 약 사백오십 년간이라 그 후에 선지자 사무엘 때까지 사사를 주셨더니"(행 13:17-20). 이 설교에서 사도 바울은 출애굽 지도자인 모세로부터 선지자 사무엘 이전까지의 기간을 약 450년이라고 말하고 있다. 그렇다면 선지자 사무엘이 활동했던 시대는 B.C. 1000년경이므로 출애굽 연대는 역시 1450년경으로 볼 수 있다.

❹ "내가 이것을 말하노니 하나님께서 미리 정하신 언약을 사백삼

십 년 후에 생긴 율법이 폐기하지 못하고 그 약속을 헛되게 하지 못하리라"(갈 3:17). 여기서 바울이 갈라디아의 교회 성도들에게 언급한 "430년"이란 출애굽기 12장 40절의 "이스라엘 자손이 애굽에 거주한 지 사백삼십 년이라"라는 연수와 같은 기간을 가리킨다. 이는 곧 야곱의 가족들이 애굽으로 이주해 갔던 B.C.1800년경 이후부터 모세가 율법을 수여받았던 B.C. 1450년 사이에 해당되는 기간이다.

이같이 성경에 기록된 네 가지 본문들 모두는 이스라엘 백성들의 출애굽 연대가 대략 B.C. 1450~1440년경이었다는 것을 뒷받침해 준다. 이 내용들을 근거로 하여 열왕기상 6장 1절을 중심으로 한 성경의 말씀들을 종합해 볼 때 이스라엘의 출애굽 연대는 B.C. 1446년경이라고 추정할 수 있다.

그렇다면 이스라엘이 출애굽 할 당시에 이를 방해했던 바로 왕은 당시에 애굽을 통치했던 아멘호텝 2세(Amenhotep Ⅱ, B.C. 1448-1424년)가 된다. 아멘호텝 2세는 애굽이 번영을 누리며 그 세력이 절정에 달했을 때 아버지의 뒤를 이어서 위에 올랐던 애굽의 왕이다. 그의 아버지 바로는 뛰어난 전사였으며 고대 애굽에서 가장 위대한 통치자라 불리웠던 투트모스 3세였다. 대를 이은 아멘호텝 2세는 아버지처럼 정복 사업을 계속 추진하면서 애굽을 강력하게 통치했던 왕이었다.

| 난제 KEY POINT |

- 일부 학자들은 사도행전 13장 19절의 "450년"을 애굽에서의 생활 400년(행 7:6)부터 가나안 땅을 정복하고 분배하기까지의 기간으로 해석하기도 한다. 즉 애굽 생활 400년 + 광야 40년 + 가나안 정복 전쟁과 땅 분배까지 10년 = 450년으로 보는 것이다.

074. 모세 시대 이전에는 '여호와'라는 성호가 없었는가?

모세는 애굽에서 노예로 고통받고 있는 이스라엘 백성들을 구원하라는 하나님의 소명을 받았다. 모세는 하나님의 명령대로 애굽의 왕 바로를 만나 이스라엘 백성들을 애굽에서 보내 줄 것을 요청했지만 바로는 "여호와가 누구이기에…나는 여호와를 알지 못하니…"(출 5:2)라고 하면서 모세의 요구를 단호히 거절했다. 오히려 바로는 이를 계기로 이스라엘 백성들의 노역을 더욱 가중시켜 버렸다. 이로 인해 이전의 삶보다 더 힘들어져 버린 백성들이 모세를 원망하면서 비난하자 그는 큰 곤경에 처하게 되었다.

실의에 빠진 모세는 하나님께 부르짖었다. "주여 어찌하여 이 백성이 학대를 당하게 하셨나이까 어찌하여 나를 보내셨나이까"(출 5:22). 모세의 간구에 대해 하나님은 자신의 위대하신 권능으로 이스라엘을 애굽에서 인도해 내실 것이라고 말씀하시며 위기에 처한 모세를 위로해 주셨다. 그리고 하나님 자신의 거룩하신 이름을 드러내셨다. "내가 아브라함과 이삭과 야곱에게 전능의 하나님으로 나타났으나 나의 이름을 여호와로는 그들에게 알리지 아니하였고"(출 6:3).

이것은 문자적으로 볼 때 하나님께서 아브라함과 이삭과 야곱과 같은 족장 시대에는 무한한 권능을 지니신 '전능의 하나님'(히브리어 '엘 샤다이')으로 나타나셔서 족장들과 함께 하셨지만(창 17:1) 영원 전부터 영원히 스스로 계시는 분(I am who Iam)으로서의 '여호와'라는 이름은 알리지 않았다고 말씀하고 계신 것 같다. 그렇다면 모세 이전의 족장들은 '여호와'라는 이름을 모르고 있었던 것일까?

그렇지 않다. 성경에는 이미 창세기 2장 4절부터 '여호와'라는 이름이 기록되고 있으며 하와는 임신하고 가인을 낳으면서 인류 최초로 하나님의 거룩하신 이름인 '여호와'를 불렀었다. "…내가 여호와로 말미암아 득남하였다"(창 4:1). 그 이후에 셋의 후손들도 "셋도 아들을 낳고 그의 이름을 에노스라 하였으며 그때에 사람들이 비로소 여호와의 이름을 불렀더라"(창 4:26)라고 기록하고 있다. 이어서 아브라함도 여호와의 이름을 불렀고(창 13:4) 이삭도 불렀으며(창 26:25) 야곱도 불렀다(창 32:9). 하나님은 친히 아브라함에게 '여호와'라는 이름을 알려 주기도 하셨으며(창 15:7) 야곱에게도 그 이름을 직접적으로 계시해 주셨다(창 28:13).

그러므로 "…나의 이름을 여호와로는 그들에게 알리지 아니하였고"(출 6:3하)라는 말씀은 모세 이전에는 '여호와'라는 이름이 알려지지 않았으며 사용되지도 않았다는 뜻이 아니다. 하나님께서는 이전의 족장들에게도 '여호와'라는 이름을 계시해 주셨지만 족장들은 '여호와'라는 이름이 함축하고 있는 의미 곧 이스라엘을 애굽으로부터 구속해 주신 '언약의 주'로서의 '여호와', 그 이름의 언약적인 참의미를 깨닫지 못했다는 것을 뜻하는 것이다.

아브라함, 이삭, 야곱이 살았던 족장 시대는 출애굽 사건이 발생하기 400~500년 이전이었다. 그러므로 그 시대에는 하나님의 백성인 이스라엘을 애굽의 노예로부터 구속해 주신 '여호와' 하나님을 직접 깨달을 수가 없다. 그래서 신약에서도 "이 사람들은 다 믿음을 따라 죽었으며 약속을 받지 못하였으되 그것들을 멀리서 보고 환영하며"(히 11:13)라고 말한다. 여기서 "이 사람들"은 아브라함, 이삭, 야곱과 같은 이스라엘의 조상들을 가리킨다. 이것은 이스라엘의 조상들도 하나님의 언약은 이미 받았음에도 그 성취는 보지 못했으며 그럼에도 불구하고 하나님의 약속은 반드시 성취된다는 믿음을 간직한 채로 죽었다는 것을 증거하고 있다.

그러나 하나님은 이제 모세를 통해서는 그의 조상들에게 하셨던 출애굽의 약속(창 15:13-16)을 성취해 주셨다. 이로써 모세는 조상들이 알지 못했던 하나님의 미쁘심과 영원 전부터 영원까지 존재하시는 '여호와' 그 이름의 참의미를 알게 되었다. '여호와'는 언약의 하나님이시요 동시에 구속의 하나님을 의미했던 것이다.

| 난제 KEY POINT |

- 출애굽기 6장 3절의 '여호와'는 반드시 언약을 성취해 주시는 하나님이시며 이스라엘의 구원의 하나님을 나타낸다. 그 의미는 이어지는 (출애굽기 6장 4절) 이하에서도 잘 드러난다. "…그들과 언약하였더니"(4절), "…나의 언약을 기억하노라"(5절), "그러므로 이스라엘 자손에게 말하기를 나는 여호와라 내가 애굽 사람의 무거운 짐 밑에서 너희를 빼내며…"(6절). 즉 '여호와'는 하나님의 백성인 이스라엘과 언약으로 맺어진 하나님이심을 증거한다.

075. 이스라엘 백성들은 430년간 애굽에 거주했는데, 어떻게 레위부터 모세까지가 4대밖에 되지 않는가?

출애굽기 6장 14-27절은 야곱의 열두 아들 중에서도 가장 나이가 많은 세 아들(르우벤, 시므온, 레위)의 계보를 기록한다. 이 계보의 두 가지 특징은, 첫째는 야곱의 셋째 아들인 레위 지파의 계보를 중심으로 기록했다는 것이며, 둘째는 레위의 세 아들(게르손, 고핫, 므라리) 중에서도 고핫의 자손들을 중점적으로 기록하고 있는 것이다.

그것은 출애굽의 두 중심 인물인 모세와 아론이 고핫의 후손으로 태어난 것을 강조하기 위함이다. 이는 이스라엘의 구원을 위한 지도자로서 하나님의 소명을 받은 모세 그리고 훗날 이스라엘의 초대 대제사장이 되어 성소의 제사를 주관해야 할 아론, 이 두 사람이 이스라엘의 출애굽을 위해 세워진 특별한 하나님의 종들임을 교훈하기 위한 것이다.

그런데 이 계보 중에서 출애굽기 6장 16-20절은 레위가 마치 모세의 증조부인 것처럼 레위부터 모세까지의 계보가 단지 4대만으로 기록되어 있다(레위-고핫-아므람-모세). 분명한 것은 레위가 아버지 야곱과 함께 애굽으로 이주한(창 46:26-27) 이후로 430년이 지나서야 모세가 이스라엘 백성들과 함께 출애굽을 했다는 것이다(출 12:40; 갈 3:17). 그런데 어떻게 그 오랜 세월 동안에 레위부터 모세까지의 계보가 단지 4대밖에 되지 않을까? 일반적인 상식으로도 이해하기가 어렵다.

아마도 야곱의 후손들은 애굽 생활 430년 동안 4세대가 아니라 분명히 그보다 더 많은 세대로 번성을 했을 것이다. 이에 대한 네 가지 증거를 살펴본다.

❶ 히브리인들의 계보는 부족이나 가족들의 혈통을 따라 기록하면서 중요하지 않는 인물들은 계보에서 제외시키고 중요 인물들만을 중심으로 기록하는 관습이 있었기 때문에 레위와 모세 사이에도 많은 세대가 누락이 되었을 것이다.

❷ 성경에 기록된 계보에 따르면 아브라함의 후손들은 이삭, 야곱에 이어 유다(레 위의 동생), 베레스, 헤스론, 람, 암미나답, 나손까지 9대로 이어진다(대상 2:1–11; 마 1:1–4). 모세의 형인 아론은 암미나답의 딸이요 나손의 누이인 엘리세바와 결혼했다(출 6:23). 그러므로 나손은 아론의 처남인 셈이다. 게다가 암미나답의 아들인 나손은 이스라엘이 출애굽 한 이후에 유다 지파의 대표자요 지휘관이기도 했다(민 1:7; 2:3; 10:14). 이를 참고로 할 때 유다부터 나손까지가 6대이므로 실제적인 이스라엘 백성들의 출애굽은 레위부터 모세까지 최소한 6대 이상의 세대가 있었다는 것이 충분히 증명된다.

❸ 이스라엘이 출애굽 한 이후에 시내 광야에서 실시한 1차 인구 조사에서 고핫 가족의 1개월 이상 모든 남자의 수는 8,600명이었다(민 3:27–28). 고핫에게는 아므람, 이스할, 헤브론, 웃시엘이라는 네 아들이 있었다(출 6:18). 따라서 레위부터 모세까지가 단지 4대(레위–고핫–아므람–모세)뿐이었다면 고핫의 네 아들들은 각각 2천 명 이상의 자녀를 낳았다는 모순이 드러난다.

❹ 히브리인들의 언어에는 우리말처럼 ‘조부’나 ‘증조부’ 또는 ‘손자’나 ‘증손자’라는 단어가 없다. 그래서 아버지뿐만 아니라 이전의 모든 ‘조상’을 표현할 때는 ‘아버지’(히브리어 ‘아브’)라는 단어를 함께 사용했다(창 4:20; 출 3:6). 게다가 ‘아들’(벤)이라는 단어도 ‘아들’뿐만이 아니라 ‘손자’ 또는 모든 ‘후손’들을 가리키는 용어로도 함께 사용되었다(창 29:5; 민 16:1). 그러므로 출애굽기 6장 16절의 게르손, 고핫, 므라리는 야곱과 함께 애굽으로 들어갈 당시부터 있었으므로 레위의 친아들이라고 할 수 있지만(창 46:8-11), 출애굽기 6장 18절의 아므람, 이스할, 헤브론, 웃시엘은 고핫의 친아들이 아니라 고핫의 후손들로 보아야 할 것이다.

이 네 가지 자료들을 종합해 볼 때 출애굽기 6장 16-27절의 본문의 계보는 이스라엘이 430년의 긴 세월 동안 레위부터 모세까지 4대밖에 없었다는 것을 말하고자 한 것이 아님을 알 수 있다. 이것은 하나님께서 이전에 아브라함에게 하셨던 언약, 곧 이스라엘이 4대 만에 약속의 땅으로 다시 돌아갈 것이라는 하나님의 약속(창 15:16)이 레위-고핫-아므람-모세로 성취되었음을 보여 주고 있다. 그래서 본 계보의 많은 인물 중에서 오직 레위, 고핫, 아므람의 나이만을 기록하면서 모세와 아론의 직계 조상들에게 초점을 맞추고자 한 것이다.

이는 결국 출애굽을 통한 이스라엘의 구원이 하나님의 특별한 종이었던 모세와 아론의 가문을 중심으로 성취될 것을 밝혀 주기 위함이다. 아브라함과 이삭과 야곱을 통해서 이어져 온 하나님의 언약이 이제부터는 출애굽의 두 종들인 모세와 아론을 통해서 성취될 것임을 본 계보를 통해서 교훈하고자 한 것이다.

| 난제 KEY POINT |

- 창세기 5장, 10장과 마태복음 1장, 누가복음 3장 등 성경에는 수많은 계보들을 기록하면서 일부 인물들은 누락시킨다. 성경은 단순한 인간의 계보를 기록함이 목적이 아니라 구속사의 중요한 인물만을 선택해서 기록했기 때문이다.
- 히브리어에는 '손자'라는 용어가 없으므로 '아들'(벤)이라는 단어를 그대로 쓰거나 '아들의 아들'(벤 벤) 또는 '아들의 아들들'(버네 바님)로 표기하기도 한다(창 11:31; 45:10; 신 4:25; 삿 12:14).
- 출애굽기 6장 16-20절과 역대상 6장 1-3절은 야곱의 아들 레위를 출애굽 1대로 보고, 고핫을 2대, 아므람을 3대, 모세를 4대손으로 기록한다. (출애굽기 6장 16-20절)의 모세와 아론의 계보에서 모세의 후손은 기록이 없고 아론의 후손들만을 기록한 것은 이후에 그들이 성소의 제사를 주관할 자들임을 강조하기 위함이다.

076. 모세와 아론이 행한 이적을 애굽의 요술사들이 어떻게 따라 할 수 있었을까?

모세와 아론은 이스라엘 백성들을 애굽으로부터 구원하기 위해 애굽의 왕 바로에게 나아갔다. 그리고 아론은 하나님의 명령대로 지팡이를 던져서 뱀이 되게 했다. 이것은 앞으로 바로와 애굽이 겪게 될 열 가지 재앙의 전조이자 징표였다. 그러나 신비하게도 애굽의 요술사들도 아론이 한 이적을 똑같이 행했다(출 7:11). 이어서 아침에 모세와 아론이 나일 강으로 나아가 지팡이를 들어 강을 쳐서 강물을 피로 변하게 만들었지만 이번에도 애굽의 요술사들은 그들과 같이 강물을 피로 변하게 했다(출 7:22).

그리고 여호와께서 나일 강을 치신 후 7일이 지나서 아론이 지팡이 잡은 손을 내밀어 개구리들이 강들과 운하들과 못에서 올라와 애굽 땅을 덮치게 만들자 이번에도 역시 애굽의 요술사들도 그와 같이 행했다(출 8:7). 모세와 아론이 이전까지 행했던 세 가지 이적은 모두가 오직 하나님의 권능을 힘입어서 행한 이적이었는데, 어떻게 애굽의 요술사들도 세 번씩이나 그런 하나님의 능력을 따라서 행할 수 있었을까? 요술사들에게도 그런 위대한 능력이 있었던 것일까?

그것은 아니다. 문자적으로 단순히 보면 모세와 애굽의 요술사들이 동일한 이적을 베푼 것처럼 보이지만, 실제로는 모세와 요술사들이 각각 행했던 이적에는 서로가 감히 비교할 수 없는 본질적인 차이가 있다. 즉 모세와 아론이 행했던 이적은 전적으로 하나님의 명령에 따른 것으로서 그 권능으로 행한 것이지만, 애굽의 요술사들은 문자 그대로 눈속임에 불과한 마술로 행한 것이었다. 생명이 없는 죽은 나무 조각에 불과했던 지팡이가 생명력을 지닌 뱀으로 변한 것은 모든 생명의 주관자 되신 하나님의 능력으로만 가능한 창조 이적이다.

따라서 이같은 이적은 피조물에 불과한 인간은 그 누구도 따라 할 수 없는 것이다. 물론 "악한 자의 나타남은 사탄의 활동을 따라 모든 능력과 표적과 거짓 기적과 불의의 모든 속임으로 멸망하는 자들에게 있으리니…"(살후 2:9-10)라고 기록된 것처럼 요술사들도 사탄의 역사를 통해서 표적과 기적을 행할 수 있다. 그럼에도 그것은 하나님의 권능 앞에서는 거짓 기적이요 단순한 불의의 속임수에 지나지 않는다. 본문에서도 요술사들이 어떤 방법과 수단으로 묘기를 부렸는지는 알 수 없지만 감히 창조주이신 하나님의 권능과는 맞설 수가 없는 것이다. 그래서 모세의 지팡이가 요술사들의 지팡이를 삼켜 버렸던 것이다(출 7:12).

이는 결국 그 누구도 그 어떤 세력도 감히 하나님의 권세에 대적할 수 없다는 것을 보여 준다. 또한 요술사들은 물을 피로 변하도록 마술은 부릴 수 있었지만 그 피를 다시 물로 변하게는 할 수 없었다. 마찬가지로 개구리도 땅으로 올라오게는 했지만 애굽에 덮친 재앙을 막을 수는 없었다. 이것은 하나님께서 나일 강을 7일 동안 피로 물들게 하시고 개구리를 죽게 만들어서 재앙을 멈추게 하신 것과는 명확히 대비된다(출 7:25; 8:13).

결국은 첫 번째 피 재앙과 두 번째 개구리 재앙에 이어서 모세와 아론이 땅의 띠끌을 쳐서 이가 되게 하는 세 번째 '이 재앙'부터는 애굽의 요술사들도 이제 더 이상은 모세를 따라 할 수가 없었던 것이다. 그래서 요술사들은 바로에게 "이는 하나님의 권능이니이다"(출 8:19)라고 하면서 자신들은 이제 더 이상은 모방할 수 없는 위대하신 하나님의 권능임을 인정하게 되었다. 이처럼 사탄의 놀라운 역사나 인간의 어떠한 마술적 계략도 하나님의 권능을 흉내 내고 모방함으로써 사람들을 미혹시키거나 속일 수는 있겠지만 절대자 하나님을 속이거나 대적할 수는 없다.

하나님 앞에서는 그 어떤 어둠의 능력도 그 어떤 교활한 권세도 모두가 무능력한 속임수로 드러날 수밖에 없기 때문이다. 창조주 하나님은 애굽에 내린 열 가지 재앙을 통해서 완악한 바로와 애굽인들에게 여호와만이 절대적이며 유일한 신이심을 알게 해 주신 것이다.

| 난제 KEY POINT |

- 구약의 본문에는 요술사들의 이름이 나오지 않지만 신약에서 사도 바울은 모세를 대적했던 애굽의 요술사들 중에 '얀네'와 '얌브레'라는 자가 있었다고 그 이름을 밝힌다(딤후 3:8).
- 당시 바로의 왕관 중앙에는 뱀(코브라)의 형상이 조각되어 있었다. 애굽에서 뱀과 지팡이는 왕의 권세를 상징하는 것으로서 모세의 지팡이가 요술사의 지팡이를 삼킨 것은 하나님의 권세로 바로의 왕권을 멸할 것임을 의미한다.

077. 하나님께서 애굽에 10가지 재앙을 내리신 이유가 무엇일까?

출애굽기 5장에는 이스라엘 백성들을 구원하기 위해 애굽으로 들어간 모세와 아론이 드디어 애굽의 왕 바로를 만나는 장면이 기록되어 있다. 모세와 아론은 바로에게 이스라엘 백성들이 애굽에서 나가야 하는 분명한 이유를 제시했다. "…우리 하나님 여호와께 제사를 드리려 하오니 가도록 허락하소서…"(출 5:3). 즉 출애굽의 목적은 하나님만을 섬기며 경배하기 위한 예배에 있었다. 그래서 모세는 이스라엘 백성들이 광야에서 하나님을 섬겨야 한다는 것을 바로에게 전하기 위해 "내 백성을 애굽에서 보내라"라는 하나님의 경고의 말씀을 일곱 번씩이나 반복해서 대언해야만 했다(5:1; 7:16; 8:1, 20; 9:1, 13; 10:3).

그러나 그때마다 이에 대한 바로의 반응은 단호한 거절뿐이었다. "여호와가 누구이기에 내가 그의 목소리를 듣고 이스라엘을 보내겠느냐 나는 여호와를 알지 못하니 이스라엘을 보내지 아니하리라"(출 5:2). 본문에서 바로가 거부한 것이 표면상으로는 모세의 요구에 대응한 것처럼 보이지만, 이는 사실 모세를 보낸 여호와를 거부한 것이며 여호와 하나님을 무시하고 있는 것이다.

당시 애굽의 왕 바로는 애굽의 다른 신들과 함께 숭배를 받고 있었다. 애굽의 신전에는 세상에서 가장 위대한 신으로 칭함받던 여러 우상들과 함께 바로의 초상도 함께 세워져 있었다. 이처럼 바로 자신은 세상을 정복하고 다스리는 위대한 애굽의 신이라고 스스로 자부하고 있었다. 그런데 어디서 알지도 못하는 이스라엘의 보잘것없는 노예들의 신이 나타나서 감히 바로인 자신에게 어찌 그런 건방진 명령을 내릴 수가 있느냐는 것이다. 그러니 별 볼 일 없는 이스라엘의 여호와 같은 초라한 신적 권위나 존재 따위는 인정해 줄 수 없었던 것이고, 그래서 바로는 "그까짓 여호와가 도대체 누구이기에… 나는 그런 형편없는 여호와를 알지도 못하니…"라는 말투로 여호와를 멸시했던 것이다.

모세는 그토록 완고한 바로에게 자신의 거절에 대한 하나님의 무서운 재앙이 반드시 있을 것이며 그 결과는 죽음이 될 것임을 분명하게 전했다. 그럼에도 바로는 그러한 모세의 말에 귀를 기울이지 않았다. 오히려 이스라엘 백성들의 노역을 더욱 고통스럽게 가중시킴으로써 모세를 통한 하나님의 경고를 철저하게 무시했다. 이에 대해 여호와께서는 세상의 유일한 참신이 누구이며 바로와 애굽이 그토록 멸시하는 여호와가 과연 누구인지를 가르쳐 주기 위해서 완악한 자들을 향한 열 가지 재앙을 내릴 수밖에 없으셨던 것이다(출 7:4-5).

그래서 하나님께서 내리신 열 가지 재앙 모두는 애굽의 신들과 관련된 재앙들이었다. 피 재앙은 나일 강의 신인 '크눔'(khnum), 개구리 재앙은 개구리 형상의 신 '헥트'(Heqt), 흑암은 태양신 '라'(Ra) 또는 '레'(Re)로서 모두가 애굽인들에게 신으로 추앙받는 우상들이었다. 하나님은 이어지는 열 재앙을 통해서 이 모든 애굽의 우상들이 사람들에게 섬김을 받을 만한 대상들이 아니라 한낱 보잘것없는 하나님의 피조물에 불과하다는 것을 분명하게 보여주신 것이다.

하나님은 열 가지 재앙들이 바로와 애굽인들에게는 심판이 되게 하셨지만 이스라엘 백성들에게는 애굽의 속박으로부터 구원을 받는 은혜의 사건이 되게 하셨다. 이로써 이스라엘의 하나님만이 참하나님이요 유일하신 절대자이심을 분명히 알게 하셨다. 하나님은 열 가지 재앙을 통해서 당신의 절대적인 능력과 영광을 만천하에 드러내셨으며, 바로와 애굽인들뿐만이 아니라 동시에 택하신 이스라엘 백성들 모두에게도 진정 여호와가 누구이신지를 분명하게 깨닫게 해 주셨던 것이다(6:7; 7:5, 17; 8:10, 22; 10:2).

| 난제 KEY POINT |

- 바로와 애굽에 내린 열 재앙은 애굽의 노예로 속박 받고있던 이스라엘 곧 사탄의 지배 아래 있던 하나님의 백성들이 반드시 구속받고 해방될 것을 보여 주신 사건이다.
- 이스라엘 백성들은 애굽의 주요 시설 건축을 위한 핵심 노동력이었다. 이것은 바로가 이스라엘 백성들을 보내 줄 수 없었던 주요 요인 중에 하나였다. 애굽에 큰 유익을 주는 이스라엘의 값싼 노동력을 결코 포기할 수가 없었기 때문이다(출 5:5).

078. 애굽에 내린 열 재앙 중에서 왜 파리 재앙부터는 이스라엘에게 내리지 않았나?

출애굽기 8장 20-32절은 애굽에 내린 열 재앙 중에서 네 번째인 파리 재앙을 기록하고 있다. 하나님께서 모세와 아론을 통해서 애굽에 내리신 재앙은 첫 번째로 나일 강을 죽음의 강으로 만들었던 피 재앙(7:14-25), 두 번째는 개구리 재앙(8:1-15), 세 번째는 이 재앙이었다(8:16-19). 그리고 이어진 네 번째가 파리 재앙이다.

본문에 기록된 '파리'(히브리어 '아로브')는 질병을 옮기는 파리뿐만이 아니라 그와 유사한 인체에 해로운 곤충류들을 포함한 의미이다. 그런데 특이한 것은 하나님은 파리 재앙 때부터는 이스라엘 백성들이 거주하는 고센 땅을 구별하셔서 재앙으로부터 벗어나게 해 주시겠다고 말씀하셨다는 것이다. "그날에 나는 내 백성이 거주하는 고센 땅을 구별하여 그곳에는 파리가 없게 하리니 이로 말미암아 이 땅에서 내가 여호와인 줄을 네가 알게 될 것이라"(출 8:22).

이제부터 애굽과는 달리 이스라엘 백성들에게는 그 어떤 재앙의 피해도 입지 않도록 해 주시겠다는 것이다. 이것은 달리 보면 지금까지 내렸던 3가지 재앙인 피, 개구리, 이 재앙까지는 애굽은 물론이고 고센 땅에 거주하고 있던 이스라엘 백성들도 모두가 똑같이 고통을 받았다는 것을 의미한다. 그렇다면 하나님은 왜 이스라엘을 네 번째 재앙부터 구별해 주시고 그들을 보호해 주셨을까? 이스라엘은 왜 세 번째 재앙까지는 애굽과 동일하게 재앙을 겪어야만 했을까?

그것은 이스라엘 백성들 역시도 애굽 사람들과 마찬가지로 모두가 '죄 아래' 있다는 것을 시사한다(롬 3:9-10). 그러므로 이스라엘이나 애굽이나 모두가 재앙을 받아 마땅한 죄인들이기에 그 누구도 재앙을 피할 수가 없었을 것이다. 그러나 하나님은 비록 처음 세 가지 재앙은 구별해 주지 않으셨지만 이제부터는 이스라엘이 거주하는 고센 땅을 재앙으로부터 구별해 주시겠다고 말씀하셨다.

여기서 '구별'(히브리어 '페두트')이라는 단어는 '해방' 또는 '구속'을 의미하기도 한다(시 111:9; 130:7; 사 50:2). 이는 곧 파리 재앙 이후부터는 하나님을 대적하는 바로와 애굽 백성들에게는 피할 수 없는 심판이 계속 이어지겠지만, 하나님의 선민인 이스라엘에게는 애굽으로부터 구별됨으로 인해 구원의 은총을 누리는 역사가 일어날 것을 의미한다. 이는 또한 이제부터는 이스라엘 백성들은 더 이상 애굽에 속한 노예가 아니며 오직 하나님께 속한 거룩한 백성이라는 의미도 함축하고 있다. 그래서 하나님은 모세를 통해서 애굽의 왕 바로에게 일곱 번씩이나 반복해서 "내 백성을 보내라 그들이 나를 섬길 것이니라"라고 선포하게 하셨던 것이다(출 5:1; 7:16; 8:1, 20; 9:1, 13; 10:3).

이렇게 하나님께서 이스라엘을 구별하셔서 약속의 땅으로 인도하고자 하시는 것은 이스라엘 백성들이 그렇게 신령한 복을 받을 만한 자격이 있거나 공로가 있어서가 아니다. 이것은 오직 택하신 백성을 위한 하나님의 주권적인 은혜로 된 것이다. 하나님은 이렇게 이스라엘을 애굽으로부터 구별하심으로써 하나님의 능력과 영광을 온 천하에 드러내길 원하신다. “이로 말미암아 이 땅에서 내가 여호와인 줄을 네가 알게 될 것이라”(출 8:22하). 이 말씀대로 이스라엘 백성들은 살아 계신 여호와 하나님을 알게 될 것이며(출 6:7; 10:2) 바로와 애굽 사람들도 여호와 하나님만이 유일하신 참 신이시요 이스라엘의 하나님이심을 깨닫게 될 것이다(출 7:5, 17; 8:10, 22).

| 난제 KEY POINT |

- 하나님께 선택된 백성들과 하나님을 대적하는 세력은 함께할 수가 없다. 재앙을 받아 심판에 이를 자와 택함을 받아 구원받을 자들이 명백히 구별되어 나누어지는 것은 빛과 어둠이 공존할 수 없는 것과 같은 이치이다.
- 하나님의 백성들은 값없이 하나님의 은혜를 누리지만 하나님은 죄인들을 구원하기 위해 그 무엇으로도 치를 수 없는 최고의 값, 최상의 대가를 치르셨다. 그것이 곧 예수 그리스도의 십자가 희생을 통한 구속의 복음이다.

079. 바로 왕 때문인데, 왜 애굽의 모든 장자들까지 죽어야만 했나?

하나님은 나일 강을 피로 물들게 한 첫 번째 재앙부터 흑암 재앙까지 애굽에 아홉 가지 재앙을 내리셨다. 이어서 하나님은 모세에게 "내가 이제 한 가지 재앙을 바로와 애굽에 내린 후에야 그가 너희를 여기서 내보내리라"(출 11:1)라고 하시며 이제는 한 가지 재앙만이 남았다고 말씀하셨다. 마지막으로 남아 있는 그 한 가지 재앙이란 애굽 땅에 있는 모든 처음 난 것은 다 죽어야 한다는 것이다. 이는 곧 왕위에 있는 바로의 장자로부터 몸종의 장자와 모든 가축의 처음 난 것들까지도 모두가 다 죽게 될 것을 의미한다. 이 재앙으로 인해서 애굽에는 지금까지 없었던 전무후무한 통곡 소리가 온 땅에 넘쳐 나게 될 것이다(출 11:5–6).

그러나 이와는 반대로 하나님은 택하신 이스라엘 백성들은 애굽과 구별해서 보호해 주시겠다고 말씀하셨다. "그러나 이스라엘 자손에게는 사람에게나 짐승에게나 개 한 마리도 그 혀를 움직이지 아니하리니 여호와께서 애굽 사람과 이스라엘 사이를 구별하는 줄을 너희가 알리라 하셨나니"(출 11:7). 사람이나 짐승이나 심지어 개 한 마리까지도 짖지 않을 만큼 이스라엘을 철저하게 지켜 주시겠다는 것이다.

그런데 여기서 궁금한 것은 정작 애굽에서 심판을 받아야 할 당사자는 완악한 마음을 버리지 않고 끝까지 이스라엘의 출애굽을 가로 막은 애굽의 바로 왕인데, 왜 하필 애굽 백성들의 모든 장자들까지 함께 죽어야만 했을까? 어찌하여 모든 죄인들을 사랑하시는 하나님께서 바로 한 사람 때문에 애굽의 백성들까지도 재앙을 받게 하셨을까? 과연 그러한 하나님의 심판은 옳은 것인가?

이에 대한 답변을 위해 우선 하나님께서 애굽의 마지막 재앙으로서 장자 재앙을 택하신 이유를 살펴볼 필요가 있다. 마지막 재앙의 대상인 '장자'(히브리어 '베코르')는 처음 태어난 '초태생'(firstborn)을 의미한다. 장자는 자녀들 중의 우두머리요 주권을 물려받을 자로서 한 나라와 동시에 각 가정을 대표하는 상징성을 지닌다. 에덴동산에서 아담 한 사람으로 말미암아 온 세상이 죄로 물들었고 이로 인해 모든 인류가 죄인이 된 것처럼(롬 5:12), 하나님께서 처음 태어난 장자를 심판하신다는 것은 애굽의 전부를 심판하시겠다는 것을 의미한다.

그러므로 하나님의 마지막 장자 재앙은 바로와 애굽 사람과 심지어 말 못하는 짐승들까지도 포함한 애굽의 전부를 심판하신다는 대표성의 원리를 보여 주는 것이다. 당시 애굽의 바로는 백성들에게 신으로 숭배 받고 있었으며 바로에 이어서 애굽의 왕으로 세습될 장자 역시도 태양신인 '라'(Ra)가 주신 아들이라고 하여 숭배의 대상으로 삼았다. 게다가 애굽 족속들은 말 못하는 가축들까지도 신성시하여 암소를 형상화한 '하토르'(Hathor)와 수소 모양의 '아피스'(Apis)를 신으로 섬기는 등 많은 우상들을 숭배했다. 따라서 하나님은 그들에게 그 모든 우상들은 신이 아니며 결코 숭배 받을 만한 대상이 아니라는 것을 깨닫게 해 주고자 하셨다. 오직 하나님만이 세상의 참신이심을 드러내시고자 하신 것이다.

그래서 하나님은 완악한 바로 왕을 포함한 애굽의 모든 우상과 함께 우상을 섬기는 자들까지 전부 심판하고자 하셨다. 이것이 바로 왕 한 사람뿐만이 아니라 애굽의 모든 백성들과 짐승들까지도 함께 죽임을 당해야만 했던 이유이다. 결국 애굽의 모든 장자를 심판하심으로써 애굽의 전부를 심판하고자 하신 것이다. 이것은 마지막으로 남은 장자 재앙이 지금까지와는 전혀 다른 차원의 재앙임을 의미한다. 이전까지 있었던 아홉 가지 재앙은 이 마지막 한 가지 재앙을 위한 경고에 불과하다는 것이다. 열 번째의 마지막 재앙이 곧 이스라엘의 출애굽을 위한 것이며 애굽에 대한 최종적인 심판이기 때문이다.

그러나 하나님의 뜻은 여기에서 그치지 않는다. 애굽의 장자 재앙에 대한 하나님의 목적은 바로 유월절 어린양의 피에 있다. 그 대속의 피만이 이스라엘의 장자들을 살릴 수가 있기 때문이다. 이는 궁극적으로 우리의 죄를 감당하실 하나님의 어린양(요 1:29), 즉 예수 그리스도의 보혈만이 구원의 유일한 조건임을 드러내신 하나님의 놀라운 구속사를 보여준다.

| 난제 KEY POINT |

- 마지막 재앙인 장자 재앙, 하나님은 애굽에 남은 이 결정적인 한 가지 재앙을 위해 나머지 아홉 가지 재앙을 내리셨다. 여기서 마지막 재앙은 앞으로 있을 최후의 심판을 의미하기도 한다.

080. 하나님은 왜 어린양의 피를 집의 문설주와 인방에 바르라고 하셨나?

하나님은 모세와 아론에게 이스라엘 백성들이 출애굽 하기 전에 지켜야 할 유월절에 관한 규례를 제정해 주셨다(출 12:1-14). 그리고 이를 위한 희생 제물로는 흠 없고 순전한 어린양의 피를 요구하셨다. "너희 어린양은 흠 없고 일 년 된 수컷으로 하되 양이나 염소 중에서 취하고 이 달 열나흗날까지 간직하였다가 해 질 때에 이스라엘 회중이 그 양을 잡고 그 피를 양을 먹을 집 좌우 문설주와 인방에 바르고"(출 12:5-7).

여기서 '문설주'는 집 문의 출입구 양쪽 좌우에 세로로 세워진 기둥을 말하며 '인방'은 세로로 세워진 문설주 사이에 가로로 댄 지지틀을 말한다. 그러므로 좌우 문설주와 인방이란 집의 출입문의 세로와 가로의 문틀(doorframes)을 가리키는 것이다. 그런데 하나님은 왜 이곳에다 흠 없는 어린양의 피를 바르라고 명령하셨을까? 집 대문의 틀에다가 어린양의 피를 발라야만 하는 특별한 이유라도 있었던 것일까? 이는 마치 대문틀에 발라진 어린양의 피가 어떤 신비스럽고 주술적인 능력이 있는 것처럼 느끼게 한다. 그렇다면 하나님께서 어린양의 피를 집의 문설주와 인방에 바르라고 하신 말씀의 참의미는 무엇일까?

하나님은 모세와 아론에게 애굽에 장자 재앙(모든 초태생이 죽게 됨)을 내리실 때에 문설주와 인방에 어린양의 피를 바른 이스라엘의 집들은 그 피가 표적이 되어서 죽음의 재앙을 면할 것이라고 알려 주셨다. "내가 애굽 땅을 칠 때에 그 피가 너희가 사는 집에 있어서 너희를 위하여 표적이 될지라 내가 피를 볼 때에 너희를 넘어가리니 재앙이 너희에게 내려 멸하지 아니하리라"(출 12:13). 오직 대문의 문설주와 인방에 어린양의 피를 바른 집만이 생과 사를 구별해 주는 표적이 되어 죽음의 사자가 그 집을 지나쳐서 넘어가게(passover) 된다는 것이다. 따라서 이 말씀을 어기고 어린양의 피를 바르지 않은 집들의 장자는 모두가 죽게 될 것이며 오직 말씀에 순종해서 믿음으로 어린양의 피를 뿌린 집만이 죽음의 재앙을 면할 수가 있었다(출 12:22-23).

그럼 하나님은 왜 하필 어린양의 피를 발라서 표적으로 삼으라고 하셨을까? 그것은 어린양의 피 흘림이 없이는 죄 사함을 받을 수가 없었기 때문이다. "…피 흘림이 없은즉 사함이 없느니라"(히 9:22). 출애굽기 12장의 유월절 규례에서 죽기 위해 예비된 흠 없고 순전한 어린양은 창세전부터 미리 예비하신 어린양, 곧 우리 인간들의 죄를 대신해서 십자가에서 죽으실 예수 그리스도를 예표한다. 이것은 구약 시대의 속죄 제물인 어린양의 피 흘림이 곧 신약 시대에 예수 그리스도의 십자가 대속의 죽으심으로 연결됨을 의미한다.

살아 있는 양으로는 구원을 받을 수가 없는 것과 마찬가지로 우리도 예수 그리스도의 삶을 통해서 구원받는 것이 아니라 그분의 죽으심으로 구원을 받게 된다. 그래서 우리의 구원 역시도 어린양의 피, 곧 예수 그리스도의 피 흘림이 없이는 불가능한 것이다. 예수 그리스도의 십자가의 보혈, 그것만이 하나님께서 인류의 구원을 위해 예비하신 완전한 방법이요 유일한 길이기 때문이다. 결국 유월절 어린양의 희생은 우리를 골고다 언덕으로 인도해 주고 있으며 유월절 어린양의 피를 보면서 동시에 갈보리의 십자가를 바라볼 수 있게 된다.

우리는 이를 통해 하나님께서 이스라엘 백성들에게 집 문의 좌우 설주와 인방에 피를 바르라고 한 것은 오직 유월절 어린양의 피만이 애굽의 속박으로부터 이스라엘을 구원할 수 있는 유일한 방법임을 교훈하고자 하셨음을 알게 된다. 하나님의 어린양이신 예수 그리스도만이 죄의 노예로 죽어 가고 있는 인류를 구원할 유일한 길이요 진리요 생명인 것이다(요 1:36; 14:6).

| 난제 KEY POINT |

- 이스라엘의 집 대문에는 좌우 설주와 인방에 어린양의 피를 발랐다. 즉 문 아래의 문지방에는 피를 바르지 않았다. 그것은 어린양의 대속의 피가 짓밟히지 않도록 하기 위함이다(카일&델리취).
- 유월절은 출애굽 사건을 기원으로 한다. 유월절과 출애굽은 구속사적으로 볼 때 동일한 의미를 지닌다. 이 두 사건은 모두가 흠 없는 어린양의 피(예수 그리스도의 보혈)를 통해 구속받고 애굽(죄와 사망의 권세)으로부터 해방되었음을 뜻하는 위대한 구원의 메시지를 내포하고 있다.
- 우슬초에 어린양의 피를 적셔서 이를 바른 집만이 하나님의 소유라는 표적이 되었다. 그래서 죽음의 사자가 이를 지나쳐 넘어감으로써 구원을 얻을 수 있었다(출 12:22). 이와 관련해 '지나가다' 또는 '넘어가다'(히브리어 '파사흐')라는 의미를 통해서 '유월절'(페사흐, Passover)이 유래되었다(출 12:27).

081. 이스라엘의 가장 중요한 절기인 유월절의 참의미는 무엇인가?

출애굽기 12장은 출애굽기의 핵심 장이며 동시에 구약 성경 전체에서도 그 절정을 이루는 내용을 담고 있다. 그것은 바로 구속사의 기념비적인 대사건이요 백미인 유월절에 관한 기록이다. 유월절은 역사적으로 이스라엘이 애굽으로부터의 해방과 구원을 기념하기 위해 제정된 절기이다. 하나님은 이스라엘 백성들에게 유월절과 무교절 규례를 제정해 주시면서(출 12:1–20) 이제 곧 이스라엘이 애굽의 노예로부터 해방되어 출애굽 하게 될 것을 기념하게 하셨다. 그날의 의미는 출애굽 사건으로부터 시작되며, 이는 곧 애굽에 내린 열 재앙과 관련이 있다.

하나님께서 애굽에 내리신 열 가지 재앙 중에서 마지막은 장자 재앙이었다(출 12:29–30). 유월절은 이 장자 재앙과 직결되는 사건이다. 유월절(히브리어 '페사흐')이란 '넘어가다' 또는 '지나가다'(passover)라는 의미로서, 여호와께서 애굽의 모든 장자를 심판하시던 그날 밤에 죽음의 재앙이 어린양의 피를 바른 이스라엘 백성들의 집만 스쳐 지나간 사건에서 유래된 용어이다. 마지막 열 번째 장자 재앙이 있던 날 애굽이든 이스라엘이든 모든 장자는 다 죽어야만 했다. 그러나 어린양의 피를 바른 이스라엘의 집은 구원을 받았다. 어린양의 피가 이스라엘 장자들의 죽음을 지나가게 만든 것이다.

이것은 애굽의 장자들이 죽기 전에 이미 이스라엘의 집에도 죽음이 있었다는 것을 의미한다. 그 죽음은 바로 어린양의 피, 곧 어린양이 이스라엘의 장자를 대신해서 죽었다는 것이다. 하나님께서 모든 장자를 심판하시던 그날 밤에 애굽과 이스라엘의 장자들이 죽을 것이냐 살 것이냐 하는 최종 생사권은 오직 어린양의 피가 기준이 되었다. 하나님의 말씀에 순종해서 집 대문의 좌우 설주와 인방에 발라진 어린양의 피가 장자들의 생사를 가르는 유일한 징표였던 것이다.

여기서 이스라엘의 장자를 대신해서 죽은 어린양은 궁극적으로 인간의 죄를 대신해서 죽으신 하나님의 어린양인 예수 그리스도를 예표한다(요 1:36). 따라서 마땅히 죽어야 할 이스라엘의 장자를 살린 어린양의 피는 영원히 죽어야 할 우리 죄인들을 살리기 위해 흘리신 예수 그리스도의 보혈을 예고하는 것이다. 이에 대해 히브리서 저자는 "염소와 송아지의 피로 하지 아니하고 오직 자기의 피로 영원한 속죄를 이루사 단번에 성소에 들어가셨느니라"(히 9:12)라고 증거한다.

수많은 희생 제물의 피로 끝없이 반복되던 구약의 제사가 예수 그리스도의 십자가 희생으로 단번에 성취된 것이다. 이러한 유월절 희생 양과 관련된 특별한 구속사적 의미는 결국 하나님께서 이스라엘 백성들에게 출애굽 전에 반드시 유월절을 지키고 떠나게 하신 것과 깊은 관련이 있을 것이다. 어린양의 피를 통해서 구원을 얻은 이스라엘은 이젠 더 이상 애굽의 노예가 아니었다. 하나님의 백성으로 거듭난 것이요 죽음으로부터 다시 태어난 것이다.

이것은 또한 우리 성도들이 예수 그리스도의 복음 안에서 구원을 얻고 거듭남을 교훈하는 사건이다. 그러므로 애굽으로부터의 해방과 구원을 기념하는 유월절은 이스라엘이 죽음에서 생명으로 거듭나게 해 주신 하나님의 은혜를 기념하는 날이요 동시에 영적으로는 우리 죄를 대신해서 희생당하신 예수 그리스도의 십자가 사역을 상징하는 위대한 구원의 역사인 것이다.

| 난제 KEY POINT |

- 애굽인이나 이스라엘 백성들이나 모두가 영원히 죽을 수밖에 없는 죄인에 불과하다. 유월절 밤에 애굽과 이스라엘의 장자는 모두가 죽어야 했다. 그러나 이스라엘의 장자를 대신해서 어린양이 죽었다.
- 여호와께서는 출애굽 전에 유월절을 지킨 달을 기념해서 그해의 첫 달로 삼으라고 명령하셨다(출 12:2). 그 이유는 이스라엘 백성들이 유월절 어린양의 피를 통해 죽음의 심판으로부터 살아났기 때문이다. 그래서 유월절은 새로운 시작으로서 첫 달이 되어야 했다.
- 14일 저녁 단 하루를 지켜야 할 유월절은(출 12:6) 하나님의 구원이 단번에 이루어진 단회적인 사건임을 상징한다(히 10:10). 반면에 무교절은 7일 동안 누룩을 넣지 않은 무교병을 먹으며 지켜야 했다(출 12:15-20). 이는 날마다 성령과 육체의 싸움을 치러야 할 성화의 삶은 주님께서 다시 오실 때까지 계속될 것을 상징한다.

082. 하나님은 왜 이스라엘 백성들을 홍해라는 막다른 길로 인도하셨을까?

유월절 어린양의 피를 통해 구원받은 이스라엘 백성들은 낮에는 구름기둥, 밤에는 불기둥으로 인도해 주시는 하나님을 따라 본격적인 출애굽의 여정을 시작했다. "이스라엘 자손이 라암셋을 떠나서 숙곳에 이르니 유아 외에 보행하는 장정이 육십만 가량이요"(출 12:37). 출애굽 한 이스라엘 백성들의 수가 장정만 육십만 가량이었으니 어린아이들과 여자들과 노인들을 모두 합하면 충분히 200만 명 이상에 달했을 것이다. 출애굽 하기 이전 430년 전에 가나안 땅을 떠나서 애굽으로 이주할 때에 불과 70명이었던 야곱의 가족들이 어느새 수백만 명의 민족으로 변화되어 애굽을 떠나고 있었다.

그런데 하나님은 애굽으로부터 가나안 땅으로 향하는 지름길을 택하지 않으시고 먼 광야로 돌아가는 험난한 길로 백성들을 인도하셨다. "바로가 백성을 보낸 후에 블레셋 사람의 땅의 길은 가까울지라도 하나님이 그들을 그 길로 인도하지 아니하셨으니 이는 하나님이 말씀하시기를 이 백성이 전쟁을 하게 되면 마음을 돌이켜 애굽으로 돌아갈까 하셨음이라"(출 13:17). 지중해 해안을 따라서 가는 지름길에는 강력한 군사력을 지닌 블레셋 족속들이 있어서 돌아가게 하셨다는 것이다. 수백 년 동안 노예로 살면서 전쟁을 치러 본 경험도 없는 이스라엘 백성들이 지레 겁을 먹고서 애굽으로 돌아갈 것을 염려하신 것이다.

그래서 하나님은 가던 길을 틀어서 이스라엘 백성들을 홍해 앞의 바닷가로 인도하시고 그곳에 장막을 치게 하셨다(출 14:2). 그리고 얼마 후 이스라엘이 출애굽 한 길을 따라서 애굽의 왕 바로가 모든 병거와 군대를 이끌고 추격을 해 왔다. 이스라엘 백성들에게 큰 위기가 닥쳤다. 이스라엘 백성들은 앞으로는 시퍼런 홍해 바다로 가로막혀 있고 뒤로는 자신들을 죽이기 위해 쫓아온 애굽의 군사들 사이에서 꼼짝없이 갇혀 버렸다. 이젠 더 이상 갈 곳도 피할 길도 없는 독 안에 든 쥐 같은 처지가 되어 버린 것이다.

이에 백성들은 하나님을 믿고 의지하기보다는 오히려 반대로 모세를 통해 하나님께 불평을 늘어놓기 시작했다. "…어찌하여 당신이 우리를 애굽에서 이끌어 내어 우리에게 이같이 하느냐… 애굽 사람을 섬기는 것이 광야에서 죽는 것보다 낫겠노라"(출 14:11-12)라며 모세를 원망하고 애굽에서 나온 것을 후회했다. 하나님의 인도하심만을 믿고 따른 결과가 오히려 진퇴양난의 위기를 맞게 했다는 것이다. 그렇다면 이 모든 형편과 상황을 잘 아시는 하나님께서 왜 하필 연약한 백성들을 홍해라는 막다른 길로 인도해서 이스라엘이 갇혀 버리게 하셨을까? 4백 년이 넘는 긴 세월 동안 애굽의 노예로 살아온 이들의 믿음이 얼마나 보잘것없는지 누구보다 하나님께서 더 잘 알고 계시지 않았던가?

그렇다. 하나님은 이스라엘 백성들의 연약함을 잘 알고 계셨다. 그래서 하나님은 그런 보잘것없는 백성들이기에 바로의 군대를 막다른 길목인 바닷가로 유인하셨던 것이다. 하나님은 모세에게 시퍼런 홍해 바다를 눈앞에 두고 장막을 치게 하신 이유를 말씀하셨다. "내가 바로의 마음을 완악하게 한즉 바로가 그들의 뒤를 따르리니 내가 그와 그의 온 군대로 말미암아 영광을 얻어 애굽 사람들이 나를 여호와인줄 알게 하리라…"(출 14:4). 이제 곧 이스라엘을 추격해 올 바로의 군대로 인해 일어날 일을 통해서 하나님의 크신 영광을 드러내시겠다는 것이다.

하나님의 명령대로 모세는 백성들에게 담대히 말했다. "너희는 두려워하지 말고 가만히 서서 여호와께서 오늘 너희를 위하여 행하시는 구원을 보라 너희가 오늘 본 애굽 사람을 영원히 다시 보지 아니하리라 여호와께서 너희를 위하여 싸우시리니 너희는 가만히 있을지니라"(출 14:13-14). 하나님께서 그 누구도 생각지 못할 놀라운 권능으로 홀로 바로의 군대와 싸우셔서 이스라엘을 구원해 줄 것이다. 그러니 백성들은 나서지 말고 가만히 지켜만 보고 있으라는 것이다. 두려움을 버리고 온전히 하나님께 모든 것을 맡기라는 것이다.

이 역사를 통해서 하나님의 크신 영광을 드러내시고 여호와가 누구인지를 모두에게 알게 해 주시겠다는 것이다(출 14:4, 17, 18). 결국 하나님께서 바로의 군사가 추격해 오고 있음에도 불구하고 이스라엘을 바닷가의 막다른 길로 인도하신 것은 인간으로서는 상상하지도 못할 방법으로 이스라엘을 구원해 주실 그분이 곧 유일하신 여호와 하나님이심을 깨닫게 해 주시기 위함이었다.

이제 곧 이스라엘이 지켜보는 그들의 눈앞에서 바다가 갈라지는 놀라운 역사가 일어나게 될 것이다. 이로 말미암아 온 세상은 여호와가 누구신지를 알게 될 것이다. 이를 통해서 이스라엘 백성들은 비로소 전능하신 여호와 하나님만을 믿고 의지해야 한다는 것을 깨닫게 될 것이다.

이것은 이스라엘이 출애굽 한 이후에 하나님을 향해 쏟았던 최초의 원망과 불평에 대한 하나님의 감추어진 계획이었다.

| 난제 KEY POINT |

- 이스라엘은 수백 년 동안의 노예근성으로 인해 아직도 믿음의 눈으로 하나님을 보지 못하고 눈에 보이는 것만 의지해 두려워하고 있었다. 두려움과 믿음은 공존할 수 없다. 하나님은 이렇게 공포에 쌓인 이스라엘 백성들에게 밤새도록 몰아치는 강력한 바람이 바로의 칼보다 더 무서운 것임을 알게 하셨다. 그리고 그 바람을 통해서 홍해를 가르시고 모든 백성들의 입에서 감격과 승리의 찬양이 넘쳐나게 하셨다(출 15장).

- 하나님께서 가나안 땅으로 향하는 지름길을 두고도 이스라엘이 홍해를 지나 먼 광야 길로 돌아가게 하신 것은 백성들을 보호하기 위한 하나님의 은혜였다. 그 지름길에는 당시 가나안에서 가장 잔인하고 포악했던 블레셋 족속들이 있었기 때문이다(출 13:17–18).

083. 구약의 홍해 도하 사건을 신약에서는 왜 '세례'라고 기록하는가?

예수 그리스도께서 십자가에서 돌아가시고 부활 승천하신 후 약 20여 년의 세월이 흐른 시점이었다. 사도 바울은 2차 전도 여행 때 1년 반 이상을 머물면서 자신이 심혈을 기울여서 개척했던 고린도 교회 성도들을 향해 출애굽 당시에 일어났던 한 사건을 교훈하고자 했다. "형제들아 나는 너희가 알지 못하기를 원하지 아니하노니 우리 조상들이 다 구름 아래에 있고 바다 가운데로 지나며 모세에게 속하여 다 구름과 바다에서 세례를 받고"(고전 10:1-2).

이것은 이스라엘 백성들이 하나님의 인도하심을 따라 홍해 바다를 마른 땅같이 건넜던 구약의 초자연적인 역사(출 14장)에 대해 말한 것이다. 그런데 사도 바울은 여기서 이스라엘 조상들이 모세와 함께 구름기둥의 인도를 받으며 홍해를 건넌 행위 그 자체를 '세례를 받은 것'이라고 말하고 있다. 이처럼 이스라엘 백성들의 홍해 도하 사건을 세례로 비유한 것은 구약의 사건을 신약적 의미로 설명해 주는 참 놀라운 해석임에 틀림이 없다. 그렇다면 세례가 무엇이기에 바울은 구약의 홍해 도하 사건을 세례라고 해석했을까?

'세례'(헬라어 '밥티스마')란 '물에 잠그다'라는 뜻이다. 이와 관련해서 '세례를 베풀다'(헬라어 '밥티조')라는 것은 물속에 들어갔다 나오는 세례 의식을 말한다. 이것은 죄를 씻고 정결케 됨으로써 옛사람이 죽고 다시 새사람으로 거듭남을 의미한다. 즉 세례란 죄에 대해서는 죽고 새 생명으로 다시 새롭게 태어남으로써 예수 그리스도와 함께 부활하고 연합함을 상징하는 것이다. 그러므로 세례는 사망에서 생명으로 옮겨진 자의 표징이라고 볼 수 있다.

그래서 사도 바울은 "무릇 그리스도 예수와 합하여 세례를 받은 우리는 그의 죽으심과 합하여 세례를 받은 줄을 알지 못하느냐 그러므로 우리가 그의 죽으심과 합하여 세례를 받음으로 그와 함께 장사 되었나니 이는 아버지의 영광으로 말미암아 그리스도를 죽은 자 가운데서 살리심과 같이 우리로 또한 새 생명 가운데서 행하게 하려 함이라"(롬 6:3-4)라고 말했다.

하나님은 택하신 이스라엘 백성들을 출애굽하게 하셔서 바다를 육지같이 건너게 하셨고 이스라엘을 추격해 온 애굽의 바로와 군사들은 바다 속에 모두 수장시켜 전멸시키셨다. 이스라엘 백성들은 그렇게 홍해를 건넌 이후에야 비로소 바로의 권세와 영향력으로부터 완전히 벗어날 수가 있었다. 따라서 이전에는 애굽의 노예였고 바로에게 속했던 이스라엘 백성들이었지만, 모세와 함께 구름기둥의 인도를 받고 홍해를 건넌 이후에는 바로가 아니라 하나님께 속한 자들로 거듭남으로써 새로운 삶을 살아갈 수 있게 된 것이다.

이와 관련해 예수님의 수제자인 사도 베드로 역시 "물은 예수 그리스도께서 부활하심으로 말미암아 이제 너희를 구원하는 표니 곧 세례라"(벧전 3:21)라고 말하면서 노아 당시에 있었던 홍수 심판을 노아의 가족들 8명을 구원한 세례의 예표로 말하고 있다. 사도 베드로는 하나님께서 죄악이 넘쳐 나는 세상을 심판하시고자 홍수를 통해서 모든 인간을 멸하실 때에 방주 안에 있던 노아와 그 가족들 8명이 구원을 얻은 것이 예수 그리스도의 십자가 안에서 죄로 물든 옛사람이 죽고 예수 그리스도의 부활을 통해 새사람으로 거듭남을 상징한다고 본 것이다.

그래서 사도 바울은 하나님의 은혜와 권능으로 이루어진 홍해 도하 사건도 이스라엘이 과거의 죄악과 절망으로 얼룩졌던 애굽의 수치를 홍해 바다 속에 모두 장사시키고 하나님의 선민으로 다시 태어나게 된 중생 사건을 상징하는 하나님의 구속의 역사로 교훈하고 있는 것이다. 그러므로 이스라엘 백성들이 갈라진 홍해 바다를 건넌 것은 단순한 이적 역사에 그친 사건이 아니었다.

하나님은 사탄에게 매어 바로의 종노릇하던 이스라엘을 출애굽 시키심으로써 택하신 백성들을 죄와 사망으로부터 구원해 주셨다. 이어서 구원받은 자의 새 삶을 살아가야 할 이스라엘 백성들에게 바다를 건너는 영적 세례를 받게 하셨다. 이는 이스라엘의 홍해 도하 사건이 세례를 통한 구원의 표징을 보여 주는 것이며 동시에 예수 그리스도와 연합됨을 계시하는 하나님의 놀라운 역사임을 암시한다.

| 난제 KEY POINT |

- **세례는 옛사람이 죽고 새사람으로 거듭남을 상징하는 의식이며 이를 통해 예수 그리스도와 연합한 자가 됨을 의미한다. 그러나 세례를 받는다고 구원을 얻는 것은 아니다. 구약 시대의 할례가 하나님의 선민임을 드러내는 언약의 표징이었던 것처럼, 이와 마찬가지로 신약 시대의 세례 또한 구원의 조건이나 수단이 아니라 외적 징표에 해당된다. 구원은 오직 예수 그리스도의 복음을 믿음으로 말미암아 이루어진다**(롬 1:17).

084. 출애굽 한 이스라엘 백성들의 두 번째 휴식 장소인 엘림은 어떤 곳인가?

이스라엘 백성들은 홍해 바다를 육지처럼 건넌 이후에 분명히 변해 있었다. 이전에는 애굽의 노예로 신음하며 탄식하던 자들이 하나님께 감격과 영광을 돌리며 찬양하는 자들로 바뀐 것이다(출 15:1-21). 그러나 그 기쁨과 감격은 며칠을 넘기지 못했다. 홍해를 건너고 사흘 만에 첫 번째 휴식처인 마라에 도착했을 때 그들은 물이 쓰다는 이유로 모세와 하나님을 싸잡아 원망했다(출 15:22-24). 찬양으로 충만하던 그 입술에서 불과 사흘 만에 불평과 원망이 쏟아져 나온 것이다.

그리고 백성들은 이후에 마라를 지나 엘림에 도착했다. "그들이 엘림에 이르니 거기에 물 샘 열둘과 종려나무 일흔 그루가 있는지라 거기서 그들이 그 물 곁에 장막을 치니라"(출 15:27). 출애굽 한 이스라엘에게 엘림은 마라에 이은 두 번째 휴식 장소로서, 이전의 마시지 못할 쓴 물이 있었던 마라와는 전혀 달랐다. 이스라엘이 장막을 친 엘림에는 물 샘 12개와 종려나무 70그루가 있었다. 히브리어 '엘림'은 '큰 나무'라는 뜻으로서 생명을 위협하는 메마른 광야에서 특별한 생수의 샘을 공급해 주는 비옥한 오아시스 지역을 말한다.

그래서 이곳은 주변 광야에서는 구하기 힘든 생명과도 같은 물을 풍성히 얻을 수가 있었다. 이에 더해서 잎이 무성하며 키가 10m 가까이나 자라는 큰 종려나무들이 어우러져서 뜨거운 한낮에도 시원한 그늘을 만들어 주었다. 정말 풀 한 포기 찾기 힘든 광야에서 만나기가 힘든 꿈같은 휴식처였다. 하나님은 마라에서 마실 물이 없어서 원망하던 이스라엘 백성들을 위해 엘림이라는 광야의 오아시스로 인도해 주신 것이다.

그런데 성경은 출애굽 당시에 나온 인원이 장정만 60만 명이었다고 기록한다. "이스라엘 자손이 라암셋을 떠나 숙곳에 이르니 유아 외에 보행하는 장정이 육십만 가량이요"(출 12:37). 여기서 60만 명이란 나이가 20세 이상으로서 전쟁에 참전할 수 있는 사람들만을 가리킨다(민 1:3). 이에 관한 보다 정확한 수치는 이후에 이스라엘이 시내 광야에서 실시한 인구 조사를 통해서 603,550명으로 밝혀진다(민 1:46). 이를 참조할 때 출애굽 한 이스라엘의 전체 인구수는 남녀노소를 모두 포함해서 족히 2~3백만 명 가까이 되었을 것이다.

그렇다면 아무리 큰 사막의 오아시스라고 할지라도 어떻게 물 샘 12개로 수백만 명의 갈증을 해결할 수가 있었으며, 고작 종려나무 70그루가 어떻게 그토록 뜨거운 광야에서 수백만 명의 백성들에게 휴식을 취할 수 있는 그늘이 되어 줄 수 있었을까? 아무리 상식적으로 생각해도 쉽게 납득이 되지 않는다. 그러면 과연 물 샘 12개와 종려나무 70그루가 의미하는 바는 무엇일까?

이와 관련해 성경은 말씀한다. "여호와께서 그들 앞에서 가시며 낮에는 구름기둥으로 그들의 길을 인도하시고 밤에는 불기둥을 그들에게 비추사 낮이나 밤이나 진행하게 하시니 낮에는 구름기둥 밤에는 불기둥이 백성 앞에서 떠나지 아니하니라"(출 13:21-22). 이것은 곧 하나님께서 70

그루의 종려나무가 줄 수 있는 그늘과 관계없이 이미 이전부터 낮에는 구름기둥으로 그늘을 만들어 주셔서 뜨거운 광야를 견디게 하시고 밤에는 불기둥으로 추위를 이길 수 있도록 보호해 주셨음을 의미한다.

따라서 엘림의 물 샘 12개와 종려나무 70그루과 관련된 12와 70이라는 수의 의미는 단순한 숫자의 개념을 넘어서 우리에게 중요한 영적 의미를 암시해 주는 것이라고 볼 수 있다. 즉 엘림에 있는 12개의 물 샘은 이스라엘의 12지파에게 하나씩 이스라엘 모두가 마실 수 있는 물을 상징하는 것이며, 종려나무 70그루 역시 7×10이라는 완전수의 개념으로서 이스라엘을 대표하는 70장로들의 모든 장막에 주어진 온전한 휴식처를 상징하는 것이라고 볼 수 있다. 그러므로 엘림의 물 샘 12개와 종려나무 70그루는 이스라엘 백성 전체를 위한 마실 것과 더불어 온전한 휴식처를 예비해 주신 하나님의 은혜를 상징하는 것이다.

이는 궁극적으로 “여호와는 나의 목자시니 내게 부족함이 없으리로다 그가 나를 푸른 풀밭에 누이시며 쉴 만한 물 가로 인도하시는도다”(시 23:1-2)라는 다윗의 고백처럼 우리의 모든 필요를 아시는 하나님께서 광야와 같은 험난한 세상 속에서 힘들게 살아가는 우리 성도들을 위해 넘쳐 나는 풍요함과 안식으로 인도해 주실 것을 교훈하는 것이다.

| 난제 KEY POINT |

- **마라와 엘림은 우리에게 상반되는 교훈을 준다. 마라의 쓴 물 사건을 통해서는 세상에서 성도들이 마실 수 있는 물(생수)은 없다는 것을, 그리고 엘림의 12개의 물 샘을 통해서는 광야와 같은 세상 속에서도 오직 하나님만 의지 할 때 생명수의 물을 만날 수 있음을 교훈한다.**

- 구약의 물 샘 12개와 종려나무 70그루의 영적 의미는 신약에서 예수 그리스도의 12사도와 70명의 제자(눅 9:1-6; 10:1-16)에서도 발견된다. 오직 믿음으로 하나님만을 의지하는 자, 오직 믿음으로 주님의 뜻을 따르는 자들에게는 영원한 생명의 안식이 주어질 것을 시사한다.

085. 만나는 무엇이며 어떤 영적 의미를 지니고 있는가?

출애굽 한 이스라엘 백성들은 홍해를 건넌 이후에 마라에 이은 두 번째 휴식 장소였던 엘림(오아시스)을 떠나 신 광야에 도착했다. "이스라엘 자손의 온 회중이 엘림에서 떠나 엘림과 시내산 사이에 있는 신 광야에 이르니 애굽에서 나온 후 둘째 달 십오일이라"(출 16:1). 본문은 이스라엘 백성들이 유월절(1월 14일)을 지키고 애굽을 떠난 지 이제 한 달이 지났다고 말한다.

그런데 백성들은 여기서 또다시 모세와 아론을 원망했다. "우리가 애굽 땅에서 고기 가마 곁에 앉아 있던 때와 떡을 배불리 먹던 때에 여호와의 손에 죽었더라면 좋았을 것을 너희가 이 광야로 우리를 인도해 내어 이 온 회중이 주려 죽게 하는도다"(출 16:3). 단지 배가 고프다는 이유만으로 하나님의 출애굽 역사를 원망하고 있는 것이다.

이스라엘 백성들은 출애굽 한 이후에 홍해 바다를 앞에 두고 원망을 시작하더니(출 14:11-12) 마라에서는 물이 써서 마실 수 없다는 이유로(출 15:23-24), 이제 신 광야에 도착해서는 먹을 것이 없다고 세 번째 원망을 쏟아 내고 있다. 애굽에서 노예로 살면서 고난은 받았을지라도, 차라리 배라도 불렀던 그때에 죽었더라면 배고픈 지금보다는 훨씬 더 나았을 것이라고 불평하고 있는 것이다. 백성들은 배고픈 출애굽의 구원보다는 차라리 배부른 노예의 삶을 간절히 원하고 있다. 이것은 이스라엘을 구원하고자 하신 하나님을 모독하는 언행이었다.

그럼에도 하나님은 그런 백성들에게 한마디 책망도 하지 않으셨다. 아직은 신앙인이라고 할 수 없는 애굽에서 막 나온 영적 미숙아에 지나지 않았기 때문이다. 오히려 하나님은 그들에게 하늘에서 양식을 비같이 내려 주시겠다고 약속하셨다. 그리고 날마다 일용할 양식으로 저녁에는 메추라기로 아침에는 만나를 내려 주셨다(출 16:13-15, 31). 만나는 하루에 먹을 수 있는 양 만큼만 거두어 먹되 다음 날 아침까지 남겨 두어서는 안 되며 안식일 전날에는 평일의 두 배를 거두어서 안식일을 예비해야 했다. 안식일에는 하늘 양식이 내리지 않았기 때문이다(출 16:22-26).

하나님은 이때로부터 시작해서 이스라엘의 광야 생활 40년 동안 계속해서 만나를 내려 주셨다. "…이스라엘 자손이 사십 년 동안 만나를 먹었으니 곧 가나안 접경에 이르기까지 그들이 만나를 먹었더라"(출 16:35). 하나님은 만나를 통해서 이스라엘 백성들이 아무것도 의지할 것 없는 메마른 광야에서 그들이 살아갈 수 있는 유일한 길이 무엇이지를 교훈하고자 하셨던 것이다. 그것은 오직 하나님만을 바라며 하나님만을 의지해야 한다는 것이었다.

그렇다면 40년 동안이나 하늘에서 내린 만나는 과연 무엇을 의미하는 것일까?

이에 대해 성경은 말씀한다. "너를 낮추시며 너를 주리게 하시며 또 너도 알지 못하며 네 조상들도 알지 못하던 만나를 네게 먹이신 것은 사람이 떡으로만 사는 것이 아니요 여호와의 입에서 나오는 모든 말씀으로 사는 줄을 네가 알게 하려 하심이니라"(신 8:3). 이 말씀은 하나님께서 이스라엘에 만나를 내려 주신 이유를 잘 설명해 주고 있다. 만나는 먹을 것이 없다고 불평하는 백성들에게 하나님이 주신 하늘의 선물이다. 만나는 분명히 배고픈 자들을 위해서 주신 육의 양식이었다.

그러나 그것이 전부가 아니었다. 하나님의 형상대로 창조된 인간은 영적인 존재이므로 육체를 위한 일시적인 떡이 아니라 영원하신 하나님의 말씀으로 살아야 한다는 것을 교훈하기 위해서 만나를 주셨다는 것이다. 육신의 배를 채우기 위한 삶이 아니라 성령 안에서 생명의 말씀으로 살아가야 할 것을 교훈하신 것이다.

이에 대해 신약 시대의 사도 요한은 말씀한다. "태초에 말씀이 계시니라 이 말씀이 하나님과 함께 계셨으니 이 말씀은 곧 하나님이시니라"(요 1; 1). "말씀이 육신이 되어 우리 가운데 거하시매 우리가 그의 영광을 보니 아버지의 독생자의 영광이요 은혜와 진리가 충만하더라"(요 1:14). 여기서 사도 요한은 영원하신 하나님의 말씀 곧 생명의 말씀이신 하나님이 '예수 그리스도'이심을 증거한다.

이에 더해 사도 요한은 만나와 관련해서도 말씀한다. "내가 곧 생명의 떡이니라 너희 조상들은 광야에서 만나를 먹었어도 죽었거니와 이는 하늘에서 내려오는 떡이니 사람으로 하여금 먹고 죽지 아니하게 하는 것이니라 나는 하늘에서 내려온 살아 있는 떡이니 사람이 이 떡을 먹으면 영생하리라 내가 줄 떡은 곧 세상의 생명을 위한 내 살이니라 하시니라"(요 6:48-51). 본문은 출애굽 여정 중에 이스라엘을 위해서 하늘에서 내렸던 만나가 곧 생명의 떡이신 예수 그리스도의 모형이었다고 말씀하고 있다.

구약 시대의 만나와 신약 시대의 생명의 떡은 모두가 하늘에서 내려 왔다는 공통점이 있다. 그러나 육의 양식이었던 만나는 먹고도 죽었지만 세상의 생명을 위한 떡은 먹고도 영원히 죽지 않는다. 이 생명의 떡이 바로 예수 그리스도시다. 과거의 구약 시대에 이스라엘 백성들을 위한 육의 양식이었던 만나가 오늘날에는 성도들을 위한 영의 양식인 주님의 말씀으로 연결되고 있는 것이다.

그러므로 하나님께서 하늘에서 비같이 내려 주신 육신의 떡 만나가 곧 신령한 생명의 말씀의 모형이요, 이는 궁극적으로 영원한 생명의 떡이신 예수 그리스도를 가리키고 있음을 알게 된다(요 6:31–35). 따라서 만나의 모습이 작고 둥글며 희고 달다고 기록한 것은(출 16:14, 31) 곧 예수 그리스도의 성품을 상징하는 것으로 볼 수 있다. 만나가 작은 것은 성육신 하신 주님의 낮아지심과 겸손을 의미하며 둥근 것은 주님의 영원하신 생명을, 하얀 색깔은 주님의 순결을, 그리고 만나의 단 맛은 달고 오묘한 주님의 말씀을 상징하고 있다.

이 모든 것은 하나님께서 이스라엘의 진영 주위에 40년 동안 날마다 만나를 내려 주셨듯이(출 16:35) 우리 성도들도 날마다 생명의 말씀을 사모하여 하늘의 신령한 양식을 먹으며 살아가야 할 것을 교훈한다.

| 난제 KEY POINT |

- **만나를 하루분의 식량 이상을 거두어 다음 날 아침까지 남겨 두면 벌레와 냄새 때문에 먹을 수가 없었다(출 16:16–20). 그러나 안식일을 위해 남겨 둔 양식에는 벌레와 냄새 모두 없었다(출 16:22–26). 이것은 하나님께서 날마다 일용할 양식을 공급해 주심을 믿고 오직 하나님만 의지해 살아가도록 하기 위한 것이다.**

- 하나님은 만나 항아리를 여호와 앞, 곧 증거궤(법궤) 안에 두고 증거판(십계명 돌판)과 함께 보관하게 하셨다(출 16:33-34). 이를 통해 이스라엘을 향한 하나님의 사랑을 후손들이 기억하게 하셨다. 히브리서 9장 4절은 언약궤 안에 만나를 담은 금 항아리와 아론의 싹 난 지팡이와 언약의 돌판들이 있었다고 말한다.

086. 하나님은 모세에게 왜 반석을 쳐서 물을 얻으라고 명령하셨을까?

"이스라엘 자손의 온 회중이 여호와의 명령대로 신 광야에서 떠나 그 노정대로 행하여 르비딤에 장막을 쳤으나 백성이 마실 물이 없는지라"(출 17:1). 이스라엘 백성들은 르비딤에 도착해서 장막을 치자마자 마실 물이 없다고 하나님과 모세를 또다시 원망했다. "… 당신이 어찌하여 우리를 애굽에서 인도해 내어서 우리와 우리 자녀와 우리 가축이 목말라 죽게 하느냐"(출 17:3). 이스라엘이 출애굽 한 이후에 쏟아 낸 네 번째 불평이었다(출 14:11-12; 15:23-24; 16:2-3).

백성들은 이전에 신 광야에서는 '무엇을 먹을까'라는 문제 때문에 원망하다가 만나와 메추라기를 얻었었다(출 16장). 그리고 이제 시내 산에 도착하기 전에 마지막으로 진을 쳤던 장소인 르비딤(출 17장)에서는 '무엇을 마실까'를 위해서 원망을 하고 있다. 물론 이들의 계속되는 원망과 불평이 전혀 가당치 않은 것은 아니다. 이스라엘 자손들은 애굽에서 나와서 벌써 한 달이 넘도록 험난한 광야 길을 걸었다. 그래서 몸도 많이 지쳐 있었고 식수마저도 거의 다 떨어진 상태였다(출 16:1; 19:1). 풀 한 포기 찾기 힘든 광야에서 먹을 것과 마실 것은 사실 연약한 이들에게 가장 큰 문제일 수밖에 없었다.

다행히도 먹을 것은 얼마 전에 만나와 메추라기로 해결이 되었지만 (출 16장) 식수 문제는 아직 해결되지 못했던 것이다. 더욱이 이스라엘 백성들은 노인과 아이들을 포함해서 인구수가 수백만 명이었다. 게다가 가축들도 심히 많았기에 광야 여정은 이들에게 참으로 견디기 힘든 고난의 길이었음이 틀림없었다. 그러나 그럼에도 불구하고 이들이 애굽에서 나온 이후로 누려 왔던 상상도 할 수 없는 하나님의 크신 은혜를 기억했더라면 그런 원망은 결코 하지 않았을 것이다.

출발하면서부터 하나님은 낮에는 구름기둥으로 인도해 주시고 밤에는 불기둥으로 보호해 주셨으며, 홍해 바다를 갈라서 마른 땅처럼 건너게 하셨고, 바로의 군사들로부터 구원해 주셨다(출 14장). 마라의 쓴 물이 단물로 변하는 기적을 베풀어 주시고, 엘림의 오아시스에서 안식을 누리게 해 주셨으며, 하늘에서는 백성들이 일용할 양식을 날마다 비 오듯 쏟아져 내리기까지 은혜를 베풀어 주셨다(출 15-16장). 이스라엘이 가는 곳마다 놀라운 이적의 은혜들을 직접 보고 누리게 해 주신 것이다.

그러나 백성들의 감사와 찬양은 은혜를 누리는 그때뿐이었다. 목이 마르고 배가 고플 때마다, 조금만 힘이 들면 그때마다 그들의 원망과 불평은 끊이지 않고 이어져 왔다. 그토록 놀랍고 거룩하신 하나님의 구원의 역사마저도 인간의 먹고 마시는 원초적인 문제 앞에서는 아무런 도움을 주지 못했던 것이다. 백성들의 몸은 분명히 애굽에서 빠져 나왔건만 정작 그들의 마음은 아직도 애굽에 머물고 있었다. 오랜 세월에 걸쳐서 몸에 밴 노예로서의 삶이 애굽의 미련을 버리지 못하게 한 것이다.

그럼에도 하나님은 이런 백성들을 위해서 모세에게 "내가 호렙 산에 있는 그 반석 위 거기서 네 앞에 서리니 너는 그 반석을 치라"(출 17:6상)라고 말씀하셨고, 모세로 하여금 명령대로 반석을 쳐 물이 솟아나게 함으로 백성들의 모든 갈증을 해결해 주셨다. 그런데 여기서 궁금한 것은 물을 얻으려면 상식적으로 땅을 파서 우물을 구해야 하는데, 어떻게 하나님은 '반석을 치라'고 명령하셨을까? 그리고 하나님은 왜 하필 그 반석 위에 서 계시겠다고 하셨을까?

이에 대해 신약 성경은 다음과 같이 말한다. 사도 바울은 고린도 교회 성도들에게 이스라엘 조상들이 광야에서 어떻게 생수를 얻을 수 있었는지를 교훈했다. "다 같은 신령한 음료를 마셨으니 이는 그들을 따르는 신령한 반석으로부터 마셨으매 그 반석은 곧 그리스도시라"(고전 10:4). 정말 은혜롭고 놀라운 말씀이다. 바울은 하나님의 명령대로 모세가 물을 얻기 위해서 지팡이로 쳤던 그 반석이 바로 예수 그리스도라고 선언하고 있는 것이다. 그렇다면 하나님께서 반석 위에 직접 서 계시겠다고 하신 이유를 알게 된다. 하나님께서 모세에게 반석을 향하여 명령함으로써 물을 내라고(민 20:8) 하신 것이 아니라 반석을 치라고 하신 것은 하나님 자신이 치심을 당하기 위함이었던 것이다. 하나님 자신이 쪼개어 지심으로써 백성들에게 생수를 공급해 주시기 위함이었다.

이것은 곧 사도 바울이 고린도 교회에 전한 말씀대로 쪼개어진 반석과 같이 하나님이신 예수 그리스도의 몸이 십자가에서 찢겨져 죽으심을 예표하는 것이다. 따라서 그 반석에서 생수가 나온 것은 그런 주님의 죽으심을 통해서 얻게 될 영원한 생명수 곧 '성령의 생수'를 상징한다. "… 누구든지 목마르거든 내게로 와서 마시라 나를 믿는 자는 성경에 이름과 같이 그 배에서 생수의 강이 흘러나오리라 하시니 이는 그를 믿는 자들이 받을 성령을 가리켜 말씀하신 것이라 …"(요 7:37-39).

결국 출애굽기 17장의 르비딤 반석을 통해서 얻은 생수는 하나님께서 반석처럼 굳어 있던 이스라엘 백성들의 심령에 은혜의 생수를 채워 주시기 위함이었다. 그리고 이는 궁극적으로 우리의 신령한 반석이시요 영원한 생명의 근원되신 예수 그리스도의 십자가 복음을 계시하고 있다.

| 난제 KEY POINT |

- 먹을 것과 마실 것으로 인해 가는 곳마다 불평과 원망을 일삼는 백성들에게 하나님은 아직까지 아무런 책망도 하지 않으셨다. 그것은 당시 이스라엘 백성들의 믿음이 출애굽 한 지 얼마 지나지 않은 유아기 단계기 때문이다. 이스라엘은 시내 광야에 도착한 후에 시내 산에서 율법을 받고 하나님과 언약을 체결한 이후부터는 본격적인 하나님의 통치 아래 머물게 된다. 하나님의 택하신 거룩한 언약 백성으로서 살아가게 된 것이다.

087. 이스라엘과 아말렉과의 전쟁 속에 담긴 교훈은 무엇인가?

출애굽기 17장 8-16절은 이스라엘 백성들이 치렀던 아말렉과의 전투를 기록하고 있다. 이것은 이스라엘 백성들이 출애굽 한 이후에 직접적으로 치렀던 최초의 전쟁이다. 이전에 출애굽 한 이스라엘을 뒤쫓아 온 바로의 군사들을 홍해 바다에 수장시켰던 사건은 이스라엘을 위해서 하나님이 홀로 행하신 싸움이었다. 그래서 모세는 "여호와께서 너희를 위하여 싸우시리니 너희는 가만히 있을지니라"(출 14:14)라고 백성들에게 명령했었다.

이스라엘 자손들은 이제 막 애굽에서 나온 자들로서 지난 4백 년이 넘도록 전쟁을 치러 본 경험도 없었고 제대로 된 무기도 하나 없는 오합지졸들이었다. 게다가 믿음마저도 영적 유아기의 상태에 머물러 있었다. 백성들은 배고프면 하나님께 불평했고 목마르면 모세를 원망하기만 할 뿐이었다. 그토록 이스라엘이 자신들과의 싸움에서조차 이길 수 없는 무기력한 자들이었기에, 하나님은 때가 이르기까지 홀로 싸워 주셨고 백성들을 대신해서 싸워 주셨다. 그래서 백성들은 아말렉과의 전쟁 이전까지는 직접 싸울 필요가 없었다.

그러나 이제는 달랐다. 이스라엘 백성들은 애굽을 나오면서 구원을 받았고 홍해를 건너면서 영적 세례도 받았다(고전 10:1-2). 그리고 만나를 통해서 먹을 것이 해결되었고 반석을 쳐서 마실 것까지도 다 해결되었으므로, 이제는 영적 유아기 상태를 벗어날 때가 이른 것이다. 내부적 갈등으로만 허덕일 것이 아니라 이제는 외적 공격에 대해서도 눈을 떠야 할 때가 되었다. 단순히 구원받은 자들에서 나아가 먹고 마시는 기본적인 삶의 문제까지도 모두 해결이 되었으니, 이제부터 그들은 믿음의 연단을 위한 외적 전쟁을 직접 치러야만 했던 것이다.

그러한 이스라엘을 향해 나타난 최초의 대적이 아말렉이었다. 아말렉 족속은 야곱의 형인 에서의 후손들로서(창 36:12) 언약의 땅 가나안을 향해 나아가는 이스라엘의 길목을 막았다. 특히나 이들은 오랜 기간의 행진에 지쳐서 낙오하고 있던 노인들과 여인들과 아이들 같은 힘 없고 연약한 자들을 뒤에서 공격했던 비열한 자들이었다(신 25:17-19). 이들과의 전쟁을 위해 모세는 여호수아에게 명령했다. "우리를 위하여 사람들을 택하여 나가서 아말렉과 싸우라 내일 내가 하나님의 지팡이를 손에 잡고 산꼭대기에 서리라"(출 17:9).

여호수아를 총사령관으로서 전쟁터로 보낸 모세는 아론과 훌과 함께 산꼭대기로 올라갔다. 모세가 하나님의 권능의 지팡이를 높이 들고 간절히 기도했으니 모세가 손을 들면 이스라엘이 이기고 모세가 팔이 피곤해서 손을 내리면 아말렉이 이겼다(출 17:11). 그래서 아론과 훌이 양쪽에서 각각 모세의 손을 붙들고 내려오지 못하게 함으로써 이스라엘은 결국 전쟁에서 이기게 되었다. 그렇다면 모세의 손이 들려 있었기에 이스라엘이 전쟁에서 승리한 것일까?

그것은 아니다. 모세는 이 전쟁이 하나님께서 함께하시는 '여호와의 전쟁'임을 이미 알고 있었다. 이제부터는 홀로 싸우시는 하나님이 아니라 이스라엘(성도들)과 함께, 이스라엘(성도들)을 통해서 싸워 주시는 하나님이시다. 그래서 모세는 모든 것을 오직 하나님께만 의지하길 원했다. 따라서 아멜렉과의 전쟁에서 모세의 들린 손은 하나님의 권능을 구하며 이스라엘의 승리를 바랐던 모세의 간절한 기도였다(출 9:22; 10:21; 시 28:2; 88:9). 하나님은 출애굽 한 이스라엘이 치르는 이 최초의 전쟁을 통해서 연약한 이스라엘이 전적으로 하나님만을 의지해서 이기기를 원하신 것이다. 전쟁의 승패가 눈에 보이는 군사력에 있는 것이 아니라 보이지 않는 여호와께 달려 있음을 모세의 간구를 통해서 교훈하고자 하셨다.

그래서 모세의 손이 하늘을 향할 때는 이스라엘이 승리하게 하셨고 땅을 향해 내려갈 때는 대적들이 이겼던 것이다. 전쟁을 마치자 모세는 광야에서의 첫 승리를 기념하기 위해 제단을 쌓고 '여호와 닛시'(뜻: 여호와는 나의 깃발)라고 불렀다(출 17:15). 전쟁에서 승리하게 해 주신 하나님께 감사와 영광을 올려드린 것이다. 결국 모세가 승리를 위해 산꼭대기에서 두 손을 끊임없이 들고 있었던 것은 하늘 보좌에서 우리 성도들의 승리를 위해 끊임없이 중보해 주시는 예수 그리스도를 예표하는 것이다.

| 난제 KEY POINT |

- 여호수아가 아말렉과의 전쟁을 위해 총사령관으로 임명되는 모습은(출 17:9) 여호수아가 성경에 처음으로 등장하는 장면이다.
- 아말렉 족속은 이 전쟁으로 인해 이스라엘의 영원한 대적이 된다. 하나님은 세상이 더 이상 기억할 수 없도록 아말렉 족속을 진멸시킬 것이라고 모세에게 약속하셨다(출 17:14-16; 신 25:19). 이후에 사울 왕에게도 아말렉 족속을 진멸시키라고 명령하셨다(삼상 15:1-3). '에스더서'에서 이스라엘 민족을 말살시키려 했던 아각 사람 하만도 아말렉의 후손이었다.

088. 이스라엘이 출애굽 이후 시내 산에 도착해서 다시 출발하기까지의 여정은?

이스라엘 백성들이 애굽을 떠나서 시내 산에 도착하기까지 그리고 다시 약속의 땅인 가나안을 향해서 출발하기까지의 모든 여정을 살펴보기로 한다. 애굽의 노예로부터 해방되어 출애굽 한 이스라엘 백성들은 자신들이 노역을 하던 건축 현장인 라암셋을 떠나 숙곳을 거쳐서(출 12:37) 에담에 장막을 쳤고(출 13:20) 이어서 비하히롯 앞 홍해 바닷가에 머물게 되었다(출 14:2). 여기에서 이스라엘의 뒤를 쫓아온 바로의 군사들로 인해 위기에 처하자 하나님은 홍해를 갈라지게 하셔서 이스라엘을 구원해 주셨다.

바다가 갈라지는 믿을 수 없는 놀라운 체험을 한 백성들은 기쁨과 감격 속에서 하나님을 찬양하며 수르 광야를 지나며 3일 동안을 걸었다. 험난한 여정 속에서 마라에 도착했으나 그곳의 물이 써서 마실 수 없게 되자 백성들은 모세와 하나님을 원망했다. 하나님은 이들을 위해 쓴 물을 단물로 변화시켜 주시며 자신을 '여호와 라파'(치료하시는 여호와)로 계시하셨다(출 15:26). 택하신 백성들의 모든 고난과 아픔을 온전히 치유해 주시는 하나님이심을 드러내신 것이다.

이어서 백성들은 오아시스 지역인 엘림에서 충분한 휴식을 취한 뒤에(출 15:27) 신 광야에 도착했다. 신 광야는 시내 산 북서쪽에 위치한 고원 지대였다. 이곳에 도착했을 때가 2월 15일이었으니(출 16:1) 애굽을 떠난 지도 벌써 한 달이 지났다(민 33:3). 신 광야에서 만나와 메추라기로 배를 채운 백성들은 르비딤으로 이동했으나 마실 물이 없어서 또다시 원망했고 여기서도 하나님은 그 어떤 책망도 없이 반석을 쪼개어 생수를 공급해 주셨다(출 17:1-7). 아직은 애굽에서 갓 나온 자들이라 듣지도 깨닫지도 못하는 영적 미숙아들이었기 때문이다.

그렇게 먹을 것과 마실 것을 모두 해결한 이스라엘은 자신들의 갈 길을 방해하는 아말렉 족속들과 드디어 출애굽 이후 최초의 전쟁을 치러야만 했다(출 17:8-16). 기본적인 삶의 욕구를 충족했으니 이제는 외부의 대적들과 맞서 싸울 줄도 알아야 했던 것이다. 영적 유아기를 벗어나야 할 때가 이른 것이다. 모세의 명령을 받은 여호수아는 백성들과 함께 나아가 아말렉과 담대히 맞서 싸웠다. 하나님은 이스라엘의 첫 번째 전쟁에서 모세가 하늘을 향해 든 손을 도구 삼아 승리하게 해 주셨다. 홍해 바다에서처럼 하나님이 홀로 싸우신 것이 아니라 이스라엘 백성들을 도구로 삼아 함께 싸워 주신 것이다. 그래서 모세는 이를 기념해서 제단을 쌓고 '여호와 닛시'(여호와는 나의 깃발)의 하나님을 찬양했다.

거칠고 메마른 광야 속에서도 이스라엘은 먹을 것과 마실 것을 다 해결할 수 있었고, 오합지졸이었음에도 불구하고 자신들이 직접 전쟁에 참여하여 승리하는 기쁨까지도 맛보았다. 이스라엘은 그렇게 하나님의 큰 은혜를 누리면서 애굽 땅을 떠난 지 3개월이 되던 날에 시내 광야에 도착할 수 있었다(출 19:1). 그렇게 해서 모세가 하나님께 십계명을 받게 될 시내 산 앞에 장막을 친 백성들은 이때로부터 시내 광야를 다시 떠나기까지 이곳에서 약 1년 가까이 머물게 된다. 그러므로 이스라엘이 시내 광야에 도착한 시점부터 시내 광야를 떠날 때까지를 기록하고 있는 성경 내용에는(출 19:1-민 10:12) 백성들의 장소 이동이 전혀 없으며 오직 시내 산에서 머물고 있을 때에 발생했던 주요 사건들을 기록하고 있다.

이스라엘이 시내 광야에 머물렀던 약 1년 동안의 기간 중에 하나님은 모세를 통해서 율법의 근본인 십계명과 함께 각종 율법들을 주셨고(출 20-23장) 이스라엘 백성들과 거룩한 언약을 체결해 주셨으며(출 24장) 성막 계시를 통해서 하나님의 명령대로 성막을 제작하게 하셨다(출 25-40장). 그리고 완성된 성막에서 드려질 5대 제사법과 여러 규례들을 계시해 주셨다. 그것이 성경에 기록된 레위기이다. 이어서 시내 산에서 하나님의 모든 명령을 수여받은 이스라엘 백성들은 이제 곧 가나안을 향한 여정 중에 겪게 될 광야 전쟁에 대비해서 인구 조사를 실시했다(민 1장). 이스라엘의 행정과 조직에 대한 일사불란한 관리 체계를 정비한 것이다.

이를 종합해 보면 이스라엘 백성들은 애굽을 떠난 지 3개월이 지나서 시내 광야에 도착했고, 출애굽 한 이후에 약 1년 만에 성막을 완성했으며(출 40:17), 출애굽 제2년 2월 20일 즉 시내 산에 도착한 지 약 1년 만에 다시 시내 광야를 떠나게 된다(민 10:11-12). 이처럼 하나님께서 이스라엘 백성들을 바로 가나안으로 인도하시지 않고 일정 기간 동안 시내 광야에 머물게 하신 이유는 이스라엘 백성들이 여기서 하나님의 율법을 받고 거룩한 언약을 체결함으로써 이제부터는 공식적인 하나님의 선민이 되도록 하기 위함이었다. 애굽의 노예였던 자들이 하나님께서 직접 다스리시고 통치하시는 언약 국가의 백성으로 변화된 것이다.

이것은 오늘날 우리 성도들이 예수 그리스도의 십자가 복음을 믿음으로 말미암아 이제는 더 이상 세상이 아니라 하나님의 소유된 백성으로 변화됨을 상징한다. 아울러 하나님의 언약 안에 있는 우리 교회와 성도들 모두가 주님과 연합됨을 예표하는 사건이라고 할 수 있다.

| 난제 KEY POINT |

- 출애굽: 1월 15일(민 33:3) ⇒ 신 광야 도착: 2월 15일(출 16:1) ⇒ 시내 광야 도착: 출애굽 후 3개월 되던 날(출 19:1) ⇒ 성막 제작 완성: 출애굽 제2년 1월 1일(출 40:17) ⇒ 출애굽 이후 첫 유월절 지킴: 제2년 1월 14일(민 9:5) ⇒ 1차 인구 조사: 2월 1일(민 1장) ⇒ 속유월절: 2월 14일(민 9:11) ⇒ 시내 광야 출발: 2월 20일(민 10:11-12) ⇒ 2차 인구 조사: 출애굽 제40년 가나안 입성 전 모압 평지에서(민 26장) ⇒ 죽기 전 모세의 마지막 유언적 설교(신명기): 출애굽 제40년 11월1일(신 1:3)

- "이스라엘 자손이 애굽 땅을 떠난 지 삼 개월이 되던 날 그들이 시내 광야에 이르니라"(출 19:1)라는 말씀은 학자들에 따라 3가지로 해석된다. ❶ 본문(개역개정)의 기록대로 출애굽 한 지 3개월이 되던 날, 즉 애굽을 떠난 지 3개월이 지나 시내 광야에 도착했다 ❷ "이스라엘 자손이 애굽 땅에서 나올 때부터 제삼월 곧 그때에 그들이 시내 광야에 이르니라"(출 19:1, 개역한글). 이스라엘의 출애굽이 1월 15일이므로(민 33:3) '제삼월 곧 그때에'는 3월 15일로 해석한다. 이것은 이스라엘이 애굽에서 나온 지 두 달 만에 시내 광야에 도착했음을 의미한다. ❸ 애굽 땅을 떠난 지 '삼 개월이 되던 날'을 3월 1일로 보고 한 달 반 만에 시내 광야에 도착한 것으로 해석한다.

089. 하나님께서 이스라엘 백성들에게 십계명과 율법을 주신 목적은 무엇인가?

십계명이란 시내 산에 강림하신 하나님께서 모세를 부르셔서 언약 백성들이 어떻게 살아가야 할지를 규정해 주신 열 가지의 계명을 가리킨다(출 20:1-17; 신 5:6-21). '십계명'(히브리어 '아세레트 하더바림')은 '열 마디의 말씀들'이라는 뜻으로서 영어로는 Ten Commandments 또는 Decalogue로 번역된다(출 34:28; 신 4:13; 10:4). 이러한 십계명은 하나님께서 두 돌판에 친히 써 주신 절대적인 명령으로서 모든 율법 중에서도 가장 중요한 율법들의 근본이요 핵심이 되는 말씀이다(출 31:18; 34:1; 신 10:2, 4).

따라서 희생 제물을 통한 반복되는 레위기의 제사와 음식법(레 11장) 등의 옛 언약의 율법이 예수 그리스도의 완전하신 희생 제사를 통한 새 언약으로 인해 폐기되었다 할지라도(히 8:6-13) 율법의 핵심인 십계명은 모세 시대와 다름없이 오늘날에도 변함없이 지켜야 할 모든 율법의 근본이 된다. 이에 대해 사도 바울은 "그런즉 우리가 믿음으로 말미암아 율법을 파기하느냐 그럴 수 없느니라 도리어 율법을 굳게 세우느니라"(롬 3:31)라고 했고 주님께서도 "내가 율법이나 선지자를 폐하러 온 줄로 생각하지 말라 폐하러 온 것이 아니요 완전하게 하려 함이라 진실로 너희에게 이르노니 천지가 없어지기 전에는 율법의 일점 일획도 결코 없어지지 아니하고 다 이루리라"(마 5:17–18)라고 말씀하셨다.

이러한 십계명의 내용 구분은 학자들마다 다소 차이를 보이기는 하지만 일반적으로 크게 두 부분으로 나누어진다. 첫째 부분인 1~4계명은 인간이 하나님을 어떻게 섬기고 사랑해야 하는지를 기록함으로서 하나님과 인간과의 수직적인 관계를 말씀하고 있다. 그리고 두 번째 부분인 5~10계명은 이웃을 어떻게 섬기고 사랑해야 하는지에 대해 사람과 사람과의 수평적인 관계를 말씀한다. 예수님은 한 율법사가 율법 중에서 어느 계명이 가장 크냐고 물었을 때, 첫째는 하나님 사랑이요 둘째는 이웃 사랑이라고 말씀하시면서 십계명의 핵심을 하나님 사랑과 이웃 사랑으로 정의하셨다(마 22:34–40; 막 12:28:31).

그런데 여기서 유의할 것은 하나님께서 주신 십계명은 하나님 나라의 백성이라면 반드시 지키고 준수해야 할 명령들이지만 그렇다고 해서 하나님께서 만민을 구원하기 위한 목적으로 십계명과 그 외의 율법들을 주신 것이 아님을 알아야 한다. 이 세상에서 율법을 다 지킬 수 있는 사람은 아무도 없기 때문이다. 하나님의 계명을 어김없이 모두 지킬 수 있는 사람이라면 예수 그리스도의 복음이 없어도 구원을 받을 수 있을 것이다. 그러나 하나님이신 예수 그리스도 단 한 분 외에는 세상의 그 누구도 하나님의 율법을 완전히 지킬 수 있는 사람은 없다. "기록된 바 의인은 없나니 하나도 없으며"(롬 3:10)라는 말씀대로 우리 모두는 전적으로 타락한 죄인들이기 때문이다.

그러므로 하나님께서 믿음의 백성들에게 율법을 주신 두 가지 목적은 ❶ 율법을 통해서 죄를 깨닫게 하기 위함이요(롬 3:20; 7:7), ❷ 전적으로 타락한 인간은 그 누구도 율법을 다 지킬 수 없다는 것을 알게 하기 위함이다. 따라서 하나님께서는 만민의 구원을 위해서 율법을 주신 것이 아니라 성도들이 하나님의 선택된 언약 백성으로서 세상과 분리되어 날마다 죄를 깨달으며 경건한 삶을 살아갈 수 있도록 율법을 주신 것이다.

십계명의 율법도 마찬가지다. 하나님께서 이스라엘 백성들에게 십계명을 주신 참된 의미는 인간이 십계명을 지키면 지킬수록 다 지킬 수 없다는 것을 깨닫게 됨에 따라 구원은 오직 하나님의 전적인 은혜를 통해서 만이 가능하다는 것을 교훈하기 위함이다. 이로 인해서 하나님의 백성들이 메시아를 통한 새 언약의 소망을 더욱 간절히 바라볼 수 있게 한 것이다.

이는 결국 우리 죄인들이 구원을 얻을 수 있는 다른 방법은 없으며 오직 길이요 진리요 생명이신 예수 그리스도만이 유일한 소망임을 증거하고 있다(요 14:6). "다른 이로써는 구원을 받을 수 없나니 천하 사람 중에 구원을 받을 만한 다른 이름을 우리에게 주신 일이 없음이라 하였더라"(행 4:12).

| 난제 KEY POINT |

- 율법은 죄인인 우리를 예수 그리스도께로 인도해 주는 초등 교사의 역할을 한다(갈 3:24-25). 그래서 사도 바울도 "사랑은 율법의 완성이니라"(롬 13:10)라고 말씀하면서 십계명을 포함한 하나님의 모든 율법이 예수 그리스도의 사랑 안에서 성취됨을 선포했다. 사랑이신 예수 그리스도가 곧 율법의 완성이기 때문이다.
- 성경에는 하나님께서 직접 글로 쓰신 말씀이 두 번 나타난다. 그것은 ❶ 십계명의 두 돌판과 ❷ 바벨론 제국의 마지막 왕이었던 벨사살의 왕궁 벽에 써 주신 "메네 메네 데겔 우바르신"이다(단 5:5, 25). 십계명은 하나님의 백성들이 거룩하게 살아갈 수 있도록 주신 은혜의 계명이요 반면에 벨사살 왕궁 벽의 말씀은 바벨론이 메대와 바사 제국에게 멸망될 것이라는 심판의 메시지이다(단 5:25-28).

090. 부모의 죄 때문에 죄 없는 후손들도 삼사 대까지 벌을 받게 되는가?

성경에는 부모의 죄로 인해서 그의 후손들도 하나님의 징벌을 받게 될 것이라고 기록된 말씀들이 여러 곳에서 발견된다. 우선 하나님은 십계명 중에서 두 번째 계명으로 "너를 위하여 새긴 우상을 만들지 말라"라고 명령하시면서 이어서 "그것들에게 절하지 말며 그것들을 섬기지 말라 나 네 하나님 여호와는 질투하는 하나님인즉 나를 미워하는 자의 죄를 갚되 아버지로부터 아들에게로 삼사 대까지 이르게 하거니와"(출 20:5)라고 말씀하셨다. 아울러 구약의 다른 곳에서도 동일한 의미의 말씀이 나타난다. "…그러나 벌을 면제하지는 아니하고 아버지의 악행을 자손 삼사 대까지 보응하리라"(출 34:7하). "…나를 미워하는 자의 죄를 갚되 아버지로부터 아들에게로 삼사 대까지 이르게 하거니와"(신 5:9하).

이러한 말씀들은 모두가 마치 하나님을 거역한 죄에 대한 아버지의 죗값을 그 자손들이 삼사 대에 이르기까지 철저하게 치르게 될 것이라는 의미처럼 들린다. 그러나 이 말씀들은 우상을 섬긴 부모의 죗값으로 인해서 그 후손들이 삼사 대까지 죄의 심판을 받게 하시겠다는 뜻이 아니다. 왜냐하면 하나님은 그 누구도 다른 사람의 죄 때문에 죄와 관계없는 자를 심판에 이르게 하시지 않기 때문이다. 예수 그리스도의 복음을 믿고 천국에 이르는 나의 구원을 다른 사람이 대신할 수 없듯이 죄의 문제에 있어서도 마찬가지이다. 설사 그 죄인이 자신의 아버지이거나 아들, 또한 아무리 가까운 가족 관계일지라도, 각 사람은 자신이 행한 대로 죄의 심판에 이르게 된다.

그래서 하나님은 "아버지는 그 자식들로 말미암아 죽임을 당하지 않을 것이요 자식들은 그 아버지로 말미암아 죽임을 당하지 않을 것이니 각 사람은 자기 죄로 말미암아 죽임을 당할 것이니라"(신 24:16)라고 말씀하셨다. 에스겔 선지자도 부모와 자녀의 죄악은 각각의 몫이라고 선포했다. "범죄하는 그 영혼은 죽을지라 아들은 아버지의 죄악을 담당하지 아니할 것이요 아버지는 아들의 죄악을 담당하지 아니하리니 의인의 공의도 자기에게로 돌아가고 악인의 악도 자기에게로 돌아가리라"(겔 18:20). 사도 바울도 "하나님께서 각 사람에게 그 행한 대로 보응하시되"(롬 2:6)라고 말하면서, 선을 행하며 하나님의 영광과 존귀를 구하는 자는 영생을 얻고 오직 당을 지어 불의를 따르는 자에게는 진노와 분노로 행하신다고 증거한다(롬 2:7-8).

따라서 공의의 하나님은 부모가 지은 죄 때문에 죄도 없는 자녀들에게 단지 그 자손이라는 이유만으로 대대로 죗값을 갚게 하시는 분이 아닌 것이다. 그러므로 출애굽기 20장 5절과 34장 7절, 그리고 신명기 5장 9절의 내용은 문자 그대로 부모의 죄 때문에 그 후손들이 삼사 대까지 죗값을 치르게 된다는 뜻이 아니라, 부모가 지은 죗값 때문에 죄인의 후손들에게 삼사 대에 이르기까지 그렇게 나쁘고 큰 악영향을 미치게 된다는 것을 의미한다.

이것은 상대적으로 바로 다음 절에 이어지는 "나를 사랑하고 내 계명을 지키는 자에게는 천 대까지 은혜를 베푸느니라"(출 20:6)의 말씀을 통해서도 잘 비교되고 있다. 하나님을 사랑하여 말씀에 순종하며 살아가는 자의 집안은 놀라운 은혜를 받게 되는데, 그것은 하나님을 미워하고 계명을 지키지 않는 자의 삼사 대와는 비교도 되지 않을 만큼 무한대의 수인 천 대까지 영원히 하나님의 큰 은혜를 누리게 된다는 것이다. 즉 출애굽기 20장 5절과 6절은 하나님의 계명을 어기고 우상을 숭배하는 자의 자손들 3, 4대와 하나님의 계명을 지키는 자의 자손들 1,000대를 상대적으로 비교해서 하나님 말씀에 순종해 살아가는 것이 얼마나 신령하고 복된 삶인지를 강조하고 있다.

이처럼 평생을 우상을 섬기며 악을 행하는 부모의 모습을 보고 자라난 후손들이 받을 악영향과 이와는 반대로 평생을 하나님만을 섬기며 헌신하는 부모의 모습을 보고 자라난 후손들이 영원히 누리게 될 신령한 축복의 영향력은 그 무엇으로도 비교할 수가 없는 것이다.

| 난제 KEY POINT |

- 부모가 범죄 했을 때 자녀들에게 미치는 영향은 실로 크다. 그래서 부모의 죄가 후손들 삼사 대까지 악영향을 미치게 되는 것이다. 그러나 죄인의 자녀일지라도 하나님의 말씀에 순종해서 죄에서 떠난다면 부모의 죄와 관계없이 하나님의 은혜를 누릴 수 있다(신 24:16).
- 선지자 예레미야도 "신 포도를 먹는 자마다 그의 이가 신 것 같이 누구나 자기의 죄악으로 말미암아 죽으리라"(렘 31:30)라고 하면서 죄 없는 자손들이 부모의 죗값을 대신 치르는 일이 없다고 말한다.

091. 오늘날의 교회는 왜 토요일(안식일)이 아닌 일요일에 예배를 드리는가?

하나님은 십계명 중에서 네 번째 계명으로 "안식일을 기억하여 거룩하게 지키라"(출 20:8)라고 명령하셨다. 그리고 하나님은 안식일을 거룩히 지켜야 될 두 가지 이유에 대해 말씀하셨다.

❶ "이는 엿새 동안에 나 여호와가 하늘과 땅과 바다와 그 가운데 모든 것을 만들고 일곱째 날에 쉬었음이라 그러므로 나 여호와가 안식일을 복되게 하여 그 날을 거룩하게 하였느니라"(출 20:11). 즉 하나님께서 6일 동안에 천지를 창조하시고 7일째에 안식하신 것을 기념하기 위함이다.

❷ "너는 기억하라 네가 애굽 땅에서 종이 되었더니 네 하나님 여호와가 강한 손과 편 팔로 거기서 너를 인도하여 내었나니 그러므로 네 하나님 여호와가 네게 명령하여 안식일을 지키라 하느니라"(신 5:15). 본문은 애굽의 노예로 살아가던 이스라엘 백성들을 하나님께서 출애굽을 통해 구원해 주셨음을 기념해야 함을 강조하고 있다.

따라서 안식일을 준수해야 할 두 가지 근거는 첫째가 하나님의 창조 역사를 기념하기 위함이요 둘째는 이에서 나아가 하나님의 구원의 역사를 기념하기 위함이다. 그래서 성도들은 이 거룩한 날의 두 가지 의미를 기념하면서 다른 날과 특별히 구별해서 하나님을 경배하며 예배드리고 안식하는 날로 지켜야 했다(레 23:1-3).

하나님은 안식일을 이스라엘 백성들과의 영원한 언약의 표징으로 삼으셨고 이를 어기고 안식일에 일을 하거나 그날을 더럽히는 자에게는 죽음이 따를 것을 경고하셨다(출 31:12-17). “너희는 안식일을 지킬지니 이는 너희에게 거룩한 날이 됨이니라 그날을 더럽히는 자는 모두 죽일지며 그날에 일하는 자는 모두 그 백성 중에서 그 생명이 끊어지리라”(출 31:14). 이처럼 하나님의 백성들은 안식일을 철저히 준수해야 했다.

그런데 오늘날에는 유대인들은 하나님의 말씀대로 한 주간의 일곱째 날인 토요일을 안식일로 잘 지키고 있는데 반해 우리 기독교인들은 토요일 대신에 일요일에 안식하며 하나님께 예배를 드리고 있다. 이것은 안식일에 관한 하나님의 계명을 어긴 것이 아닌가? 그렇지 않다면 오늘날의 교회가 토요일이 아니라 일요일을 안식일로 지키는 이유가 무엇일까?

그것은 지금으로부터 2천 년 전인 신약 시대의 예배를 기초로 한다. 비록 안식일이 한 주간의 일곱째 날인 토요일이었지만 초대 교회의 성도들은 예수 그리스도께서 부활하신 날이 안식 후 첫째 날인 일요일이요(마 28:1; 막 16:2; 눅 24:1; 요 20:1) 또한 성령께서 강림하셨던 오순절이 일요일이었기 때문이다(행 2:1). 그래서 초대 교회 당시 성도들은 이날을 주의 부활과 성령 강림일로 기념하여 하나님을 찬양하고 예배드리면서 안식일을 대신하여 거룩한 주일(Lord's Day)로 섬겼다.

이것은 사도 바울과 함께 했던 당시 교회의 예배 모습을 통해서도 잘 나타난다. “그 주간의 첫날에 우리가 떡을 떼려하여 모였더니…”(행

20:7). 여기서 '그 주간의 첫날'은 안식 후 첫날로서 오늘날의 주일(일요일)을 가리킨다. 이것은 초대 교회의 성도들이 유대인들과는 달리 안식일이 아니라 오늘날과 같은 주일에 예배를 드리기 시작했다는 것을 증거한다.

즉 이것은 안식일의 의미가 처음에는 하나님의 창조 사역에 있었지만(출 20:11) 이후에 출애굽의 구원을 통한 구속사적 의미로 이어져 나갔듯이(신 5:15) 이제는 안식일의 주인이시요(마 12:8) 성도들의 영원한 안식되신 예수 그리스도께서 부활하신 주일로 그 의미가 완성되고 있음을 보여 주는 것이다. 그러므로 이제 안식일의 참의미는 더 이상 일곱째 날과 같은 날 수의 개념이 아니라 우리의 죄를 구속하시고 영원한 안식으로 인도해 주시는 예수 그리스도 안에서 발견되어야 한다.

이에 따라 오늘날 우리 성도들도 토요일의 안식일이 아니라 주님께서 부활하신 날이며 성령께서 강림하신 일요일을 참안식의 날로 지키고 있다. 한 주간의 첫째 날인 바로 그날을 거룩한 주님의 날(Lord's Day)로 삼아서 하나님을 경배하는 복된 주일로 섬기게 된 것이다.

| 난제 KEY POINT |

- 성도들은 사도 시대부터 일요일에 예배를 드리며 거룩한 주일로 지켜 왔다(행 20:7). 이후 A.D. 321년경에 콘스탄티누스 대제에 의해 일요일이 전 세계의 공휴일로 선포되었다.
- 사도 바울도 "그러므로 먹고 마시는 것과 절기나 초하루나 안식일을 이유로 누구든지 너희를 비판하지 못하게 하라 이것들은 장래 일의 그림자이나 몸은 그리스도의 것이니라"(골 2:16-17)라고 하면서 구약 시대의 모든 절기와 안식일은 그림자에 불과하며 그 실체는 예수 그리스도이심을 증거한다.

092. 하나님은 살인하지 말라고 하시면서 왜 살인자는 죽이라고 명령하셨나?

하나님은 십계명 중에서 여섯 번째 계명으로 "살인하지 말라"(출 20:13)라고 명령하셨다. 반면에 "사람을 쳐 죽인 자는 반드시 죽일 것이나"(출 21:12)라고 하시며 살인자는 반드시 죽이라고 말씀하셨다. 그렇다면 이 두 개의 명령은 상반되는 의미로서 서로가 모순이 되는 말씀이 아닌가? 그게 아니라면 하나님의 이 두 명령에는 어떤 차이가 있는 것일까?

여기서 제6계명으로 말씀하신 "살인하지 말라"에서 '살인'(히브리어 '라차흐')은 '산산조각으로 부수다' 또는 '죽이다'(murder)라는 뜻이다. 이것은 개인의 원수를 갚기 위한 고의적이고 폭력적인 행위이며 불법적인 살인을 의미한다. 따라서 하나님께서 "살인하지 말라"(출 20:13)라고 하신 말씀은 여호와의 영광을 위한 거룩한 전쟁에서나 자기 보호를 위한 정당방위의 살인까지도 금지한다는 뜻이 아니다. 오히려 하나님은 정의롭고 정당한 사유로 인한 살인은 허용하셨기 때문이다. "네 하나님 여호와께서 그들을 네게 넘겨 네게 치게 하시리니 그때에 너는 그들을 진멸할 것이라…"(신 7:2).

그러므로 "살인하지 말라"라는 제6계명은 무조건적으로 모든 살생을 금하라는 뜻이 아니다. 이것은 하나님의 형상대로 지음받은 인간에 대해 계획적으로 발생하는 모든 악의나 또는 일시적인 증오심과 충동적인 분노로 인한 피의 복수를 방지하기 위함인 것이다(창 9:6).

반면에 "사람을 쳐 죽인 자는 반드시 죽일 것이나"(출 21:12)에서 '쳐 죽인 자'(히브리어 '마케 이쉬 와메트')는 고의적인 폭행으로 사람을 때려서 죽인 자를 의미한다. 그러므로 하나님께서 이런 자를 반드시 '죽이라'고 하신 것은 살인자에 대해 똑같이 보복적이고 폭력적인 살인을 하라고 하신 말씀이 아니라 당연히 죽어 마땅한 죄인에 대한 심판으로서 합법적인 사형을 집행하라고 하신 것이다. 따라서 '사람을 쳐 죽인 자', 즉 고의적으로 살인을 행한 자(고살자)는 죽음을 면할 수 없었다. 하나님의 형상대로 지음받은 인간의 고귀한 생명을 해치는 살인은 하나님의 주권에 대한 도전으로서 그 어떤 경우에도 용납될 수 없었기 때문이다.

그래서 하나님은 "고의로 살인죄를 범한 살인자는 생명의 속전을 받지 말고 반드시 죽일 것이며"(민 35:31)라고 명령하셨다. 여기서 '생명의 속전'은 살인자가 보복을 피하기 위해서 피해자 측에 주는 합의금을 의미한다. 그 무엇보다 소중한 인간의 생명은 아무리 많은 돈일지라도 그 가치를 대신할 수 없는 것이다.

이처럼 하나님은 당신의 주권에 대적하는 고의적인 살인죄에 대해서는 사형이라는 엄중한 심판을 내리셨지만, 상대적으로 '부지중에' 살인을 행한 자에게는 피신할 수 있는 도피성까지 만들어 주셔서 누구든지 정상적으로 다시 살아갈 수 있는 은혜를 베풀어 주셨다(민 35장; 수 20:1-9). 여기서 "부지중에"(히브리어 '비쉬가가')는 '실수하다'라는 뜻으로서 고의적 살인이 아닌 오늘날의 과실 치사와 비슷한 경우를 의미한다. 이렇게 해서 계획적으로 행한 살인의 죄악과 우연한 실수로 인한 과실을 분명하게 구별해 주셨다.

이처럼 하나님의 뜻은 인간의 고귀한 생명을 죽이는 것이 아니라 어떻게든 한 생명이라도 구원하길 원하신다. 따라서 "살인하지 말라"라는 여섯 번째의 계명과 "사람을 쳐 죽인 자는 반드시 죽이라"라는 고의적 살인자에 대한 합법적인 하나님의 사형 선고는 각각 전혀 차원이 다른 명령으로서 서로의 말씀에는 전혀 모순이 없는 것이다.

| 난제 KEY POINT |

- 인간이 세상에 태어나고 떠나감은 우리 인간들의 선택이 아니라 생명을 허락하시고 다시 거두시는 하나님의 절대적이며 주권적인 섭리에 의한 것이다(욥 1:21). 따라서 인간의 생명은 전적으로 하나님께 속한 것이기에 그 누구도 하나님께서 부여하신 존귀한 생명을 해할 수가 없다.
- 모세의 율법은 사람을 실제로 죽여야 살인이지만 예수님은 형제를 향해 분노하고 형제를 욕되게 해서 고통을 준다면 이것 또한 마음의 살인으로서 하나님의 제6계명을 범하는 죄라고 말씀하셨다(마 5:21-22). 왜냐하면 그런 악한 마음을 품은 자라면 이미 실제적인 살인을 시작하고 있는 것과 동일한 죄의 결과를 초래하기 때문이다.
- 실수로 부지중에 살인한 자를 위한 이스라엘의 도피성은 요단강 서쪽으로 세 개, 즉 갈릴리 게데스, 세겜, 기랏아르바(헤브론)와 요단강 동쪽으로 세 개 곧 베셀, 길르앗 라못, 바산 골란에 있었다(수 20:7-8).
- 고의적 살인자 외에도 하나님의 이름을 모독한다든지 우상을 섬기는 가나안의 원주민들도 하나님께 용서를 받지 못했다(레 24:16; 신 7:1-2).

093. "생명은 생명으로 눈은 눈으로"라는 말은 당한만큼 보복하라는 뜻인가?

출애굽기 20장부터 23장은 이스라엘 백성들이 시내 광야에 도착한 이후에 시내 산에서 받은 하나님의 율법을 기록하고 있다. 이중에서 출애굽기 21장 18-36절은 이웃에게 육체적 또는 경제적 피해를 입힌 자에 대한 처벌 규정을 제시한다. 이것은 이웃의 재산권과 인권을 보호하기 위한 피해 보상법이다.

그 내용 중에는 "그러나 다른 해가 있으면 갚되 생명은 생명으로 눈은 눈으로 이는 이로 손은 손으로 발은 발로 덴 것은 덴 것으로 상하게 한 것은 상함으로 때린 것은 때림으로 갚을지니라"(출 21:23-25)라고 하는 보상의 기준이 정해져 있다. 이 말씀은 가해자가 상대에게 피해를 입혔을 때는 피해자가 받은 손해와 동일한 죗값을 치러야 한다는 것을 설명하고 있다. 이것은 일반적으로 '동해보복법'(同害報復法)이라고 불린다.

문자적으로 볼 때 이는 마치 자신이 당한 만큼 그대로 똑같은 방법으로 원수를 갚으라는 말처럼 들린다. 그러나 동해보복법은 그런 의미가 아니다. 이 법은 누군가 이웃에게 육체적 또는 경제적 피해를 입혔을 경우에 해당되는 처벌 규정의 일부로서 재판관이 지위나 신분의 차별 없이 공평하고 공정한 판결을 내리도록 하기 위한 공적인 처벌 기준이었다. 그래서 쌍방 모두에게 공평한 처벌과 보상 원칙에 따라서 가해자는 자신이 지은 죗값 만큼의 처벌을 받게 되며, 피해자는 자신이 당한 피해를 초월하여 지나친 보상을 요구하지 못하도록 제정된 것이다.

따라서 재판관들은 이 법을 기준으로 해서 범죄자를 처벌하고 동시에 피해자들에 대한 보상과 권리를 회복시켜 주기도 했다. 이에 따라 재판관들의 공정한 판결은 인간적 감정에 치우쳐 발생할 수 있는 피해자와 가해자 간의 반복되는 보복의 악순환의 고리를 사전에 차단하게 되고 다른 사람들에게도 사사로이 반복되는 피의 복수를 하지 못하게 하는 역할을 했다.

결국 동해보복법은 문자 그대로 자신이 당한 만큼 개인적으로 복수하라는 보복법이 아니라 오히려 그 반대로 개인적인 보복의 악순환을 방지하기 위한 가장 지혜롭고 효율적인 보상법이었던 것이다. 이 율법이 본질적으로 개인적인 보복을 위한 법이 아니라 이스라엘 공동체와 개인을 보호하기 위한 정의로운 법이었기 때문이다. 하나님은 이런 취지의 동해보복법을 통해서 인간들 간의 잔인한 보복의 원리가 아니라 공정한 재판을 통한 회복과 사랑의 교제를 원하신 것이다. 그것은 "원수를 갚지 말며 동포를 원망하지 말며 네 이웃 사랑하기를 네 자신과 같이 사랑하라 나는 여호와이니라"(레 19:18)라는 말씀을 통해서도 잘 나타난다.

이 구약의 율법은 신약에 이르러서 예수 그리스도의 사랑으로 완성된다. "또 눈은 눈으로 이는 이로 갚으라 하였다는 것을 너희가 들었으나 나는 너희에게 이르노니 악한 자를 대적하지 말라 누구든지 네 오른편 빰을 치거든 왼편도 돌려 대며"(마 5:38-39). 율법의 완성이신 예수 그리스도는 우리를 상하게 한 자에게도 보복하지 말고 원수까지도 사랑하라는 교훈을 통해서 선으로 악을 이기는 완전한 사랑의 법을 우리에게 가르쳐 주셨다(마 5:44).

| 난제 KEY POINT |

- 모세오경에서 동해보복법은 출애굽기 21장 23-25절과 레위기 24장 17-23절, 그리고 신명기 19장 21절에도 기록되어 있다.
- 동해보복법이 문자 그대로 원수를 갚기 위한 보복법이라면 공정한 법으로서의 의미를 상실하게 된다. 예를 들면 한 음악가가 유명한 육상 선수의 발을 다치게 했다면 '발은 발로'라는 규례에 따라 육상 선수도 음악가의 발에 대해 보복을 하게 된다. 그렇게 되면 육상 선수는 발을 다치는 치명적인 피해를 당한 반면에 음악가는 연주 활동에 전혀 지장을 받지 않는다. 이것은 전혀 공정하지 못하며 형평성에도 어긋난다. 따라서 동해보복법은 개인적인 복수를 위한 보복법이 될 수가 없다.

094. 하나님을 본 사람들이 어떻게 죽지 않고 살 수 있었나?

하나님은 모세를 시내 산으로 불러 율법의 핵심인 십계명을 포함해서 이스라엘 백성들이 준수해야 할 여러 규례들을 제시해 주셨다. 이를 통해 하나님께 택함받은 백성들이 어떠한 삶을 살아가야 할지를 가르쳐 주신 것이다(출 20–23장). 그리고 하나님은 이를 기초로 하여 이제 선민 이스라엘과 거룩한 언약식을 체결하고자 하셨다(출 24:1–11). 하나님은 모세에게 "너는 아론과 나답과 아비후와 이스라엘 장로 칠십 명과 함께 여호와께로 올라와 멀리서 경배하고 너 모세만 여호와께 가까이 나아오고 그들은 가까이 나아오지 말며 백성은 너와 함께 올라오지 말지니라"(출 24:1–2)라고 말씀하셨다.

즉 하나님께서 임재하신 산 정상에는 모세 한 사람만 올라갈 수 있었고, 아론과 두 아들과 70명의 장로들은 산 중턱에서 경배를 드려야 했다. 또한 일반 백성들은 아예 시내 산으로 올라 갈 수가 없었으므로 산 아래에 머물러야 했다. 하나님의 명령대로 시내 산으로 올라갈 수 있었던 자들은 모두가 74명이었다. 그들은 여호와의 종 모세를 포함해서 앞으로 제사장의 직분을 담당하게 될 아론과 두 아들(나답과 아비후) 그리고 이스라엘의 지도자 70명이었다.

그런데 여기서 궁금한 것은 시내 산에 올랐던 자들이 “이스라엘의 하나님을 보니 그의 발 아래에는 청옥을 편 듯하고 하늘 같이 청명하더라 하나님이 이스라엘 자손들의 존귀한 자들에게 손을 대지 아니하셨고 그들은 하나님을 뵙고 먹고 마셨더라”(출 24:10-11)라고 기록된 부분이다. 본문은 마치 이들이 영광스러운 하나님의 보좌 한 부분을 본 것처럼 표현하고 있다는 것이다.

과연 이들 모두가 어떻게 하나님을 직접 볼 수 있었을까? 심지어 하나님 앞에서 어떻게 태연히 먹고 마시면서도 죽지도 않고 살 수가 있었을까 하는 의문이 든다. 분명히 성경은 하나님은 영(靈)이시므로(요 4:24) 세상의 타락한 인간들은 그 누구도 보지 못했고 또 볼 수도 없는 분이시라고 밝히고 있다(요 1:18). 더구나 하나님은 모세에게 직접 “네가 내 얼굴을 보지 못하리니 나를 보고 살 자가 없음이니라”(출 33:20)라고 말씀하셨다. 그런데 이스라엘을 대표하는 74명의 지도자들은 어떻게 하나님을 뵙고도 죽지 않고 살 수 있었을까?

하나님은 온전히 거룩한 분이시기에 죄로 인해서 거룩을 상실한 인간들은 하나님을 직접적으로 볼 수 없게 되었다. 따라서 예수 그리스도 외에는 그 어떤 인간도 하나님의 본질을 직접적으로 대면할 수 없는 것이다. “오직 그에게만 죽지 아니함이 있고 가까이 가지 못할 빛에 거하시고 어떤 사람도 보지 못하였고 또 볼 수 없는 이시니 그에게 존귀와 영원한 권능을 돌릴지어다 아멘”(딤전 6:16).

그렇다면 74명의 이스라엘의 지도자들이 산에서 본 것은 하나님의 본질의 직접적인 모습이 아니라 하나님의 발 아래에 놓여진 보좌의 부분적인 영광을 본 것이라고 할 수 있다(출 24:10). 이들 모두는 장엄하고도 영원하신 하나님의 영광 앞에서 두려움으로 감히 얼굴을 들어서 발 위를 바라보지도 못했을 것이기 때문이다.

"하나님이 이스라엘 자손들의 존귀한 자들에게 손을 대지 아니하셨고…"(출 24:11). 여기서 "손을 대지 아니하셨고"(히브리어 '로 샬라흐 야도')는 '죽이지 아니하셨다'는 뜻이다. 이는 곧 그나마 하나님께서 큰 은혜를 베풀어 주셔서 이들을 존귀하게 여겨 주셨기 때문에(출 24:11) 죽지 않고 거룩한 보좌의 영광과 위엄의 일부 형상만을 바라볼 수 있었다는 것을 의미한다.

이후에 여호와의 종 모세도 구름이나 불 가운데서 강림하신 간접적인 하나님의 형상이 아니라 그분의 본질적인 영광을 보길 간절히 원했으나, 하나님의 얼굴은 보지도 못하고 등만 볼 수 있을 뿐이었다(출 33:18-23). 세상의 그 누구도 감히 하나님의 영광을 직접적으로 대면할 수 없는 것이다.

이에 대해 신약 성경은 증거한다. "본래 하나님을 본 사람이 없으되 아버지 품 속에 있는 독생하신 하나님이 나타내셨느니라"(요 1:18). "… 나를 본 자는 아버지를 보았거늘 어찌하여 아버지를 보이라 하느냐"(요 14:9하). 사도 요한은 우리가 비록 성부 하나님을 직접 볼 수는 없지만 성육신 하신 하나님의 아들 예수 그리스도를 통해서 살아 계신 하나님을 바라볼 수 있고 그분의 영광을 만날 수 있다고 말씀하고 있다.

| 난제 KEY POINT |

- 구약 성경에는 하나님을 보거나 만났다는 기록들이 많다. 아브라함이 하나님을 만났고(창 18장) 야곱이 하나님과 대면해 씨름했으며(창 32:22-32) 모세는 하나님과 친구처럼 대화하던 자요(출 33:11) 기드온은 여호와의 사자를 대면한 후 죽음에 직면했고(삿 6:22) 삼손의 아버지 마노아도 여호와의 사자를 보고 죽음을 두려워했으며(삿 13:21-22) 이사야 선지자도 환상 중에 주님의 보좌를 본 후에 자신이 망할 것을 두려워했다(사 6:5). 그러나 이들 모두는 하나님의 본질의 모습, 그 실체를 본 것이 아니라 하나님의 영광의 형상과 관련한 환상을 보았거나 성육신하시기 전의 성자되신 그리스도를 만난 것이었다.
- 하나님은 모세에게 시내 산에 정해진 경계선을 침범하는 자는 죽을 것이라고 경고하셨다(출 19:12). 그러나 이스라엘과 언약을 체결하고자 하신 하나님은 백성들의 대표자들에게 은혜를 베푸사 하나님의 보좌와 관련된 영광의 일부를 볼 수 있게 해 주셨다.

095. 어떤 형상도 만들지 말라고 하신 하나님께서 왜 속죄소 위에는 두 그룹의 형상을 만들라고 하셨나?

하나님은 십계명 중에서 두 번째 계명으로 "너를 위하여 새긴 우상을 만들지 말고 또 위로 하늘에 있는 것이나 아래로 땅에 있는 것이나 땅 아래 물속에 있는 것의 어떤 형상도 만들지 말며"(출 20:4)라고 명령하셨다. 그리고 우상에게 절하거나 섬기는 자는 그 죄를 갚되 자손 삼사 대까지 이르게 하겠다고 경고하셨다(출 20:5). 그렇게 어떠한 형상도 만들지 말라고 엄격히 강조하신 하나님께서 모세에게 "금으로 그룹 둘을 속죄소 두 끝에 쳐서 만들되"(출 25:18)라고 하시며 속죄소 위의 양끝에다 그룹 둘을 만들어 세우라고 명령하셨다.

속죄소(히브리어 '카포레트')는 '뚜껑' 또는 '덮개'라는 뜻으로서 법궤를 덮는 뚜껑을 말한다. 그룹이란 정확한 모습은 알 수 없으나 일반적으로 하나님의 보좌 곁에서 섬기는 영적 존재로서 하나님의 명령에 신속히 순종하기 위해 여러 개의 날개를 지닌 천사를 의미하기도 한다(겔 1:4–14; 왕상 6:23–28; 사 6:2; 계 4:6–8). 그렇다면 하나님은 하늘과 땅과 물속에 있는 그 어떤 형상도 만들지 말라고 하셨는데, 왜 그룹 둘의 형상은 만들라고 하셨을까?

그것은 제2계명의 형상과 속죄소 위 그룹의 형상은 전혀 다른 목적을 지니고 있기 때문이다. 하나님은 영이시므로 형상이 없으신 분이시다(요 4:24). 그러므로 하나님을 형상으로 만들 수는 없다. 따라서 하나님께서 형상을 만들지 말라고 하신 것은 인간들이 예배하기 위한 우상의 형상, 즉 인간 경배의 대상으로 형상을 만들지 말라는 뜻이다. 그러므로 이는 경배의 대상이 아닌 예술적 행위나 교육적 목적의 형상까지도 만들지 말라는 의미가 아닌 것이다.

이에 따라서 십계명 중 제2계명의 형상은 인간들이 우상으로 경배하기 위한 예배의 대상인 반면에 속죄소 위의 그룹 둘은 사람들이 섬기기 위해 만들어진 우상이 아니라 오히려 하나님을 섬기는 수종자들의 모습으로서 법궤를 지키기 위해서 특별히 제작된 것이므로 경배의 대상이 아닌 것이다. 법궤가 있는 지성소 안에는 대제사장도 1년에 단 한 번 대속죄일에만 들어갈 수가 있었으며(레 16:2-5, 34) 그 외 이스라엘 백성들은 누구도 지성소에 들어갈 수가 없었다. 그러므로 속죄소 위의 그룹 둘은 제작 당시인 처음부터 경배의 대상이 아니었음을 알 수 있다.

그러면 과연 두 그룹의 참된 용도는 무엇일까? 하나님은 모세에게 "속죄소를 궤 위에 얹고 내가 네게 줄 증거판을 궤 속에 넣으라 거기서 내가 너와 만나고 속죄소 위 곧 증거궤 위에 있는 두 그룹 사이에서 내가 이스라엘 자손을 위하여 네게 명령할 모든 일을 네게 이르리라"(출 25:21-22)라고 말씀하셨다. 바로 이 속죄소 위에서 이스라엘 백성들과 만나시겠다는 것이다.

그래서 하나님의 공의를 나타내는 증거판 곧 십계명의 증거판을 법궤 속에 넣고 속죄소로 덮으라고 하시는 것은 속죄소를 통한 하나님의 은혜와 사랑이 공의의 율법 위에 있음을 암시하는 것이다. 앞으로 법궤 속에 들어가게 될 십계명의 두 돌판과 만나 항아리 그리고 아론의 싹 난 지팡이 이 세 가지 모두의 공통점은 하나같이 하나님을 원망하고 대적했던 증거물들이다(히 9:4). 하나님은 이러한 인간들의 죄악을 법궤 뚜껑으로 덮어서 더 이상 그 죄를 보지 않으시겠다는 것이었다. 그래서 이를 위해 두 그룹들이 눌러서 지키도록 엄중히 명령하셨다. 이것은 곧 속죄소가 하나님께서 인간의 모든 죄를 덮고 용서해 주시는 '자비의 자리'(mercy seat)라는 것을 시사한다(레 16:14-16).

이스라엘의 왕 다윗도 예루살렘 성으로 법궤를 옮기기 전에 백성들의 대표자들에게 이를 증거했다. "그 궤는 그룹들 사이에 좌정하신 만군의 여호와의 이름으로 불리는 것이라"(삼하 6:2하). 이외에도 성경의 여러 곳에서 하나님을 "그룹 사이에 좌정하신 분"으로서 천하만국을 다스리는 유일하신 하나님이심을 증거한다(대상 13:6; 시 99:1; 사 37:16). 이것은 법궤가 곧 영광스러운 하나님 보좌의 발판이요(대상 28:2; 시 132:7) 속죄소는 하나님의 보좌임을 상징해 주는 것이다.

결론적으로 두 그룹의 형상은 경배의 대상과는 전혀 관련이 없으며 단지 명령대로 하나님의 보좌를 받들고 섬기는 일을 감당하고 있을 뿐이다. 그러므로 하나님께서 만들라고 하신 두 그룹은 하늘 보좌를 받드는 단순한 장식물이며 우상으로 경배하기 위해 만들어진 형상과는 그 목적과 의미에 있어서도 완전히 구별된다. 따라서 어떤 형상을 만들어서 우상으로 섬기지 말라는 제2계명과 속죄소 위에 두 그룹을 만들라는 하나님의 명령에는 전혀 모순이 없다.

| 난제 KEY POINT |

- 속죄소는 '뚜껑' 또는 '덮개'라는 뜻 외에 '죄를 용서하다'라는 의미도 내포하고 있다(레 16:14-16). 이곳은 하나님께서 이스라엘 백성들과 만나시는 은혜의 자리이다(출 25:22; 30:6; 민 7:89).

- 속죄소 위의 두 그룹은 서로가 마주 대하고 있는 상태에서 속죄소를 향해 아래로 고개를 숙이고 날개를 펴서 속죄소를 덮고 있는 모습이다(출 25:19-20). 이것은 하늘 보좌를 지키는 종의 모습이다(겔 1장; 계 4장).

096. 하나님은 성막을 왜 만들라고 하셨나? 성막의 참의미는 무엇인가?

구약과 신약 성경은 모두 66권의 책으로 되어 있다. 그 모든 성경의 1189장 중에서 성막과 이에 관련된 내용은 약 50장에 걸쳐서 기록된다. 이는 성경 전체에서 약 4% 이상을 차지하는 방대한 분량이다. 이는 성경에서 단일 주제로는 예수 그리스도 다음으로 많은 비중을 차지하는 것이다. 이처럼 중요한 성막을 통해서 과연 성경은 무엇을 교훈하고자 했을까? 이를 알아보기 위해 먼저 하나님께서 왜 성막을 만들라고 하셨는지부터 살펴보기로 하자.

"모세는 구름 속으로 들어가서 산 위에 올랐으며 모세가 사십 일 사십 야를 산에 있으니라"(출 24:18). 모세는 하나님의 부르심을 받고 시내산에 올라가 40일 동안 금식하면서 머물렀다. 하나님은 이 기간 동안에 성막 계시를 통해서 모세에게 성막을 어떻게 만들 것인지에 관해 말씀하셨다(출 25-31장). 이제까지 하나님은 출애굽을 통해서 이스라엘 백성들을 구원해 주시고(출 12장) 시내 광야에서 약 1년 가까이 머무는 동안에 율법을 주셨고(출 20-23장) 그 율법들을 기초로 하여 이스라엘 백성들과 거룩한 언약을 체결해 주셨다(출 24:1-11). 애굽에서 갓 나온 이스라엘 백성들은 이 공식적인 언약식을 통해서 드디어 하나님께서 택하신 백성이요 제사장 나라가 되며 거룩한 백성이 될 수가 있었다.

"세계가 다 내게 속하였나니 너희가 내 말을 잘 듣고 내 언약을 지키면 너희는 모든 민족 중에서 내 소유가 되겠고 너희가 내게 대하여 제사장 나라가 되며 거룩한 백성이 되리라 너는 이 말을 이스라엘 자손에게 전할지니라"(출 19:5-6). 이제 정식으로 하나님의 선민이 된 이스라엘은 하나님의 말씀에 의해서 하나님이 통치하시는 나라가 된 것이다. 그래서 하나님은 이제부터는 이스라엘의 한가운데 거하시며 그들과 함께 하고자 하셨고(출 25:8) 이를 위해서 백성들에게 성막을 제작하게 하셨다. 그렇다면 구약 시대의 성막이 오늘날 우리 교회와 성도들에게 주고자 하는 참의미는 무엇일까?

성막(히브리어 '미쉬칸')이란 '거주지'란 뜻으로서 하나님께서 이스라엘 백성들 가운데 거하실 거룩한 장소를 의미한다. 하나님은 성막에서 드려야 할 제사를 통해서 하나님의 선민이 된 이스라엘이 어떻게 하나님을 섬겨야 하며 또한 어떻게 거룩한 삶을 살아야 할지를 교훈하고자 하셨다(그 내용을 기록한 것이 레위기이다). 이에 따라 이스라엘 백성들은 죄 사함을 받기 위해서 성막에서 날마다 희생 제물을 통한 피의 제사를 드려야 했다. 성막이 곧 하나님께서 백성들의 죄를 사하시는 곳이요 백성들은 희생 제사를 통해서 하나님을 만나는 장소였기 때문이다.

그래서 성막은 이스라엘 진영 정 중앙에 세워졌고(민 2:2) 이스라엘의 12지파는 성막 주위에 동남서북의 순서대로 3지파씩 나누어서 진영이 배치되었다(민 2장). 성막이 이스라엘의 정중앙에 있다는 것은 하나님께서 백성들의 삶 한가운데에 계시다는 것을 뜻하는 것이며, 이스라엘은 날마다 하나님을 인식하는 하나님 중심의 삶을 살아가야 한다는 것을 교훈한다. 이처럼 성막은 하나님께서 이스라엘 백성들과 함께하시며 그들 가운데 거하신다는 증표요 하나님의 임재를 상징하는 거룩한 곳이다(출 25:22). 높으신 곳 하늘 보좌에 계신 하나님께서 이스라엘 한가운데로 오셨고 그것도 보잘것없는 장막에 거하고자 하신 것이다.

이러한 성막과 관련해서 히브리서 저자는 "그들이 섬기는 것은 하늘에 있는 것의 모형과 그림자라"(히 8:5)라고 기록하면서 모세 당시의 성막이 장차 하나님의 아들 예수 그리스도께서 비천한 구유에서 탄생하실 임마누엘 사건의 모형이라고 증거한다. 구약 시대에 죄 사함을 받기 위해서 성막에서 반복적으로 드려지던 피의 제사는 이제 완전한 희생 제물이 되신 예수 그리스도의 단 한 번의 제사로 성취되었다(히 9:12). 성소와 지성소를 가로막고 있던 휘장도 그리스도께서 십자가에서 돌아가실 때 위로부터 아래까지 완전히 찢어져 버렸다(마 27:50-51). 예수 그리스도의 십자가 희생으로 말미암아 성소와 지성소의 막힌 담이 허물어져 버린 것이다.

그래서 성경은 놀랍게도 이 찢어진 휘장이 곧 주님의 몸이었다고 증거한다. "…휘장은 곧 그의 육체니라"(히 10:20하). 이로써 오늘날 우리 성도들은 이제 주님의 십자가의 보혈로 인해 지성소에서 만나는 하나님의 임재를 직접 누릴 수가 있게 되었다. 결국 하나님께서 이스라엘 진영 한가운데서 날마다 백성들과 함께하기 위한 이 성막의 참된 의미는 오늘날 우리의 심령 안에서 날마다 함께하시는 임마누엘이시며 영원한 생명되신 예수 그리스도를 예표하고 있는 것이다.

| 난제 KEY POINT |

- 하나님이 거하시는 이동식 성소인 성막은 용도와 목적에 따라 여러 가지 이름으로 불려졌다. 하나님께서 백성들을 만나 주시는 곳으로서 '회막'이라고도 불렸으며(출 27:21; 레1:1), 이동식 천막으로 된 성소라 하여 '장막'(출 33:7; 대상 6:48) 법궤를 보관해 두는 곳이라 하여 '법막'(대하 24:6), 십계명의 증거판이 보관되어 있는 '증거막'으로도 불렸다(출 38:21; 민 1:50, 53).

- 성소의 가장 은밀한 장소인 지성소에는 법궤가 있고 이곳은 휘장으로 가려져 있어 아무나 들어갈 수 없었다. 지성소는 대제사장만이 1년에 단 한 번 자신의 죄를 속하고 들어갈 수 있었다(레 16:3, 34). 그러나 이제 누구든지 주님의 십자가 보혈로 인해 지성소에서 하나님의 임재를 직접 만날 수 있게 되었다(히 10:19–20).

- 성막은 이스라엘이 출애굽 한 이후 480년이 지나 솔로몬 성전이 완성될 때까지 하나님이 거하시는 이동식 성소였다(왕상 6:1). 이후 성막에서의 제사는 성전 예배로 대체되었고 주님의 십자가 사건 이후로는 손으로 지은 성전이 아니라 참성소이신 예수 그리스도 안에서 예배를 드리게 되었다(요 4:21–24; 히 8:1–2; 9:24). 사도 바울은 이를 믿는 거룩한 성도들이 곧 하나님의 성전이요 바로 그곳에 성령이 임재하신다고 말씀한다(고전 3:16).

13문항

레위기

097-109

097. 레위기는 어떤 책인가?

모세오경에서 세 번째 책인 '레위기'는 영어로 'Leviticus'로 번역되는데, 이것은 '레위인에게 속한 것'이라는 뜻이다. '레위인'이란 야곱의 열두 아들 중에서 셋째인 레위의 후손들을 말하며 이들은 하나님의 명령에 따라 제사장을 도와서 성막에서 섬기는 일을 했던 자들이다(민 8:19). '레위기'의 히브리어 제목은 '바이크라'이며 "그리고 그가 부르셨다"라는 뜻이다. 이는 일반적으로 히브리인들이 책을 시작하며 사용하는 첫 단어를 제목으로 삼는 관습에 따라 붙여진 이름이다. 이것은 앞으로 전개될 레위기의 내용이 앞의 책인 출애굽기와 연결되고 있음을 암시한다.

이 책의 내용은 '레위기'라는 한글 제목처럼 성막에서 제사를 섬기는 레위인들과 관련된 내용들만을 기록한 책이 아니다. 오히려 '레위 족속' 또는 '레위인'과 직접적으로 관련된 단어는 레위기 책의 전체에서 단지 25장 32-33절에만 기록되고 있을 뿐이다. 레위기의 핵심 내용은 하나님께서 "너희는 거룩하라 이는 나 여호와 너희 하나님이 거룩함이니라"(레 19:2하)라고 말씀하신 것처럼, 거룩하신 하나님께서 어떻게 하면 거룩하지 못한 이스라엘 백성들과의 관계를 맺어 나갈 수 있을지를 교훈하고 있는 책이다.

그래서 레위기에는 '거룩함'(히브리어 '코데쉬')과 관련된 단어가 87회 이상 쓰이고 있다. 출애굽을 통해서 구원받은 이스라엘 백성들은 시내 광야에 머물면서 하나님과 언약을 맺고 정식으로 하나님의 백성이 되면서 성막도 만들게 되었다. 그리고 이제 거룩한 백성이 된 이스라엘은 하나님을 경배하기 위해서 성막을 통해 어떻게 제사를 드려야 하며 또한 하나님의 백성 된 자들로서 성결된 삶을 위해 어떻게 살아가야 할지를 알아야만 했다. 이를 교훈하고자 한 것이 레위기다.

창세기에서 타락한 인간이 출애굽을 통해서 구원받고 이어서 레위기를 통해서 성화되고 있는 모습이 연속적으로 그려지고 있는 것이다. 즉 레위기는 수직적으로는 하나님을 향한 거룩한 제사와 수평적으로는 이웃을 향한 성결의 삶을 통해서 거룩하신 하나님과 교제할 수 있음을 가르치고 있다. 따라서 레위기의 주제도 거룩함과 성결함으로 요약할 수 있으며 레위기의 전체 내용도 이를 기준으로 크게 두 부분으로 나누어 진다.

❶ 전반부인 1장부터 17장은 구약의 5대 제사인 번제, 소제, 화목제, 속죄제 그리고 속건제를 레위기의 시작부터 연속적으로 설명해 나가면서 죄인들이 어떻게 하나님께 나아갈 수 있는지 그 길을 제시한다. 그리고 세부적인 제사 드리는 방법을 통해서 피 흘림의 대속의 제사가 없이는 죄 사함이 없다는 것을 강조한다. "육체의 생명은 피에 있음이라 내가 이 피를 너희에게 주어 제단에 뿌려 너희의 생명을 위하여 속죄하게 하였나니 생명이 피에 있으므로 피가 죄를 속하느니라"(레 17:11). 즉 레위기의 전반부에서는 피의 제사를 통한 정결에 관한 내용을 교훈한다.

❷ 후반부인 18장부터 마지막 27장까지는 하나님과 동행하는 삶 곧 하나님의 백성으로서의 성결한 삶에 대해 말한다. 레위기의 전반부에

서 거룩한 제사를 통한 정결이 강조되었다면 후반부에서는 실제적인 성도들의 삶 속에서의 성결이 강조되는 것이다. 결국 레위기가 이들 전체 내용을 통해서 밝히고자 하는 핵심은 '피 흘림'이다. 피 자체가 죄를 속하는 것이 아니라 피 흘림이 죄를 속하기 때문이다. 피는 생명을 의미하지만 피 흘림은 이와는 반대로 죽음을 의미한다. "율법을 따라 거의 모든 물건이 피로써 정결하게 되나니 피 흘림이 없이는 사함이 없느니라"(히 9:22).

그렇다면 레위기 전체에서는 왜 이토록 피 흘림을 강조하고 있을까? 그것은 피 흘림의 제사가 곧 예수 그리스도의 십자가 사건을 예표하고 있기 때문이다. 이에 대해 히브리서 저자는 말씀한다. "염소와 송아지의 피로 하지 아니하고 오직 자기의 피로 영원한 속죄를 이루사 단번에 성소에 들어가셨느니라"(히 9:12). 이것은 구약 시대에 죄 사함을 받기 위해 반복되던 희생 제물의 모든 제사가 우리의 죄를 사하시기 위해서 온전한 희생 제물 되신 예수 그리스도의 대속의 죽으심으로 인해 완전히 성취되었음을 증거하는 것이다.

만약에 구약의 희생 제사가 예수 그리스도를 예표하는 것이 아니라면 레위기뿐만이 아니라 성경 전체는 황당한 소설이 되고 만다. 날마다 죄는 인간들이 짓고 영문도 모른 채 반복해서 끌려오는 짐승의 피만을 하나님이 흠향 하신다면 이거야 말로 잔인하고 형편없는 우상 숭배가 되고 말 것이다. 그러나 히브리서는 분명히 증거한다. "그는 저 대제사장들이 먼저 자기 죄를 위하고 다음에 백성의 죄를 위하여 날마다 제사 드리는 것과 같이 할 필요가 없으니 이는 그가 단번에 자기를 드려 이루셨음이라"(히 7:27).

구약의 모든 제사가 영원한 희생 제물이신 예수 그리스도의 희생으로 말미암아 단번에 성취되었으니 오늘날의 성도들은 이제 더 이상 구약에서 반복되던 동물 제사를 드리지 않게 된 것이다(히 7:27). 예수 그리스도께서 십자가에서 돌아가신 성금요일이 곧 인간의 모든 죄가 단번에 그리고 영원히 사함받는 완전한 대속죄일이었기 때문이다. 결론적으로 레위기는 오늘날 믿음으로 구원받은 우리 성도들에게 오직 예수 그리스도 안에서 드려지는 참된 예배를 통해서 거룩한 성결의 삶을 살아갈 것을 교훈하고 있다.

| 난제 KEY POINT |

- 성경 중에서 성도들이 가장 읽기 어려워하는 책 중의 하나가 바로 레위기다. 레위기에는 하나님의 선민이 된 이스라엘이 지켜야 할 제사법, 정결법, 절기법 등과 같은 각종 복잡한 규례들을 기록하고 있어 혼자서 읽고 이해하기가 쉽지 않기 때문이다. 더구나 레위기의 5대 제사나 각종 규례들의 대부분이 오늘날 우리의 예배에 적용이 되지 않으므로 레위기를 가까이 두고 묵상하기에 더욱 어렵게 느껴지는 것이다. 그렇다고 해서 우리가 레위기를 멀리할 경우에는 구속사와 관련된 많은 진리들을 놓치게 됨을 주의해야 한다. 레위기의 제사나 절기와 같은 각종 규례 속에는 예수 그리스도의 복음과 관련된 깊은 영적 의미를 담고 있기 때문이다.
- '레위기'(Leviticus)는 구약 성경을 헬라어로 번역한 70인역(LXX)의 'Leuitikon'(류이티콘)에서 유래된 이름이다.

098. 번제는 어떤 제사인가? 번제의 참의미는 무엇인가?

레위기 1장은 구약의 5대 제사(번제, 소제, 화목제, 속죄제, 속건제) 중에서 가장 근본이며 중심 제사인 번제에 관하여 말하고 있다. '번제'(燔祭)란 '태워서 드리는 제사'(burnt offering)라는 뜻이며 히브리어로는 '올라'로서 '하늘로 오르다'라는 의미이다. 이것은 희생 제물을 태운 연기를 하나님께서 기뻐 받으시도록 하늘로 상달되기를 간구하는 제사를 가리킨다. 번제는 희생 예물(제물)을 드리는 헌제자(예배자)의 가정 형편에 따라서 제물을 가장 값이 비싼 것부터 3가지로 나누어 분류한다.

① 소를 드릴 때 ② 양이나 염소를 드릴 때 ③ 새를 드릴 때로 나누어진다(레 1:3, 10, 14). 하나님께서 보잘것없는 새까지도 제물로 드릴 수 있게 한 것은 아무리 가난한 자라 할지라도 빈부에 관계없이 누구든지 각자의 형편에 맞는 예물을 드릴 수 있게 해 주신 은혜였다. 새를 제물로 드릴 때는 부피가 너무 작아서 암수 구별이 없었지만 나머지 제물인 소, 양, 염소로 드릴 때는 반드시 흠이 없는 수컷으로만 드려야 했다(레 1:3, 10). 흠이 없다는 것은 신체적 결함이 없는 정상적이고 귀한 제물을 말한다. 수컷으로만 드린 것은 다른 의미가 있는 것이 아니라 단지 암수 성별 중에서 수컷이 이를 대표하기 때문이다.

"…너희 중에 누구든지 여호와께 예물을 드리려거든 가축 중에서 소나 양으로 예물을 드릴지니라"(레 1:2). 여기서 "누구든지"라는 표현은 번제가 의무적으로 드려야 하는 제사가 아니라 스스로 자원해서 기쁨으로 드리는 제사임을 가리킨다. "가축 중에서"라는 표현은 제물은 들에서 잡은 야생 동물은 드릴 수가 없으며 반드시 자신이 직접 기르고 정성껏 키운 가축 중에서 가장 귀한 것으로 선별해 드려야 함을 의미한다. 제사를 드리는 방식은 소를 제물로 드릴 때와 양이나 염소를 드릴 때 모두가 동일하다. 번제를 드리는 세부적인 네 가지 절차를 통해서 그 안에 감추어진 구속사적 의미를 함께 살펴보기로 하자.

❶ 제물을 드리는 헌제자가 제물의 머리에 안수한다(레 1:4). 머리에 안수를 하는 행위는 헌제자와 희생 제물이 하나로 연합됨을 의미한다. 즉 안수를 통해서 헌제자의 죄가 제물로 전가됨으로써 제물이 그 죗값을 대신 치르게 되는 것이다. 이것은 죄의 대가는 죽음밖에 없으며 이를 위해서는 반드시 죄를 대속할 다른 생명이 필요하다는 것을 시사한다. 여기서 희생 제물의 대속은 우리의 죄를 대속하실 온전히 흠 없으신 어린양 곧 예수 그리스도를 예표한다.

❷ 헌제자는 직접 제물을 잡고, 이때 제사장들은 제물의 피를 받아다가 번제단의 사방으로 뿌렸다(레 1:5). 이렇게 피를 뿌리는 것은 생명을 상징하는 피를 하나님께 드림으로써 죄 사함을 받고 아울러 새 생명을 얻기 위함이다. "육체의 생명은 피에 있음이라 내가 이 피를 너희에게 주어 제단에 뿌려 너희의 생명을 위하여 속죄하게 하였나니 생명이 피에 있으므로 피가 죄를 속하느니라"(레 17:11). 생명이 피에 있기 때문에 피가 죽음을 대신할 수 있는 것이다. 이는 궁극적으로 십자가에서 피를 뿌리심으로 우리

의 죄를 대속하신 예수 그리스도의 희생을 보여 준다(히 9:22).

❸ 헌제자는 제물의 가죽을 벗기고 각을 떠야 한다(레 1:6). 각을 뜬다는 것을 제물의 뼈 마디마디를 잘라서 여러 조각으로 분리하는 것을 말한다. 가죽을 벗기는 것은 죄와 허물로 오염된 겉 사람을 벗어 버림을 암시한다. 이처럼 헌제자는 살아 있는 제물의 목을 잘라 죽이면서 자신의 온몸에 제물의 피를 묻혀야 했다. 그리고 자신의 죄를 대신해서 죽은 제물의 뼈와 살을 마디마디 잘라서 각을 뜨는 잔인한 행위 또한 직접 행해야만 했다. 그토록 처참하게 죽어 가는 제물이 곧 죄로 물든 자신의 죽임당하는 모습임을 깨달아야 했기 때문이다.

❹ 제사장들은 제물을 가져다가 물로 깨끗이 씻고 그 전부를 번제단 위에 올려 불에 태웠다(레 1:7–9). 번제는 제사장의 몫이 될 가죽을 제외하고는 모든 부분을 온전히 태워서 올려 드렸다(레 7:8). 다른 제사에서도 제물을 태우기는 하지만 번제처럼 온전히 태워 드리는 제사는 없다. 이것은 예배자의 온전한 헌신과 순종을 의미한다.

이 모든 번제의 절차를 직접 체험한 헌제자는 남김없이 태워져 올라가는 연기를 바라보면서, 죄의 본질이 그토록 처참한 것이며 죄의 결과는 오직 죽음뿐이라는 것을 스스로 뼈저리게 느껴야 했다. 이러한 번제는 죄인 된 인간들의 편에서 볼 때는 우리의 죄를 온전히 태워서 사함받는 특별한 은총의 제사이며 동시에 하나님 편에서 볼 때는 예수 그리스도의 완전하신 희생을 보여 주는 제사이다.

결국 번제를 위해서 죽임을 당하는 흠 없는 희생 제물과 죄인을 대신해서 제단에 피를 뿌려 줄 중보자인 제사장도 모두가 온 인류의 죄를 대속하실 흠 없는 어린양이시요 영원하신 중보자 예수 그리스도를 예표하고 있는 것이다.

| 난제 KEY POINT |

- 제물을 드릴 때 흠이 없는 가장 순결한 것으로 드려야 하는 이유는 제사를 받으시는 하나님께서 흠이 없고 온전히 거룩하시기 때문이다. 성경 기록에서 최초로 하나님께 제물을 드린 자는 가인과 아벨이었다(창 4:3-4).
- 번제는 제물의 가죽 외에는 전부를 태워 드리는 온전한 제사이다(레 7:8). 번제는 죄의 대가란 죽음밖에 없음을 교훈한다. 그리고 이젠 구약 시대처럼 반복되는 희생 제물의 제사가 아니라 완전하시고 흠 없으신 예수 그리스도의 십자가 대속만이 구원의 유일한 길임을 깨닫게 된다.
- 구약의 5대 제사 중에서 번제, 소제, 화목제는 예배자가 스스로 예물을 가지고 나아가 하나님께 드리는 자원제이며 속죄제, 속건제는 죄를 지은 자는 반드시 드려야 할 의무제이다.

099. 소제란 어떤 제사인가? 소제의 참의미는 무엇인가?

레위기 2장은 구약의 5대 제사(번제, 소제, 화목제, 속죄제, 속건제) 중에서 두 번째 제사인 소제를 기록한다. 소제(素祭)란 문자적으로 '하얗고 순결한 제사'라는 뜻이며 5대 제사 중에서 유일하게 동물의 피가 없는 식물성 제사로서 밀가루 같은 고운 곡물 가루로 예물을 드리는 제사이다(grain offering). 소제의 히브리어 '민하'는 '예물'(창 32:13) 또는 '제물'(창 4:3-5)이라는 뜻으로서 하나님의 자비와 은혜에 감사하여 자원해서 올려 드리는 제사이다.

소제는 짐승을 잡아서 드리는 제사가 아니라 최상의 고운 곡물로 드리는 산제사이므로 죽음을 뜻하는 대속의 피가 없는 제사이다. 따라서 특별한 경우(민 5:11-15) 외에는 단독으로 드려지기보다 제물의 피가 있는 번제나 화목제와 함께 드려지는 제사였다(출 29:38-42; 레 7:12; 9:17; 삿 13:19). 소제는 의무적으로 드려야 하는 속죄제나 속건제와는 달리 번제와 화목제처럼 하나님 은혜에 감사함으로 예물을 가지고 나아가 자원해서 드려졌기에 여호와께 향기로운 제사로 올려질 수가 있었다(레 1:9; 2:2; 3:5).

이러한 소제의 예물을 드릴 때는 고운 가루 위에 기름을 붓고 유향을 더해야 했다(레 2:1). 여기서 '고운 가루'(히브리어 '쏠레트')란 곡식 가루를 체로 걸러서 모은 것들 중에서도 입자가 가장 고운 최상급의 가루를 의미한다(창 18:6). 이 고운 가루는 정결함과 순결함을 상징하며 여기에 붓는 기름은 풍요로움과 기쁨을(신 32:13-14; 사 61:3) 그리고 유향은 하나님께서 기뻐 받으실 성도의 향기로운 삶을 상징하고 있다(고후 2:15).

소제가 다른 제사와 달리 특이한 점은 소제에 반드시 넣어야 할 것과 절대로 넣지 말아야 할 것들이 확연히 구별된다는 점이다. 그것은 소금과 누룩과 꿀이다. 이 중에서 먼저 소제물에 반드시 넣어야 할 것은 소금이다. "네 모든 소제물에 소금을 치라 네 하나님의 언약의 소금을 네 소제에 빼지 못할지니 네 모든 예물에 소금을 드릴지니라"(레 2:13). 소금은 부패를 방지하는 특성으로 인해 하나님의 언약처럼 불변성과 영원성을 상징하고 있기 때문이다(대하 13:5; 골 4:6). 거룩한 소제를 통해서 하나님과의 언약이 영원히 불변할 것을 상기시켜 준다(민 18:19).

반면에 소제물에 절대로 넣지 말아야 할 것은 누룩과 꿀이다. "너희가 여호와께 드리는 모든 소제물에는 누룩을 넣지 말지니 너희가 누룩이나 꿀을 여호와께 화제로 드려 사르지 못할지니라"(레 2:11). 누룩은 빵을 만들거나 술을 빚을 때 사용되는 발효제이며, 꿀 역시도 당시에 우상을 섬기던 자들이 제물에 첨가시켰던 발효제였다. 누룩과 꿀은 둘 다 발효성이 강한 특성을 지니고 있는 것들이다. 이로 인해 당시에 누룩은 죄와 부패를 상징하며(마 16:11; 고전 5:6-7; 갈 5:9) 꿀은 세상의 쾌락과 달콤한 유혹을 상징하는 것들이었기에 하나님께 드릴 예물로 사용할 수가 없었다.

그러므로 여호와께 소제의 예물로 드릴 수 있는 것은 오직 최상급의 고운 가루 위에 기름을 붓고 유향과 소금을 더하는 것이었다(레 2:1, 13). 이를 구속사적으로 볼 때 소제의 예물로 드려진 고운 가루는 죄 없으신 주님의 순결하고 고귀한 성품을 의미한다. 이에 더해지는 기름은 성령의 기름 부으심을, 유향은 자신을 하나님께 향기로운 제물로 드리신 주님의 향기 나는 거룩한 삶을 상징하고 있다.

이와 관련해서 사도 바울은 말한다. "…그는 우리를 위하여 자신을 버리사 향기로운 제물과 희생 제물로 하나님께 드리셨느니라"(엡 5:2). 여호와께 드리는 소제가 곧 예수 그리스도의 죄 없고 순결한 삶을 예표하는 제사인 것이다. 곡식의 껍질이 온전히 깨어지고 빻아진 후에 다시 채로 반복해서 걸러야 비로소 고운 가루로 만들어지듯이, 주님 또한 우리의 더러운 죄를 사하시려고 친히 온 몸이 짓밟히고 찢겨지는 고통 속에서 십자가 고난을 받으심으로써 온전히 순결한 소제의 삶을 몸소 우리에게 보여 주셨던 것이다.

궁극적으로 예배자가 하나님께 감사와 헌신의 예물로 드리는 소제의 참의미란 예수 그리스도의 죄 없는 순결하신 성품과 흠 없는 고귀한 삶의 제사라고 할 수 있다. 우리 성도들도 부서지고 찢긴 주님의 삶을 묵상하며 따라갈 때 비로소 하나님께서 기뻐하시는 성령 충만한 삶의 향기를 올려 드릴 수 있을 것이다.

| 난제 KEY POINT |

- 성경에 기록된 최초의 제물은 소제로서 창세기에는 가인과 아벨의 제물 모두를 소제라고 기록하고 있다(창 4:3–4). 그러나 엄밀히 구별하면 양을 제물로 드린 아벨의 제사보다는 땅의 소산으로 드린 가인의 제사를 소제라고 분류할 수 있다.
- 소제에 더하는 '기름'(쉐멘)은 감람나무에서 나오는 올리브유를 의미한다. '유향'(레 보나)은 감람나무과에 속하는 유향나무에서 채취한 향료로서 불에 태울 때 더욱 강한 향기를 발한다. 이후에 이스라엘은 이 향료를 주로 스바에서 수입했으며(사 60:6; 렘 6:20) 아기 예수님 탄생 당시에 동방 박사들도 이 향료를 예물로 드렸다(마 2; 11).
- 오순절에 드려진 소제에는 누룩을 첨가하기도 했다(레 23:17). 그러나 이 제사는 자원제가 아니라 반드시 드려야 하는 의무제였다. 꿀도 예물로 드릴 수는 있었지만(대하 31:5) 제물로 태우지는 않았다.

100. 화목제란 어떤 제사인가? 화목제의 참의미는 무엇인가?

레위기 3장은 구약의 5대 제사(번제, 소제, 화목제, 속죄제, 속건제) 중에서 세 번째인 화목제를 기록하고 있다. '화목제'(히브리어 '쉘라밈')는 '배상' 또는 '화친'의 뜻으로서 예배자가 죄로 인해 막혀 있었던 하나님과의 관계가 회복됨을 감사하면서 화평과 친교의 목적으로 드리는 평화의 제사이다(peace offering). 그래서 번제와 소제처럼 누구든지 원하는 자는 자원해서 드릴 수 있다. 화목제의 종류는 목적에 따라서 3가지로 나누어지는데 ① 감사함으로 드리는 감사제 ② 자원함으로 드리는 자원제 ③ 서원 성취를 위해서 드리는 서원제가 있다(레 7:11-16).

화목제는 제사 드리는 방법에 있어서는 번제와 유사하나 번제와 확연히 다른 점이 있다. 즉 번제는 가죽을 제외하고 제물 전체를 온전히 태워서 드리는 헌신의 제사였던 반면에 화목제는 고기를 태우지 않는다. 오히려 제물의 고기를 제외하고 내장의 모든 기름과 두 콩팥을 위주로 태워 드리는 제사이다(레 3:3-5). 결국 화목제에서 제사를 위해 핵심적으로 사용되는 것은 제단 사면에 뿌려지는 피와 기름이다.

제사가 끝난 후에는 남겨진 고기 중에서 가슴 부위와 오른쪽 뒷다리는 제사장의 몫으로 주었고(레 7:31-34) 나머지 고기는 레위인들과 예배자들 모두가 함께 나눠 먹는 축제와 잔치로 사용되었다(레 7:15-21). 그래서 화목제의 제물은 번제처럼 각자의 형편에 맞도록 소나 양과 염소를 드렸지만 새는 제물로 드리지 않았다. 왜냐하면 새는 제단 위에서 태울 기름도 거의 없으며 또한 부피가 작아서 제사 후에 예배자들이 나눠 먹을 고기도 거의 없었기 때문이다. 따라서 평화와 기쁨의 식사로 마치는 제사가 화목제였기 때문에 번제와는 달리 희생 제물도 암컷이나 수컷이나 아무런 구별 없이 드릴 수 있었다(레 3:1, 6). 그럼에도 하나님께 화목제를 드릴 때 반드시 준수해야 할 세 가지 사항들이 있었다.

❶ 모든 제사의 희생 제물은 흠이 없는 순결한 것으로만 드려져야 했다(레 1:3, 10; 3:1, 6; 4:3, 23, 28, 32; 5:15, 18; 6:6). 흠이 없는 순결과 거룩은 곧 하나님의 속성이요 나아가 "… 그는 우리를 위하여 자신을 버리사 향기로운 제물과 희생 제물로 하나님께 드리셨느니라"(엡 5:2)라는 사도 바울의 말대로 우리의 죄를 대신해서 십자가에 달려 죽으시기까지 온전히 순종하신 흠이 없으신 예수 그리스도를 예표하기 때문이다.

❷ 기름과 피는 절대로 먹어선 안 된다는 것이다(레 3:17). 기름이란 풍요와 번영의 상징으로서 힘의 원천이며 또한 피는 생명을 상징하는 근원이다. 따라서 기름과 피는 둘 다 생명과 직결된 것이며 이러한 생명은 곧 하나님께 속한 것이기 때문이다. 따라서 구약 시대에 기름과 피는 희생 제물 중에서도 가장 중요하고 귀한 부위로 구별되었으므로 하나님께만 올려 드렸다.

❸ 화목제도 번제처럼 제사장이 제물의 피를 제단에 뿌려야 했다(레 1:5; 3:2). 피 흘림이 없이는 죄 사함도 없기 때문이다(히 9:22). "육체의 생명은 피에 있음이라 생명이 피에 있으므로 피가 죄를 속하느니라"(레 17:11). 여기서

죄를 사함으로 생명을 살리는 피는 예수 그리스도의 보혈을 상징한다. 그러므로 하나님과의 화평을 누리는 화목제일지라도 역시 죄 사함이 없이는 하나님과의 화평을 누릴 수가 없었다. 따라서 화목제는 홀로 드리는 제사가 아니라 죄 사함을 통한 온전한 헌신의 제사인 번제와 함께 드려져야 했다. 그래서 하나님은 화목 제물도 번제물 위에서 불태우라고 말씀하셨다. "아론의 자손은 그것을 제단 위의 불 위에 있는 나무 위의 번제물 위에서 사를지니 이는 화제라 여호와께 향기로운 냄새니라"(레 3:5).

이처럼 하나님과의 신령한 교제를 통해서 화평을 누리는 화목제의 참의미는 과연 무엇일까? "그러므로 우리가 믿음으로 의롭다 하심을 받았으니 우리 주 예수 그리스도로 말미암아 하나님과 화평을 누리자"(롬 5:1). 그것은 바로 우리 죄인들과 하나님 사이의 막힌 담을 헐기 위해 죽기까지 자신을 희생하신 예수 그리스도로 말미암아 십자가 복음 안에서 누리는 참된 화평에서 발견할 수 있을 것이다.

"그는 우리의 화평이신지라 둘로 하나를 만드사 원수 된 것 곧 중간에 막힌 담을 자기 육체로 허시고"(엡 2:14). 오직 예수 그리스도. 그분만이 죄로 인해 막혀 있었던 우리 죄인들과 하나님과의 관계를 영원히 회복할 완전하신 화목제물이셨기 때문이다.

| 난제 KEY POINT |

- 화목제는 번제와는 달리 가죽을 벗겨서 각을 뜨고 내장과 정강이를 씻는 행위(레 1:6, 9)는 하지 않는다. 단지 제단에 피를 뿌리고 제물의 가장 귀한 모든 기름과 내장의 일부만을 구별해서 화재로 태워 드렸다. 화목제는 하나님과 교제하며 기쁨을 누리는 회복과 평화의 제사이기 때문이다.

101. 속죄제란 어떤 제사인가? 속죄제의 참의미는 무엇인가?

구약의 5대 제사는 자원제인 번제 소제 화목제에 이어서 의무제인 속죄제와 속건제로 마무리 된다. 레위기 4장부터 6장 7절까지는 죄 사함을 받기 위한 마지막 두 희생 제사를 기록한다. 그것은 바로 속죄제(레 4:1–5:13)와 속건제(레 5:14–6:7)이다. 앞서 소개한 번제, 소제, 화목제의 세 가지 제사는 모두가 거룩한 성별과 사귐(교제)에 관한 제사로서 스스로 자원해서 드리는 자원제이지만, 이와는 달리 속죄제와 속건제는 하나님 앞에 죄를 범한 자는 누구든지 반드시 드려야 하는 의무제이다.

레위기의 5대 제사 중에서 네 번째인 '속죄제'(히브리어 '핫타트')는 하나님의 명령을 벗어난 죄를 용서받기 위해서 드리는 제사이다(sin offering). 구체적으로는 여호와의 율법이나 계명 중에서 하나라도 그릇 범했을 경우이며, 나아가 ① 증인의 책임을 다 하지 못했을 경우 ② 부정한 짐승이나 사람과 접촉했을 경우 ③ 경솔하게 함부로 맹세했을 경우에도 속죄제를 드려야 했다(레 5:1–4).

그러나 속죄제를 드린다고 모두가 죄를 용서받는 것은 아니었다. "이스라엘 자손에게 말하여 이르라 누구든지 여호와의 계명 중 하나라도 그릇 범하였으되"(레 4:2). 여기서 '그릇'(히브리어 '비쉬가가')은 '실수' 또는 '부주의'라는 뜻이다. 즉 속죄제를 통한 죄 사함은 계획적이고 의도적인 고범죄는 해당이 되지 않으며 죄인 줄 알지도 못하고 부주의한 실수로 지은 죄만 해당이 된다(레 4; 2, 13, 22, 27; 5:2–4). 고의적이 아니라 인간의 무지하고 연약한 모습에서 나온 죄들은 자복하여 드리는 속죄제를 통해서 누구나 죄 사함을 받을 수 있었던 것이다(레 5:5–6).

속죄제가 다른 제사와는 달리, 특이한 점은 번제나 화목제와 같은 제사들은 각자의 삶의 형편에 맞게 소나 양이나 비둘기 같은 희생 제물의 종류에 따라서 제사를 구분해 드렸는데, 이에 반해 속죄제는 스스로 제물을 선택할 수가 없었으며 죄를 범한 자의 사회적 지위에 따라서 네 가지 신분으로 각각 나누어서 제사를 드렸다(레 4:3, 13, 22, 27). 누구든지 죄를 범한 자는 반드시 드려야 할 의무제이므로 죄인 스스로가 제물을 선택할 수 없었기 때문이다. 속죄제를 드리는 방법은 이 네 가지 신분에 따라서 다음과 같이 나누어졌다.

❶ 제사장이 범죄 했을 때(레 4:3–12) : 제물 중에서 가장 값비싼 수송아지를 제물로 드렸다. 이것은 이스라엘의 영적 지도자인 제사장의 죄의 심각성을 교훈하는 것이다. 이 제물은 이스라엘의 온 회중들이 범죄 했을 때의 제물과 동일하다(레 4:14). 왜냐하면 하나님과 백성들의 중보자인 제사장의 범죄는 이스라엘의 온 백성들에게 그만큼 큰 영향을 미치기 때문에 온 회중들의 범죄와 동일하게 간주되는 것이다. 제사장이 먼저 정결해야 백성들의 제물을 올려 드릴 수 있는 것이다.

❷ 이스라엘 온 회중(공동체)이 범죄 했을 때(레 4:13–21) : 제사장이 범죄 했을 경우처럼 가장 값비싼 수송아지로 제물을 드렸다. 이것은 하나님께서 온 회중과 제사장의 죄를 동일하게 여기심을 의미한다. "…너희는

택하신 족속이요 왕 같은 제사장들이요 거룩한 나라요 그의 소유가 된 백성이니…"(벧전 2:9). 이는 결국 모든 성도들이 만인 제사장의 역할을 감당할 것을 시사한다. 따라서 희생 제물의 제사 방법도 제사장의 경우와 동일했다.

❸ 족장이 범죄 했을 때(레 4:22-26) : 족장은 이스라엘의 한 지파의 지도자나 한 가문의 우두머리를 말한다. 족장이 죄를 범했을 때는 수송아지보다 등급이 낮은 숫염소를 제물로 드렸다. 제사장이나 온 회중의 죄보다 비중이 낮고 사회적인 죄의 영향력 또한 적게 미쳤기 때문이다.

❹ 평민 중의 한 사람이 범죄 했을 때(레 4:27-35) : 암염소나 어린 암양을 제물로 드렸다. 이것은 족장의 제물보다 낮은 등급이다. 평민은 이스라엘 백성들 중의 평범한 한 개인이므로 죄의 영향력에 있어서 상대적으로 죄의 비중이 가장 낮게 평가되었기 때문이다. 그러나 희생 제물의 제사 방법은 족장의 경우(레 4:24-26)와 동일했다.

이처럼 하나님께서 각자의 신분에 따라 제물의 차이를 둔 것은 사회적 지위가 높은 자일수록 그 죄의 결과를 더 엄중히 처벌하심을 뜻한다. 신분이 높을수록 죄의 결과가 공동체와 타인에게 미치는 영향력도 커지기 때문이다. 지도자에겐 권세도 주어지지만 그와 함께 엄중한 책임이 따른다는 것을 경고하고 있다.

제사장과 온 회중을 위한 제사에는 제물의 피를 휘장 앞에 일곱 번 뿌렸는데(레 4:6, 17), 이것은 완전한 죄 사함을 상징하는 것이며 향단 뿔에 바르고 남은 피 전부는 번제단 밑에 쏟았다(레 4:7, 18). 남은 피 전부를 쏟음은 모든 죄가 온전히 해결되었음을 확증하는 것이다.

이를 구속사적으로 바라볼 때 속죄제의 참의미는 우리의 죄를 대신해 심판받으신 예수 그리스도의 모형으로서 십자가 보혈을 통해서 인간들의 죄를 깨끗이 해 주신 예수 그리스도의 속죄 사역을 바라보게 한다. 결국 구약의 제사를 통해서 우리가 깨닫는 것은 하나님의 백성들인 우리 성도들은 이제라도 죄와 분리되어 항상 순결하고 거룩한 삶을 살아야 한다는 것이다. 그 이유는 오직 하나, 거룩하신 하나님의 자녀들이기 때문이다.

| 난제 KEY POINT |

- 번제는 가죽을 제외한 모든 것을 태워 올려 드렸지만(레 1:8-9) 속죄제는 (제사장과 온 회중이 범죄 했을 경우) 제물 중에서 극히 제한적인 피와 기름만을 하나님께 드리고 나머지 가죽과 고기와 내장을 포함한 모든 부위는 진 바깥 재 버리는 곳에서 태워 버렸다(레 4:12, 21). 이것은 이스라엘의 죄악을 진영 밖으로 완전히 쫓아냄을 교훈한다. 궁극적으로는 예수 그리스도께서 예루살렘 진영 밖으로 끌려가셔서 온전히 희생당하실 것을 암시한다.
- 족장이나 평민은 제물 중에서 가장 귀한 피와 기름은 하나님께 드리고 나머지 고기는 제사장의 몫으로 주었다(레 7:5-7). 속죄제를 드리는 네 가지 신분 중에서 제사장(레 4:3-12)과 이스라엘 온 회중(레 4:13-21)이 제사 드리는 방법이 유사하며 또한 족장(레 4:22-26)과 평민(레 4:27-35)의 제사가 유사하다.

102. 속건제란 어떤 제사이며 속죄제와의 차이점은 무엇인가?

레위기 5장 14절에서 6장 7절은 구약의 5대 제사 중에서 마지막 순서인 속건제를 기록한다. '속건제'(히브리어 '아샴')는 '죄' 또는 '허물'이라는 뜻으로서 여호와의 성물(聖物)이나 이웃에게 손해를 끼쳤을 때 그 죄를 사함받기 위해 드리는 제사이다(guilt offering 또는 trespass offering). '여호와의 성물'(히브리어'코데쉬')이란 하나님께 구별해서 드려진 거룩한 예물로서 희생제물이나 십일조와 각종 헌금 등을 뜻한다. 이 모두는 하나님께 속한 예물이므로 부지중에 그 거룩함을 훼손하는 자는 속건제를 통해서 죄 사함을 받아야 했다.

이러한 속건제를 드려야 할 세 가지 경우는 ① 여호와의 성물에 대해 부지중에 범죄 했을 때 ② 여호와의 계명 중 하나를 부지중에 범했을 때 ③ 이웃의 재산에 피해를 끼쳤을 경우이며(레 5:15, 17; 6:2-3) 이것은 다시 하나님께 지은 죄와 이웃에 지은 죄로 구별된다. 예를 들면 하나님께 구별해서 드린 헌금이나 첫 열매 등을 잘못 사용한 경우, 또는 제사장만 먹을 수 있는 희생 제물을 실수로 먹었을 경우에는 여호와의 성물에 대해 부지중에 죄를 범한 것이 된다.

그러나 남의 물건을 유용하거나 도둑질하거나 빼앗는 행위 등은 이웃에 피해를 끼친 범죄가 된다. "누구든지 여호와께 신실하지 못하여 범죄하되 곧 이웃이 맡긴 물건이나 전당물을 속이거나 도둑질하거나 착취하고도 사실을 부인하거나"(레 6:2). 본문을 잘 살펴보면 이웃에게 죄를 범한 것이 여호와께 신실치 못했기 때문임을 알게 된다. 이것은 다른 사람이나 이웃에게 범한 죄가 곧 하나님께 대한 죄가 된다는 것을 의미한다.

이런 경우에는 먼저 피해자에게 피해액의 1/5을 더하여 보상을 한 후에 속건제를 드릴 수 있었다(레 5:16; 6:5–7). 이웃과의 화해가 없이는 하나님과의 화해도 없음을 교훈한다. 이 규례의 의미는 신약의 산상수훈에서도 잘 나타난다. "그러므로 예물을 제단에 드리려다가 거기서 네 형제에게 원망들을 만한 일이 있는 것이 생각나거든 예물을 제단 앞에 두고 먼저 가서 형제와 화목하고 그 후에 와서 예물을 드리라"(마 5:23–24). 예수님은 하나님과의 관계와 형제인 이웃과의 관계를 동일하게 강조하신 것이다.

이러한 속건제가 다른 제사와 다른 세 가지 특징은 ① 하나님과 사람에 대해 잘못을 범했을 때 해를 끼친 것에 대해 1/5(20%)을 더해서 보상을 해야 했다(레 5:16; 6:5). ② 속건제의 제물은 오직 흠 없는 숫양으로서 5대 제사 중 유일하게 한 종류의 제물로만 드리는 제사였다(레 5:15, 18; 6:6). ③ 속건제에 해당되는 범죄는 공동체나 다수이기보다는 주로 개인적인 범죄로서 대부분이 개인적으로 드려지는 성격의 제사였다.

이와는 별도로 속건제가 속죄제와 다른 차이점은, 속죄제는 대부분이 하나님께 대해 지은 죄를 사함받는 제사이며 속건제는 하나님의 성물과 사람의 재물에 대해 지은 죄를 배상해야 하는 제사로서 특히 손해배상의 성격이 강한 제사라는 뚜렷한 특징을 지닌다. 이것은 죗값을 치르기 위해서는 반드시 그에 상응한 보상과 대가를 지불해야 한다는 것을 의미한다. 그럼에도 속건제는 속죄제처럼 하나님께 죄를 용서받기 위해 드려야 한다는 점에서는 동일하다. 속죄제와 속건제는 모두 죄 사함을 위한 의무제이며, 두 제사 모두 자신의 죄를 자복하고 회개한 후에 제사를 드려야 했다(레 5:5; 민 5:7; 수 7:19).

구속사적으로 볼 때 속죄제란 우리 인간의 죄를 대신하신 예수 그리스도의 십자가의 대속의 죽으심을 상징하는 제사이므로 주님을 통한 영원하고도 완전한 속죄의 완성을 바라보게 한다. 반면에 속건제는 오직 예수 그리스도의 죽음을 통한 보상만이 범죄 한 인간들의 죗값에 대한 유일한 해결책임을 보여 준다. 속건제란 인간들의 죄를 대신해서 십자가에서 죽으신 예수 그리스도 오직 그분만이 우리의 죗값을 치를 온전한 속건 제물이심을 교훈하고 있다.

| 난제 KEY POINT |

- **5대 제사 중에서 번제, 소제, 화목제는 시내 산에서 율법이 주어지기 이전부터 드려져 왔던 제사들이지만(창 4:3-4; 8:20; 22:2; 출 18:12; 24:5; 욥 1:5) 속죄제와 속건제는 시내 산 율법 이후에 생겨난 제사들이다. 성경의 기록상 속죄제는 출애굽기 24장 14절에 최초로 나타나며 속건제는 레위기 5장 6절에 최초로 기록된다.**

103. 제물을 태워 드릴 때 하나님은 왜 그 냄새를 향기롭다 하시는가?

레위기는 이스라엘 백성들이 하나님을 거룩하게 경배하기 위한 5대 제사를 시작으로 하고 있다. 그것은 바로 번제(레 1장), 소제(레 2장), 화목제(레 3장), 속죄제(레 4:1–5:13), 속건제(레 5:14–6:7)로서 이 모든 제사의 공통점은 예수 그리스도께서 십자가에서 대속 제물이 되어 단번에 드려 주실 희생 제사를 예표한다. 레위기의 시작은 처음부터 그렇게 5대 제사를 중심으로 해서 하나님께서 예수 그리스도를 통해 성취하실 구속사를 보여 주고 있다.

그런데 5대 제사 중에서도 마지막 두 제사(속죄제, 속건제)를 제외하고 번제, 소제, 화목제에 대해서만 희생 제물을 화제로 태울 때에 "…여호와께 향기로운 냄새니라"(레 1:9, 13, 17; 2:2, 9; 3:5)라고 표현하고 있다. 여기서 "향기로운"(히브리어 '니호아흐')은 '만족함' 또는 '기쁨'이라는 뜻이다. 그런데 하나님께서 향기롭게 받으시는 희생 제물을 불에 태우는 냄새는 사실 별로 향기롭지 못하다. 오히려 그 냄새를 맡으면 비리거나 거북할 수도 있다. 그럼에도 하나님은 제물이 태워지는 냄새를 향기롭게 받으셨다고 말한다.

이 말씀은 하나님께서 고기 타는 냄새를 향기롭게 즐기신다는 뜻이 아니다. 하나님은 제물을 태운 냄새를 받으심이 아니라 당신의 백성들이 각자의 죄를 회개하고 감사함으로 나아와 드리는 자원의 제사를 기쁘게 흠향하시는 것이다. 하나님은 속죄제나 속건제처럼 죄를 속하기 위해 의무로 드리는 제사가 아니라 죄 사함 이후에 감사와 감격으로 자원해서 드리는 온전한 순종과 섬김의 제사를 흠향하신다. 따라서 속죄제와 속건제에는 "여호와께 향기로운 냄새니라"라는 말씀의 기록이 없다. 그것은 앞의 세 제사는 감사와 기쁨으로 자원해서 드리는 자원제인 반면에, 속죄제와 속건제는 죄 사함을 얻기 위해서는 의무적으로 반드시 드려야 할 의무제이기 때문이다.

속죄제와 속건제처럼 범죄 한 죄인이 더럽고 악한 죄를 속하기 위해서 태워 드리는 제물의 연기가 하나님께 기쁨의 향기가 될 수는 없는 것이다. 오히려 속죄 제물을 태울 때는 죄악이 타는 냄새를 멀리 쫓기 위해서 거룩한 피와 기름을 제외한 전부를 성소에서 멀리 떨어진 '진영 바깥'으로 드러내어 재 버리는 곳에서 불태워야 했다(레 4:12). 이것은 하나님께서 향기로운 예배로 받으시는 번제와 소제와 화목제의 제물들이 거룩한 회막 안의 번제단 위에서 태워 드려지는 것과는 확연히 대조적이다.

이스라엘의 '진영 바깥'은 온갖 시체를 버리고 죄인들이 쫓겨나는 수치의 장소요 이스라엘과 영원히 끊어진 자들이 머무는 저주의 장소였다(레 10:4; 24:23). 이곳에서 대부분의 속죄 제물을 태운 것은 저주받을 수치스런 죄악들을 이스라엘의 진영 바깥으로 쫓아내어 멸할 것을 의미한다.

예수 그리스도도 우리의 죄 때문에 이곳으로 끌려가셨다. 주님은 성문 밖 십자가에서 "엘리 엘리 라마 사박다니"(마 27:46)라고 부르짖으실 때 우리의 죄로 인해서 세상의 모든 진노와 저주를 대신 받으셨다. "나의 하나님 나의 하나님 어찌하여 나를 버리셨나이까". 바로 그 순간 하나님으로부터 온전히 버림을 받으시고 지옥의 모든 고통을 홀로 받으신 것이다. 바로 여기에 우리의 구원이 있다. 주님께서 나를 대신해서 성문 밖으로 끌려가셨기에 우리가 구원을 받은 것이다. "그러므로 예수도 자기 피로써 백성을 거룩하게 하려고 성문 밖에서 고난을 받으셨느니라"(히 13:12).

결국 여호와께서 향기롭게 받으실 참 예배란 오직 예수 그리스도의 십자가 대속을 통해서 성취됨을 보여 준다. "그는 우리를 위하여 자신을 버리사 향기로운 제물과 희생제물로 하나님께 드리셨느니라"(엡 5:2). 오직 주님만이 하나님께 완전한 영광과 기쁨의 향기로 드려질 수 있는 완전한 대속 제물이기 때문이다.

| 난제 KEY POINT |

- **5대 제사의 순서에는 깊은 영적 의미가 담겨져 있다. 이는 제사를 받으시는 하나님 중심으로 기록되었다. 하나님은 예수 그리스도의 완전한 헌신을 의미하는 번제를 근본으로 해서 모든 제사를 받으시기 때문이다. 이를 인간 중심으로 볼 때 순서는 반대가 된다. 죄인들은 가장 먼저 하나님과 이웃에 지은 죗값을 보상하는 속건제를 먼저 드린 후에 상한 심령의 속죄제를 통해서 하나님과 화평을 이루는 화목제로 나아갈 수 있다. 하나님과의 친교와 화목은 향기 나는 삶의 소제로 열매를 맺으며 참된 헌신과 섬김을 드리는 번제로 나아가게 된다.**

104. 나답과 아비후는 왜 '다른 불'을 담아서 분향하다가 죽었는가?

레위기 9장의 마지막 두 절(레 9:23-24)과 10장 처음의 두 절(레 10:1-2)은 극명한 차이를 보인다. 레위기 9장에는 제사장들이 하나님의 말씀에 순종한 결과 여호와의 축복의 불로 그 영광이 드러나고 있고, 이어지는 10장에는 제사장들이 하나님의 말씀을 어긴 결과 심판의 불로 인한 사망이 기록되어 있다. 대 제사장 아론의 두 아들인 나답과 아비후가 하나님이 명하시지 않은 다른 불을 담아 분향했다가 여호와의 심판의 불로 처참하게 죽은 것이다. 나답과 아비후는 왜 다른 불로 분향하다가 죽었을까?

그 재앙은 그들이 제사장이 되어서 드린 첫 제사로부터 시작된다. 아론과 네 명의 아들들이 7일 동안의 거룩한 제사장의 위임식을 모두 마치고(레 8장) 드디어 이스라엘의 초대 제사장이 되어서 첫 번째 제사를 드리던 역사적이고 감격스러운 날이었다. 그날에 제사장들은 하나님의 명령대로 온 정성을 다해서 제사를 드렸고 이어서 모세와 아론이 백성들을 축복하자 하나님의 영광이 온 백성들에게 나타났다.

바로 이 순간 불이 여호와 앞에서 나와 제단 위의 번제물과 기름을 불살랐다. 인간이 준비한 불이 아닌 여호와의 초자연적인 권능의 불이 제단을 사른 것이다. 이를 본 모세와 온 백성들은 큰 감격과 기쁨으로 엎드려 하나님을 경배했다(레 9:22–24). 영원히 잊지 못할 경이로운 날이었다. 그러나 그토록 잊을 수 없는 감격스러운 경배 직후에 이스라엘을 놀라게 한 충격적인 사건이 벌어졌다. "아론의 아들 나답과 아비후가 각기 향로를 가져다가 여호와께서 명령하시지 아니하신 다른 불을 담아 여호와 앞에 분향하였더니 불이 여호와 앞에서 나와 그들을 삼키매 그들이 여호와 앞에서 죽은지라"(레 10:1–2).

제사장으로서 첫 제사를 드린 이후에 아론의 네 아들 중에서 장자인 나답과 차자인 아비후가 번제단의 불이 아닌 다른 불을 가지고 향을 피우다가 하나님의 진노의 불로 죽은 것이다. 어리석은 백성들도 아니고 하나님께 특별히 선택되어 훈련받은 거룩한 제사장들이 그것도 이제 막 첫 제사를 드린 것이 전부였는데 그렇게 시작부터 '다른 불'로 인해서 처참하게 죽어야 했다.

온 이스라엘은 비통함에 빠졌다. 여기서 "다른 불"이란 성경에 구체적으로 기록되어 있지 않아 정확히 알 수는 없다. 그러나 분명한 것은 지성소에 들어가기 직전에 있는 분향단의 향불은 반드시 번제단의 그 거룩한 불만을 사용해야 했다(출 30:9; 레 16:12–13). 번제단의 불은 아론과 아들들이 제사장 위임식 후 드린 첫 번째 제사를 하나님께서 기쁘게 받으셨기에 이스라엘을 위해서 여호와께서 직접 내려 주신 거룩한 불이었다(레 9:24). 그럼에도 두 제사장은 하나님의 뜻을 경시하고 자신들의 뜻대로 다른 장소에서 취한 부정한 불로 향을 피웠던 것이다.

그렇다면 이로 인해 두 제사장이 꼭 죽어야만 했을까? 이들은 모두 신실한 대제사장인 아론의 자녀들이 아닌가. 하나님께서 임명하신 이스라엘의 대제사장 가문으로서 자손대대로 제사장의 반열에 오를 신령한 직분의 사람들이었다. 더욱이 이들은 시내 산에서 있었던 하나님과의 언약 체결식 때에도 모세와 함께 산 중턱까지 올라갔던 이스라엘의 지도자 74명에 속했던 자들이었다. 거룩하신 하나님의 임재를 직접 체험하는 영광까지 누렸던 자들이다(출 24:9-10). 하나님은 그렇게 준비된 이들을 통해서 백성들의 죄를 사하시고 경배받기를 원하셨다.

그렇다. 제사장들은 하나님과 백성들 사이의 중보자로서 그렇게 신령하고 복된 자들이었다. 아론과 네 아들들이 제사장으로 세워진 것은 단순히 한 가문의 영광으로 끝날 일이 아니었다. 하나님의 선민인 이스라엘이 하나님을 경배하기 위해, 인류 최초의 제사장 제도가 확립되는 역사적인 순간이었다. 그럼에도 불구하고 이들은 하나님께 성별된 제사장으로서 반드시 지켜야 할 규례를 무시했다.

이스라엘 백성들을 대표하는 막중한 책임을 진 제사장으로서 이제 막 신령한 임무를 시작해야 할 출발점에서부터 여호와의 거룩하신 뜻을 무시하고 제단의 불이 아닌 '다른 불'로 거짓 제사를 드렸던 것이다. 이것은 영광의 하나님을 모독한 예배이다. 이렇게 나답과 아비후가 이 거룩한 불을 무시한 것이 바로 그들이 죽을 수밖에 없었던 이유였다.

구속사적으로 볼 때 번제단의 불은 우리 죄를 대신해서 찢기시고 피흘리신 예수 그리스도의 고난을 상징한다. 결국 나답과 아비후는 하나님의 복음의 계시를 거부한 것이 된다. 이것이야 말로 하나님의 진노의 불을 피할 수 없었던 분명한 이유이다. 하나님은 참된 회개도 없이 거짓 불로 반복되는 거짓 제사가 아니라 상한 심령을 통해서 감사와 감격으로 나아오는 신령과 진정의 예배를 기뻐 받으신다.

| 난제 KEY POINT |

- 여호와의 명령대로 순종했던 아론의 첫 제사에는 불이 여호와 앞에서 나와서 영광이 드러났지만(레 9:23-24), 명령을 무시하고 다른 불을 드린 나답과 아비후에게는 그들을 삼키는 사망의 불이 여호와 앞에서 나왔다(레 10:2). 똑같이 여호와 앞에서 나온 불임에도 말씀의 순종 여부에 따라 영광과 심판으로 나누어졌다.

- 제사장은 매일 아침 저녁으로 등불을 끄고 켤 때에 향기로운 향을 피워야만 했다(출 30:7-8). 이 향은 성소와 지성소를 구분하는 휘장 바로 앞에 있는 분향단에서 피우게 되는데 향불이 꺼지지 않도록 관리해야 했다(출 30:8).

- 나답과 아비후는 여호와의 불이 삼켜 죽었지만(레 10:2) 그렇다고 불에 타서 죽은 것은 아니다. 그들의 시체는 옷을 입고 있었다(레 10:5). 아마도 번개를 맞은 자처럼 일시에 충격적인 죽음을 당했을 것이다.

- 아론은 아내 엘리세바와의 사이에서 나답, 아비후, 엘르아살, 이다말 모두 4명의 아들을 낳았다(출 6:23). 이들은 위임식을 통해서 아론은 대제사장으로 네 아들들은 제사장으로 임명되었다(레 8장). 그러나 나답과 아비후가 위임식 이후에 사망함으로써 대제사장 아론과 두 명의 제사장(엘르아살, 이다말)만이 임무를 주관했다(민 3:4).

105. 속죄일에 드려진 '아사셀 염소'는 어떤 의미를 지니고 있는가?

대속죄일에 관한 규례를 기록하고 있는 레위기 16장은 레위기에서 가장 중요한 핵심이 되는 장이다. 속죄일(히브리어 '욤 키푸르')이란 하나님과 이스라엘의 중보자인 대제사장이 평소에는 들어갈 수도 없던 지성소에 들어가서 자신과 온 백성들의 죄를 사함받는 1년에 단 하루뿐인 가장 거룩한 날이요 특별한 날이다(The Day of Atonement). 하나님의 언약 공동체인 이스라엘 온 백성들의 죄를 속죄하는 전 민족적인 회개의 날이요 동시에 회복의 날이다. 그래서 이날은 일반적인 속죄일과는 구별하여 대속죄일이라고 부른다.

이날은 죄 때문에 분리되었던 하나님과 이스라엘의 온 백성들과의 관계가 다시 회복되는 거룩한 날로서 종교력으로는 7월 10일에 해당된다. 물론 백성들은 평소에도 하나님과 이웃에 범죄 할 때마다 수시로 속죄제와 속건제를 통해서 자신들의 죄를 고백하며 속죄의 제사를 계속해서 드려 왔다. 그러나 거룩하시고 존귀하신 하나님 앞에서 항상 죄인일 수밖에 없는 백성들은 그럼에도 불구하고 아직도 해결되지 못한 부정함과 죄악들을 1년에 한 번 있는 대속죄일을 통해서 모두 용서받을 수가 있었다.

이날은 대제사장도 백성들의 중보자로서 자신의 죄부터 해결하지 않고는 지성소에 들어갈 수가 없었다. 그래서 대제사장은 이날 만큼은 평소에 입던 값비싼 옷감과 각종 보석으로 장식된 화려한 예복을 입지 못하고 평범한 흰색 세마포 옷을 입어야만 했다(레 16:4). 대속죄일은 지난 1년 동안의 죄로 인한 슬픔과 수치를 드러내는 날이므로 하나님 앞에서 더욱 비천하고 낮아진 모습으로 겸손히 나아가야 했던 것이다.

대제사장이 지성소에 들어갈 때는 향의 연기를 가득 피워서 하나님이 임재하시는 법궤 위의 속죄소를 연기로 가리게 해서 보이지 않도록 해야 했다. "여호와 앞에서 분향하여 향연으로 증거궤 위 속죄소를 가리게 할지니 그리하면 그가 죽지 아니할 것이며"(레 16:13). 죄인인 인간은 하나님의 영광을 직접 대면할 수가 없었으며, 그러지 않으면 죽음을 초래했기 때문이다(레 16:2).

특별했던 이 날은 이스라엘 전 백성들의 속죄를 위해서 두 마리의 염소를 제물로 삼아 하나님께 드렸다(레 16:6-10). 두 마리의 염소는 대제사장이 제비를 뽑아서 그 중에서 한 마리는 여호와를 위한 속죄의 제물로 드리고 다른 한 마리는 이스라엘 백성들의 모든 죄를 대신 짊어지게 해서 살아 있는 채로 사람이 접근하기 어려운 머나먼 광야로 내어보냈다(레 16:21-22). 이 때 먼 광야로 보내졌던 제물이 바로 '아사셀' 염소였다.

히브리어로 '아사셀'(아자젤)이란 '염소'(에즈)와 '가다'(아잘)의 합성어로서 광야로 '보냄받은 염소' 또는 속죄를 위해서 '떠나는 염소'를 의미한다. 대제사장 아론은 광야로 버려질 염소의 머리에 안수하면서 이스라엘 온 백성들의 죄를 아사셀 염소에게 전가시켜 사람이 없는 무인지경인 광야로 내어보냈다(레 16:21-22). 이는 이스라엘의 모든 더러운 죄악들을 다시는 돌아올 수 없는 진영 밖으로 쫓아 보냄을 의미한다. 아사셀 염소는 곧 우리의 죄 때문에 십자가를 지시고 예루살렘 성 밖으로 끌려가신 예수 그리스도의 모습을 바라보게 한다.

여기서 속죄일에 제물로 드려진 두 마리의 염소는 구속의 이중적인 의미를 내포한다. 첫째는 죽여서 여호와께 속죄 제물로 드려진 염소는 인간의 죄를 담당하시기 위해서 십자가에서 돌아가신 예수 그리스도를 예표하고 있으며(히 9:12), 둘째는 예수 그리스도의 대속의 은혜를 드러낸다. 즉 사람이 접근할 수 없는 먼 광야로 쫓겨난 아사셀 염소는 성도들의 죄악이 다시는 돌아오지 못할 곳으로 영원히 제거되었음을 상징한다(롬 8:1-2).

이처럼 대속죄일은 구약 성경 전체에서 예수 그리스도의 구속 사역을 가장 분명하게 보여 주는 위대한 절기이다. 대제사장도 1년에 한 번밖에 들어갈 수 없었던 지성소. 그렇게 두꺼운 휘장으로 가로 막혔던 지성소가 예수 그리스도의 십자가의 죽으심으로 휘장이 완전히 찢어져 버렸다(마 27:51).

"그러므로 형제들아 우리가 예수의 피를 힘 입어 성소에 들어갈 담력을 얻었나니 그 길은 우리를 위하여 휘장 가운데로 열어놓으신 새로운 살 길이요 휘장은 곧 그의 육체니라"(히 10:19-20). 예수 그리스도의 대속의 희생을 통해서 이제는 모든 성도들에게 지성소의 하나님의 임재 앞으로 나아갈 길이 활짝 열린 것이다.

| 난제 KEY POINT |

- 대제사장 아론도 자신을 위한 속죄제를 먼저 드린 다음에 백성들을 위한 속죄제를 드렸다(레 16:3-5). 자신의 죄부터 해결하지 않고는 지성소로 들어갈 수가 없었다(레 16:2). 대제사장 역시 하나님 앞에서는 죄인이기 때문이다. 이는 우리 죄를 대속하기 위한 중보자가 영원하신 대제사장이신 예수 그리스도 한 분밖에 없음을 교훈한다.

- 전승에 의하면 이스라엘 백성들은 아사셀 염소가 성막에서 진영 밖으로 나갈 때까지 돌을 던지고 나무로 때리면서 죄를 쫓는 의식을 했다고 한다. 온몸이 찢겨 피투성이가 되어 먼 광야로 버려져 죽어 간 아사셀 염소는 온몸이 찢겨서 피 흘리며 성문 밖으로 끌려가 십자가에서 돌아가신 예수 그리스도를 예표한다.

106. 피는 왜 먹어서는 안 되는가? 오늘날에도 피는 먹을 수 없는가?

하나님의 홍수 심판으로 세상 만물은 피폐해졌고 온 인류 중에서 살아남은 사람은 노아의 식구 8명뿐이었다. 하나님은 노아와 가족들에게 다시 생육과 번성과 충만의 복을 주시며 처음으로 육식을 허락하셨지만 한 가지 금지령을 내리셨다(창 9:1-3). "그러나 고기를 그 생명 되는 피째 먹지 말 것이니라"(창 9:4). 피가 생명과 직접 관련되는 것임을 강조하시며 피의 신성함을 교훈하신 것이다. 이후에도 하나님은 이스라엘 백성들에게 그 어떤 경우에도 피를 먹지 말라는 명령을 반복해서 말씀하셨다(창 9:4; 레 3:17; 17:10-14; 신 12:16, 23; 15:23).

"너희가 사는 모든 곳에서 새나 짐승의 피나 무슨 피든지 먹지 말라 무슨 피든지 먹는 사람이 있으면 그 사람은 다 자기 백성 중에서 끊어지리라"(레 7:26-27). 이를 어기고 모든 생물의 피를 먹는 자는 이스라엘 공동체에서 쫓겨나 하나님의 언약 백성으로부터 끊어지게 될 것이라고 경고하셨다(레 7:27; 17:10, 14). 이처럼 하나님께서 그 어떤 경우에도 피를 먹지 말라고 엄중히 경고하신 이유는 "육체의 생명은 피에 있음이라 내가 이 피를 너희에게 주어 제단에 뿌려 너희의 생명을 위하여 속죄하게 하였나니 생명이 피에 있으므로 피가 죄를 속하느니라"(레 17:11)라는 말씀

에서 분명하게 잘 나타난다. 따라서 피를 먹어서는 안 되는 주된 두 가지 이유는

❶ 모든 육체의 생명이 피에 있으며 이 피가 곧 생명을 상징하기 때문이다(레 17:14). 생명은 오직 하나님께서 창조하신 것이기에 모든 생명의 주인은 하나님이시다. 세상 누구든지 어떤 생명체든지 자신의 주권으로 자기가 원해서 태어나거나 생겨난 존재는 하나도 없다. 태어나고 죽고 생겨나고 사라지는 것 모두가 오직 창조주이신 하나님의 주권이다. 그런데 그 모든 육체의 생명이 피에 있다. 그러므로 생명을 상징하는 피는 하나님께 속한 것이요 신성한 것이다. 따라서 피를 먹거나 경솔히 다루는 것은 하나님의 주권을 더럽히는 행위가 된다.

❷ 피가 모든 사람들의 죄를 대신하기 때문이다. 구약 시대의 모든 제사들은 제물로 드려지는 짐승의 피를 통해서만이 죄 사함을 받을 수 있었다. 그러므로 "피 흘림이 없은즉 사함이 없느니라"(히 9:22)라는 말씀대로 피는 속죄를 위한 유일한 제물이었기에 인간의 죄를 속하는 거룩한 피를 먹을 수 없는 것이다.

그렇다면 예수 그리스도께서 십자가의 완전한 제물이 되셔서 구약의 제사를 성취하신 신약 시대 이후에도 피를 먹을 수 없는 것인가? 이에 대해 신약 시대 최초의 예루살렘 공회에서는 공식적으로 다음과 같이 결정했다(행 15:6-21). 이방인이 그리스도인으로 개종하기 위한 네 가지 조건으로 "우상의 더러운 것과 음행과 목매어 죽인 것과 피를 멀리하라"(행 15:20). 이것은 피를 먹지 말라는 모세의 율법이 신약 시대에 와서도 계속해서 지켜지고 있다는 것을 보여 준다.

그러나 이와는 대조적으로 주님께서는 사도 베드로에게 "하나님께

서 깨끗하게 하신 것을 네가 속되다 하지 말라"(행 10:15)라고 경고하시며 구약의 율법에서 부정하다고 했던 동물들도 이제는 먹을 수 있다는 것을 베드로에게 교훈해 주셨다. 또한 사도 바울도 우상의 제물일지라도 믿음이 강한 자나 연약한 자나 구분 없이 각자의 믿음의 분량에 따라서 먹을 수도 있고 먹지 않을 수도 있다고 교훈했다(롬 14:2-3; 고전 8:4, 13; 10:27-28).

그러나 주님과 사도 바울이 부정한 동물들의 피까지 먹어도 된다고 말씀하신 것은 아니다. 어쨌든 이 모든 말씀들을 정리해 볼 때, 예수 그리스도의 십자가 희생으로 모든 율법이 성취된 오늘날에는 성도들이 먹을 수 없는 부정한 음식이란 더 이상 존재하지 않는다. "그런즉 너희가 먹든지 마시든지 무엇을 하든지 다 하나님의 영광을 위하여 하라"(고전 10:31). 그러므로 성도의 삶에서 먹고 마시는 문제가 더 이상 죄의 기준이 될 수는 없다(롬 14:17).

그럼에도 우리가 주님께서 다시 오시기까지 잊지 말아야 할 것이 있다. '육체의 생명은 피에 있다'는 것이다. 생명의 주권자이신 하나님은 제사로 드려진 피를 통해서 죽을 수밖에 없는 인간의 죄를 사해 주셨다. 그리고 하나님은 이 죄 사함의 제사를 완성하시기 위해 독생자 예수 그리스도를 십자가에서 피 흘려 죽게 하셨다(히 9:12-14). 이것은 구약 시대 희생 제물의 피가 곧 예수 그리스도의 보혈임을 상징한다(롬 3:25). 그래서 하나님은 예수 그리스도의 보혈, 그 거룩함과 완전한 희생 제물의 의미를 해치지 않기 위해 그 어떤 피도 먹지 말라고 경고하신 것이다. 먹느냐 먹지 않느냐의 문제를 떠나서 피의 신성함이 존중되어야 한다는 것은 분명한 사실이다.

| 난제 KEY POINT |

- 오늘날 성도들이 짐승의 피로 만든 순대나 선지국밥 등을 먹을 때 하나님께서 주신 일용할 양식으로 믿고 먹는다면 죄가 되지 않는다. 그러나 하나님께 드려진 피의 참의미를 생각할 때 피를 먹지 않는 것도 유익하다. 죽어 마땅한 죄인들을 살리는 유일한 생명의 피이기에 더욱이 함부로 먹을 수가 없는 것이다. 처음부터 피는 인간이 먹기 위한 것이 아니라 인간의 죄를 속할 유일한 제물로 창조되었기 때문이다.

- 예수 그리스도께서는 "내 살을 먹고 내 피를 마시는 자는 영생을 가졌고 마지막 날에 내가 그를 다시 살리리니"(요 6:54)라고 말씀하시며 당신의 몸과 피를 통한 죄 사함과 영생을 얻게 되는 성만찬의 원리를 가르치셨다.

- "백성 중에서 끊어진다"'(레 7:27; 17:10, 14)라는 것은 이스라엘 공동체에서 영원히 추방 당한다는 것을 의미한다. 이것은 하나님의 언약으로부터 끊어짐을 의미하는 것으로서 사형 선고나 다름없는 무서운 형벌이었다.

107. 구약의 동성애 금지법을 오늘날에도 지켜야 하는가?

레위기 18장은 하나님의 언약 백성들이 지켜야 할 성 도덕에 관한 규례를 중점적으로 기록한다. 그중에서 19-23절은 이방 풍속에 따른 부정하고 변태적인 성생활에 대한 금지 규례를 기록한다. “너는 여자와 동침함 같이 남자와 동침하지 말라 이는 가증한 일이니라 너는 짐승과 교합하여 자기를 더럽히지 말며 여자는 짐승 앞에 서서 그것과 교접하지 말라 이는 문란한 일이니라”(레 18:22-23). 하나님의 백성들이 가나안 원주민들의 타락한 성 문화인 남색(男色)이나 수간(獸姦)과 같은 변태적이고 불결한 이방 문화에 빠지지 말 것을 경고하셨다.

남색(sodomy)이란 남자와 남자끼리 관계하는 동성애(homosexuality)를 말하며, 수간(zooerastia)이란 사람과 짐승이 교합하여 성적 만족을 얻는 행위를 말한다. 하나님은 남색에 이어서 수간을 함께 말씀하시면서 남색과 같은 동성애가 얼마나 가증스러운 죄인지를 교훈하셨다. 여기에서 ‘가증하다’(히브리어 ‘토에바’)는 하나님을 진노하게 만들만큼 ‘혐오스럽다’는 뜻으로서 주로 육체적 음란(왕상 14:24; 겔 22:11)과 영적 우상 숭배(신 12:31; 겔 14:6)와 관련해서 자주 사용되는 용어이다.

이러한 행위들은 하나님의 창조 질서와 자연 질서 모두를 파괴하는 죄에 해당된다. 하나님은 남색(男色)하는 자는 반드시 죽이라고 하실 만큼 동성애를 큰 범죄 행위로 여기셨다. "누구든지 여자와 동침하듯 남자와 동침하면 둘 다 가증한 일을 행함인즉 반드시 죽일지니 자기의 피가 자기에게로 돌아가리라"(레 20:13). '자기의 피가 자기에게로 돌아가리라'라는 말씀은 피 흘림의 책임이 자신에게 있으므로 반드시 죽을 수밖에 없는 자임을 강조하는 것이다.

그렇다면 동성애를 금지했던 모세 시대의 율법을 신약 시대 이후인 지금도 지켜야 하는 것인가? 오늘날 동성애를 지지하는 자들은 구약 시대 레위기의 제사법이나 음식법(레 11장; 신 14장)처럼 동성애와 관련한 율법들도 지금은 모두가 폐기되었으므로 이제 동성애는 더 이상 구약 시대처럼 죄가 되지 않는다고 주장한다. 이에 더해 오늘날에는 동성애를 넘어서 양성애(이성과 동성 모두와 관계함) 심지어 성 자체를 바꾸어 버리는 트랜스젠더 등의 말로 표현되는 변태적인 일들이 난무하고 있다.

그들은 누구를 사랑하든 그 선택은 각자 자신의 권리이며 인간의 모든 사랑은 동일하게 평등하며 존귀하다고 주장한다. 이것이 과연 옳은 것인가? 그러나 그것은 궤변에 불과하다. 이에 대한 답변은 세상의 그 어떤 합당한 지식과 논리로는 불가하다. 이처럼 철저히 이성적이고 합리적인 인본주의적 논리는 오직 하나님의 진리 안에서 가증스러운 죄악에 불과하기 때문이다. 하나님의 율법 중에서 동성애는 폐기된 의식법에 속하는 것이 아니라 십계명처럼 구약 시대나 지금이나 변함없이 지켜야 할 도덕법에 속한다.

동성애 법이 폐기되어서 오늘날 동성애가 더 이상 죄가 되지 않는다면 레위기 18장에서 하나님이 싫어하시는 죄로서 동성애와 함께 기록되고 있는 각종 간음 행위와 근친상간과 강간이나 수간과 같은 비윤리적인 다른 모든 죄악들도 이제는 더 이상 죄가 되지 않아야 한다. 그러나 이 모든 음란 행위들은 21세기인 지금도 성경에서 뿐만 아니라 대부분이 세상의 법으로도 죄로서 규정되고 있는 것들이다.

동성애는 남자와 여자가 연합하여 둘이 한 몸을 이루라는 하나님의 신성한 창조 섭리(창 2:24)를 정면으로 거역하는 것이요, 강간과 근친상간과 같은 간음은 하나님이 세우신 천국과 같은 가정을 파괴하는 것이며 짐승과 교합하는 변태적인 수간은 하나님께서 만물의 영장으로 창조하신 사람을 짐승으로 전락시키는 행위로서, 이 모두는 우상 숭배와 함께 하나님께서 가장 싫어하시는 죄악들이다.

이와 관련해서 사도 바울은 로마서를 통해 남자나 여자의 동성애가 하나님께 얼마나 가증스럽고 저주스러운 죄악인지를 밝힌다(롬 1:26–27). 사도 바울은 또한 "음행하는 자나 우상 숭배하는 자나 간음하는 자나 탐색하는 자나 남색하는 자" 모두는 하나님의 나라(영원한 천국)를 유업으로 받지 못한다고 강력히 경고한다(고전 6:9). 예수님의 동생 유다도 동성애와 수간과 같은 변태적인 음란 행위가 영원한 불의 형벌을 받게 될 것을 교훈한다(유 1:7).

이 모두는 구약에 기록된 동성애에 관한 금지 법률이 신약 시대 이후인 오늘날까지도 여전히 엄격하게 지켜지고 있다는 것을 교훈하는 것이다. 결론적으로 동성애는 하나님께서 가증스럽다고 정죄하신 죄악이다. 지난 시대로부터 주님께서 다시 오실 때까지 반드시 준수해야 할 준엄하신 하나님의 명령이다.

| 난제 KEY POINT |

- 불신자들과 같이 동성애자들 또한 복음을 전파해야 할 대상자들이다. 그러므로 교회는 이들을 단순히 배척만 할 것이 아니라 동성애자들의 회복과 치유를 위해 진리 안에서 주어진 사명을 적극적으로 감당해야 한다.

- 하나님은 음란을 가장 싫어하신다. 음란에는 두 가지 종류가 있는데, 그것은 교잡한 성 행위를 통한 육체적 음란과 하나님이 아닌 다른 우상을 섬기는 영적 음란이다. 하나님은 성도들의 영과 육 모두가 순결하기를 원하신다.

- 구약의 율법은 내용별로 그 특성을 기준할 때 도덕법(moral law), 시민법(civil law), 종교적인 의식법(ceremonial law)으로 나누어진다. 십계명을 근본으로 한 도덕법은 시대와 관계없이 지켜야 할 불변의 법이다. 시민법은 당시에 백성들의 사회생활을 위해 주신 법으로서 불변의 법이 아니다. 의식법은 제사법과 성결법과 같은 종교적인 법으로서 예수 그리스도의 대속으로 성취됨으로써 오늘날에는 대부분이 폐기된 법이다.

108. 우상 숭배와 간음 등에 대한 사형 선고는 합당한 형벌인가?

레위기 20장은 먼저 기록된 18장, 19장과 깊은 연관성을 지닌다. 즉 레위기 20장에서는 레위기 18장(성 도덕에 관한 규례)과 19장(하나님의 선민으로서의 성결 규례)에 기록된 하나님의 명령들을 어겼을 경우에 대한 형벌을 규정하고 있다. 레위기 20장의 형벌의 내용은 크게 두 가지 유형의 범죄로 나누어진다. 첫째는 영적으로 음란한 우상 숭배 죄(1–9절), 둘째는 육체적으로 음란한 성적 범죄(10–21절)로 구별된다.

레위기 20장의 본문에는 죄인을 '죽이라'는 하나님의 말씀이 11회 반복해서 기록되고 있는데, 이 중에서 '반드시 죽이라'는 단호한 명령은 9회나 강조되어 기록된다(레 20:2, 9, 10, 11, 12, 13, 15, 16, 27). 또한 하나님의 언약 백성 중에서 '끊어질 것'이라는 단절의 표현도 5회나 강조되면서 영육 간의 음란죄에 적용되는 하나님의 엄격한 심판을 드러내고 있다(레 20:3, 5, 6, 17, 18). 이것은 하나님께서 그만큼 영육 간의 음란을 싫어하심을 보여 주는 것이다.

그중에서도 자식을 몰렉에게 주는 자, 부모를 저주하는 자, 남의 아내와 간음하는 자, 아버지의 아내와 동침하는 자, 며느리와 동침하는 자, 남자끼리 동침하는 자, 남자나 여자가 짐승과 교합하는 자, 남자나 여자가 접신하거나 박수무당이 되는 자들은 '반드시 죽이라'고 엄중히 경고하셨다. '접신한 자'는 죽은 사람의 영혼이나 귀신과 교감하며 미래를 점치는 자이며(삼상 28:7; 왕하 21:6), '박수무당'은 마술이나 점을 치는 미신적 행위를 통해 예언하는 무당을 가리킨다(신 18:11; 행 13:6). 둘 모두가 하나님을 대적하는 악한 영들과 교감하며 성도들을 미혹시키는 자들로서 하나님의 영벌을 피할 수 없는 자들이었다(레 20:27).

특히 아내와 장모를 함께 데리고 사는 자는 그의 아내와 장모도 함께 불살라 죽이라고 말씀하셨다(레 20:14). 이는 죄의 책임이 한 사람에게만 있는 것이 아니라 모두에게 있으므로, 먼저 돌로 쳐서 심판한 후에 시신을 불에 태우는 화형의 형벌이 가해졌다. 이렇게 엄격한 형벌들은 신약 시대인 예수님 당시에도 돌로 쳐서 죽이는 처형법으로 계속해서 이어져 왔다(마 21:35; 요 10:31; 행 7:5). 이러한 우상 숭배와 성적 타락은 지난 시대에만 있었던 과거에 한정된 죄악들이 아니다. 오히려 오늘날에는 당시와 비교할 수도 없는 무자비한 살인과 폭력이 난무하고 있으며, 우상 숭배와 성적 타락은 세상 도처에서 일상이 되어 버린 지도 오래다.

오늘날에도 지난 시대의 율법을 기준으로 해서 하나님의 심판이 행해진다면 이를 피할 수 있는 자가 과연 얼마나 될까? 그렇다면 하나님께서 이러한 범죄들에 대해서 모두 사형 선고를 내리신 것은 합당한 형벌이었을까? 영육 간의 음란에 대해 '반드시 죽이라'는 하나님의 단호한 사형 선고는 과연 어떤 의미를 지니고 있을까?

이를 위해 본문의 죄목들을 잘 살펴보면 이들의 공통점은 모두가 하나님의 영광을 가리는 신성 모독에 해당된다는 것을 알 수 있다. 인간의 성(性)이란 태초부터 하나님의 형상을 따라 창조된 인간들에게 생육하고 번성하라는 거룩한 창조 목적을 위해서 주어진 고귀한 것이었다. 이에 따라 남녀 간의 순결한 만남과 사랑을 통해서 하나님을 경배하는 복된 가정을 이루게 하시고 그들의 자손들을 통해 하늘의 뭇별과 같은 번성을 이루게 하셨다.

그러므로 하나님의 선하신 뜻에 따라 창조된 인간의 성을 본래의 신령한 목적을 떠나 단순한 육체의 쾌락을 위한 도구나 변태적인 우상 숭배의 수단으로 삼는 것은 거룩한 인간을 짐승과 같은 존재로 전락시키는 반인륜적인 범죄에 해당된다. 이는 나아가 하나님의 창조 질서를 파괴시키며 하나님의 영광을 모독하는 행위였다. 레위기 20장의 형벌이 선포되고 나서 얼마 후, 이제 이스라엘 백성들은 언약의 땅인 가나안을 향해 진군해 가야 했다(민 10:11).

그곳은 극한 우상 숭배와 음란의 패악에 빠진 원주민들이 득실거리는 곳이다. 그래서 하나님은 타락이 극에 달한 가나안 민족들의 악함으로 인해 그들을 진멸시켜 쫓아내시고자 하셨다(신 7:1-2; 9:4-5). 이를 위해 그들과 거룩한 전쟁을 치르게 될 하나님의 선민인 이스라엘은 하나님의 군사로서 그들과 구별되어야 했다. 여호와 신앙을 파괴하는 우상 숭배와 선민 공동체의 순수성을 오염시키는 각종 성적 범죄는 결과적으로 이스라엘 공동체가 하나님과 맺은 언약까지도 파기하게 만드는 중대한 죄악이 될 수 있었기 때문이다.

따라서 하나님은 이스라엘 내부의 죄악들을 미리 제거함으로써 그러한 가증스러운 것들이 더 이상 언약 공동체로 확산되지 않도록 사전에 차단하셨다. 가나안 진군을 위한 거룩한 여호와의 전쟁을 치르기 위해서는 하나님처럼 그 백성들도 거룩해야만 했던 것이다(레 19:2). 이것이 영육 간의 음란에 대한 죄는 '반드시 죽이라'고 사형 선고를 내리신 이유였다. 결국 하나님은 음란한 백성들을 죽이고자 하셨던 것이 아니라 죄의 삯은 죽을 수밖에 없는 사망임을 깨닫게 하고자 하셨다. 그래서 백성들이 죄로부터 분리되기를 원하셨던 것이다.

하나님은 죽어 마땅한 자들을 살리시기 위해 율법과 함께 성막도 주셨다. 율법으로는 죄를 깨닫게 하시고 성막으로는 죄를 용서하고자 하신 것이다. 참성막이신 예수 그리스도께서도 말씀하셨다. "나는 너희에게 이르노니 음욕을 품고 여자를 보는 자마다 마음에 이미 간음하였느니라"(마 5:28). 주님의 이 말씀은 '간음하지 말라'는 구약 시대의 7계명보다도 훨씬 더 엄격한 명령이다. 그러나 이 또한 십계명을 더욱 강화하여 정죄하고자 한 것이 아니라, 인간은 누구나 간음하지 않은 자가 없다는 것을 교훈하고자 했음을 유념해야 한다.

하나님의 율법대로 심판했을 때 우리 모두는 영원히 죽을 수밖에 없는 죄인들이기 때문이다(롬 3:10). 이 세상에서 율법을 다 지킬 수 있는 자는 예수님 외에는 단 한 사람도 없다. 그래서 하나님은 성막의 희생 제사를 통해서 죄 사함받을 수 있는 은혜의 길을 열어 주셨다. 그것이 바로 길이요 진리요 생명이신 하나님의 아들 독생자 예수 그리스도시다(요 14:6). 예수 그리스도께서 우리를 위해 '반드시 죽어야' 할 이유가 여기에 있었다.

| 난제 KEY POINT |

- 암몬 족속은 몰렉을 우상으로 섬기며 어린아이를 제물로 바치는 가증스러운 인신 제사를 행했다(왕상 11:5, 7). 몰렉은 사람의 몸에 황소의 머리를 지니고 두 팔을 벌린 모습의 형상을 지니고 있었으며, 때로는 '몰록'(왕상 11:7), '밀곰'(왕상 11:5), '말감'(렘 49:1)이라고도 불렸다. 선지자 예레미야 당시에도 어린아이를 불에 태워서 바치며 몰렉의 불 사이로 지나게 하기도 했다(렘 32:35).
- 레위기 20장은 오늘날 타락한 세상 가운데서 우리 성도들이 순결하고 성결한 삶을 살아가도록 교훈하시는 하나님의 경고의 메시지이기도 하다.

109. 이스라엘의 여러 절기들의 목적과 의미는 무엇인가?

모세오경에는 하나님의 언약 민족인 이스라엘 백성들이 지켜야 할 다양한 여호와의 절기들이 기록되어 있다(출 23:10-19; 34:18-26; 레 23장; 민 28:9-29장; 신 16:1-17). 이 중에서 레위기 23장에는 이스라엘의 안식일과 7대 절기들을 상세히 소개한다. 그것은 모든 절기의 근본인 안식일로부터 시작해서(1-3절) 유월절과 무교절(4-8절), 초실절(9-14절), 오순절(15-22절), 나팔절(23-25절), 속죄일(26-32절), 초막절(33-44절)로 이어지는 7대 절기들로 나누어진다. 안식일과 이 모든 7대 절기들은 하나님께서 구약 시대 성도들에게 주신 주요 명절들이다. 이 거룩한 날들의 목적과 각 절기들의 의미에 대해 살펴본다.

❶ **안식일** : 하나님께서 6일 동안 만물을 창조하시고 7일째 안식하셨음을 기념하는 날이요(창 2:3; 출 20:11), 또한 이스라엘이 애굽의 노예로부터 해방된 출애굽을 기념하는 날이다(신 5:15). 우리는 이날을 통해서 안식일의 참주인이신 예수 그리스도 안에서 참되고 영원한 안식을 누리게 될 것을 바라보게 된다(마 12:8; 막 2:28; 눅 6:5).

❷ **유월절** : 이스라엘 백성들이 어린양의 피로써 구원받고 애굽으로부터 자유를 얻게 된 것을 기념하는 날로서 종교력으로 1월(니산월) 14일

저녁에 지키는 절기이다(출 12:1-28). 우리의 명절로 보면 광복절이나 독립기념일과도 같은 큰 명절로서 이스라엘의 가장 중요한 절기이다. 유월절의 희생 제물인 흠 없는 어린양은 우리 죄로 인해 죽으신 죄 없으신 예수 그리스도를 상징한다(고전 5:7). 유월절 흠 없는 어린양의 실체가 바로 예수 그리스도인 것이다(요 1:29, 36).

❸ **무교절** : 무교절은 유월절과 연결된 명절로서 유월절 다음 날인 1월 15일부터 7일간 지키는 절기이다. 유대인들은 유월절과 무교절을 하나의 절기로 거룩히 준수했다. 이 기간 동안 애굽의 노예였던 이스라엘 백성들은 누룩 없는 빵인 무교병을 먹었으며 애굽에서 급하게 탈출했던 날을 기념하는 절기이다(출 12:15-20, 39). 이는 성도들이 세상의 죄악과 고통 속에서 해방되었음을 상징한다.

❹ **초실절** : 봄에 수확한 곡물(보리)의 첫 이삭 한 단을 하나님께 드리는 날로서 유월절 후 첫 번째 안식일 다음 날로 지켰다(레 23; 11, 15). 이날은 무교절이 끝난 다음 날이며, 이날에 첫 이삭을 드린 것은 모든 것이 하나님께로부터 온 것임을 고백하면서 온전히 드림을 의미한다. 여기서 하나님께 드려진 첫 열매는 우리 성도들의 부활의 첫 열매되신 예수 그리스도를 예표한다(고전 15:20). 첫 수확한 곡식을 하나님께 드리는 초실절은 오늘날 추수감사절의 유래가 되었다.

❺ **오순절** : 보리 수확의 첫 열매를 하나님께 드린 초실절 이후 50일째 되는 날에 지키는 절기로서 밀 수확을 감사하는 절기이다(레 23:15-16). 초실절 후 7주가 지난 다음 날의 절기라 하여 '칠칠절'(출 34:22), 또는 모맥을 거두고 지키는 절기라 하여 '맥추절'이라고도 불린다(출 23:16). 오순절은 신약 시대에 마가의 다락방(추정)에서 있었던 성령 강림의 역사를 통해서 초

대 교회가 탄생되는 놀라운 열매를 지닌 절기이다(행 2:1-4, 43-47).

❻ 나팔절 : 나팔절은 7월 1일이며 이날은 유대인의 민간력으로는 새해 첫날 곧 1월 1일이다. 이날은 기쁨과 감격으로 새해 첫날을 맞이하며 일정한 간격으로 나팔을 불면서 기념했다. 또한 이 나팔 소리는 9일 뒤에 있을 대속죄일(7월 10일)과 2주 뒤의 초막절(7월 15일)을 알리는 회개의 나팔이기도 했다. 이 날의 나팔 소리는 주님 재림 시의 나팔 소리를 상징하기도 한다(살전 4:16).

❼ 속죄일 : 이날은 7월 10일이며(민 간력은 1월 10일) 대제사장이 1년 중 유일하게 지성소에 들어가서 자신의 죄와 이스라엘 모든 백성들의 죄를 속죄하는 날로서 '대속죄일'이라고도 불린다. 여호와의 절기 중 유일하게 금식하고 회개하면서 근신하는 날이다. 그래서 "스스로 괴롭게 하라"라는 말씀을 세 차례나 반복하고 있다(레 23:27, 29, 32). 또한 이날은 모든 일을 중단하고 오직 정결한 마음으로 자신의 죄를 돌아보는 날이므로 "이날에는 어떤 일도 하지 말라"라는 명령이 세 번이나 강조된다(레 23:28, 30, 31). 죄 사함의 역사는 전적인 하나님의 은혜요, 오직 영원하신 대제사장인 예수 그리스도의 희생을 통해서만이 가능하기 때문이다(히 9:12).

❽ 초막절 : 이스라엘이 출애굽 하여 40년 동안 광야의 초막(장막)에서 생활했던 일을 기념하여 7월 15일부터 7일간 지키는 절기이다(레 23:43). '장막절'이라고 불리기도 하며, 또한 추수한 후에 곡식을 저장하고 지키는 절기라 하여 '수장절'이라고도 불렀다(출 23:16; 34:22). 초막절은 1년 중에 마지막 절기로서 이스라엘 백성들은 한 주 동안의 초막 생활을 통해서 지나간 광야에서의 고난을 돌아보며 앞으로 주어질 천국의 영원한

장막을 사모했다.

이처럼 이스라엘의 모든 절기들은 하나님께서 직접 제정하신 '여호와의 절기'로서 단순한 명절이 아니라 모두가 예수 그리스도를 통한 하나님의 구원 계획을 포함하고 있다. 또한 모든 절기들의 공통점은 안식일이라는 것과 모든 날을 거룩한 모임을 위한 성회(聖會)로 삼아서 하나님을 경배하는 공적 제사를 드렸다(레 23:2).

그래서 레위기 23장에는 거룩한 성회의 날에 "너희는 아무 일(노동)도 하지 말라"라는 안식의 명령을 10번이나 반복해서 강조한다(3, 7, 8, 21, 25, 28, 30, 31, 35, 36절). 이는 안식을 위해서 사람의 행위로 더할 것은 아무것도 없다는 것을 뜻한다.

하나님은 이러한 구약의 절기들을 통해서 모든 성도들이 예수 그리스도 안에서 주님과 함께 참된 안식을 누릴 것을 교훈하고 계신다. 이는 또한 우리에게 주고자 하신 영원한 안식이 예수 그리스도를 통한 재림의 날에 완성될 것을 의미한다.

| 난제 KEY POINT |

- 이스라엘의 3대 절기는 유월절, 오순절, 장막절로서 유월절 식사는 오늘날 성만찬 예식의 시작을 보여 준다(막 14:12-25). 7월에 속한 세 절기인 나팔절(7월 1일), 대속죄일(7월 10일), 초막절(7월 15일)은 예수 그리스도의 재림으로 이루어질 성도들의 구원 성취를 기념하는 절기이다.
- 이스라엘의 달력은 종교력과 민간력 두 가지를 사용하는데 성경에 기록된 이스라엘의 달력은 주로 종교력을 기준으로 한다. 종교력이란 이스라엘의 출애굽을 통한 구원을 기념하여 그 달을 새해의 첫 달인 1월로 계산한 것이다. 종교력과 민간력은 6개월 정도의 차이가 있다. 종교력 1월은 민간력 7월에 해당되며 오늘날 우리가 사용하는 달력과는 2-3개월 차이가 있어 양력으로는 3-4월에 해당된다.

12문항

민수기

110-121

110. 민수기는 어떤 내용을 기록한 책인가?

모세오경의 네 번째 책으로서의 민수기(民數記)는 한자어로 백성 民, (수를) 셀 數, 즉 '백성들의 수를 세다'라는 뜻으로서 영어로는 'Numbers'로 표기한다. 이것은 민수기 1장과 26장에서 두 번에 걸쳐 이스라엘 백성들의 인구 조사를 실시함으로써 붙여진 제목이다. 그러나 민수기의 실제 주요 내용은 책의 제목이 말하는 인구 조사가 아니다. 민수기의 히브리어 성경은 '광야에서'(히브리어 '베미드바르')라는 제목으로 되어 있는데 이것은 민수기 책의 내용이 이스라엘 백성들이 광야에서 오랜 세월을 떠돌며 방황했던 이스라엘 백성들의 유랑 생활을 기록하고 있음을 시사한다.

실제적으로 민수기는 이스라엘 백성들이 하나님께로부터 시내 산 율법을 수여받은 이후에 시내 광야를 출발해서 요단강 동편의 모압 평지에 도착하기까지의 약 38년 이상의 광야 생활을 주된 내용으로 하고 있다. 그러나 38년 동안의 긴 방황의 역사는 거의 기록하지 않고 있으며 오히려 시내 광야를 출발했던 출애굽 제2년과 가나안 진입 직전에 모압 평지에 도착했던 출애굽 제40년의 사건을 중점적으로 다루고 있다.

안타깝게도 광야에서 있었던 이스라엘 백성들의 40년이라는 기간은 하나님 말씀에 대한 불순종으로 인해 출애굽 1세대가 광야에서 다 죽어야만 했던 방황의 세월이었다. 그래서 민수기의 핵심 단어도 '방황'이다. 시내 광야를 출발해서 가나안 땅까지 2주일이면 충분히 갈 수 있는 거리를(신 1:2) 때만 되면 지도자 모세를 불평하고 하나님을 원망하면서 40년 유랑의 세월을 보낸 것이다. 이러한 방황과 유랑의 세월을 기록한 민수기는 내용별로 크게 세 단락으로 나누어진다.

❶ 첫 번째 단락(민 1:1-10:10) : 본 단락에서는 시내 광야에 머물면서 약속의 땅 가나안을 향한 출발 준비 과정을 기록한다. 이스라엘 백성들은 4백년이 넘도록 애굽의 노예로 살았으나 출애굽을 통해 구원받고 시내 산에서 율법도 받고 하나님과의 언약 체결식도 모두 마쳤다. 이제는 애굽의 노예가 아니라 공식적인 하나님의 언약 백성으로 거듭났다. 성막에서 제사로 죄 사함받는 법도 다 배웠으니 그렇다면 이제 할 일은 약속의 땅 가나안을 향해서 힘차게 나아가는 것이다. 2백만 명이 넘는 백성들이 가나안을 향해 민족 대이동을 하려면 철저한 준비가 필요했다. 가나안 진군을 위한 힘찬 출발을 위해 모세는 하나님의 명에 따라 인구조사를 먼저 실시했다. 시내 광야를 출발하기 불과 20일 전이었다(민 1:1; 10:11). 광야에서 언제 있을지 모를 대적들과의 전쟁에 대비해서 효율적인 군대 조직이 필요했기 때문이다.

조사 결과 이스라엘 백성들 전체에서 20세 이상으로 전쟁에 나갈 수 있는 자는 모두 603,550명이었으며(민 1:46) 각 지파별로 임무에 따른 업무 분장도 모두 마쳤다. 드디어 역사상 최초로 이스라엘의 군대가 탄생된 것이다. 이제 가장 중요한 요소만이 남았다. 그것은 백성들의 거룩함과 성결함에 대한 결단이었다(민 5-9장). 이스라엘은 거룩한 성전을 치르기 위한 여호와의 군대였기 때문이다.

❷ 두 번째 단락(민 10:11–25장) : 드디어 이스라엘은 출애굽 해서 약 1년 가까이 머물렀던 시내 광야를 떠난다(민 10:11–12). 이어서 본 단락에서는 하나님 말씀에 대한 반역과 불순종으로 인해서 출애굽 1세대가 실패하는 비극적인 모습을 보여 준다. 가나안을 향한 모든 준비를 마친 이스라엘은 드디어 출애굽 제2년 2월 20일에 시내 광야를 떠났다(민 10:11). 시내 광야에 도착하고서(출 19:1) 약 1년 만에 행군이 다시 재개된 것이다. 하나님의 인도하심에 따라서 일사분란하게 민족대행진을 시작한 백성들은 출발한 지 불과 며칠 만에 하나님과 지도자 모세를 원망하며 비난하기 시작했다(민 11:1). 그리고 가나안을 정탐하고 돌아온 12정탐꾼 중에 10명은 적들의 견고한 성읍과 강한 모습에 겁에 질려 있었고 이들과 동조한 백성들은 또다시 하나님을 원망하면서 반역하는 불경죄를 범했다.

이로 인해 여호수아와 갈렙을 제외한 출애굽 1세대(구세대) 모두는 가나안 땅에 들어가지도 못하고 40년 동안 떠돌다가 결국은 척박한 광야에서 죽어야만 했다(민 14:29–33). 그럼에도 불구하고 백성들의 원망과 반역은 40년 광야 방황이 끝날 때까지도 멈추지 않았다. 가나안 땅을 목전에서 바라보는 요단 동편의 싯딤에 도착해서까지도 모압 여자들의 유혹에 빠져서 우상을 숭배하며 육체적 쾌락을 즐기다가 염병(전염병)으로 이만사천 명이나 죽어야 했다(민 25:9). 지나온 광야 40년의 세월은 하나님의 은혜를 모르는 백성들의 완악함의 연속이었다.

❸ 세 번째 단락(민 26–36장) : 민수기의 마지막 단락에서는 출애굽 2세대인 신세대의 가나안 정복을 위한 준비 과정을 기록한다. 이를 위해 이스라엘은 가나안으로 진입하기 전에 주요한 세 가지 일들을 해결해야

했다. ① 2차 인구 조사를 실시했다(민 26장). 첫째는 가나안 땅을 정복하기 위한 군사적 목적이요, 둘째는 가나안 정복 후에 12지파의 인구 비례대로 가나안 땅을 분배하기 위함이었다. 지난 광야 40년 동안 출애굽 1세대 백성들이 거의 다 죽었기 때문이다. ② 모세의 뒤를 이을 후계자를 세워야 했다(민 27:12–23). 이제 여호와의 종 모세도 광야 생활을 끝으로 맡겨진 사명을 모두 마쳤다. 따라서 백성들을 약속의 땅 가나안으로 인도할 이스라엘의 새로운 지도자가 필요했다. ③ 이스라엘은 언약 백성으로서 가나안에 입성해서도 항상 거룩함과 성결함을 유지해야 했다. 이를 위해 백성들은 죄 사함의 제사와 여호와의 절기들을 철저히 준수할 것을 다시 한번 다짐해야 했다(민 28–30장). 이후에 이스라엘 백성들은 가나안 입성을 앞두고 지나온 40년 동안의 광야 여정을 다시 한번 돌아보면서 가나안 입성을 준비했다(민 33–36장).

척박하고 메마른 광야에서 살 수 있는 유일한 길은 오직 하나님만 믿고 의지하며 나아가는 것이었다. 그러나 백성들은 40년이라는 긴 세월 동안 한 가닥의 믿음조차도 없었으며, 그들이 할 수 있는 것은 힘들 때마다 모세를 불평하고 하나님을 원망하는 것이 전부였다. 그럼에도 하나님은 택하신 이스라엘을 포기하지 않으셨다. 백성들의 반복되는 패악함에도 불구하고 하나님의 언약은 변함없이 성취되고 있었다. 이스라엘은 지난 40년을 돌아보면서 변치 않는 하나님의 은혜를 가슴에 깊이 새겨야 했다. 이것이 방황의 책인 민수기가 우리에게 주는 교훈이다.

이스라엘 백성들이 방황했던 광야 40년의 기간은 오늘날 메마르고 험난한 세상을 살아가는 우리 성도들의 고달픈 나그네 인생을 상징한다. 이스라엘이 하나님만 의지하며 오직 믿음으로 전진해야 했듯이 우리도 이 거칠고 패악한 세상을 이기는 길은 하나밖에 없다. 그것은 구원의 유일한 길이요 진리요 생명이신 예수 그리스도 안에서 오직 하나님만 바라며 말씀에 순종해서 살아가는 것이다. 그것은 오직 믿음으로 이루어진다(롬 1:17).

| 난제 KEY POINT |

- 민수기는 오늘날 성도들이 하나님의 백성으로서 어떻게 살아가야 할지 실제적인 삶의 지혜와 교훈을 던져 주는 책이다. 즉 오직 하나님 말씀에 대한 믿음과 순종만이 살 길임을 깨닫게 한다.

111. 하나님은 장자 대신에 왜 레위인을 내 것이라고 말씀하시는가?

하나님은 출애굽 직전에 애굽에 내리신 마지막 열 번째 재앙으로 애굽의 모든 장자와 가축의 초태생까지 다 죽게 하셨다(출 12:29-30). 그렇지만 이스라엘의 장자는 짐승을 포함하여 모두를 살려 주시고 죽음에서 살아난 이스라엘의 장자와 모든 초태생을 당신의 소유로 삼으셨다. "이스라엘의 자손 중에서 사람이나 짐승을 막론하고 태에서 처음 난 모든 것은 다 거룩히 구별하여 내게 돌리라 이는 내 것이니라"(출 13:2).

본문에서 "내게 돌리라"는 말씀은 '하나님께 제물로 드리라'는 뜻으로서 장자 봉헌을 의미한다. 그 이유는 민수기 3장 13절과 8장 17절에 잘 나타나 있다. 즉 지난 유월절 밤의 마지막 재앙에서 애굽의 장자는 모두가 죽고 이스라엘의 장자는 모두가 살았던 역사에서 비롯된다. 따라서 하나님은 친히 어린양의 피로 살려 주셨기에 이스라엘의 모든 장자를 내 것이라고 말씀하셨다. 장자에 대한 하나님의 주권과 권리를 주장하신 것이다. 유월절 어린양의 피로써 이스라엘의 장자가 하나님의 소유 된 것이다.

여기서 '장자'는 대표성의 원리로서 이스라엘 전체를 의미한다. 이것은 "이스라엘은 내 아들 내 장자라"(출 4:22)라는 말씀에서도 잘 나타난다. 하나님은 어린양의 피로 값을 치르시고 이스라엘을 당신의 소유 된 백성으로 삼으신 것이다. 놀랍게도 이러한 하나님의 장자에 대한 소유권은 그로부터 약 1,500년이 지난 후에 하나님의 어린양이신 예수 그리스도의 십자가 보혈을 통해서 성취된다(요 1:36). 이는 하나님의 소유인 이스라엘이 곧 오늘날 예수 그리스도 안에서 하나님의 소유 된 백성인 우리 성도들을 가리킨다는 것을 입증한다. "그러나 너희는 택하신 족속이요 왕 같은 제사장들이요 거룩한 나라요 그의 소유가 된 백성이니…"(벧전 2:9).

그런데 하나님은 이후에 이스라엘 백성들이 시내 광야를 출발하기에 앞서 새로운 선언을 하셨다. 그것은 레위인들에 대한 하나님의 주권적인 선언이었다. "보라 내가 이스라엘 자손 중에서 레위인을 택하여 이스라엘 자손 중에 태를 열어 태어난 모든 맏이를 대신하게 하였은즉 레위인은 내 것이라"(민 3:12). 이에 더해 하나님은 레위인들을 구별하여 성막에서 봉사하는 거룩한 업무까지 맡겨 주셨다(민 4장). 또한 이전에 내 것이라고 선언하셨던 이스라엘의 모든 맏이(장자)를 대신해서 이제는 레위인을 내 것이라고 선포하고 계신다.

그렇다면 하나님은 왜 이스라엘의 장자를 대신하여 레위인을 내 것이라고 하셨을까? 무슨 이유로 그들에게 성전 업무를 담당하는 특별한 은혜까지 베푸셨을까? 레위는 야곱의 셋째 아들로서 이전에 세겜에서 여동생 디나가 강간을 당했을 때 그 보복으로 세겜 성읍의 남자들을 무자비하게 죽이고 형제들의 노략질을 주동했던 잔인한 자였다(창 34장). 이 일로 인해서 레위는 아버지 야곱이 임종하기 전에 열두 아들들을 축복 했을 때 오히려 이스라엘 중에서 흩어질 것이라는 저주를 받았었다

(창 49:5–7). 그런 레위였었는데 이후에 그의 후손들에게는 어떤 변화가 있었던 것일까?

레위의 후손들의 변화는 출애굽 이후에 있었던 한 사건을 통해서 확연히 드러난다. 그것은 여호와의 종 모세가 40일 동안 시내 산에 올라 하나님의 계시를 받는 동안에 일어났던 금송아지 숭배 사건이다(출 32장). 모세가 십계명의 두 돌비를 가지고 시내 산에서 내려 왔을 때 백성들은 광란에 빠진 채 우상을 숭배하고 있었다. 백성들이 모세가 산에서 내려오는 것이 지체되자 불안한 마음으로 금으로 송아지 신상을 만들어서 숭배한 것이다. 이에 하나님이 진노하셨고 모세는 들고 있던 십계명의 두 돌판을 던져서 깨뜨려 버렸다.

그리고 모세는 우상 숭배에 가담하지 않은 레위 자손들을 불러서 형제든지 친구든지 이웃이든지 간에 범죄의 주동자들을 모두 찾아서 도륙하게 했다. 레위 자손들은 모세의 명령대로 약 3천 명의 백성들을 진멸시킴으로써 하나님의 진노를 대신할 수 있었다. 이에 대해 모세는 "…오늘 여호와께 헌신하게 되었느니라 그가 오늘 너희에게 복을 내리시리라"(출 32:29)라고 하면서 동족을 죽여야 하는 아픔 속에서도 충성되게 헌신했던 레위 자손들을 축복했다. 모세는 레위인들이 하나님 편에 서서 우상 숭배자들을 처형한 것을 마치 제사장이 하나님께 이스라엘의 죄에 대한 대속 제물을 드린 것으로 보았을 것이다.

레위 지파는 이를 계기로 모세가 임종하기 전에 12지파에게 했던 축도에서 특별히 대제사장 지파의 축복을 받았으며 요셉과 함께 가장 많은 분량의 복을 얻게 되었다(신 33:8–11). 조상의 잘못된 잔인한 성품일지라도 하나님을 향한 충직한 헌신으로서 큰 축복의 열매를 맺게 한 레위의 후손들이었다. 그래서 야곱의 저주 아래서 심판을 받아야 했던 지파가 어느새 12지파 중에서 특별한 축복을 받는 지파로 거듭나게 된 것이다. 이로 말미암아 하나님은 이스라엘의 장자를 대신하여 12지파 중에서 레위인을 택하셨고 성막 제사를 섬기는 제사장 지파가 되게 하셨다.

모든 이스라엘 백성들이 하나님을 섬기고 경배하는 예배 중심의 삶을 살아갈 수 있도록 레위인을 하나님의 특별한 소유로 성별하신 것이다. "보라 내가 이스라엘 자손 중에서 레위인을 택하여…"(민 3:12). 이 모든 것이 전적인 하나님의 주권적 선택이요 놀라운 은혜였다.

| 난제 KEY POINT |

- 하나님께 돌릴 초태생 중에서 짐승은 제물로 드렸지만, 사람은 죄를 대신해서 돈으로 생명의 속전을 지불해야 했다(출 13; 13). 그런데 인구 조사 결과 장자를 대신할 레위인의 수보다 이스라엘의 장자 수가 273명이 더 많았다(민 3:46). 그래서 부족한 레위인의 숫자만큼 1인당 5세겔씩 모두 1,365세겔(273명 X 5)의 생명의 속전(생명을 구원해 주신 은혜의 예물)을 드려야 했다(민 3:44-51).
- 오늘날 우리 성도들도 하나님의 장자로서 천국의 유업을 상속받을 자들이다(히 12:23). 그러므로 구속사적으로 볼 때 이스라엘의 장자를 대신한 레위인은 성도들의 첫 열매(장자)이신 예수 그리스도를 상징한다(고전 15:20).
- 하나님과 대면하여 친구처럼 대화했던 모세도 레위 지파요 이스라엘의 초대 제사장인 아론도 레위 지파이다(출 6:16-20, 26-27). 레위 지파에게 맡겨진 직분은 백성들에게 하나님의 율법을 가르치고 희생 제사를 통한 바른 예배로 인도함으로써 이스라엘이 세상과 구별되게 하신 하나님의 기쁘신 뜻이었다(신 33:10).

112. 레위인이 성막에서 봉사를 시작하는 나이는 몇 세인가?

레위인이란 일반적으로 이스라엘의 12지파 중에서 레위 지파에 속한 사람들을 의미하는 말로서 야곱의 셋째 아들인 레위의 후손들을 가리킨다. 하나님은 이스라엘 백성들을 대신하여 레위인들에게 성막에서 제사를 돕고 모든 기물들을 관리하며 운반하는 일에 봉사할 것을 명령하셨다. 이와 관련해 레위기 4장에서는 레위의 세 아들인 고핫(1-20절), 게르손(21-28절), 므라리(29-33절), 세 자손들에게 분담된 성막에서의 직무를 기록하고 있다.

레위인들의 세부적인 주요 임무는 제사장들을 도와서 제사 직무를 보조하며 성막 안의 모든 기구와 성소의 성물들을 관리하고 운반하는 역할을 맡았다. 또한 백성들에게 율법을 가르치고 종교 문제를 재판하기도 하며 하나님을 찬양하는 성가대와 성전의 문지기로 봉사하기도 했다(대상 23장). 하나님은 레위인들이 이러한 일들을 효율적으로 잘 섬길 수 있도록 성막 안에서 봉사를 시작할 수 있는 나이와 은퇴해야 할 나이에 대해 제한을 두셨다. 성경에 기록되어 있는 레위인이 성막에서 봉사할 수 있는 나이를 정리해 보면 성막의 일을 마치고 은퇴할 나이는 50세로서 성경의 모든 본문이 동일하게 기록하고 있다.

반면에 레위인이 성막에서 봉사를 시작하는 나이는 30세(민 4:3), 25세(민 8:24), 20세(대상 23:24, 27; 스 3:8)로서 성경의 여러 곳에서 서로가 각각 다르게 기록하고 있다. 어느 것이 옳은 것일까? 모두가 틀리지 않는다면 성경은 왜 각각 다르게 기록했을까? 레위인이 성막에서 봉사할 수 있는 연령이 왜 서로 다르게 기록되었는지 그 이유를 30세, 25세, 20세로 세 가지 기록으로 나누어서 살펴보기로 하라.

❶ 30세부터 50세(민 4:3, 23, 30) : "곧 삼십 세 이상으로 오십 세까지 회막의 일을 하기 위하여 그 역사에 참가할 만한 모든 자를 계수하라"(민 4:3). 하나님은 레위 자손들이 성막에서 봉사할 수 있는 기간을 정신적 · 육체적으로 강건해지는 30세부터 시작해서 육체적으로 쇠약해지는 50세에 은퇴할 수 있도록 제한하셨다. 이것은 직무의 미숙함으로 인해서 불시에 일어날 수 있는 봉사자들의 실수를 미연에 방지하고자 하심이다. 성소를 보거나 성물을 잘못 만지기만 해도 죽을 수 있었기 때문에 한 치의 오차도 용납될 수 없었던 것이다(민 4:15, 20; 18:3). 예수님도 30세에 공생애를 시작하셨고 유대인이 산헤드린 회원이 될 수 있는 나이도 30세요 요셉이 총리가 되고(창 41:46) 다윗이 왕이 된 나이도 모두 30세였다(삼하 5; 4). 즉 이스라엘에서 30세는 사회적이나 종교적인 모든 측면에서 그 능력을 충분히 인정받을 수 있는 나이였다.

❷ 25세부터 50세(민 8:24) : "레위인은 이같이 할지니 곧 이십오 세 이상으로는 회막에 들어가서 복무하고 봉사할 것이요"(민 8:24). 본문에서는 성막에서의 봉사 가능 나이를 25세 이상부터라고 기록한다. 민수기 4장 3절의 30세와 다섯 살의 차이가 있다. 이것은 성막에서 본격적으로 업무를 시작하기 전의 견습 기간으로 볼 수 있다. 레위인의 성막 봉사가 공식적으로는 30세부터 시작되어야 하지만 실수 없이 숙달된 임무를

수행하기 위해서는 25세부터 5년 동안의 실습 기간에 걸쳐 성막의 다양한 업무를 배우고 익혀야 했을 것이다. 그래야만 책임감이 있고 능력 있는 레위인으로 설 수 있었기 때문이다. 이것은 민수기 4장 3절의 회막의 '일'(히브리어 '멜라카')이 '직업'을 뜻하는 반면에 민수기 8장 24절의 "…회막에 들어가서 복무하고…"에서 '복무'(히브리어 '바아보다트')의 뜻은 직업이 아니라 회막의 일을 도와주는 훈련과 봉사를 언급하고 있음을 통해서 알 수 있다.

❸ 20세부터 50세(대상 23:24, 27; 스 3:8) : "이는 다 레위 자손이니… 여호와의 성전에서 섬기는 일을 하는 이십 세 이상 된 우두머리들이라"(대상 23:24). 본문은 다윗 왕 시대에 있었던 레위인의 직무 기준으로서 당시에는 20세 이상부터 성전 사역을 시작했다고 기록한다(대상 23:24, 27). 이것은 이스라엘 백성들이 군에 입대할 나이인 20세와 동일하다(민 1:3). 레위인의 성막 봉사 시작 나이가 모세 당시인 30세보다 10년이나 젊어진 것이다. 이것은 모세 당시에는 가나안 진군을 위해서 진영을 옮길 때마다 레위인들이 성막의 모든 기구들을 운반하는 어려운 작업을 수시로 반복해야 했지만 가나안 땅에 정착한 다윗 시대에는 법궤를 다윗 성으로 안치했기에(삼하 6:12-15) 더 이상 무거운 성막의 기구들을 운반하거나 옮길 필요가 없었기 때문이다(대상 23:26).

더군다나 다윗의 아들인 솔로몬 왕 시대에는 성전이 완성됨으로써 레위인들의 육체적인 임무는 이전보다 훨씬 더 수월해졌다. 따라서 다윗 시대 이후에는 이전처럼 성물을 잘못 다루거나 실수함으로서 발생하는 위험 요소가 낮아짐으로써 이에 따른 레위인의 성전 봉사 나이도 20세로 낮아질 수가 있었던 것이다. 또한 제사장의 신분으로서 율법 학사였던 에스라 시대에도 20세 이상의 레위인들이 성전 공사를 감독했다고 말한다(스 3:8). 그것은 이스라엘이 70년 동안의 바벨론 포로 생활을 마치고 귀환 할 당시에 레위인들의 수가 불과 74명뿐이었기 때문이다(스 2:40; 느 7:43). 따라서 보다 신속하고 효율적인 성전 공사를 위해서는 레위인들의 봉사 연령을 20세로 낮출 수밖에 없었다. 더구나 당시에는 성막도 없었으며 성전도 파괴되고 없었으므로 레위인의 업무가 제사나 예배와 관련된 주요 업무보다는 단지 성전 재건축을 위한 일반적인 업무만을 감당하면 되었기에(스 3:8) 레위인의 봉사 연령을 20세로 낮추어도 큰 문제가 없었을 것이다.

이를 종합해 볼 때 20세, 25세, 30세로 성경에 다양하게 기록되어 있는 레위인의 성막 봉사가 가능한 연령은 모두가 옳은 것임을 알 수 있다. 이 모두는 모세 시대 이후에 이스라엘이 처했던 당시의 시대적 상황이나 여건을 고려해서 판단한 지혜로운 결정이었다. 그것은 오직 하나님을 바르게 경배하기 위한 목적이었기 때문이다.

| 난제 KEY POINT |

- 사무엘은 어머니 한나의 젖을 뗀 후부터 성전에 나아갔으며(삼상 1:24) 어린 시절부터 하나님의 음성을 직접 듣고 소명을 감당하기 시작했다(삼상 3장).
- 바벨론에서 돌아온 이스라엘 백성들의 1차 귀환자의 수는 총 49,897명이었다(스 2:64). 이 중에서 제사장은 4,289명(약 9%)이나 되었지만 레위인은 불과 74명뿐이었다. 여기에다 노래하는 자와 문지기와 같은 성전 봉사자들을 다 포함해도 341명밖에 되지 않았다(스 2:40-42).
- 이스라엘의 지도자 모세와 초대 대제사장 아론도 모두가 레위 지파요 고핫 자손들이다(출 6:18-20). 하나님은 레위의 세 아들 중에서 대제사장 가문인 고핫 자손에게 성막의 가장 중요한 임무를 맡기셨다(민 4:1-20).

113. 나실인이란 누구인가?

민수기 6장은 나실인에 관한 서원과 그에 관한 규례를 기록한다. 하나님은 모세에게 나실인의 헌신을 위한 규례에 대해 말씀하셨다. "이스라엘 자손에게 전하여 그들에게 이르라 남자나 여자가 특별한 서원 곧 나실인의 서원을 하고 자기 몸을 구별하여 여호와께 드리려고 하면"(민 6:2). 나실인(히브리어 '나지르')이란 하나님께 '구별된 자' 또는 '바쳐진 자' 라는 뜻이다. 즉 나실인이란 이스라엘 백성 중에서 남자든 여자든 성별에 구분 없이 일정 기간이나 또는 일평생 오직 하나님을 섬기고 헌신하기 위해서 세상으로부터 특별히 구별된 자들을 의미한다. 이들은 세상적인 삶으로부터 자신을 철저히 분리시켜 하나님 앞에 경건과 절제의 삶을 살아야 했다.

이처럼 여호와께 구별하여 드려진 나실인에는 네 가지 예가 있는데, 첫째는 삼손과 세례 요한처럼 하나님의 주권적인 택하심으로 인해 태어나면서부터 하나님의 명령으로 나실인이 된 자들이요(삿 13:5; 눅 1:15) 둘째는 사무엘처럼 부모의 서원으로 말미암아 일평생 나실인이 된 자이다(삼상 1:11). 그리고 셋째는 평생을 광야의 나그네 인생으로 경건하게 살면서 조상(레갑의 아들 요나답)의 명령에 따라서 대대로 구별된 삶을 살았던 레갑 족속이 있었으며(렘 35:1-19), 마지막으로 넷째는 사도 바울과 같이 자신의 서원으로 인해서 일정 기간 동안 나실인이 된 자로 구분된다(행 18:18).

이 네 가지 유형 중에서 민수기 6장의 나실인 제도는 사도 바울의 경우처럼 남자나 여자가 자발적으로 일정 기간을 정해 놓고 자신이 서원한 기간 동안만 하나님께 구별해서 드리는 규례를 기록하고 있다(민 6:2). 하나님께 온전히 헌신한 자인 나실인으로서 반드시 지켜야 할 세 가지 금지 규례는 다음과 같다.

❶ 포도주나 독주를 멀리하고, 심지어 포도즙이나 건포도도 먹지 말아야 했다. "포도주와 독주를 멀리하며 포도주로 된 초나 독주로 된 초를 마시지 말며 생포도나 건포도도 먹지 말지니 자기 몸을 구별하는 모든 날 동안에는 포도나무 소산은 씨나 껍질이라도 먹지 말지며"(민 6:3-4). 여기서 "초"는 발효된 것으로서 가정에서 양념으로 사용되던 것을 말한다. 이는 곧 포도나무 소산과 관련된 모든 것을 먹지 말라는 엄격한 명령이다. 술은 육체를 마비시키고 영적인 분별력을 상실하게 하므로 모든 술의 근원이 되는 것을 철저히 분리하라는 것이다. 이는 사전에 육체적 쾌락의 요소를 온전히 제거하기 위한 것이다.

❷ 절대로 머리를 자르지 말아야 했다. "그 서원을 하고 구별하는 모든 날 동안은 삭도를 절대로 그의 머리에 대지 말 것이라 자기 몸을 구별하여 여호와께 드리는 날이 차기까지 그는 거룩한즉 그의 머리털을 길게 자라게 할 것이며"(민 6:5). '삭도'는 머리나 수염을 깎는 면도용 칼을 의미한다. 머리는 권위를 상징한다(고전 11:3). 그러므로 머리를 길게 기르는 것은 하나님의 절대적인 권위를 인정하며 온전히 순종하겠다는 내적 결단의 표시였다. 이는 곧 하나님 앞에 성별된 나실인의 외적 징표이며

삼손과 압살롬의 경우처럼 힘과 능력을 상징하기도 했다(삿 16:17; 삼하 14:25-26).

❸ 죽은 시체를 가까이 하지 말아야 했다. "자기의 몸을 구별하여 여호와께 드리는 모든 날 동안은 시체를 가까이 하지 말 것이요"(민 6:6). 시체는 죄로 인해 생겨난 죽음의 결과이기 때문에(롬 5:12) 주검을 가까이 한다는 것은 죄와 접촉한 것으로 보아 부정하게 여겼던 것이다. 그래서 심지어는 부모와 형제들이 죽더라도 그 주검을 가까이 할 수 없었다(민 6:7; 레 21:11).

이처럼 위에서 언급된 나실인의 엄격한 금지 규례는 레위기에서 언급된 제사장의 금지 규례와 유사한 점이 많았다(레 10:9; 21:10-12). 이것은 거룩하게 구별된 제사장과 같이 나실인 역시도 하나님께 특별히 드려진 자들이었기 때문에 제사장처럼 철저히 성결해야 함을 시사한다. 이와 같이 구약에서 성별된 나실인은 결국 오늘날 하나님께 거룩하게 구별된 자들이요 하나님만을 경배해야 할 우리 성도들을 상징한다. 하나님을 섬기기 위해 구별된 참된 성도들이 곧 영적 나실인인 것이다.

그렇다면 오늘날 성도들도 이러한 구약 시대의 규례들을 지켜야만 하는가? 그렇지 않다. 오늘날 중요한 것은 머리카락 같은 형식적이고 외적인 징표가 아니라 거룩한 향기로 드러나는 마음의 내적 성별이다. 따라서 오늘날에는 구약의 외적 규례들이 적용되지는 않지만 그럼에도 우리 성도들은 세상과 철저히 구별된 거룩한 산제사의 삶을 살아가야 한다(롬 12:1).

이를 위해 하나님 앞에 특별히 구별되신 완전한 나실인이 있다. 그분이 바로 예수 그리스도시다. 주님은 비록 포도주를 드셨고 머리카락도

자르셨고 시체도 만지셨다. 하지만 역사상 하나님께 자신의 삶을 온전히 구별해 드린 이는 오직 한 분, 그분밖에는 없다. 즉 구약의 나실인이란 하나님 앞에 죽기까지 자신을 드려 헌신하신 완전한 나실인 곧 예수 그리스도를 예표하고 있다.

| 난제 KEY POINT |

- 구약의 나실인은 머리를 길러야 했지만 사도 바울은 남자가 머리를 길게 하는 것은 본성에 어긋나는 부끄러운 일이라고 책망했다(고전 11:14). 그것은 구약 시대 나실인의 긴 머리는 하나님께 대한 거룩한 성별의 표시였지만 바울 당시 남자의 긴 머리는 마치 남자가 여자 옷을 입은 것처럼 오히려 하나님을 섬기는 데 방해가 되었기 때문이다(신 22:5). 남성과 여성이 구별됨이 없이 혼잡해지면 결국은 음란과 우상 숭배로 나아가게 된다.

114. 이방 여인을 취한 모세를 비방한 것이 왜 잘못된 것인가?

출애굽 한 이스라엘 백성들은 먹을 것과 마실 것으로 인해 힘들고 어려울 때마다 모세를 비난하고 하나님을 원망했다. 그러나 이제는 백성들뿐만 아니라 모세와 가장 가까운 형제들까지도 모세를 비난하면서 그의 권위에 도전하는 안타까운 사건이 발생했다. “모세가 구스 여자를 취하였더니 그 구스 여자를 취하였으므로 미리암과 아론이 모세를 비방하니라”(민 12:1). 본문의 ‘구스’는 오늘날의 에티오피아 지역으로 추정된다. 그래서 미리암과 아론이 이방 여인을 취한 모세를 비난한 것이다.

여기서 모세가 취한 구스 여인에 대해서는 두 가지 견해가 있다. 첫째는 구스 여인을 모세의 아내인 십보라로 보는 해석과 둘째는 십보라가 출애굽 여정 중 죽고 난 이후에 모세가 새 아내를 맞은 것으로 보는 견해가 있다. 두 가지 해석은 모두 타당성이 있어 보인다. 어쨌든 이스라엘이 시내 광야를 떠나서 가나안으로 향하는 도중에 모세가 맞아들인 이방 여인을 문제 삼아서 미리암과 아론이 모세를 비방하고 나섰다. 이스라엘의 지도자인 모세가 당연히 하나님의 거룩하신 뜻에 따라 동족과의 결혼을 했어야 했는데 이를 어겼다는 것이다.

그러나 이 사건에 대한 결과는 오히려 미리암과 아론에 대한 하나님의 진노였다(민 12:9). 이로 인해 미리암은 나병에 걸려서 이스라엘의 진영 밖에 7일 동안 갇히는 하나님의 징벌을 받았다. 그렇다면 이방 여인과 결혼한 모세를 비방했던 미리암과 아론은 무슨 잘못을 범한 것일까? 이방 여인과 결혼한 모세를 비난한 것이 왜 잘못된 것일까? 물론 하나님께서도 이스라엘 백성들이 이방인과 결혼하지 말 것을 분명히 명령하셨다(출 34:16; 신 7:3–4).

그러나 그것은 모든 이방인들과의 결혼을 금지하셨던 것이 아니라 약속의 땅인 가나안에 들어갔을 때 우상과 음란으로 넘쳐 나는 이방 족속들과의 통혼을 금지하신 것이다(룻 4:13–22). 이스라엘이 그들과 섞여서 우상과 음란에 빠지지 않도록 선민 이스라엘의 거룩함을 보존하고자 하셨던 것이다. 그래서 성경에서도 하나님께서 이방 여인과 결혼한 모세를 책망하신 내용은 전혀 기록되지 않는다. 그러나 정말로 심각한 미리암과 아론의 잘못은 그것이 아니었다. 모세를 향한 그들의 비방은 단순한 이방 여인 문제가 아니었던 것이다.

"…여호와께서 모세와만 말씀하셨느냐 우리와도 말씀하지 아니하셨느냐…"(민 12:2). 즉 여호와께서 모세에게만 은혜를 베푸시고 이스라엘의 중보자로 세워 주신 것이 아니라 미리암과 아론 자신들에게도 같은 은혜와 권위를 주셨다는 것이다. 지금 이들은 이방 여인과의 결혼 문제를 넘어서 모세의 독보적인 권위를 넘보고 있는 것이다.

그렇다. 아론은 모세의 형이자 대언자이며(출 7:1) 동시에 이스라엘의 대제사장으로서 민족의 신앙을 대변하는 최고의 영적 지도자였다. 미리암 역시도 모세와 아론의 누이로서(민 26:59) 자신이 그럴 만한 충분한 자격이 있다고 믿고 있었다. 그녀는 나일 강으로 떠내려가던 아기 모세가 죽음의 위기를 극복하고 위대한 하나님의 지도자가 되기까지 결정적인 역할을 했으며(출 2장) 지금은 자신도 이스라엘을 대표하는 최초의 여선지자로서 사명을 감당하고 있었기 때문이다(출 15:20).

이후에 히스기야 왕 시대에 활동했던 미가 선지자도 미리암과 아론 두 사람이 모세와 함께 이스라엘의 최고 지도자였음을 증거하고 있다. "내가 너를 애굽 땅에서 인도해 내어 종노릇 하는 집에서 속량하였고 모세와 아론과 미리암을 네 앞에 보냈느니라"(미 6:4). 그래서 미리암과 아론은 자신들도 모세와 같은 이스라엘의 지도자요 선지자로서 그와 동등한 권위를 지녀야 한다고 항변하고 있는 것이다.

결국은 두 사람이 모세를 비방한 것은 단순한 이방 여인과의 결혼 문제가 아니라 이를 빌미로 한 모세의 신적 권위에 대한 도전이었다. 이러한 신랄한 형제들의 비난에 대해 모세는 아무런 대응도 하지 않았다. "이 사람 모세는 온유함이 지면의 모든 사람보다 더하더라"(민 12:3). 오직 하나님만을 전적으로 신뢰했기에 믿음으로 인내할 수가 있었던 것이다.

그러나 하나님은 진노하셨다. "…그는 내 온 집에 충성함이라 그와는 내가 대면하여 명백히 말하고 은밀한 말로 하지 아니하며 그는 또 여호와의 형상을 보거늘 너희가 어찌하여 내 종 모세 비방하기를 두려워하지 아니하느냐"(민 12:7-8). 하나님은 모세가 하나님의 온 집에 충성된 유일한 중보자라고 말씀하셨다. 모세만이 하나님께서 친구와 이야기함 같이 대면했던 특별한 자였던 것이다(출 33:11). 그렇게 모세는 다른 선지자들과는 비교할 수 없는 하나님과 직접적 교제를 나눈 독보적인 선지자였다.

하나님은 이처럼 그 누구도 넘볼 수 없는 신적 권위를 모세에게만 부여해 주셨다. 오직 모세만이 하나님과 이스라엘의 중보자가 될 수 있음을 명백히 밝히신 것이다. 그럼에도 미리암과 아론은 모세의 결혼을 핑계로 하나님께 부여받은 신적 권위에 대항했다. 이것은 모세가 아니라 하나님께 대한 도전이었다. 따라서 모세를 향한 미리암과 아론의 비방은 곧 하나님께 대한 심각한 불경죄가 된다.

하나님의 유일한 중보자인 모세를 비방한 사건, 이것은 궁극적으로 우리의 영원한 중보자 되신 예수 그리스도를 비방하고 대적함을 시사한다. "하나님은 한 분이시요 또 하나님과 사람 사이에 중보자도 한 분이시니 곧 사람이신 그리스도 예수라"(딤전 2:5). 모세는 영원하신 중보자 예수 그리스도를 예표하는 선지자였기 때문이다(행 3:22; 7:37).

| 난제 KEY POINT |

- 아론은 제외되고 미리암만이 징계를 받은 것은 그녀가 이 사건을 집요하게 주동했기 때문이다. 민수기 12장 1절의 "비방하니라"(히브리어 '테다베르')는 여성 단수 동사로서 '그녀가 비방했다'는 뜻이다. 이것은 미리암이 아론을 선동하여 모세를 비방했음을 시사한다. 이러한 미리암의 주도적인 모습은 아론보다 미리암의 이름이 먼저 기록되고 있음을 통해서도 암시된다(민 12:1).

115. 이스라엘은 왜 광야를 40년이나 유랑하는 형벌을 받아야 했나?

민수기 13장은 이스라엘 백성들이 가나안 땅을 정탐하기 위해 가데스 바네아에서 12명의 정탐꾼을 파송한 내용을 기록한다. 이스라엘 백성들은 40일간의 정탐 결과로 인해서 40년 동안을 광야에서 방황해야 했고 출애굽 1세대는 여호수아와 갈렙을 제외하고서 모두가 광야에서 죽어야 하는 징벌을 받았다. "너희의 시체는 이 광야에 엎드러 질 것이요 너희의 자녀들은 너희 반역한 죄를 지고 너희의 시체가 광야에서 소멸되기까지 사십 년을 광야에서 방황하는 자가 되리라"(민 14:32–33).

이 사건은 이스라엘 백성들이 출애굽 해서 가나안 땅에 들어가기 전까지 하나님을 가장 진노하시게 만들었던 큰 죄악에 속한다. "내가 전염병으로 그들을 쳐서 멸하고 네게 그들보다 크고 강한 나라를 이루게 하리라"(민 14:12)라는 말씀대로 하나님께서 백성들의 패역한 죄 때문에 이스라엘을 모두 전멸시키시고 모세를 통해 다시 새로운 나라를 세우고자 하실 만큼 대노하신 중대한 사건이었다.

하나님은 이전에도 시내 광야의 금송아지 사건에서 이처럼 택하신 민족을 멸하시겠다고 말씀하신 적이 있었다(출 32:10). 그러나 열두 정탐꾼 사건은 금송아지 사건과는 비교할 수도 없는 심각한 결과를 초래했다. 금송아지 사건으로 인한 심판은 3천명의 죽음이었지만 12정탐꾼 사건은 백만 명 이상이 훨씬 넘는 출애굽 1세대 모두가(2명 제외) 죽어야 하는 심판을 받아야 했다(출 32:28; 민 14:29-30).

그렇다면 12명의 가나안 정탐 사건이 왜 그렇게 이스라엘에게 큰 죄악이 된 것일까? 40일 동안 가나안 땅을 정탐하고 돌아온 12명의 정탐꾼들 모두가 그곳은 젖과 꿀이 흐르는 기름진 땅이며 거주민들은 강하고 성읍은 크고 견고하다는 내용으로 일관된 보고를 했다(민 13:25-29). "모세에게 말하여 이르되 당신이 우리를 보낸 땅에 간즉 과연 그 땅에 젖과 꿀이 흐르는데 이것은 그 땅의 과일이니이다 그러나 그 땅 거주민은 강하고 성읍은 견고하고 심히 클 뿐 아니라 거기서 아낙 자손을 보았으며"(민 13:27-28).

가나안 땅을 정탐하러 갔던 12명 모두가 눈으로 직접 보고 정탐했던 보고 내용이 일치된 것이다. 그러나 정탐 결과는 전혀 달랐다. 여호수아와 갈렙 두 사람을 제외한 다른 사람들의 판단은 완전히 반대였다. 여호수아와 갈렙은 가나안 족속들의 전력이 그처럼 강할지라도, 그럼에도 불구하고 하나님의 말씀대로 오직 믿음으로 말미암아 정복할 수 있다고 자신했지만 나머지 10명의 정탐꾼들은 원주민들의 세력에 겁에 질려 자신들의 힘으로는 정복이 불가능하다고 보고했다.

게다가 그들은 스스로를 메뚜기 같은 보잘것없는 존재라고 비하했다. "거기서 네피림 후손인 아낙 자손의 거인들을 보았나니 우리는 스스로 보기에도 메뚜기 같으니 그들이 보기에도 그와 같았을 것이니라"(민 13:33). 견고하고 큰 성읍에다가 거인들로 득실거리는 가나안 원주민들의 막강한 전력에 비하면 자신들은 너무나 왜소하고 초라하다는 것이다. 이처럼 10명의 정탐꾼들은 가나안 족속들에 대해 자신들은 도저히 이길 수 없는 난공불락의 적으로 믿고 있었다. 두려움에 가득 찬 그들은 자신들이 보고 느낀 그대로의 사실을 백성들에게 알렸고 이를 들은 백성들 또한 함께 공포에 떨었다.

어쩌면 이들은 현실적이고 실제적인 판단을 했을 수도 있다. 그러나 그들은 눈앞의 장애물은 정확히 보면서도 정작 자신들을 지키고 보호해 주시는 보이지 않는 하나님을 바라보지는 못했다. 그들의 정탐 보고 속에는 눈으로 '보았다'는 단어가 5번이나 반복되면서도 정작 믿음의 눈으로 바라보는 '하나님'이라는 칭호는 단 한 번도 언급되지 않는다(민 13:28-33). 그들은 육신의 눈으로 본 것에만 집착하고 있었던 것이다. 비록 그들의 보고가 허위가 아닌 객관적인 사실일지라도 하나님의 거룩한 선민들인 스스로를 초라한 메뚜기로 평가한 것은 그들을 택하신 이스라엘의 하나님을 욕되게 하는 것이었다.

나아가 그들의 보고는 모든 백성들이 좌절 속에서 밤새도록 통곡하게 만들었고 가나안 정복의 꿈마저도 포기하게 만들었다. 결국 백성들은 큰 두려움에 떨며 차라리 애굽이나 광야에서 죽었으면 더 좋았을 것이라며 모세와 아론을 원망했다. 심지어는 하나님을 버리고 애굽으로 다시 돌아가겠다는 배역의 마음까지 품게 되었다(민 14:1-4). 이스라엘은 그들이 치러야 할 전쟁이 정작 자신들이 싸우는 것이 아니라 하나님께서 직접 싸우시는 거룩한 '성전'(holy war)이요 '여호와의 전쟁'이라는 사실을 까맣게 잊은 것이다.

오직 믿음으로 가나안 땅을 차지하라는 하나님의 말씀을 신뢰하지 못한 불신앙의 작은 씨앗이 종국에는 하나님을 버리고 애굽을 택하겠다는 돌이키지 못할 반역죄로 확산되었다. 이것은 애굽으로부터 이스라엘을 구원해 주신 하나님을 능욕한 불경죄였다. 이것이 바로 여호수아와 갈렙을 제외한 출애굽 1세대들이 약속의 땅 가나안에 들어가지 못하고 광야에서 40년을 떠돌며 비참히 죽어야 했던 이유이다.

이처럼 불신앙은 언제나 눈에 보이는 것을 의지하지만, 참신앙은 항상 보이지 않는 하나님만을 의지한다. 하나님께 대한 배역으로 언약의 땅에 들어가지 못하고 죽기까지 광야를 헤매야 했던 이스라엘은 오늘날 광야와 같은 세상에서 방황하며 살아가는 우리 그리스도인들의 모습을 상징한다.

| 난제 KEY POINT |

- 본문에는 열두 정탐꾼 파송이 하나님의 명령인 것처럼 되어 있지만(민 13:1-2) 신명기 1장 22절은 백성들이 가나안 땅을 주시겠다는 하나님의 약속을 믿지 못한 불신앙으로 인해 하나님이 정탐을 허용하셨다고 명확히 밝힌다.
- 여호수아와 갈렙은 여호와께서 자신들과 함께하신다면 가나안 원주민들은 먹이에 불과하니 두려워하지 말고 그 땅을 담대히 취하자고 백성들을 격려했다(민 14:8-9). 여호수아와 갈렙도 다른 사람들과 똑같이 육신의 눈으로 보고 정탐을 했지만 본 것만을 의지한 것이 아니라 하나님의 말씀에 의지해서 믿음으로 행했다.
- 이스라엘이 열두 정탐꾼을 보낸 장소는 '가데스 바네아'이며(민 32:8; 신 1:19) 이곳은 넓게 분포된 '바란 광야'의 한 지역이다. 그래서 성경은 이 장소를 '바란 광야 가데스'라고 기록한다(민 13:3, 26).

116. 아론의 싹 난 지팡이가 주는 교훈은 무엇인가?

민수기 17장은 대제사장인 아론의 지팡이에서 싹이 나고 살구 열매가 맺히는 신비한 이적에 대해 기록한다. 이 이적은 바로 앞 장에 기록된 고라 일당의 반역 사건과 직접적인 관련을 지닌다(민 16장). 그것은 이스라엘의 광야 생활이 거의 끝나갈 무렵에 일어난 사건으로서 결코 넘볼 수 없는 권위에 대한 도전이었다. 레위 지파인 고라가 주동이 되고 장자인 르우벤 지파 세력과 이에 더해 250명의 족장들이 모두 하나가 되어서 모세의 지휘권과 아론의 대제사장직을 빼앗기 위해 반역을 일으킨 것이다.

이전에도 모세의 형제들인 미리암과 아론이 모세의 권위에 도전했다가 하나님의 징벌을 받은 적이 있었는데(민 12장), 이번에는 그 정도가 아니라 고라를 중심으로 한 이스라엘의 핵심 지도자급 인사들 수백 명이 아예 공개적으로 작당을 하고 나섰다는 것에 문제의 심각성을 더하고 있다. 반역의 주동자인 고라는 모세처럼 레위의 증손자였으며 두 사람은 서로가 사촌지간이었다(출 6:18-21). 고라 역시도 율법에 따른 종교적 특권과 책임을 지닌 이스라엘의 종교 지도자였던 것이다.

이러한 배경을 지닌 고라 일당의 반란은 두 가지 목적을 지니고 있었다. 첫째는 레위 지파로서 성막 봉사 임무를 맡고 있던 고라가 감히 이스라엘 종교의 최고 지도자인 아론의 대제사장직을 노린 것이며 두 번째는 장자 지파의 명분을 내세운 르우벤 지파의 다단과 아비람이 장자 지파도 아닌 모세에게 불만을 품고 그의 지휘권을 빼앗기 위해서 반기를 들었던 것이다(민 16:9-13).

그러나 하나님의 즉각적인 개입으로 인해 이들의 불의한 계획은 모두가 수포로 돌아갔다. 반역에 가담했던 모두가 하나님의 징벌로 멸망을 당했으며 이에 동조해서 모세와 아론을 치려 했던 이스라엘 백성들 또한 염병으로 14,700명이 죽고 말았다(민 16:31-49). 하나님의 주권에 의해 세워진 모세와 아론의 직분 그리고 그 권위에 대한 심판이었다. 이후에 하나님은 이 같은 반역 사건이 다시는 일어나지 못하게 하셨다. 이전에 모세의 절대적인 권위에 대해 교훈하셨던 하나님은(민 12장) 이제는 아론의 대제사장 직분에 대해서도 신적 권위를 확고하게 부여해 주신 것이다.

하나님은 이를 위해 이스라엘의 각 지파별로 지팡이를 하나씩 가져오게 하셨다. 지팡이를 가져오게 하신 것은 그것이 당시 지도자들의 권위를 상징했기 때문이다. 그리고 거기에다 각 지파별 지도자의 이름을 쓰게 하시고 레위 지파의 지팡이에는 아론의 이름을 쓰게 하셨다. 이렇게 구별된 12개의 지팡이는 지성소 안의 증거궤(법궤) 앞에 놓여졌다.

이어서 하나님은 "내가 택한 자의 지팡이에는 싹이 나리니 이것으로 이스라엘 자손이 너희에게 대하여 원망하는 말을 내 앞에서 그치게 하리라"(민 17:5)라고 말씀하셨다. 이미 죽은 나무 막대기에 불과한 12개의 지팡이 중에서 오직 하나님이 택하신 자의 지팡이에서만 새 생명이 돋아서 싹이 나는 기적을 보여 주시겠다는 것이다. 이것은 하나님이 택하신 자의 신적 권위에 대해 그 누구도 도전하지 못하게 하시려는 엄중한 경고였다. 다음 날 열두 지팡이 중에서 오직 아론의 지팡이에만 움이 돋고 순이 나고 꽃이 피면서 살구 열매까지 맺혔다. 나머지 11개의 지팡이들은 그냥 죽은 나뭇가지의 모습 그대로였다. 하룻밤 사이에 아론의 지팡이에서만 움이 돋고 열매까지 맺는 완전한 생명의 과정이 이루어진 것이다.

이 믿기 어려운 사건은 하나님의 초자연적인 권능임을 명백히 보여 주는 것이며, 이는 또한 하나님께서 오직 아론과 그 자손들에게만 대제사장의 신적 권위를 부여했음을 확증해 주는 것이었다(출 29:9). 백성들은 이 놀라운 사건 이후로 그 누구도 감히 아론의 대제사장 직분에 대해 더 이상 원망을 품거나 대적을 할 수가 없었다. 이에 나아가 하나님은 아론의 싹 난 지팡이를 법궤에 보관하여 반역자에 대한 경고의 표징이 되게 하셨다.

"아론의 지팡이는 증거궤 앞으로 도로 가져다가 거기 간직하여 반역한 자에 대한 표징이 되게 하여 그들로 내게 대한 원망을 그치고 죽지 않게 할지니라"(민 17:10). 이제는 더 이상 아론의 대제사장 직분에 불만을 갖거나 반역하는 자는 죽음밖에 없다는 것을 명백히 선언하신 것이다. 하나님의 주권으로 세워진 모세와 아론의 권위에 반역한 것이 곧 하나님을 대적한 것이기 때문이다. 이 일 이후로 아론의 싹 난 지팡이는 만나의 금 항아리와 십계명의 두 돌판과 함께 법궤 안에 영원한 기념으로 보관되었다(히 9:4).

아론의 지팡이에서 꽃이 피고 살구 열매가 맺혔다면, 이는 아론의 지팡이 재료도 역시 살구나무임을 시사한다. '살구나무'(히브리어 '샤케드')는 '밤을 새우다' 또는 '깨우다'라는 뜻을 내포한다. 따라서 생명력이 없던 아론의 죽은 지팡이가 살구 열매를 맺으며 다시 살아난 것은 곧 부활을 암시하는 것으로 볼 수 있다.

결론적으로 하나님은 다른 모든 지파의 지팡이는 거부하시고 오직 단 하나인 아론의 지팡이만 택하셨다. 우리는 하나님의 이 유일한 택하심을 통하여 지극히 높으신 제사장이시요 영원하신 대제사장 예수 그리스도를 바라보게 된다(히 7장). 하나님은 오직 한 분, 예수 그리스도의 완전하신 희생 제사만을 원하셨기 때문이다.

| 난제 KEY POINT |

- 이스라엘의 각 지파별 지팡이가 레위 지파를 포함할 경우 13개가 아니라 12개인 것은(민 17:2) 에브라임과 므낫세를 요셉 지파로 묶어서 한 지파로 보았기 때문이다. 이스라엘이 가나안 땅에 들어가서 그리심 산과 에발 산에 올라가 축복과 저주를 선포할 때에도 에브라임과 므낫세는 한 지파인 요셉 지파로 기록되었다(신 27:12).

117. 모세와 아론이 가나안 땅에 들어가지 못한 이유는 무엇인가?

모세오경은 출애굽 한 이스라엘 백성들이 마실 물이 없어서 하나님을 원망하다가 광야의 반석에서 물을 얻게 된 사건을 출애굽기 17장과 민수기 20장에서 두 번에 걸쳐 기록하고 있다. 첫 번째는 시내 산으로 가는 도중에 르비딤에서 모세가 지팡이로 반석을 쳐서 물을 내었던 므리바 사건이며(출 17:1–7), 두 번째는 가데스에서 모세가 반석에게 명령만으로 물을 내어야 했던 므리바 물 사건이다(민 20:1–13). 두 사건의 공통점은 모두가 '므리바' 사건으로 불린다는 것이다.

'므리바'(히브리어 '메리바')라는 의미는 "이스라엘 자손이 여호와와 다투었으므로 이를 므리바 물이라 하니라"(민 20:13)라는 말씀대로 '다툼'이라는 뜻이다. 이스라엘 백성들이 마실 물이 없어서 모세와 다투고 하나님을 시험했던 장소이므로 이곳을 '므리바'라고 부르게 된 것이다(출 17:7; 민 20:13). 그래서 이 둘을 같은 사건으로 잘못 알고 있는 성도들도 많이 있다. 그러나 유사한 것처럼 보이는 두 므리바 물 사건은 사실 서로가 전혀 다른 교훈을 담고 있는 별개의 사건이다.

첫 번째로 출애굽기 17장에 기록된 르비딤에서 일어난 므리바 사건은 출애굽 초기에 발생했던 1세대들의 원망을 기록한 사건이다. 반면에 두 번째로 민수기 20장에 기록된 가데스의 므리바 물 사건은 광야 40년 방황이 거의 끝난 시점이라, 출애굽 1세대들은 거의 다 죽고 그들의 자녀들인 2세대들이 아버지 때와 똑같이 마실 물이 없어서 하나님을 원망하고 있는 사건이다. 그러므로 이 두 사건은 약 38년이라는 세월을 두고 각각 다른 장소에서 일어났던 전혀 별개의 사건이다.

민수기 20장의 므리바 물 사건이 있기 약 38년 전에는 바로 이곳 가데스 바네아에서 가나안 땅을 정탐하기 위해 열두 정탐꾼을 보내었으며 그 결과로 하나님께 반역함으로 인해 출애굽 1세대들이 가나안 땅에 들어갈 수 없다는 징벌을 받았었다(민 13–14장). 그리고 그 사건 후에 38년 뒤에는 바로 그 장소인 가데스에서 일어난 므리바 물 사건으로 인해서 이제는 모세와 아론마저도 가나안 땅에 들어갈 수 없게 되는 또 다른 비극을 겪게 된 것이다.

메마른 광야에서 이스라엘 백성들은 물이 없어서 견디기가 힘들었고, 1세대들이 지난 40년 동안 광야에서 반복했던 것처럼 2세대들도 또다시 모세와 아론에게 원망과 불평을 쏟아 내기 시작했다. 차라리 이전에 형제들이 죽을 때 함께 죽는 게 나았는데 왜 쓸데없이 자신들을 척박한 광야로 끌고 와서 이렇게 죽을 만큼 생고생을 시키느냐는 것이었다(민 20:3–5). 이러한 백성들의 원망을 견딜 수 없었던 모세와 아론은 회막문 앞에 엎드렸다. 이에 대해 하나님은 “지팡이를 가지고 네 형 아론과 함께 회중을 모으고 그들의 목전에서 너희는 반석에게 명령하여 물을 내라 하라”(민 20:8) 하시며 백성들의 원망에 대한 아무런 징계도 없이 물을 허락하셨다.

그러나 지난 40년 동안 반복되던 백성들의 고질적인 원망과 불평에 지쳐 버린 모세와 아론은 더 이상 참을 수가 없었다. 백성들이 너무 미웠다. 이에 혈기로 가득 찬 모세는 격하게 흥분한 나머지 "반역한 너희여 들으라 우리가 너희를 위하여 이 반석에서 물을 내랴"(민 20:10) 하면서 마치 자신과 아론이 기적을 베풀어서 물을 주는 것처럼 지팡이로 반석을 거듭 쳐서 물이 나오게 했다. 하나님의 선민인 이스라엘을 반역자라 칭하면서 원망하는 백성들을 거칠게 내리칠 것처럼 두 번씩이나 지팡이로 반석을 내리쳤던 것이다. 이 일로 인해 모세와 아론마저도 가나안 땅에 들어가지 못하는 하나님의 징벌을 받았다. 그것은 하나님의 영광을 가린 엄청난 교만이며 불순종이었기 때문이다.

결국 모세와 아론이 하나님 앞에 지은 죄는 세 가지로 구분해 볼 수 있다. 첫째는 반석에게 '명령만으로 물을 내라'는 하나님의 말씀에 순종하지 않고 반석을 지팡이로 두 번이나 쳤던 불순종의 죄였다. 둘째는 모세가 백성들에게 "…너희를 위하여 이 반석에서 물을 내랴"라고 말한 것은 하나님께서 너희 같은 패역한 자들에게는 물을 주시지 않을 수도 있다는 불신앙을 드러낸 것이다. 이것은 반드시 물을 주신다는 하나님의 뜻을 거역한 불신의 죄이다. 셋째는 모세와 아론이 격한 분노를 드러내면서 마치 자신들이 기적을 베풀어 물을 주는 것처럼 행함으로써 백성들 앞에서 하나님께 영광을 돌리지 않고 또한 그 거룩함을 나타내지 못한 불경의 죄였다(민 20:12).

이 모든 잘못은 모세와 아론이 가나안 땅에 들어가지 못한다는 징벌을 받을 만한 충분한 이유였다. 그러나 단순히 모세와 아론의 불신앙과 불경죄로 보이는 이 사건 속에는 또 다른 영적 메시지가 담겨 있다. 본문의 사건과 관련해서 신약 성경은 이스라엘에 생수를 공급하기 위해 쪼개어진 반석이 곧 예수 그리스도라고 증거하고 있다. "다 같은 신령한 음료를 마셨으니 이는 그들을 따르는 신령한 반석으로부터 마셨으매 그 반석은 곧 그리스도시라"(고전 10:4).

그렇다면 르비딤에서 첫 번째로 반석을 갈라서 생수를 얻을 때에(출 17장) 이미 주님의 십자가 희생을 통한 죄인들의 구원이 성취되었다는 것을 예표한다. 그래서 하나님은 약 38년 뒤에 두 번째로 가데스에서 모세가 물을 낼 때에는(민 20장) 더 이상 반석을 칠 필요 없이 말로 명령만 하면 된다고 하셨던 것이다. 십자가의 구원이 단 한 번의 희생으로 이루어지듯이 반석 또한 이미 한 번 쳐서 쪼개어 졌으므로 다시 칠 필요가 없었기 때문이다.

따라서 모세가 반석을 다시 두 번이나 친 것은 단순히 하나님께 대한 불신앙과 교만을 넘어서 궁극적으로는 하나님의 비밀의 계시 곧 예수 그리스도의 십자가 대속의 계시를 손상시켰음을 뜻하는 것이 된다. 이것이 바로 모세와 아론이 언약의 땅 가나안에 들어가지 못한 구속사적 의미이며 이유이다.

| 난제 KEY POINT |

- 시편은 백성들의 잘못으로 인해서 모세가 망령된 말을 했고 결국은 가나안에 들어가지 못하는 징벌을 당했다고 기록한다. "그들이 또 므리바 물에서 여호와를 노하시게 하였으므로 그들 때문에 재난이 모세에게 이르렀나니 이는 그들이 그의 뜻을 거역함으로 말미암아 모세가 그의 입술로 망령되이 말하였음이로다"(시 106:32-33).
- 민수기 20장부터 마지막 36장까지는 광야 40년 방황의 마지막 해에 일어났던 사건들을 기록한다.

118. 죽어 가던 이스라엘 백성들을 살린 장대에 세운 놋뱀의 참의미는 무엇인가?

가데스의 므리바 물 사건 이후에 이스라엘은 약속의 땅을 향해 다시 행군을 시작했다. 이스라엘의 지도자인 모세는 가나안으로 가기 위한 지름길을 택하고자 했으며, 그러자면 반드시 에돔 족속에 속한 영토인 왕의 대로를 통과해야만 했다. 모세는 이를 해결하기 위해 에돔 왕에게 사신을 보내어 그곳을 통과하게 해 줄 것을 요청했으나 에돔 왕은 "너는 우리 가운데로 지나가지 못하리라 내가 칼을 들고 나아가 너를 대적할까 하노라"(민 20:18)라며 모세의 요청을 단호히 거절했다.

모세는 그러한 에돔 족속과의 충돌을 피하기 위해 어쩔 수 없이 길을 돌이켜 먼 광야 길로 돌아가야만 했다(민 20:14-21). 에돔 족속들의 조상인 에서는 이스라엘의 조상인 야곱과는 혈연관계에 있는 형제 민족이었기 때문에 전쟁을 피하고자 했던 것이다. 이것은 곧 하나님의 명령이기도 했다(신 2:1-5). 그러자 지난 38년 동안의 험난한 광야 여정으로 인해서 이미 지칠 대로 지쳐 있던 이스라엘 백성들은 목적지를 눈앞에 가까이 두고도 먼 광야 길로 다시 돌아가게 된 것에 대해 마음이 몹시 상해서 불평을 쏟아 냈다. "어찌하여 우리를 애굽에서 인도해 내어 이 광야에서 죽게 하는가 이곳에는 먹을 것도 없고 물도 없도다 우리 마음이 이

하찮은 음식을 싫어하노라"(민 21:5).

목적지를 가까이 두고 조급해진 백성들이 또다시 만나를 탓하며 먹을 것과 마실 것을 핑계로 하나님과 모세를 원망하기 시작했던 것이다(민 21:4-5). 이에 대해 하나님은 이스라엘을 징계하기 위해 불뱀들을 보내어 많은 백성들이 뱀에 물려 죽게 하셨으며, 이를 견디지 못한 백성들이 모세에게 달려와 살려 달라고 매달렸다. 모세는 백성들을 위해 여호와께 중보 기도를 올렸고, 모세의 기도를 들으신 하나님은 백성들이 죽음에서 살아날 수 있는 방법을 가르쳐 주셨다. "불뱀을 만들어 장대 위에 매달아라 물린 자마다 그것을 보면 살리라"(민 21:8).

모세는 하나님의 말씀대로 장대 위에 놋뱀을 만들어 달았으며 뱀에 물려 죽어 가던 자들 중에 이를 쳐다본 자들은 모두 생명을 건질 수 있었다. 이것이 이스라엘의 불순종으로 인해 하나님께서 불뱀을 보내어 백성들을 징계하시고 다시 놋뱀을 통해서 구원의 은혜를 베풀어 주신 놋뱀 사건의 내용이다. 이것은 이스라엘 백성들이 출애굽 이후부터 가나안 땅을 목전에 둔 시점까지 변함없이 계속되어 온 불순종과 그럼에도 불구하고 끝없이 계속되는 하나님의 용서와 사랑을 잘 대비시켜 보여 준다.

그런데 본문의 내용을 잘못 보면, 이것이 하나님의 은혜가 아니라 마치 놋뱀을 우상화한 이야기나 미신처럼 보인다. 어떻게 장대 위에 매단 놋뱀이 죽어 가던 백성들을 살릴 수가 있었을까? 놋뱀이 우상도 미신도 아니라면 여기에서 놋뱀 사건이 우리에게 주고자 하는 참교훈은 무엇일까?

그것은 먼저 하나님의 말씀에 순종하는 믿음이다. 불뱀들에게 물려 죽어 가던 백성들을 살린 것은 놋뱀 그 자체가 아니었다. 그것은 오직 하나님의 말씀에 따라 순전한 믿음으로 놋뱀을 쳐다본 자들만이 사망으로부터 구원을 얻을 수 있었기 때문이다. 그러므로 처음부터 놋뱀은 결코 경배의 대상이 아니었으며, 오직 하나님의 말씀만을 믿고 순종하는 자만이 살아날 수 있다는 상징에 불과했던 것이다. 결국 뱀의 독으로 죽어 가던 백성들이 살아난 것은 장대 위에 달린 놋뱀의 미신적인 능력이 아니라 오직 말씀대로 이를 바라보는 자마다 구원을 얻게 하고자 하신 전적인 하나님의 은혜였다.

그렇다. 뱀에 물려 죽어 가던 자들이 살기 위해서 달리 행해야 할 것은 아무것도 없었다. 사력을 다해서 놋뱀이 있는 장대까지 허덕이며 다가갈 필요도 없었고, 그냥 불뱀의 독이 퍼져서 죽어 가던 그 현장에서 각자가 바라보이는 놋뱀을 향해 단지 자신의 믿음대로 고개만 돌릴 수 있으면 되었다. 그것만이 죽음으로부터 벗어날 수 있는 유일한 방법이었다. 오직 하나님의 명령대로 고개를 돌릴 수 있는 믿음만이 살 길이었던 것이다.

그러나 이것은 놋뱀 사건이 주는 교훈의 전부가 아니다. 이 신비한 놋뱀 사건의 참의미는 신약을 통해서 더욱 명확히 드러난다. 예수님은 밤중에 조용히 찾아온 유대인의 지도자격인 니고데모에게 "모세가 광야에서 뱀을 든 것같이 인자도 들려야 하리니 이는 그를 믿는 자마다 영생을 얻게 하려 하심이니라"라고 말씀하셨다(요 3:14-15). 이는 놀랍게도 구약의 장대에 달린 놋뱀이 장차 십자가에 달리실 예수 그리스도 자신을 예표하고 있다는 것을 증거하는 말씀이다.

그렇다면 여기서 놋은 하나님의 심판을 상징하며 장대는 인간들의 죄와 저주를 매달게 될 십자가를 의미하는 것이 된다. 그러므로 하나님께서 장대 높이 놋뱀을 매달아서 이를 바라보는 자마다 사망으로부터 생명을 얻게 하셨던 것은 곧 십자가에 높이 달리신 예수 그리스도를 바라보며 오직 믿음으로 이를 영접하는 자마다 구원에 이를 것을 계시하고자 하셨던 것이다.

이것이 장대 위에 달린 놋뱀 사건의 참교훈이다. 죄로 인해서 영원히 죽을 수밖에 없던 우리 죄인들이 죽음으로부터 구원을 얻기 위해 필요한 것은 오직 믿음이다. 오직 예수 그리스도의 십자가 복음만이 구원의 유일한 길이요 천국의 영생을 얻기 위한 충분조건이기 때문이다.

| 난제 KEY POINT |

- 놋뱀 사건은 이스라엘 백성들이 가나안 땅에 진입하기 전에 하나님과 모세를 원망했던 마지막 사건이다. 놋뱀은 숭배의 대상이 아니라 죽어 가던 자들이 오직 믿음으로 바라보면 살 수 있는 상징적 도구였다. 그러나 이후에 이스라엘은 결국 놋뱀을 우상으로 숭배했고 히스기야 왕은 이를 부수고 '느후스단'(놋조각)이라 불렀다(왕하 18:4).

119. 점술가인 발람은 참선지자였던가?

민수기 22장부터 24장은 유브라데 강변의 브돌에 살던 점술가인 발람(민 22:5)에 관한 이야기를 중점적으로 기록한다. 이스라엘이 요단강 동편의 전쟁에서 아모리 왕 시혼과 바산 왕 옥을 연속해서 물리치고 승승장구하면서 여리고 성의 맞은편에 있는 모압 평지에 도착하자 모압 백성들은 큰 두려움에 사로잡혔다. 이스라엘의 군사들이 60만 명 이상의 대군이요(민 1:46), 그들이 여호와 하나님의 이름으로 요단강 동편의 나라들을 모두 정복한 이후에 자신들의 땅인 모압 평지에 도착했다는 사실들을 모두 알고 있었기에 지레 겁을 먹었던 것이다(민 22:1–4).

이에 큰 위협을 느낀 모압 왕 발락은 이스라엘을 쫓아내기 위해 당시에 최고의 명성을 지니고 있었던 메소포타미아 지방의 점술가(점쟁이)인 발람에게 도움을 청하고자 했다(신 23:4). 신통한 능력을 지닌 유명한 점술가의 힘을 빌려서 이스라엘에게 저주를 퍼부으면 이스라엘이 전투력을 상실하고 자신들의 영토에서 쫓겨나리라고 믿었던 것이다. 그래서 모압 왕 발락은 신통력을 지닌 발람을 초청하기 위해 장로들에게 복채의 예물을 두둑히 주어서 사신으로 보냈다. 이에 모압의 장로들을 만난 점술가 발람은 그들의 요구에 답하기 전에 먼저 "여호와께서 내게 이르시는 대로 너희에게 대답하리라"(민 22:8)라고 말하면서 여호와의 뜻을 구했다. 그리고 하나님께서 모압으로 가지 말라고 하시자 발람은 말씀에 순종해서 모압으로 가지 않았다(민 22:12-13).

그러나 발람을 초청하는 데 실패한 모압 왕은 쉽게 포기하지 않았다. 이번에는 이전의 장로들보다 더 지위가 높은 귀족들을 보내며 발람이 원하는 것은 무엇이든지 그 요구를 들어주겠다는 파격적인 조건들을 제시하면서 재차 그를 유혹했다. 모압 왕의 두 번째 제안에 마음이 흔들린 발람은 다시 여호와 하나님께 뜻을 구했고, 이번에는 하나님께서 '일어나 함께 가라'고 하시자 그 명령에 따라 모압으로 향했다(민 22:20).

그토록 염원했던 당대의 최고 점술가인 발람이 온다는 소식을 들은 모압 왕 발락은 친히 국경 지역까지 마중을 나아가 발람을 극진히 환대했다. 그리고 발람에게 후한 대접을 베풀며 그에게 이스라엘을 저주해 줄 것을 간곡히 요청했다. 모압 왕은 발람이 지닌 주술의 능력만으로도 이스라엘을 능히 물리칠 수 있다고 확신했던 것이다. 그러한 모압 왕의 간절한 요청을 들어주기 위해 발람은 가장 먼저 우상의 제단에서 제사를 드렸다. 그리고 이스라엘을 저주하기 위해 입술을 열었으나 전혀 뜻밖의 놀라운 일이 벌어졌다. 발람이 모압 왕의 요구와는 정반대로 이스라엘을 축복하는 메시지만을 선포했던 것이다.

그러한 놀라운 일은 한두 번이 아니라 계속해서 네 번씩이나 반복되어 일어났다(민 23:7-10, 18-24; 24:3-9, 15-24). 그렇다면 여기서 우리는 발람의 정체에 대해서 의문을 갖게 된다. 그는 분명히 여호와 신앙과는 거리가 먼 이방의 점술가임에도 불구하고, 어떻게 해서 매사의 일을 결정할 때마다 하나님의 뜻을 묻고 그 응답의 말씀에 따라서 행동했을까?

발람이 모압 왕의 신하들에게 한 말을 살펴보면 "여호와께서 내게 이르시는 대로 너희에게 대답하리라"(민 22:8). 그리고 "발락이 그 집에 가득한 은금을 내게 줄지라도 내가 능히 여호와 내 하나님의 말씀을 어겨 덜하거나 더하지 못하겠노라"(민 22:18)라고 하면서 철저히 하나님을 향한 순종의 신앙을 보여 주고 있다.

그렇다면 발람은 하나님만을 의지했던 참된 선지자였던가? 그래서 그는 이스라엘을 저주해 달라는 발락의 끈질긴 유혹과 요구에도 불구하고 이스라엘을 네 번씩이나 반복해서 축복했던 하나님의 참된 종이었던가? 그게 아니라면 이방 나라의 점술가였던 발람이 어떻게 해서 그런 믿음의 행동들을 보여 줄 수 있었을까? 과연 발람은 참선지자였을까 아니면 거짓 선지자였을까?

이와 관련해서 성경은 여러 곳에서 명백한 답변을 제시한다. "그들이 바른 길을 떠나 미혹되어 브올의 아들 발람의 길을 따르는도다 그는 불의의 삯을 사랑하다가 자기의 불법으로 말미암아 책망을 받되…"(벧후 2:15-16). "화 있을진저 이 사람들이여… 삯을 위하여 발람의 어그러진 길로 몰려갔으며…"(유 1:11). "그러나 네게 두어 가지 책망할 것이 있나니 거기 네게 발람의 교훈을 지키는 자들이 있도다 발람이 발락을 가르쳐 이스라엘 자손 앞에 걸림돌을 놓아 우상의 제물을 먹게 하였고 또 행음하게 하였느니라"(계 2:14). 이 모든 말씀들은 결국 이방의 점술가인 발람이 하나님의 말씀이 아니라 모압 왕 발락의 삯 곧 뇌물을 얻기 위한 탐욕으로 이스라엘을 저주하기 위해 모압으로 갔음을 증거하고 있다.

그 결과 이스라엘을 저주하는 데 네 번이나 실패했던 발람은 여기서 포기하지 않았다. 이후에 그는 더욱 교활한 술책을 써서 결국 이스라엘을 저주하는 데 성공했다(민 31:16). 그것이 바로 싯딤에서 이스라엘 백성들이 모압 여인들과 음란을 행하고 우상 숭배에 빠지게 만들어서 하나님의 심판으로 이만사천 명이나 죽게 만들었던 싯딤의 음행 사건이었다(민 25장). 따라서 발람이 이스라엘을 저주하기 위해 입을 열 때마다 자신의 계획과는 반대로 이스라엘을 축복했던 것은 하나님께서 강권적으로 발람의 마음과 입술을 주관하셨기 때문이다(민 23:4-5, 16; 24:2). 결국 거짓 선지자인 발람은 하나님의 신탁으로 인해서 자신의 의도와는 정 반대로 이스라엘을 향해 축복을 선포할 수밖에 없었던 것이다.

아울러 하나님께서 거짓 선지자인 발람에게 모압 왕 발락의 두 번째 초청 때에 "일어나 함께 가라"(민 22:20)라고 하셨던 것은 이스라엘을 저주하기 위해 가라는 허락의 말씀이 아니라, 이미 뇌물에 마음을 빼앗긴 발람의 중심을 아시고 그의 악한 결정대로 가도록 버려두신 것이다. 발락은 이스라엘을 저주하는 것이 하나님의 뜻이 아닌 줄 알면서도 자신의 탐욕을 이루기 위해서 하나님의 허락을 요구했다.

결국 하나님을 뜻을 알고 그 말씀에 따라 순종하는 것처럼 보였던 점술가 발람은 참된 하나님의 종이 아니었다. 그는 이방의 우상 숭배자였으며 거짓의 길을 좇아 성도들을 미혹시켰던 악한 점쟁이에 불과했다(벧후 2:15-16). 불의의 삯을 탐했던 불법자요 거짓 예언자였던 발람은 훗날 미디안 전투에서 이스라엘 군사들에게 칼로 베어 죽임을 당하는 심판을 받았다(민 31:8; 수 13:22).

| 난제 KEY POINT |

- 하나님께서 가증스러운 점술가인 발람을 사용하신 것은 선한 자들뿐만 아니라 악인들까지도 당신의 선을 이루는 도구로 사용하심을 교훈한다. 발람이 나귀를 타고 모압을 향해 갈 때 짐승인 나귀도 세 번씩이나 보았던 여호와의 사자를(민 22:23, 25, 27) 당대 최고의 점술가로 유명했던 발람은 뇌물에 대한 탐욕으로 전혀 보지를 못했다.

120. 이스라엘의 싯딤 음행과 바알 숭배 사건을 계획한 주범은 누구인가?

민수기 25장은 이스라엘 백성들이 가나안 땅으로 들어가기 직전에 마지막으로 진을 쳤던 장소에서 발생했던 일을 기록한다. 그것은 이스라엘 백성들이 요단강 동쪽의 싯딤에서 행했던 영육간의 음행 사건이다. 이것은 이스라엘이 광야 40년의 유랑 생활 중에서 하나님 앞에서 저질렀던 마지막 반역 사건이다. '싯딤'(히브리어 '쉬팀')은 '아카시아 숲'이라는 뜻으로서 사해 동북쪽에 위치한 모압 평지의 한 성읍이었다. 이곳은 요단강 바로 건너편에서 여리고 성이 바라다 보이는 곳으로서, 당시에 이스라엘은 여기서 가나안 입성을 앞두고 전열을 가다듬고 있었다.

이제 곧 그들의 눈앞에 놓여진 요단강만 건너게 되면 지난 40년의 광야 생활 동안 그토록 갈망했던 언약의 땅으로 입성하게 되는 것이다. 이스라엘 백성들이 얼마나 흥분되고 감격해 있었을까? 그러나 바로 이곳에서 전혀 예상치 못한 사건이 일어났다. 그토록 힘들고 길었던 광야의 유랑 생활을 마감하는 그런 축복의 순간에 오히려 백성들의 범죄로 인해서 수만 명이 죽어야만 하는 하나님의 엄중한 심판을 당했던 것이다. 그러한 뜻 깊은 장소에서 어떻게 그런 일이 벌어질 수 있었을까? 과연 이스라엘의 범죄의 원인은 무엇 때문이었을까?

이스라엘은 싯딤에 도착하기 전까지만 해도 비록 놋뱀 사건으로 아픔을 겪기는 했었지만(민 21장), 그 후에 요단 동편의 모든 전쟁에서 승리하면서 사기가 그 어느 때보다 충천해 있었다. 승리에 도취한 백성들은 가나안 땅이 점점 가까이 다가올수록 마음이 설레이기 시작했고 드디어 가나안 땅 동쪽을 끼고 흐르는 요단강 앞의 싯딤에 이르자 기대와 흥분으로 가득 차 있었다. 그런데 바로 이곳에서 결코 있어서는 안 될 일이 발생했다. "이스라엘이 싯딤에 머물러 있더니 그 백성이 모압 여자들과 음행하기를 시작하니라 그 여자들이 자기 신들에게 제사 할 때에 이스라엘 백성을 청하매 백성이 먹고 그들의 신들에게 절하므로"(민 25:1-2).

이스라엘이 모압 여자들의 유혹에 넘어가서 음행을 시작하면서 우상의 제물을 먹게 되었고, 급기야는 그들의 우상인 바알 신을 섬기게 된 것이다. 바알 신은 이스라엘이 당시에 가장 가증스럽게 여겼던 모압의 신이었음에도 불구하고 그들의 육체적 음란은 자연스럽게 우상 숭배로 이어졌다. 수백 년 동안을 애굽의 노예로 살아왔던 이스라엘이 요단강 동편의 전쟁에서 승승장구하자 어느새 자만에 빠졌던 것이다. 인생에서 처음으로 전쟁에서 이기고 또 이기는 연전연승의 체험을 하고나니 아직 유아기 신앙에 지나지 않은 이스라엘이 쉽게 영적 교만에 빠져 버린 것이다. 그런 상태에서 가나안 땅이 눈앞에 나타나자 이제는 지긋지긋한 광야 생활도 다 끝났다고 하는 주체할 수 없는 기쁨과 흥분에 취해 버렸다.

이스라엘은 그런 무방비 상태에서 은밀하게 다가온 이방 여인들의 육체적 유혹에 힘없이 무너져 버린 것이다. 심지어는 백성들의 음란을 방지하고 막았어야 할 지도자들마저도 솔선해서 음란에 빠지는 용서받지 못할 상황이 발생했다. 이에 하나님은 진노하시며 모세에게 명령하셨다. "백성의 수령들을 잡아 태양을 향하여 여호와 앞에 목매어 달라 그리하면 여호와의 진노가 이스라엘에게서 떠나리라"(민 25:4). 하나님은 바알을 상징하는 태양을 향해 이스라엘의 지도자들부터 공개적으로 심판할 것을 명령하셨다. 이로 인해 발생한 염병으로 이스라엘은 24,000명이나 죽었다(민 25:9).

그렇다면 이러한 이스라엘의 싯딤 음행 사건은 단순히 백성들의 영적 방심과 이방 여인들의 유혹을 이기지 못해서 발생했던 사건이었을까? 이스라엘이 가나안을 바로 눈앞에 두고 이런 큰 죄악에 빠진 사건의 배후에는 과연 누가 있었을까? 이에 대해 성경은 답변한다. "보라 이들이 발람의 꾀를 따라 이스라엘 자손을 브올의 사건에서 여호와 앞에 범죄하게 하여 여호와의 회중 가운데에 염병이 일어나게 하였느니라"(민 31:16). 즉 여호와의 종 모세는 이 싯딤 사건을 일으킨 주범이 발람이었으며 이스라엘의 싯딤 음행으로 인한 모든 범죄가 거짓 예언자인 발람의 계획된 음모로 시작되었다는 것을 밝히고 있다.

결국 이스라엘의 싯딤 사건의 배후에는 바로 민수기 22-24장에 등장했던 메소포타미아 지방의 점술가였던 발람의 간사한 계략이 있었던 것이다. "그들이 바른 길을 떠나 미혹되어 브올의 아들 발람의 길을 따르는도다…"(벧후 2:15). 발람은 사악한 점술가로서, 그는 모압 왕 발락의 사주를 받아 네 번씩이나 이스라엘을 저주하고자 했었다. 그러나 하나님의 간섭으로 모든 시도가 실패로 돌아가자 결국은 마지막 계략인 모압 여자들의 육체를 이용해서 이스라엘을 유혹했고 그 계략에 이스라엘이 너무나 쉽게 무너지면서 24,000명이나 죽는 심판을 당해야 했던 것이다.

이것은 출애굽 이후에 지금까지 이스라엘이 치렀던 모든 전쟁을 통해서 죽은 희생자들의 수보다도 훨씬 많은 수이다. 정말 안타까운 일이 아닐 수 없다. 광야에서는 매순간마다 먹을 것과 마실 것도 인내하지 못했던 연약한 믿음의 이스라엘 백성들이었다. 그런 그들에게 이토록 처참한 징벌이 임한 것은 일시적 승리에 취한 교만과 방심이 그 시작이었다.

이를 틈탄 교묘한 발람의 계략은 이스라엘을 손쉽게 육체적 쾌락으로 빠지게 만들었고, 결국에는 이들을 우상 숭배의 자리로까지 나아가게 만들었던 것이다. 우리는 이러한 이스라엘의 싯딤 음행 사건을 통해서 결국 육체적 음란과 영적인 우상 숭배는 별개의 것이 아니라 사탄의 동일한 계략에 속한 것이며 동시에 사탄의 가장 강력한 술책이라는 것을 깨닫게 된다.

| 난제 KEY POINT |

- 모압 평지는 이후에 모세가 죽기 전에 이스라엘 백성들에게 마지막으로 유언적인 설교를 행했던 장소이며 동시에 여호수아는 이곳의 성읍 싯딤에서 여리고 성 공격을 위한 두 정탐꾼을 파송했다(수 2:1).
- 싯딤 음행 심판에서 염병으로 죽은 자의 수는 24,000명이다(민 25:9). 그러나 사도 바울은 이 사건으로 죽은 자가 23,000명이라고 기록한다(고전 10:8). 두 본문에서 1,000명의 차이는 염병과는 별도로 재판관들에게 죽은 자들(민 25:5)의 차이로 볼 수 있다(카일&델리취).

121. 여자 상속법이란 무엇이며 왜 제정되어야만 했는가?

민수기는 이스라엘의 인구 조사를 두 번에 걸쳐 기록한다. 첫 번째 인구 조사는 가나안 땅으로 출발하기 위해 시내 광야에서 실시했다(민 1장). 그리고 두 번째 인구 조사는 가나안 땅이 바라보이는 모압 평지에 도착해서 실시했다(민 26장). 즉 이스라엘의 인구 조사는 광야 40년 유랑 생활을 시작하기 전에 그리고 기나긴 광야 생활을 마감하는 시점에서 각각 이루어졌다.

첫 번째 인구 조사의 목적은 '이십 세 이상으로 싸움에 나갈만한 모든 자'를 계수하여(민 1:3) 향후 광야에서 치르게 될 대적들과의 전쟁에 대비하기 위함이었다. 그리고 가나안 땅에 다다른 이후에 실시한 두 번째 조사에서도 가나안 땅을 정복하기 위해서 '이십 세 이상으로 싸움에 나갈만한 모든 자'를 계수했다(민 26:2). 두 번의 인구 조사 모두가 동일하게 군사적 목적을 위한 것이었다.

그러나 약속의 땅 입성을 앞둔 두 번째 인구 조사는 이에 더한 또 다른 목적을 지니고 있었다. 그것은 하나님의 명령대로 가나안 땅을 정복한 이후에 인구 조사에서 계수된 이스라엘의 12지파의 인구수의 비례대로 그 땅을 분배하기 위함이다(민 26:52–56). 따라서 이스라엘이 가나안 진입을 앞두고 인구 조사를 모두 마친 것은 가나안 정복과 분배를 위한 기초 작업이 완료되었음을 의미한다. 이렇게 이스라엘이 가나안 입성을 위한 막바지 준비로 여념이 없을 그때에 그 누구도 예상치 못했던 다섯 처녀들의 뜻밖의 소동이 일어나게 된다.

그것은 이후에 있게 될 가나안 땅의 기업 분배와 관련된 사건으로서 이 일로 인해 이스라엘에서는 이전까지는 율법에도 없었던 새로운 특례법까지 제정되었다(민 27:1-11). 그것이 바로 '여자 상속법'이다. 이 법은 당시로서는 아주 파격적인 제도로서 여자들의 상속에 관한 내용을 담고 있다. 과연 이 특별한 법은 어떻게 해서 만들어졌을까?

그 새로운 법의 발단은 이스라엘의 므낫세 지파에 속했던 슬로브핫의 가정으로부터 시작된다. 슬로브핫이란 사람은 모든 출애굽 1세대가 그랬듯이 가나안 땅에 들어가지 못하고 광야에서 죽었다. 그런 그에게는 아들은 없었고 오직 다섯 명의 딸들만을 두고 세상을 떠났다. 불행하게도 슬로브핫은 자신의 기업을 물려받을 단 한 명의 아들도 없었으니 가나안의 기업을 상실하게 된 것이다. 왜냐하면 가나안 땅의 분배의 기준은 이스라엘의 인구 조사에서 계수된 남자의 수대로 기업을 나누었기 때문이다(민 26:52-56).

따라서 아들이 없는 가정은 당연히 가나안의 기업을 얻지 못하게 된다. 슬로브핫의 다섯 딸들도 이러한 하나님의 율법을 잘 알고 있었다. 그럼에도 그녀들은 가만히 있지 않았다. 아버지의 가문이 가나안의 기업을 받지 못하게 되면 자칫 그녀들 모두가 이스라엘이란 언약 공동체에서 끊어질 수도 있었기 때문이다. 다섯 처녀들은 주저 없이 나섰다. 그녀들의 이름은 말라, 노아, 호글라, 밀가, 디르사였다(민 27:1).

다섯 딸들은 이전에 광야에서 죽은 아버지 슬로브핫을 대신해서 회막문으로 나아가서는 자신들이 아버지의 기업을 물려받게 해 달라고 호소했다(민 27:3). 이에 이스라엘의 지도자들과 온 회중들은 몹시 황당해했다. 그녀들은 당연히 이스라엘의 기업에 대한 상속권이 없었으므로 그 어떤 기업도 물려받을 수가 없다는 것은 모두가 아는 상식이었기 때문이다. 더구나 그것은 그 누구도 거부할 수 없는 존엄하신 하나님의 명령이었다. 게다가 당시의 관습에가 여자들은 개인의 법적인 권리조차 주장하기도 힘들었으며, 심지어 여자란 단순히 한 가정의 재산으로 인식되던 시기였다(출 20:17; 신 5:21). 그럼에도 불구하고 슬로브핫의 다섯 딸들이 터무니없이 나선 것이다.

회중들은 너무나 어이가 없었다. 그럼에도 그녀들은 당돌하게 요구했다. "어찌하여 아들이 없다고 우리 아버지의 이름이 그의 종족 중에서 삭제되리이까 우리 아버지의 형제 중에서 우리에게 기업을 주소서"(민 27:4). 비록 자신들이 여자일지라도 가문의 기업을 상속받지 못한다면 아버지의 이름이 종족 중에서 삭제될 것이므로, 이를 막기 위해서는 반드시 가나안 땅의 기업을 받아야만 한다고 나선 것이다.

이스라엘의 상속법을 준수해야 할 책임이 있는 여호와의 종 모세마저도 다섯 처녀들의 당돌함에 당황할 수밖에 없었다. 지금까지 하나님의 율법을 시행하면서 감히 이를 바꾸거나 수정하려고 했던 전례가 단 한 차례도 없었기 때문이다. 모세는 그녀들의 요구가 율법의 관례를 벗어난 요구인 줄을 분명히 알고 있었다. 그럼에도 모세는 이전의 관례대로 섣불리 판결을 내리지 않았다.

다섯 처녀들의 담대한 믿음을 간파한 모세는 그 간절한 사연을 하나님께 아뢰었다. 그러자 전혀 뜻밖의 결과가 나타났다. 하나님께서 이르시기를 "슬로브핫의 딸들의 말이 옳으니…"(민 27:7)라고 하시면서 그녀들의 간구를 흔쾌히 들어주신 것이다. 그 누구도 예상치 못한 정말 놀라운 결과였다. 여자로서는 불가능하게만 여겨졌던 상속법이 새롭게 바뀌게 된 것이다. 그 결과 이 슬기로운 다섯 명의 처녀들로 인해서 이스라엘의 각 가정에는 아들이 없을지라도 딸들이 대신하여 부모의 기업을 상속 받을 수 있는 새로운 여자 상속법이 특별히 제정되게 되었다(민 27:8).

이와 관련해서 민수기의 마지막 장인 36장에서는 이렇게 여자에게 상속된 기업이 결혼으로 인해서 다른 지파로 넘어가지 못하도록 하는 추가 규례도 제정되었다. 아직 가나안 땅에 들어가기도 전이었다. 그것도 여자는 기업을 상속받을 수 없다는 율법을 다섯 처녀들은 분명히 알고 있었다. 그럼에도 불구하고 다섯 처녀들은 끝까지 하나님의 기업을 위한 소망을 포기하지 않았다. 이처럼 그녀들의 무모하기까지 했던 믿음이 급기야는 하나님께서 제정하신 율법을 새롭게 해석하는 놀라운 변화를 일으킨 것이다.

그렇다면 평범하게 보이는 여자들의 상속 문제가 얼마나 중요하기에 민수기에서는 두 장에 걸쳐서 이렇게 반복하며 강조하고 있을까? 그것은 이스라엘이 가나안 땅의 기업을 소유하는 것이 궁극적으로는 천국에 대한 소망임을 암시하고 있기 때문이다. 하나님의 언약의 땅인 가나안에서 기업을 받지 못한다는 것은 거룩한 하나님의 공동체에서 분리되는 것이며 이는 곧 천국의 유업을 상실함을 상징하는 것이다. 이것이 슬로브핫의 지혜로운 다섯 딸들이 끝까지 포기하지 않고 가나안의 기업을 상속받고자 했던 이유였다.

| 난제 KEY POINT |

- 기업을 상속받은 여자는 다른 지파의 남자와 결혼할 수 없다. 상속받은 기업이 다른 지파로 넘어가기 때문이다. 따라서 기업을 상속받은 딸들은 반드시 아버지와 같은 지파의 남자들과 결혼해야 했다(민 36:6).
- 민수기 36장은 '기업'이라는 단어를 16번이나 반복하면서 하나님의 약속하신 기업이 얼마나 소중한지를 강조한다(히 9:15). 민수기 27장, 36장 그리고 여호수아 17장 3-4절에서도 슬로브핫의 다섯 딸들의 상속 문제를 기록한다.
- 가나안 땅은 각 지파별로 계수된 백성들에게 골고루 주어졌다. 하나님께 받은 기업은 타 지파에게 넘어가지 않도록 잘 지키고 영원히 보존해야 했다. 이것은 우리 성도들이 하늘의 영원한 기업을 얻을 것을 상징한다.

신명기

122-137

122. 신명기는 어떤 주제와 내용을 담고 있는 책인가?

모세오경에서 마지막 다섯 번째 책인 '신명기'(申命記)는 '하나님의 명령을 거듭 기록한 책'이라는 뜻이며 영어로는 'Deuteronomy'(두 번째 율법)로 기록된다. '신명기'라는 책의 제목은 '율법서의 등사본'(신 17:18)이라는 말에서 비롯되었다. 반면에 히브리어로 된 신명기의 제목은 '엘레 하드바림'(뜻:이는 말씀이니라)이다. 이것은 책이 시작되는 처음의 단어를 가지고 그 책의 제목으로 삼았던 히브리인들의 관례에 따라 지어진 이름이다.

이러한 신명기의 내용은 출애굽 한 이스라엘 백성들이 가나안 땅에 들어가기 직전에 그들의 지도자였던 모세가 죽음을 앞두고 요단강 동편의 모압 평지에서 했던 고별사적인 세 편의 설교를 담고 있다. 이때는 출애굽 40년의 광야 여정이 모두 끝나는 시점이었다. 이스라엘 백성들은 지난 40년 동안에 출애굽 1세대들 모두가 광야에서 죽었으며(여호수아와 갈렙은 제외) 모세 역시도 신명기의 설교를 마친 이후에는 가나안 땅에 들어가지도 못한 채 죽어야만 했다.

그러므로 모압 평지에서 신명기에 기록된 세 편의 설교를 들었던 대상은 출애굽 당시에는 어린아이였거나 지난 40년 동안의 유랑 생활 중에 광야에서 출생한 2세대들이었다. 이들은 모두 시내 광야에서 실시했던 1차 인구 조사 때에는 계수에 들지도 못했던 자들이었다(민 1장). 따라서 이들은 출애굽을 통한 구원의 역사를 직접적으로 체험하지도 못했으며 홍해의 기적과 같은 놀라운 하나님의 역사에 대한 참의미 또한 잘 알지 못했다. 게다가 시내 산에서 있었던 하나님과 이스라엘 백성들 간의 언약 체결식에도 직접 참여하지 못했던 신세대들이었다.

바로 여기에 문제가 있었다. 왜냐하면 이처럼 아직도 하나님의 언약을 잘 알지 못하고 율법에도 익숙하지 않은 이 연약한 신세대들이 정작 약속의 땅인 가나안을 정복해야 할 당사자들이었기 때문이다. 이 문제를 해결하기 위해서 여호와의 종 모세는 자신이 죽기 전에 신세대들에게 마지막 결단을 요구해야만 했다. 그것은 이들이 가나안 땅에 들어가서 반드시 지키고 준수해야 할 하나님의 명령에 관한 것들이었다. 모세는 이를 위해 과거의 잘못된 40년의 광야 세월을 회상하면서, 신세대들이 새로운 미래를 개척해 나갈 수 있도록 그들에게 마지막 세 편의 설교를 통해서 언약 갱신을 요구하고 있다. 따라서 신명기의 전체적인 주제도 '신세대를 향한 언약 갱신'이라고 할 수 있다. 이러한 신명기의 설교 내용은 크게 세 부분으로 나누어지는데, 그 핵심 내용은 다음과 같다.

❶ 첫 번째 설교(1:1–4:43) : 모세는 출애굽 이후 지난 40년 동안의 광야 생활을 돌아보면서 이스라엘의 실패한 역사를 회고한다. 하나님의 구원은 결코 이론적인 논리가 아니라 이제는 그들이 실제적으로 겪어야 할 역사적인 사건임을 교훈한다. 이를 통해서 모세는 신세대들에게 신앙적 결단을 요구한다. 첫째, 광야에서 처참히 죽어 간 아버지 세대처럼 너희들도 하나님 말씀에 불순종함으로써 실패한 과거의 역사를 또다시 반복할 것인가? 둘째, 아니면 이제라도 하나님 말씀에 순종함으로서 언

약의 땅에 대한 정복을 당당하게 완수 할 것인가? 모세는 그들에게 둘 중에 하나를 택할 것을 엄중히 촉구하고 있다.

❷ 두 번째 설교(4:44–26장) : 신세대들이 가나안 땅에 들어가서 반드시 지켜야 할 하나님의 명령으로서 십계명을 근본으로 하는 시내 산 율법의 의미를 재차 강론한다. 연약한 믿음의 신세대들이 언약의 땅에 들어가서도 하나님의 명령을 잘 준수하고 하나님만을 의지할 수 있도록 하나님께서 이스라엘에게 원하시는 율법과 관련한 순종의 참의미를 교훈하고 있다.

❸ 세 번째 설교(27–34장) : 모세의 설교의 결론부이며 하나님의 말씀에 대한 순종과 불순종의 여부에 따라서 결정될 축복과 저주를 예언적으로 선포한다. 이에 더해 모세는 이전에 부모 세대가 하나님과 시내 산에서 맺었던 언약을 신세대들에게 새롭게 갱신하고자 했다. 이로서 이제부터는 신세대들도 하나님 언약의 직접적인 참여자가 된 것이며 동시에 부모 세대와 똑같은 언약 체결자가 되었음을 각인 시켜 준 것이다.

결국 모세는 신세대를 향한 세 편의 설교들을 통해서 이스라엘이 앞으로 믿고 의지해야 할 대상은 오직 하나님뿐임을 강조하고자 했다. 오직 그 길만이 이스라엘이 가나안 입국 이후에 승리할 수 있는 유일한 방법임을 교훈 한 것이다. 이를 위해 모세는 마치 타락한 자식을 향한 애타는 부모의 심정으로 간절히 호소도 하고 때로는 의분에 차서 울부짖기도 하면서 가나안 입성에 직면한 이스라엘 백성들에게 마지막 유언과도 같은 절규를 쏟아냈다. 이처럼 여호와의 종 모세가 마치 피를 토하는 심정으로 신세대들에게 간절히 권면한 것은 이들이 가나안 땅에 들어간 이후에 또다시 하나님을 버리고 우상을 섬길 것을 우려했기 때문이다.

"내가 그들의 조상에게 맹세한바 젖과 꿀이 흐르는 땅으로 그들을 인도하여 들인 후에 그들이 먹어 배부르고 살찌면 돌이켜 다른 신들을 섬기며 나를 멸시하여 내 언약을 어기리니"(신 31:20). 그래서 모세가 이스라엘 백성들에게 강조한 설교의 핵심이자 결론 또한 오직 하나님을 향한 믿음과 순종이었던 것이다. 하나님의 말씀을 마음판에 새기고 그 말씀만을 의지해서 살아가라는 것이다. 여호와만이 이스라엘의 유일하신 하나님이시오 하늘이나 땅에 결코 다른 신이 없기 때문이다. 이와 같은 신명기를 통한 모세의 마지막 설교는 이제 곧 세상을 떠나야 할 부모가 믿음의 후손들에게 전하고 싶은 가장 아름답고 위대한 유언장이 될 것이다.

| 난제 KEY POINT |

- 신명기를 끝으로 모세오경은 완성된다. 신세대들에게 설교를 마친 하나님의 종 모세도 여호수아를 후계자로 세우고 이스라엘의 각 지파들을 축복하며 죽음을 맞았다.
- 신명기가 'Deuteronomy'(두 번째 율법)인 것은 모세가 40년 전 시내 산에서 받은 율법을 신세대들에게 다시 선포한 말씀이기 때문이다. 따라서 신명기의 주제도 '언약 갱신'이며 핵심 단어도 '언약'이다.
- 신명기는 신약에서 가장 많이 인용된 구약의 네 책(창세기, 신명기, 시편, 이사야) 중의 하나이다. 주님께서도 광야 시험을 받으실 때 세 번이나 신명기의 말씀을 인용해서 마귀를 물리치셨다(마 4:1-11; 눅 4:1-13).

123. 신명기가 '호렙 산에서 가데스 바네아까지 열 하룻길'이었다고 밝힌 이유는?

모세가 마지막 유언처럼 이스라엘 백성들에게 선포했던 말씀인 신명기는 "호렙 산에서 세일 산을 지나 가데스 바네아까지 열 하룻길이었더라"(신 1:2)라고 하면서 시작된다. 모세는 호렙산, 즉 하나님께 율법을 받았던 시내 산에서 출발해서 가나안 남단에 있는 가데스 바네아까지의 여정이 11일 걸렸다고 기록한다. 모세는 그렇게 지난 40년 전의 광야 여정을 돌아보면서 신명기를 기록한다.

그렇다면 모세는 왜 설교의 시작부터 '호렙 산에서 가데스 바네아까지'의 여정을 기록하고 있을까? 그리고 모세오경의 다른 책에서는 밝히지 않은 '11일'이라는 거리를 왜 신명기에서는 정확한 일수까지 밝히면서 시작하고 있을까? 이에 대한 본문의 의미를 함께 살펴보기로 하자.

모세가 요단강 건너편의 모압 평지에서 신명기의 말씀을 선포했을 때는 출애굽 제40년 11월 1일이었다(신 1:1-3). 그리고 설교를 모두 마친 모세가 죽고, 이스라엘 백성들이 새 지도자인 여호수아와 함께 요단강을 건너 가나안 땅으로 들어갔을 때가 출애굽 제41년 1월 10일이었다(수 4:19). 그러므로 모세가 신명기의 말씀을 선포하고 나서 불과 두 달이 지난 이후에 드디어 이스라엘 백성들이 가나안 땅으로 진입했음을 알 수 있다.

모세가 그토록 사모하며 밟아 보고 싶었던 땅 가나안. 모세는 죽기 직전까지도 마지막까지 이 소망을 포기하지 않고 여호와께 그 땅에 들어가기를 간절히 요구했었다. "구하옵나니 나를 건너가게 하사 요단 저쪽에 있는 아름다운 땅, 아름다운 산과 레바논을 보게 하옵소서"(신 3:25). 그러나 하나님은 이를 허락하지 않으셨다. 그래서 모세 자신도 신명기의 설교를 모두 마치고 나서 다른 출애굽 구세대들처럼 가나안 땅에 들어가지 못하고 죽어야 했다.

따라서 이 땅에서의 자신의 삶 또한 두 달 남짓밖에 남지 않았음을 잘 알고 있었던 모세는 마지막까지 하나님께서 자신에게 맡겨 주신 소명을 다하고자 했다. 그 마지막 소명이란 아직도 하나님의 언약과 율법의 의미를 잘 알지 못하는 이스라엘의 신세대들에게 자신이 죽기 전에 반드시 전해야 할 하나님의 메시지였다. 즉 언약의 후손들만큼은 지난 40년간 광야에서 죽어 간 아버지 세대처럼 그렇게 하나님의 말씀을 거역하며 살아가서는 안 된다는 것이었다. 이제 곧 언약의 땅인 가나안에 들어가서 이를 정복하고 기업을 차지해야 할 신세대들이 이제라도 부모 세대의 불신앙과 불순종에서 돌이킴으로써 오직 하나님만을 의지하는 자들로 거듭나야 했던 것이다.

이를 위해 모세는 지난 40년의 광야 여정을 돌아보길 원했다. 그리고 출애굽 1세대들이 무엇이 잘못되었는지 그 원인을 찾아서 2세대들에게 교훈해야 했다. 신세대들만큼은 지난 40년의 세월이 왜 실패할 수밖에 없었는지를 반드시 깨달아야 했기 때문이다. 그래서 모세는 이러한 자신의 간절함을 전하기 위해 "호렙 산에서 세일 산을 지나 가데스 바네아까지 열 하룻길이었더라"(신 1:2)라고 하면서 설교를 시작해야 했다.

지난 40년 전에 이스라엘 백성들은 애굽에서 나와 시내 산에서 약 1년 동안을 머물렀었다. 그 기간 동안 이스라엘은 하나님과 언약을 체결하고 성막을 완성하는 과정을 거치면서 언약 백성으로서의 기초 훈련을 이수했다. 그리고 드디어 호렙 산 곧 시내 산을 떠나서 11일 만에 가나안 땅의 남단에 있는 가데스 바네아에 도착할 수가 있었다(민 10:11-12; 신 1:2). 시내 산에서 도착지인 가데스 바네아까지는 약 265㎞이므로 하루에 평균 24㎞ 이상을 행진한 셈이다.

그렇다면 이제 이곳에서 최종 목적지인 가나안 땅까지는 불과 3~4일이면 충분히 들어갈 수 있는 거리였다. 백성들은 가슴이 설레었고 희망에 차 있었을 것이다. 그런데 바로 그곳에서 정말 있어서는 안 될 일이 벌어졌다. 미지의 땅에 대한 두려움 때문에 이스라엘 백성들이 가나안을 정탐하기 위해 12명의 정탐꾼을 잘못 보냈다가 하나님의 진노를 받게 된 것이다(민 13-14장). 이 사건으로 인해서 이스라엘은 저만치 바라보이는 언약의 땅을 바로 눈앞에 두고도 40년이라는 긴 세월을 광야에서 방황하며 헤매는 아픔을 겪어야만 했다(민 14:33). 정말 기가 막힐 일이었다.

그것은 오직 하나님의 말씀을 거역했기 때문이었다. 출발지였던 시내 산에서도 불과 보름이면 도착할 수 있었던 거리인 가나안 땅을 오직 믿음으로 정복해 차지하라는 하나님의 말씀에 불순종한 죄 때문에 광야 40년이라는 돌이킬 수 없는 통한의 세월을 보내야만 했던 것이다. 그래서 하나님을 거역했던 구세대 모두는 광야의 무덤 속으로 들어가야 했으며(여호수아와 갈렙 제외) 신세대들만이 요단강 건너편 곧 가나안 땅이 바라다 보이는 지금의 모압 평지에 도달할 수 있었다(민 14:26-35). 이스라엘에게는 결코 잊을 수가 없고 잊어서도 안 될 일이었다.

모세는 이런 일이 두 번 다시는 반복되지 않도록 하기 위해서 "호렙 산에서 가데스 바네아까지 열 하룻길이었더라"라는 말씀으로 이를 강조하고자 했다. 이스라엘 백성들은 하나님의 말씀을 떠나서 살아가는 불순종의 삶이 얼마나 큰 죄의 대가를 치르는지를 이제는 분명히 알아야 했다. 과거의 불신앙의 교훈을 통해서 이제 약속의 땅을 정복해야 할 신세대들만큼은 부모 세대의 그런 비참한 과오를 다시는 겪지 않기를 바랐기 때문이다. 신세대들은 대부분이 광야에서 태어나고 광야에서 자란 자들이었다. 그런 신세대들은 앞으로 가나안 땅에 들어가서 지금까지 겪어보지도 못했던 수많은 더러운 우상들과 음란의 유혹들을 만나게 될 것이다. 이들은 과연 이 수많은 유혹들을 잘 이겨 낼 수 있을 것인가? 이들이 과연 모세가 선포한 대로 약속의 땅에 들어가서도 하나님의 말씀을 잊지 않고 참된 순종의 삶을 살아갈 수 있을 것인가?

모세는 이를 생각할 때 마치 아무것도 모르는 철없는 어린아이를 두고 떠나는 부모의 애타는 심정이었을 것이다. 여호와의 종 모세는 자신이 죽기 전에 마지막 순간까지도 남겨진 후손들이 부모 세대의 불순종의 과거를 잊지 않고 오직 하나님만 의지하기를 간절히 바라고 있었던 것이다.

| 난제 KEY POINT |

- “내가 그들의 조상들에게 맹세한바 젖과 꿀이 흐르는 땅으로 그들을 인도하여 들인 후에 그들이 먹어 배부르고 살찌면 돌이켜 다른 신들을 섬기며 나를 멸시하여 내 언약을 어기리니 그들이 수많은 재앙과 환난을 당한 당할 때에 그들의 자손이 부르기를 잊지 아니한 이 노래가 그들 앞에 증인처럼 되리라…”(신 31:20-21). 모세는 신세대들마저도 가나안 땅에 들어가서 또다시 하나님을 버리고 우상을 섬기게 될 것을 경고한다. 이를 위해 모세는 이스라엘의 배신과 하나님의 심판을 주제로 한 ‘증거의 노래’(신 32장)를 만들어 백성들이 이를 부르게 했다.

124. 스스로 생명을 끊는 자살도 죄악인가?

하나님은 십계명 중에서 제6계명으로 "살인하지 말지니라"라고 명령하셨다(출 20:13; 신 5:17). 이 계명은 히브리어로 '로 티르차흐'이며, 이는 일반적인 살인의 의미를 넘어서 인간의 마음 안에 품은 증오와 분노를 포함하는 내면의 살인까지도 포함하는 명령이다. 이것은 '너는 결코 살인하지 말라'(You shall not murder)라는 강조의 의미를 지니고 있어서 하나님의 인간에 대한 지극하신 사랑이 내포된 명령이라고 할 수 있다.

우주 만물의 모든 피조물 중에서도 유일하게 하나님의 형상대로 지음받은 인간의 생명은 그만큼 고귀하고 신성하기 때문이다(창 1:26–27). 그래서 하나님은 "다른 사람의 피를 흘리면 그 사람의 피도 흘릴 것이니 이는 하나님이 자기 형상대로 사람을 지으셨음이니라"(창 9:6)라고 하시며 하나님의 고귀한 형상을 고의적으로 파괴하는 자들은 자신도 그렇게 피를 흘리며 반드시 살인의 죗값을 치르게 될 것이라고 엄중히 경고하셨다. 신약 시대 예수님께서도 직접적인 살인 외에도 악의를 품고 남을 미워하고 조롱하거나 모욕적인 언행을 하는 것 또한 간접적인 살인 행위라고 말씀하셨다(마 5:21–22).

이처럼 제6계명의 '살인하지 말라'는 말씀은 외형적인 살인뿐만이 아니라 마음에 품은 미움과 분노까지도 포함된다(요일 3:15). 그렇다고 해서 전쟁에서 사람을 해치거나 사형의 형벌과 같이 정당한 법적 절차로써 범죄자를 처형하는 것을 금지하는 것은 아니다. '살인하지 말라'는 이 말씀은 성경에서 전쟁이나 또는 법에 따른 정당한 형벌에 사용된 적이 한 번도 없다. 하나님은 오히려 하나님의 형상대로 지음받은 고귀한 생명을 해치는 자에게 사형을 집행할 수 있는 형벌을 제정해 주셨다(창 9:6; 출 21:12). 아울러 하나님께 드리기 위한 제사의 목적 또는 식용을 목적으로 가축이나 짐승들을 죽이는 것도 살인에 해당되지 않는다. 하나님은 인간에게 육식을 허락하셨으며(창 9:3) 예수님도 제자들과 함께 유월절의 양고기를 드셨고 물고기도 구워서 잡수셨다(눅 24:42-43).

그러므로 여기서 '살인하지 말라'는 말씀은 하나님의 명령을 벗어나서 고귀한 인간의 생명을 해치지 말라는 말씀이다. 즉 우리 자신과 동시에 이웃의 생명에 관련된 계명으로서 다른 사람의 생명을 끊는 타살과 스스로의 생명을 끊는 자살을 포함하여 모든 인간의 생명을 해치지 말라는 것이다. 하나님의 형상대로 지음을 받은 인간은 자신의 생명이든 타인의 생명이든 모든 생명이 하나님께 속한 것이요 거룩하고 존귀하기 때문이다(시 36:9). 우리에게 생명을 주신 분이 하나님이시기에 그 생명을 거두실 분도 오직 하나님이시다(욥 1:21). 그러므로 누구든지 타인을 살해하거나 스스로 자살을 통해서 생명을 해치는 것은 하나님의 주권을 대적하는 것이요 분명한 죄악에 해당된다(창 9:6).

이 세상에서 자신이 원해서 태어나는 사람은 단 한 명도 없듯이 우리가 이 세상을 떠나는 것 또한 전적인 하나님의 주권이요 하나님의 기쁘신 뜻에 의한 것임을 잊어서는 안 된다. 따라서 다른 사람을 죽이는 살인이 죄가 되듯이 스스로 자신의 생명을 끊는 극단적인 자살 또한 하나님의 명령을 거부한 명백한 살인죄가 되는 것이다. 세상의 모든 죄는 회개할 수 있는 기회를 갖지만, 생명이 끊어지면 그 기회는 사라지게 된다. 그런 측면에서 볼 때 자살은 타살보다 더 무서운 죄가 될 수도 있다. 다른 사람을 해친 살인자는 자신에게 아직도 회개할 수 있는 기회가 남아있지만, 자살한 자는 자신의 마지막 회개의 기회마저도 스스로 끊어버렸기 때문이다. 비록 자신의 생명일지라도 자신의 것이 아닌 창조주 하나님의 소유이기에 자기 마음대로 생명을 포기할 수는 없는 것이다.

보잘것없는 참새 한 마리도 하나님의 허락 없이는 땅에 떨어질 수 없듯이(마 10:29), 하물며 하나님의 형상대로 지음받은 존귀한 인간의 생명은 그 무엇과도 비교할 수 없다. 그러므로 자살이 죄인지 아닌지, 지옥에 가는지 아닌지를 논할 것이 아니라, 인간은 누구든지 하나님께서 부여하신 고귀한 생명을 해칠 수 없다는 근본 원리부터 먼저 깨달아야 한다. 하나님께서 부여해 주신 인간의 고귀한 생명은 그 누구도 대신할 수 없는 하나님만의 절대적인 주권이요 그분만의 고유 권한이다. 그러므로 어떤 상황에서도 세상의 시련과 아픔을 이기지 못하여 자살을 수단으로 고통으로부터 해방되고자 하는 것은 그 어떤 이유로도 정당화될 수가 없다.

그 누구도 타인의 귀중한 생명을 빼앗아 갈 수 없듯이 자신의 생명 또한 스스로 빼앗을 권리는 없는 것이다. 하나님은 우리를 사랑하신다(요일 4:7-8). 하나님의 속성이 사랑이시기에 그분은 내가 나를 사랑하는 것보다 나를 더 사랑하신다. 하나님은 내가 힘들어 하고 아파할 때도 나와 함께하셔서 나보다 더 아파하시고 더 힘들어 하신다. 왜냐하면 그분은 우리의 죄악을 용서하시기 위해 독생자 예수 그리스도가 십자가에서 죽기까지 우리를 사랑하셨기 때문이다. 그러므로 죽은 자도 살리시는 하나님은 결단코 우리가 자살이라는 벼랑 끝으로 향하는 것을 방관하지 않으신다(고후 1:8-9). 오히려 우리가 감당할 시험밖에는 주지 않으시고 그나마도 우리가 감당치 못할 때에는 피할 길을 예비하사 우리가 능히 고난과 아픔을 극복하게 해 주신다(고전 10:13).

주님께서도 "사람이 만일 온 천하를 얻고도 제 목숨을 잃으면 무엇이 유익하리요 사람이 무엇을 주고 제 목숨과 바꾸겠느냐"(마 16:26)라고 하시며 거룩한 한 생명을 천하보다 귀하게 여기셨다. 이토록 값지고 고귀한 것이 우리의 생명이다. 세상의 그 무엇과도 바꿀 수 없는 위대한 것이 바로 우리의 생명이다. 그러므로 자살은 결단코 하나님의 기쁘신 뜻이 아니다.

| 난제 KEY POINT |

- 성경에는 자살을 행한 사람이 모두 5명 기록된다. 구약에는 4명으로서 이스라엘의 초대 왕이었던 사울(삼상 31:4), 사울의 무기를 든 자(삼상 31:5), 다윗의 자문관이었던 아히도벨(삼하 17:23), 7일 동안 북이스라엘을 통치했던 시므리이다(왕상 16:18). 신약에는 유일하게 가룟 유다 한 명이다(마 27:5). 성경에는 하나님께서 선하게 여기셨던 사람이 자살을 행한 기록이 단 한 명도 없다. 이는 자살이 결코 하나님의 기쁨이 아님을 시사한다.

- 자살은 통상 3가지 유형으로 구별된다. ❶ 아히도벨이나 가룟 유다와 같이 자신의 삶의 고통이나 아픔을 견디지 못해 스스로 생명을 끊는 경우(삼하 17:23; 마 27:5). ❷ 정신병과 같은 질병으로부터 자신을 통제할 수가 없어 실수로 자신의 생명을 해하는 경우. ❸ 삼손과 같이 하나님의 거룩한 뜻을 위해 스스로의 생명을 희생시키는 경우(삼상 31:4). 여기서 하나님께 죄가 되는 것은 ❶과 같이 고의적으로 자신의 생명을 해치는 경우를 말한다.

• 안타깝게도 21세기 이후 한국은 OECD(경제협력개발기구) 37개국 중에서 15년이 넘게 자살률 1위이다. 2019년도에 자살로 인한 사망자 수는 13,799명으로서 인구 10만 명당 약 27명이다. 이는 하루 평균 38명이 자살한 것이며 지금도 약 38분마다 한 명씩 자살을 행하고 있음을 의미한다(2020.9말 통계청 자료).

125. '쉐마'가 무슨 뜻이며 그 내용은 무엇인가?

신명기 6장 4-9절은 이스라엘 신앙 교육의 근본이 되는 말씀이요 율법 중의 율법인 '쉐마'가 기록되어 있다. 히브리어 '쉐마'는 '들으라'는 뜻이지만, 이것은 그냥 단순히 들어보라는 의미가 아니다. 여호와 하나님의 선포되는 말씀에 온 마음을 집중해서 귀를 기울여 듣고 그 말씀에 순종하라는 강권적인 명령이다. 그래서 쉐마의 시작은 "이스라엘아 들으라('쉐마 이스라엘') 우리 하나님 여호와는 오직 유일한 여호와이시니"(신 6:4)라고 하면서 십계명 중에서도 가장 으뜸인 제1계명을 우선으로 선포하고 있다.

여호와는 유일하신 하나님이시요 위로는 하늘에나 아래로 땅에 다른 신이 없다는(신 4:39) 여호와 하나님의 절대적인 유일신론(唯一神論)을 먼저 강조한 것이다. 이어서 "너는 마음을 다하고 뜻을 다하고 힘을 다하여 네 하나님 여호와를 사랑하라"(신 6:5)라고 말씀한다. 여기서 '마음(레 바브)'은 '심장' 또는 '생명'이라는 의미도 포함하고 있으며 '뜻(네페쉬)'은 '영혼' 또는 '생명'을 그리고 '힘(메오드)'은 '강한 능력'을 의미한다. 그러므로 마음과 뜻과 힘을 다해서 하나님을 사랑하라는 것은 강조를 위한 반복적 표현으로서 자신의 모든 능력과 생명을 바쳐서 전인격적인 섬김으로 하나님을 사랑하라는 명령이다. 바로 이 신명기 6장 4-5절의 두 구절은 '쉐마'의 핵심 메시지로서 하나님을 향한 믿음과 순종이라는 신앙의 근본을 교훈하고 있다. 그렇다면 생명을 다해서 하나님을 사랑한다는 것은 과연 어떤 것인가?

신명기 6장 6-9절은 그 답을 제시한다. 먼저 모세는 하나님의 이 말씀을 마음에 새기고 자녀들에게 부지런히 가르치고 강론하라고 한다(신 6:6-7). 여기서 '가르치다'(샤난)는 '날카롭게 찌르다'라는 의미로서, 부모가 자녀들에게 하나님의 말씀을 가르치되 적당히 어설프게 하는 것이 아니라 좌우에 날선 어떤 검보다도 예리하여 영혼을 찔러 쪼개듯이 하라는 뜻이다(히 4:12). 즉 자녀들의 심령이 찔림을 받고 변화가 생기도록 그렇게 정성을 다해서 가르치라는 것이다. 이는 자녀의 신앙 교육에 대한 부모의 철저한 책임을 강조하고 있다.

또한 "너는 또 그것을 네 손목에 매어 기호를 삼으며 네 미간에 붙여 표로 삼고 또 네 집 문설주와 바깥 문에 기록할지니라"(신 6:8-9)라고 명령한다. 쉐마와 같은 중요한 말씀을 각자의 손목에 매고 미간에 붙이고 집 안팎에까지 붙이라는 말씀은 가족이나 이웃이나 누구든지 어디서든 말씀이 보이게 함으로써 만나는 사람마다 하나님의 말씀을 기억나게 하여 그 말씀대로 살아갈 수 있게 하라는 것이다. 결국 쉐마는 하나님 사랑에 대한 인간의 모든 의무를 포함하고 있으며, 우리가 생명을 다해 하나님을 사랑하려면 과연 어떻게 해야 하는 것인지를 명확히 알려 주고 있다.

종합해 볼 때 이스라엘 율법의 대강령이라 불리는 '쉐마'를 요약하면, 우리의 온 생명을 다해서 하나님을 사랑하기 위해서는 오직 진리의 말씀들을 자녀들에게 충실히 가르치며 모든 이웃에게도 말씀을 가르쳐 마음판에 새기게 함으로써(잠 7:3) 모두가 거룩하게 살아갈 수 있게 하라는 하나님의 강력한 명령인 것이다.

| 난제 KEY POINT |

- 신명기에 기록된 모세의 세 편의 설교 중에서 '쉐마'는 두 번째 설교의 핵심 내용이며 성도들이 하나님을 어떻게 사랑해야 하는지를 분명하게 교훈한다. 십계명이 율법의 핵심이라면 '쉐마'는 율법 중의 율법이라 할 수 있다.
- 유대인들은 신명기 6장 4–5절을 성경에서 가장 좋아한다고 한다. 지금도 정통 유대인들은 매일 아침과 저녁으로 하루 두 번씩 이 구절을 선포하면서 신앙을 고백하고 있다. 또한 양피지에 쉐마와 중요 성구를 기록해서 담은 쌈지를 끈으로 묶어 이마와 팔에 달고 다니며(테필린) 우리의 문패처럼 집의 문설주에 매달기도 한다(메주자).

126. 이스라엘이 겪은 광야 40년과 만나의 참된 의미는 무엇인가?

모세는 하나님께서 지난 40년 동안 이스라엘 백성들에게 광야의 길을 걷게 하셨던 의미에 대해 "네 하나님 여호와께서 이 사십 년 동안에 네게 광야 길을 걷게 하신 것을 기억하라 이는 너를 낮추시며 너를 시험하사 네 마음이 어떠한지 그 명령을 지키는지 지키지 않는지 알려 하심이라"(신 8:2)라고 하면서 교훈하고 있다(신 8:2). 이스라엘이 40년간 광야에서 방황했던 삶들은 결코 의미 없이 낭비된 세월이 아니었다는 것이다. 하나님은 백성들을 낮추시어 겸손케 하시고자 광야의 고난을 겪게 하셨고, 또한 백성들이 하나님 말씀에 순종할 것인지 그 여부를 알기 위해서 40년간의 험난한 광야 생활로 이스라엘을 시험하셨다는 것이다.

먹을 것도 없고 마실 물도 없는 광야, 사람이 살아갈 수 없는 메마른 땅 광야, 아무런 희망도 없을 것만 같은 그 절실한 삶의 현장에서 이스라엘이 살 수 있는 방법은 오직 하나, 하나님만 믿고 의지하는 것뿐이었다. 하나님 말씀만 믿고 따르는 것이 유일한 살 길이었다. 그래서 이스라엘은 낮아질 수밖에 없었고 백성들은 하나님만 바라볼 수밖에 없었다. 이것이 바로 하나님의 계획이었다.

비록 지난 광야 40년은 백성들의 불순종과 반역으로 시작된 긴 방황의 여정이었지만, 하나님은 이를 이용해서 이스라엘이 하나님만을 바라보며 의지할 수 있도록 훈련하신 것이다. 결국 백성들의 패악마저도 하나님의 선으로 열매 맺게 하시려는 은혜의 세월이 곧 광야 40년이었던 것이다. 아울러 하나님은 40년 동안 백성들의 옷이 해어지지 않게 하셨고, 발이 부르트지 않게 하셨으며, 날마다 하늘의 양식인 만나까지 주셔서 의식주 문제를 모두 해결해 주셨다(신 8:3–4).

하나님은 백성들에게 만나를 주신 이유에 대해 "너를 낮추시며 너를 주리게 하시며 또 너도 알지 못하며 네 조상들도 알지 못하던 만나를 네게 먹이신 것은 사람이 떡으로만 사는 것이 아니요 여호와의 입에서 나오는 모든 말씀으로 사는 줄을 네가 알게 하려 하심이니라"(신 8:3)라고 말씀하셨다. 만나는 땅의 소산이 아니라 하늘의 양식이다. 그래서 그 이름도 '만나'(히브리어 '만')로서, 이는 '(이것이) 무엇이냐?'(What's this?)라는 뜻이다(출 16:15). 하나님의 형상대로 지음받은 인간은 육체가 아닌 영적인 존재이다(창 2:7). 따라서 인간은 떡에 의지해 육체로만 사는 것이 아니라 하나님과의 교제를 위해서는 성령 안에서 하나님의 말씀으로 살아가야 한다. 이것이 하나님께서 광야의 백성들에게 만나를 주신 이유이다.

결국 이스라엘의 광야 40년은 불순종으로 인한 것이었지만 하나님의 은혜의 훈련 기간이었다. 그 훈련의 핵심은 오직 하나님만을 바라고 의지하면서 오직 그분의 말씀에 순종해 살아가는 것이다. 이를 깨닫도록 주신 것이 바로 '만나'였다. 먹을 것 마실 것도 없고 더구나 땅의 열매는 기대할 수도 없는 황량한 광야에서 바랄 것은 오직 만나뿐이었다. "내가 곧 생명의 떡이라 나는 하늘로서 내려온 살아 있는 떡이니 사람이 이 떡을 먹으면 영생하리라"(요 6:48–51).

이는 예수 그리스도가 곧 영원한 생명의 만나임을 증거한다. 말씀이 육신이 되어 우리 가운데 거하신 예수 그리스도(요 1:14). 결국 이스라엘 백성들이 광야에서 날마다 하늘의 양식인 만나를 먹었던 것은 오늘날 우리 성도들 또한 날마다 영의 양식인 진리의 말씀을 먹고 살아야 한다는 것을 교훈하고 있다.

| 난제 KEY POINT |

- 사람이 떡으로만 사는 것이 아니라 여호와의 입에서 나오는 모든 말씀으로 살아야 한다는 것은 예수 그리스도께서 광야 시험 때 마귀에게 하셨던 첫 번째 말씀이다(마 4:4). 주님의 40일간의 광야 시험은 이스라엘의 40년 광야 시험을 상징한다. 주님은 우리 성도들을 승리의 삶으로 인도하시기 위해 광야로 나가셨고 마귀에게 승리하셨다.

127. 하나님은 가나안 족속을 속히 멸하라고 하셨나? 아니면 천천히 멸하라고 하셨나?

모세는 이스라엘 백성들에게 "오늘 너는 알라 네 하나님 여호와께서 맹렬한 불과 같이 네 앞에 나아가신즉 여호와께서 그들을 멸하사 네 앞에 엎드러지게 하시리니 여호와께서 네게 말씀하신 것 같이 너는 그들을 쫓아내며 속히 멸할 것이라"(신 9:3)라고 하면서 하나님께서 먼저 친히 나아가셔서 가나안 족속들을 맹렬한 진노의 불로 진멸시킬 것이니 이스라엘 백성들은 그들을 쫓아 속히 멸하라고 명령한다.

반면에 이와는 달리 모세는 "네 하나님 여호와께서 이 민족들을 네 앞에서 조금씩 쫓아내시리니 너는 그들을 급히 멸하지 말라 들짐승이 번성하여 너를 해할까 하노라"(신 7:22)라고 하면서, 이번에는 하나님께서 서두르지 않으시고 가나안 족속들을 천천히 조금씩 점차적으로 쫓으실 것이니 백성들은 그들을 급히 멸하지 말라고 명령한다(출 23:29-30). 문자적으로 볼 때 하나님의 두 명령은 서로 반대인 것처럼 보인다. 두 명령 중에 과연 어떤 명령이 옳은 것인가?

두 본문을 자세히 살펴보면 신명기 9장 3절은 가나안 족속들의 죄악이 그 땅에 넘쳐 남으로 인해 하나님께서 친히 그 족속들의 죄악을 신속히 심판하실 것을 의미한다. 이는 신명기 9장 3절의 본문에 이어서 두 번씩이나 반복되는 "이 민족들이 악함으로 말미암아 여호와께서 그들을 네 앞에서 쫓아내심이니라"(신 9:4하, 5하)라는 말씀을 통해서도 잘 나타난다. 그러므로 하나님께서 죄악에 물든 가나안 원주민들을 신속히 진멸하라고 하신 것은 우선 가나안 땅에 차고 넘치는 죄악을 속히 진멸하고자 하시는 하나님의 심판이요, 나아가 이를 통해 선민 이스라엘이 가나안의 죄악으로부터 구별되어 그들처럼 우상 숭배에 물들지 않도록 방지하기 위함인 것이다.

반면에 신명기 7장 22절은 가나안 족속들을 급속히 진멸하여 그 땅을 정복하게 되면 짧은 기간에 많은 땅들이 갑작스레 폐허가 되고 급기야 쓸모없는 황무지나 광야로 변모하게 될 것을 우려하신 말씀이다. 그렇게 되면 죽은 시체를 먹이로 삼는 들짐승들이 번성하여 이스라엘을 해칠 수가 있으므로 하나님은 이스라엘 백성들이 가나안 족속들을 급히 멸하지 말고 점차적으로 멸하라고 명령하신 것이다. 결국 이 말씀은 백성들이 들짐승들로부터 위협을 받을 것을 염려하신 하나님께서 이스라엘을 보호하기 위한 배려였다.

그러므로 서로 상반되는 내용처럼 보이는 신명기 7장 22절과 9장 3절의 두 본문은 반대의 명령이 아니다. 이스라엘은 하나님의 전능하신 도우심으로 죄악이 극에 달한 가나안 족속을 신속히 내쫓아 정복하게 될 것이지만, 이스라엘 각 지파들에게 분배된 땅에 대한 실제적인 점령과 가나안 땅의 정착은 이스라엘의 안전을 위해서 점진적으로 조금씩 이루어지게 될 것이라는 뜻을 내포하고 있는 것이다.

| 난제 KEY POINT |

- 신명기 7장은 하나님께서 이스라엘 백성들에게 가나안 족속들을 남겨 두지 말고 진멸하라는 명령을 네 번씩이나 반복해서 기록한다(신 7:2, 16, 23, 24). 아울러 하나님은 그들을 긍휼히 여기지 말고 불쌍히 여기지도 말며 그들의 이름이 천하에서 제하여지도록 진멸시키라고 하신다. 이것은 이웃을 사랑하라 하신 하나님께서 너무 잔인한 명령을 내리신 것처럼 보인다. 그러나 하나님께서 가나안 족속들을 진멸하라 하신 것은 가나안의 넘치는 죄악을 심판하여 우상 숭배와 음란의 죄악으로부터 이스라엘을 보호하기 위함이다. 이스라엘은 하나님께서 택하신 백성이므로 가나안과는 구별된 삶을 살아야 하기 때문이다. 그러므로 가나안 족속들을 온전히 진멸하라 하신 하나님의 단호하신 명령은 잔인하심이 아니라 택하신 백성들을 죄악 된 세상에서 구별하고자 하신 하나님의 거룩한 뜻인 것이다.

128. 하나님께서 택하신 곳에서만 예배를 드림은 무엇을 의미하나?

신명기 12장 1-14절은 하나님께 예배드리는 방법을 소개하면서 특별히 예배가 드려질 장소를 강조하고 있다. 하나님은 이스라엘 백성들이 가나안 땅에 정착한 후에 "너희가 쫓아낼 민족들이 그들의 신들을 섬기는 곳은 높은 산이든지 작은 산이든지 푸른 나무 아래든지를 막론하고 그 모든 곳을 너희가 마땅히 파멸하며 그 제단을 헐며 주상을 깨뜨리며 아세라 상을 불사르고 또 그 조각한 신상들을 찍어 그 이름을 그 곳에서 멸하라"(신 12:2-3)라고 하시며 제일 먼저 우상을 척결하라는 명령을 내리셨다.

그리고 이어서 반드시 하나님께서 택하신 장소에서만 예배를 드려야 한다고 말씀하셨다(신 12:5-14). "너는 삼가서 네게 보이는 아무 곳에서나 번제를 드리지 말고 오직 너희의 한 지파 중에서 여호와께서 택하실 그곳에서 번제를 드리고 또 내가 네게 명령하는 모든 것을 거기서 행할지니라"(신 12:13-14). 여기서 '한 지파'는 '유다 지파'를 가리키며 '택하실 그곳'은 훗날 하나님의 성전이 세워질 '예루살렘'(시온 산)을 의미한다(시 78:68-69). 하나님께서 '택하신 그곳'이라는 예배 성소 단일화의 메시지는 모세 이후 약 450년 뒤에 솔로몬 왕이 7년에 걸쳐 예루살렘 성전을 건축

함으로써 성취되게 된다(왕상 6:38; 대하 3:1).

이는 이스라엘이 약속의 땅 가나안에서 우상과 관계되는 것들을 우선하여 파멸함으로써 가나안 족속들과는 완전히 구별된 거룩한 예배를 하나님께 드리기 위한 것이다. 이로써 이스라엘 백성들은 언약의 땅인 가나안에 들어가게 되면 하나님께서 정해 주신 택하신 장소로 나아가서 그곳에서만 예배를 드려야 했다. 이것은 예배 처소를 한 곳으로 단일화해야 한다는 것을 의미한다. 그래서 신명기 12장에서는 '하나님께서 택하신 그곳'이라는 말씀을 여섯 번이나 반복하면서 강조하고 있다(신 12:5, 11, 14, 18, 21, 26).

이처럼 하나님께서 이스라엘의 가나안 입성을 앞두고 택하신 예배 장소를 강조하시는 이유는 이스라엘 백성들이 출애굽 한 이후에 지난 40년 동안 정착하지 못한 상태로 정처 없이 광야를 떠돌았기 때문에 특별히 정해진 예배 장소도 없이 각자의 형편에 맞게 아무데서나 예배를 드렸기 때문이다. 이것은 마치 가나안 원주민들처럼 자신들이 원하는 장소에서 편리한 대로 우상을 섬기는 모습과 유사했다. 그래서 하나님은 선민 이스라엘을 우상으로부터 구별하시고 보호하시기 위해 예배 처소를 하나님께서 택하신 한 곳으로 정하라고 명령하신 것이다.

결국 하나님께서 이처럼 예배 처소의 단일화를 강조하신 것은 선민 이스라엘을 통해서 참된 예배를 받고자 하심이다. 그렇다면 구약에서 이토록 성소의 단일화로 장소의 개념을 강조하고 있는 이유가 무엇일까? 정해진 성소가 아닌 다른 곳에서 드려지는 예배는 참예배가 아니라는 뜻인가? 과연 여기서 하나님이 기뻐하시는 참된 예배란 궁극적으로 무엇을 의미하고 있는 것일까?

이에 대해 이사야 선지자는 하늘 보좌에 계신 하나님은 인간이 지은 건물에 제한을 받으시는 분이 아니라고 말씀한다. "여호와께서 이같이 말씀하시되 하늘은 나의 보좌요 땅은 나의 발판이니 너희가 나를 위하여 무슨 집을 지으랴 내가 안식할 처소가 어디랴"(사 66:1). 신약 시대 초대 교회의 최초의 순교자였던 스데반도 "그러나 지극히 높으신 이는 손으로 지은 곳에 계시지 아니하시나니…"(행 7:48)라며 만물의 창조주이신 하나님은 이 땅에 지은 집이나 처소에서 안식하시는 분이 아니라고 강조한다. 이는 곧 하나님께서 기뻐 받으시는 참된 예배란 결코 인간이 지은 건물에 제한된 것이 아님을 증거하고 있는 것이다.

이와 관련해서 주님께서도 어디서 예배를 드려야 옳은지를 묻는 사마리아 여인에게 하나님께 드려야 할 참된 예배가 무엇인지를 교훈하셨다. "…여자여 내 말을 믿으라 이 산에서도 말고 예루살렘에서도 말고 너희가 아버지께 예배할 때가 이르리라 너희는 알지 못하는 것을 예배하고 우리는 아는 것을 예배하노니 이는 구원이 유대인에게서 남이라"(요 4:21-22). 본문의 말씀은 그리심 산이나 예루살렘과 같은 눈에 보이는 장소가 중요한 요소가 아님을 교훈하신 것이다(요 4:21).

주님은 이어서 사마리아 여인에게 말씀하셨다. "아버지께 참되게 예배하는 자들은 영과 진리로 예배할 때가 오나니 곧 이 때라 아버지께서는 자기에게 이렇게 예배하는 자들을 찾으시느니라 하나님은 영이시니 예배하는 자가 영과 진리로 예배할지니라"(요 4:23-24). 즉 하나님께 드려지는 참된 예배란 참진리이신 예수 그리스도 안에서 신령한 예배로 드려져야 한다는 것이다.

우리는 이를 통해서 신명기에서 강조하고 있는 성소의 단일화 곧 반드시 하나님께서 택하신 장소에서만 예배를 드리라고 강조했던 참된 의미가 무엇인지를 알 수 있다. 이는 이 땅의 어느 건물이나 제한된 장소의 개념이 아니라 곧 유일한 길이요 진리요 생명이신 예수 그리스도 안에서 예배 드려야 함을 시사하는 것이다. 이처럼 하나님이 기뻐하시는 참된 예배란 오직 하나님의 독생자이신 예수 그리스도 곧 그분 안에서 드려지는 예배임을 강조하는 것이다.

| 난제 KEY POINT |

- 하나님이 택하신 그곳 즉 중앙 성소 개념은 오직 예수 그리스도 안에서 드려지는 예배를 통해서 성취된다. 하나님은 영이시니 하나님이 기뻐하시는 예배 또한 성령과 함께 진리이신 예수 그리스도 안에서 드려져야 한다.

129. 성경은 술에 대해 어떻게 교훈하고 있나?

하나님은 토지 소산의 십일조를 드린 백성들에게 성소의 애찬을 위해서 포도주와 독주의 사용을 허용하셨다(신 14:26). 여기에서 '독주'(히브리어 '쉐카르')란 물로 희석시키지 않은 '독한 음료'라는 뜻으로서 포도가 아닌 다른 과일이나 열매로 만든 것이며 포도주보다 훨씬 독한 술을 의미한다(레 10:9; 민 6:3; 삿 13:4). 그럼에도 하나님이 거룩한 성소에서 포도주와 독주의 사용을 허락하신 것은 취하기 위한 음주용이 아니라 애찬을 기쁘게 나누기 위한 음료용으로 사용하기 위함이었다.

이와는 반대로 제사장들이 성막에 들어갈 때는 포도주와 독주 사용이 철저히 금지되었다. 술은 조금만 마셔도 취할 수 있기 때문에 제사를 인도해야 할 제사장들이 거룩하고 속된 것을 분별할 수 없으며 부정하고 정한 것도 분별하기 어려울 수 있었기 때문이다. 따라서 제사장들이 회막에 들어갈 때에 포도주나 독주를 마시게 되면 죽음을 면할 수가 없었다(레 10:9-10). 하나님께 구별된 나실인들 또한 임기 중에는 포도주와 독주를 마실 수 없도록 엄격히 규정되어 있었으며(민 6:3; 삿 13:4, 7, 14) 르무엘 왕의 잠언에서도 포도주와 독주를 금하고 있다(잠 31:4).

그렇다고 해서 성도들에게 음주 자체가 완전히 금지된 것은 아니었다. "사람의 마음을 기쁘게 하는 포도주와…"(시 104:15상). "에브라임이 용사 같아서 포도주를 마심같이 마음이 즐거울 것이요…"(슥 10:7상). 성경에서도 포도주는 영적 축복의 상징으로서 마음과 생명을 기쁘고 즐겁게 하는 것이라고 증거하고 있다(전 10:19). 당시 이스라엘 백성들의 일반적인 문화는 식사할 때나 다른 음식들을 먹을 때에도 포도주나 독주를 물로 희석시켜서 음식과 함께 조금씩 음료용으로 마시는 것이 관례였다. 이는 신약 시대에도 마찬가지였다.

그러나 구약 시대나 신약 시대의 예수님 당시에 마시던 포도주와 독주는 오늘날처럼 공장에서 정제된 도수(알콜)가 높은 술이 아니었으므로 취함이 목적이 아니라 단지 식사와 함께 하는 음료용으로 주로 사용되었다(창 14:18; 27:25; 삿 19:19; 삼상 16:20). 그리고 하나님께 드려진 제사와(출 29:40; 레 23:13; 민 28:7) 때로는 치료를 위한 약용으로도 많이 사용되었다(딤전 5:23). 따라서 당시에 독주는 제사와 진통과 치료와 같은 특별한 용도에는 직접적으로 사용할 수 있었지만 음료로 사용할 때에는 물로 희석해서 취하지 않게 해야 했다. 즉 포도즙이나 독하지 않은 묽은 포도주는 특별한 잔치나 식사를 위한 음료로는 누구나 마실 수가 있었던 것이다.

그러나 성경에서는 그 외의 용도로는 육체와 영혼을 혼미케 하여 타락시키는 술 자체를 제한하고 있으며, 특히 술에 탐닉해서 즐기거나 취함에 대해서는 엄중히 경고하고 있다(롬 13:13; 고전 6:10; 갈 5:21; 엡 5:18; 딤전 3:3, 8; 딛 1:7; 벧전 4:3). "독주는 죽게 된 자에게 포도주는 마음에 근심하는 자에게 줄지어다"(잠 31:6)라며 독주와 포도주는 임종을 앞둔 자와 상한 마음의 치유를 위해서 극히 제한적으로 사용할 것을 교훈한다. 솔로몬은 술을 즐기는 자는 사귀지도 말라고 했으며(잠 23:20) 사도 바울도 술 취한 자를 우상 숭배자와 음란한 자들과 동일시하여 그들과 사귀지도 말고 함께 식사도 하지 말라고 경고했다(고전 5:11). 선지자 이사야와 아모스는 포도주와 독주에 취하거나 즐기는 자에게는 저주가 임할 것이라고 선포한다(사 5:11, 22; 암 6:1–11).

세상 사람들과 구별되어 오직 하나님의 말씀에 순종하며 살았던 레갑 족속들은 자손 대대로 금주를 철저히 지킴으로써 하나님께 큰 복을 받았으며(렘 35:5–6, 18–19), 세례 요한도 모태로부터 성령의 충만함을 입어서 포도주나 소주를 전혀 마시지 않았다(눅1:15). 이는 오늘날 우리 성도들에게도 시사하는 바가 크다고 할 수 있다. 물론 성경에서는 직접적으로 술을 마시는 것이 죄라고 말하지는 않는다. 누구든지 취함이 목적이 아니라 잔치 석상이나 식사 교제를 위한 음료용으로서 절제하여 술을 사용한다면 우리의 마음을 즐겁게 해 주는 유익한 도구가 될 수 있다.

그러나 도박과 마약처럼 쉽게 절제하지 못하는 것이 술의 특징이다. 술은 처음에는 사람의 마음을 기쁘게 해 주는 것 같지만(시 104:15; 전 10:19) 조금만 취하면 감각을 마비시켜 비틀거리게 만들고(사 28:7), 우울한 생각을 품게 하며(사 22:13), 거만하고 시끄러우며(잠 20:1), 거짓말과 끝없는 욕심(합 2:5)을 더해 결국 폭력과 학대로 나아가게 만든다(암 4:1). 인류의 역사를 돌아볼 때도 불법과 음란이 있는 곳에는 항상 술이 함께 있었다. “음행과 묵은 포도주와 새 포도주가 마음을 빼앗느니라”(호 4:11). “그것이 마침내 뱀같이 물 것이요 독사같이 쏠 것이며 또 네 눈에는 괴이한 것이 보일 것이요 네 마음은 구부러진 말을 할 것이며”(잠 23:32–33).

결론적으로 하나님은 거룩한 성도들이 술을 가까이 하는 것을 싫어하시며 술로부터 분리되어서 경건한 삶을 살아가길 원하신다. 오늘날 우리 성도들 모두가 왕 같은 제사장임을 믿을 때(벧전 2:9) 사도 바울이 그랬던 것처럼 복음의 열매를 위해서라면 술 마실 권리까지도 자제함은 하나님의 기쁘신 뜻이 될 것이다(롬 14:21). 하나님께서 택하신 성도들의 몸은 거룩하신 성령의 전이요(고전 6:19), 이 거룩한 몸을 하나님이 기뻐하시는 산 제물로 드려야 하기 때문이다(롬 12:1).

| 난제 KEY POINT |

- 목으로 넘어가며 상한 마음을 위로해 줄 것 같은 술은 오히려 독사의 독을 온 몸에 퍼지게 한다(잠 23:31-32). 사람이 술을 마시는 것 같지만 사실은 술이 사람을 삼킴으로 독이 되게 하고 패망하게 만든다.
- 술을 즐기는 자들은 성경에서 제사장과 레위인을 제외한 다른 사람들에게는 완전한 금주가 명시되지 않았으며, 또한 예수님도 가나 혼인 잔치에서 물을 포도주로 바꾸신 것을 근거로(요 2:1-11) 과음을 정당화시킨다. 그러나 예수님이 만드신 포도주는 취하게 할 목적이 아니라 혼인의 기쁨을 나누게 하는 포도즙과 같은 도수가 낮은 음료였다.
- 술은 결국 흐려진 판단력으로 송사를 굽게 하고(잠 31:5) 모든 것을 탕진하게 하여(잠 23:21) 급기야는 자신의 건강마저 잃게 만들어(호 7:5) 큰 수치를 당함으로써(합 2:16) 하나님 나라의 유업마저도 받지 못하고(고전 6:10; 갈 5:21) 멸망의 길로 이르게 한다(사 28:1).

130. 하나님께서 택하신 이스라엘의 왕은 어떤 자격을 갖추어야 했나?

신명기 17장 14–20절은 이스라엘 백성들이 가나안 땅에 들어가서 지켜야 할 왕정 제도에 관하여 기록되어 있다. 이스라엘의 왕권에 관한 규례는 모세오경 중에서 유일하게 신명기에만 기록되어 있다. 왕정 제도의 내용은 크게 두 부분으로 나누어지는데 ❶ 이스라엘의 왕이 될 자의 두 가지 조건(15절), ❷ 왕이 된 자가 행해서는 안 될 3가지 금지 사항과 반대로 반드시 행해야 할 1가지 명령을 기록한 3금 1행의 규례를 담고 있다(16–20절).

이스라엘의 왕이 되기 위한 두 가지 조건 중의 하나는 반드시 여호와께서 택하신 자라야 한다는 것이다(15절상). 이스라엘은 하나님께서 주권적으로 택하시고 세우신 나라이므로 하나님께서 통치하실 신정 국가를 다스릴 왕 또한 인간의 선택이 아니라 당연히 하나님께 선택권이 있는 것이다. 두 번째 조건은 타국인이 아닌 이스라엘의 형제 중에서 한 사람을 택해야 한다는 것이다(15절하). 이것은 타국의 음란한 문화와 우상으로부터 이스라엘의 신앙을 보존하기 위함이다.

이어서 모세는 하나님이 택하셔서 왕으로 선출된 자가 지켜야 할 3가지 금지 규례를 교훈한다(16–17절). 첫째는 말을 많이 두지 말아야 한다는 것이다(16절). 모세 당시의 말은 값이 매우 비싸고 귀한 동물로서 전쟁터에서 가장 위협적인 군사력의 상징이었다. 따라서 왕이 말을 많이 보유하게 되면 군사력에 의지해서 교만해지고 나아가 하나님을 멀리할 수 있었다. 또한 당시 말은 거의 모두 애굽에서 수입을 했기 때문에 잦은 거래를 통해서 그들의 우상에 물들 것을 방지해야만 했다.

둘째는 아내를 많이 두지 말아야 한다는 것이다(17절상). 왕에게 아내가 많으면 자연스럽게 유혹에 빠져서 향락에 물들게 되고 국정은 소홀히 할 수밖에 없다. 또한 국가적 · 정치적 안정을 위한 목적으로 정략 결혼을 통해서 이방인 아내를 많이 두게 되면 반드시 우상 숭배로 이어질 것이 뻔했다(왕상 11:1–8).

셋째는 자기를 위해서 은금을 많이 쌓지 말아야 한다는 것이다(17절하). 왕이 자신의 권력을 이용해 개인의 부를 축적하면서 이기적 욕심만을 채우다 보면, 자연히 백성들은 멀어지고 자만에 빠져서 결국은 하나님마저 보이지 않게 되기 때문이다. 모세는 왕이 지켜야 할 3가지 금지 명령에 이어서 왕정 제도 중에서 가장 중요한 명령이며 왕으로서 지켜야 할 1가지를 강조해서 명령한다(18–20절).

그것은 하나님 말씀을 복사해서 평생 왕 곁에 두고 읽고 배우며 이 말씀을 지켜 행하라는 것이다. 따라서 왕은 이스라엘을 다스리는 동안 제사장이 보관하고 있는 율법서를 복사해서 평생을 하나님의 말씀에 따라 통치해야만 했다. 이스라엘의 왕권은 하나님께 속한 것이며 왕은 단지 하나님의 대리자이기 때문이다. 하나님은 이스라엘의 왕이 이방 왕들처럼 백성들 위에서 신처럼 군림하는 절대적인 군주가 아니라 오직 하나님만을 의지하는 겸손한 왕이 되길 원하신 것이다.

그러므로 이스라엘의 왕은 하나님 말씀에 순종해서 나라를 다스리며 하나님의 백성들을 위해서, 그리고 그 백성들과 함께 하나님을 경외하며 경배하는 자가 되어야 했다. 이를 위해서는 반드시 이스라엘의 형제 중에서 한 사람이 여호와께 택함을 받아야만 했던 것이다.

| 난제 KEY POINT |

- 신명기 17장 14절은 이스라엘에 왕정 제도가 생긴 배경을 설명한다. 주변 나라들의 강력한 왕권을 보고 자신들도 그런 절대적인 힘을 갖기를 원한 것이다(삼상 8:5, 19-20). 그래서 이스라엘은 하나님을 버리고 눈에 보이는 육신의 왕을 요구했다(삼상 8:7). 이스라엘의 왕은 오직 하나님이심을 백성들이 잊은 것이다.
- 하나님은 이스라엘의 왕정 제도를 기뻐하시지는 않았지만(삼상 8:7) 제도 자체를 부정하신 것은 아니다. 단지 인간이 통치하는 나라가 하나님의 말씀을 떠날 것을 아셨기 때문이다.
- 하나님은 이미 아브라함과 그 후손을 통해서 열왕이 날 것을 약속하셨으며(창 17:6; 35:11) 이는 모세 이후 약 4백 년 뒤에 사울이 왕이 됨으로써 성취되었다(삼상 11:15). 그러나 이스라엘은 솔로몬 왕 이후 남북으로 분열되면서 결국 몰락의 길을 걸었다. 이처럼 실패를 거듭한 이스라엘의 왕정 제도는 궁극적으로 메시야에 의해 통치될 영원한 하나님의 나라를 바라보게 한다.

131. 하나님은 여자가 남장을 하고 남자가 여장을 한 것을 왜 가증스럽다고 하셨나?

하나님은 남녀를 구별하기 어려운 성적(性的) 혼합에 대해서 "여자는 남자의 의복을 입지 말 것이요 남자는 여자의 의복을 입지 말 것이라 이 같이 하는 자는 네 하나님 여호와께 가증한 자이니라"(신 22:5)라고 경고하셨다. 여기서 "남자의 의복"(히브리어 '켈리 게베르')은 '남자의 물건들'을 뜻한다. 그러므로 '의복'(켈리)은 옷뿐만이 아니라 남자들이 착용하고 다니는 장신구, 무기, 갑옷, 등과 같은 물건들을 가리킨다. 반면에 "여자의 의복"(히브리어 '시믈랏트 이샤')에서 '의복'(시믈랏트)은 문자 그대로 여성의 옷을 가리킨다.

그러므로 본문의 말씀은 단순히 남녀가 서로 옷을 바꾸어 입는 것을 경고한 말씀이 아님을 알 수 있다. 그것은 이 일을 여호와께서 가증스럽게 여기심에서도 엿볼 수 있다. 하나님께서 '가증스럽다'(히브리어 '토에바') 라고 하신 것은 하나님께서 그 무엇보다 싫어하시고 혐오스럽게 여기신다는 것을 뜻하며, 이 표현은 주로 성경에서 이방 종교나 우상 숭배와 관련해서 자주 사용되고 있다(왕하 16:3; 23:13; 스 9:1).

본문과 관련해서 신학자 메튜 헨리는 이방인들이 비너스 우상을 숭배할 때 여자들은 갑옷을 입었으며 반대로 남자들은 여자의 옷을 입고 등장했다고 한다. 따라서 남자가 여장을 하고 여자가 남장을 하는 행위는 단순히 남녀가 옷을 혼용하는 행위가 아니라 이방인들이 신전에서 우상을 섬기며 음행을 저지르기 위해 행하던 악습이었던 것이다. 그래서 하나님은 이를 가증스럽게 여기셨다. 이렇게 성을 무시하고 이성의 옷을 착용하는 이방의 종교 문화는 시간이 흐르면서 성적인 무분별로 이어지게 되고 나아가 가정과 사회의 기본적인 도덕적 경계마저 무너뜨리면서 모두를 음란에 물들게 만든다.

결국 이런 가증스러운 이방의 악습은 이스라엘의 일상생활로 파고들면서 성적으로 타락하게 만들어서 자연스럽게 동성애와 같은 혐오스러운 음란으로까지 퍼지게 될 것을 하나님은 알고 계셨던 것이다. 무분별한 성적 혼용은 급기야 오늘날 성전환 수술이나 이에 더해 남자와 여자의 성별마저 바꾸는 트랜스젠더(transgender)로까지 확산되었다. 하나님을 배역한 인간들의 성적 타락은 이제는 더 이상 돌이킬 수 없는 죄악의 극에 달하고 있다.

그러므로 하나님은 이제 곧 가나안 땅으로 입성하게 될 이스라엘 백성들이 이방의 사악한 우상의 관습에 오염되지 않도록 남녀가 의복을 혼용해서 성의 구별을 혼란시키는 행위를 사전에 막고자 하신 것이다. 결국 하나님은 남성이 여장을 한다든지 여성이 남장을 함으로써 남녀의 성을 명확히 구별하지 않고 이를 무시하는 행위는 남자와 여자를 거룩히 구별하여 창조해 주신 하나님의 창조 질서를 정면으로 대적하는 행위라고 보셨다. 그래서 이를 가증스러운 죄악이라고 경고하신 것이다.

그러므로 이는 오늘날처럼 남녀 평등의 시대라고 하여 남자와 여자의 구별이 사라지고 가정과 일터의 책임마저 바뀌면서 타락해지고 혼탁

해져 가는 시대를 살아가는 우리들에게 주신 경고의 말씀으로 들어야 한다. 세상과 거룩하게 구별된 우리 성도들만큼은 더욱이 남녀 간의 성적(性的) 구별과 본분을 명확히 하여 주님께서 다시 오실 때까지 거룩한 성도의 순결을 지켜 나가야 할 것이다.

| 난제 KEY POINT |

- 남자가 치마를 입는 것과 여자가 바지를 입는 것, 또는 부부가 사랑을 표현하기 위해서 커플 티를 입는 등의 행위는 죄라고 볼 수 없다. 그러나 의도적으로 자신의 성(性)을 바꾸거나 감추기 위해서 이성의 옷을 입고 화장을 하거나 치장하는 것은 성의 구별을 혼란케 하는 가증스러운 죄에 해당된다. 아울러 남자가 여자처럼 또는 여자가 남자처럼 언행하며 동성끼리 애정을 표현하는 등의 행위 또한 하나님의 창조 질서를 역행하는 명백한 죄악이다.

132. 구약 시대에 하나님께 드린 십일조의 종류는 몇 가지인가?

십일조(히브리어 '마아세르')란 '십분의 일'이라는 뜻으로서 자신이 얻은 소득의 십분의 일을 하나님께 드리는 것을 말한다. 하나님의 백성들이 십일조를 드려야 하는 것은 하나님께서 이스라엘 백성들에게 땅의 곡식과 열매와 가축의 십분의 일을 바치라고 명령하셨기 때문이다(레 27:30–32; 민 18:21–32). "그리고 그 땅의 십분의 일 곧 그 땅의 곡식이나 나무의 열매는 그 십분의 일은 여호와의 것이니 여호와의 성물이라"(레 27:30). 십일조는 인간이 지닌 모든 소유가 하나님께 속한 것이므로(욥 1:21) 모든 소득의 주인이 하나님이심을 인정하는 신앙적 표현으로서, 항상 자원하여 감사하는 마음으로 드려야 한다(고후 9:7).

따라서 말라기 선지자는 십일조를 드리지 않는 것은 하나님의 것을 도적질하는 것이 되며 온전한 십일조를 행하는 것은 축복의 조건이 된다고 말씀하고 있다. "…우리가 어떻게 주의 것을 도둑질하였나이까 하는도다 이는 곧 십일조와 봉헌물이라"(말 3:8하). "만군의 여호와가 이르노라 너희의 온전한 십일조를 창고에 들여 나의 집에 양식이 있게 하고 그것으로 나를 시험하여 내가 하늘 문을 열고 너희에게 복을 쌓을 곳이 없도록 붓지 아니하나 보라"(말3:10).

성경에 기록된 최초의 십일조는 모세의 율법으로 제정되기 훨씬 이전부터 있었으며, 그것은 아브라함이 살렘 왕 멜기세덱에게 드렸던 십일조(창 14:20)와 야곱이 하나님께 드리겠다고 서원한 십일조(창 28:22)를 통해서 그 기원을 찾아볼 수 있다. 구약 시대 모세의 율법에 기록된 십일조의 종류는 크게 두 가지로 나누어진다.

❶ **첫 번째 십일조** : 오늘날 우리가 드리는 십일조와 같이 자신이 얻은 소득의 1/10을 거룩히 구별하여 하나님께 드리는 것이다(레 27:30). 이것은 성막 업무를 담당하고 있는 레위인들, 즉 기업과 소득이 없는 레위 자손들의 생계를 위한 것이었다(민 18:21-24). 레위인들이 생계를 걱정하지 않고 성막에서 하나님을 섬기는 일에 전념할 수 있도록 백성들이 십일조를 드려서 그들의 필요를 공급해 주었던 것이다. 레위인들은 이렇게 얻은 십일조에서 다시 1/10을 구별한 '십일조의 십일조'를 제사장들을 위해 드려야 했다(민 18:26-29).

❷ **두 번째 십일조** : 성소에서 감사의 축제를 나누기 위해 드려졌다(신 14:22-27). 두 번째 십일조는 레위인들과 제사장들의 생계를 위한 첫 번째 십일조를 드리고 난 이후에 나머지 소득에서 성소에서 축제를 나누기 위한 목적으로 다시 드려진 십일조이다. 성소에서 나누는 축제에는 가족 친지들과 종들과 레위인들이 모두 함께 어울려 먹고 기뻐하며 여호와 하나님 앞에서 잔치를 열었다(신 12:18; 14:23-27).

이렇게 성소의 축제를 위해서 드려진 십일조는 "셋째 해 곧 십일조를 드리는 해에 네 모든 소산의 십일조 내기를 마친 후에 그것을 레위인과 객과 고아와 과부에게 주어 네 성읍 안에서 먹고 배부르게 하라"(신 26:12)라는 명령에 따라서 매 3년째 되는 해에는 성소의 축제 대신에 분깃이나 기업이 없는 레위인과 성중에 거류하는 객과 고아와 과부와 같이 사회적으로 소외된 빈곤층들을 위해서 사용되었다(신 14:28-29; 26:12-15).

이를 종합해 보면 이스라엘 백성들은 레위인을 위한 십일조와 성소의 축제를 위한 십일조를 위해 매년 두 번의 십일조를 드림으로써 실제적으로는 십의 이조를 드린 것이다. 단지 성소의 축제를 위해서 드려진 두 번째의 십일조는 매 3년째마다 성소의 축제를 위한 목적이 아니라 사회적으로 소외되고 경제적으로 가난한 자들을 구제하기 위한 용도로 전환해서 사용된 것이다.

따라서 첫 번째 십일조는 레위인과 제사장들의 생계를 위한 목적으로 드려졌으며, 두 번째 십일조는 그 사용 목적에 따라 축제를 위한 용도와 구제를 위한 용도로서 두 가지로 나누어져 사용되었음을 알 수 있다.

| 난제 KEY POINT |

- 십일조는 여호와의 것이며 여호와의 성물이다(레 27:30). 이것은 하나님께 구별해 드리는 것도 거룩한 행위이지만 그런 마음으로 구별된 십일조의 예물 그 자체도 거룩하다는 것을 의미한다.

133. 모세는 왜 그리심 산이 아니라 저주의 에발 산에 돌비를 세우라고 했나?

모세는 이스라엘 백성들에게 "너희가 요단을 건너 네 하나님 여호와께서 네게 주시는 땅에 들어가는 날에 큰 돌들을 세우고 석회를 바르라"(신 27:2)라고 하면서 이스라엘 백성들이 요단강을 건너서 가나안 땅에 들어가게 되면 석회를 바른 큰 돌들 위에다 하나님의 모든 율법의 말씀들을 기록하여 그 돌비들을 에발 산에 세우라고 명령했다(신 27:3-4). 돌 위에 석회를 바르라고 한 것은 돌 위에다 하나님의 율법을 새길 때 글자 하나하나를 정확하고 선명하게 새길 수 있도록 하기 위함이었을 것이다.

그런데 모세는 왜 하나님의 말씀을 새긴 돌비를 축복의 그리심 산이 아니라 저주의 에발 산에다 세우라고 했을까? 그리심 산과 에발 산은 세겜 성읍을 사이에 두고 북쪽에는 에발 산 그리고 남쪽에는 그리심 산이 서로 가까이서 마주 보고 있다. 세겜은 예루살렘 북쪽 약 65㎞ 지점에 위치한 도시로서, 단에서부터 브엘세바까지 가나안 땅을 남북으로 가로지르는 거리의 거의 중심에 위치하고 있다.

하나님께서 이 장소를 택하게 하신 것은 이스라엘 백성들에게 있어서 세겜 성읍이 종교적 성소였기 때문이다. 이 성읍은 믿음의 조상 아브라함이 하란을 떠나서 가나안 땅에 들어가 하나님께 처음으로 제단을 쌓은 곳이었으며(창 12:6-7), 아브라함의 손자인 야곱도 하란에 있는 외삼촌 라반의 집을 떠나 가나안 땅으로 돌아왔을 때 이곳에서 하나님께 첫 제단을 쌓고 '엘엘로헤이스라엘'이라고 불렀다(창 33:18-20). 모세 이후에 세겜은 새 지도자인 여호수아가 죽기 전에 이스라엘 백성들과 마지막으로 언약을 갱신한 장소가 된다(수 24:1).

그러한 세겜의 북쪽에 위치한 에발 산의 '에발'(히브리어 '에발')은 '벗겨진'이라는 뜻으로서 해발 약 940m에 달하며 나무가 거의 없고 바위가 많은 거친 민둥산이다. 그래서 모세는 황폐한 이곳에서 저주를 선포하라고 했을 것이다(신 11:29; 27:13). 반면에 세겜의 남쪽에 위치하며 에발 산 반대편에서 마주 보고 있는 그리심(히브리어 '게리짐') 산은 해발 약 850m로서 에발 산에 비해 높이는 다소 낮지만 대신 숲이 우거지고 물이 풍성하였기에 모세는 이스라엘 백성들의 6개 지파가 이 산에 올라가서 축복을 선포하라고 명령했다(신 11:29; 27:12).

그렇다면 모세는 축복을 선포할 그리심 산이 아니라 왜 하필이면 저주를 선포하게 될 에발 산에다 돌비를 세우라고 했을까? "너희가 요단을 건너거든 내가 오늘 너희에게 명령하는 이 돌들을 에발 산에 세우고…"(신 27:4). 이는 백성들이 저주의 산 에발에 올라가서 율법에 속한 이스라엘이 저주 아래 놓여 있다는 것을 깨닫게 해 주기 위함이다(갈 3:10). 이를 위해 백성들은 그곳에서 희생 제사를 드림으로써 죄의 저주를 속해야 했던 것이다. 그리하여 모세는 에발 산에서 하나님께 번제를 드려 죄 사함을 받고 이어서 화목제를 통해서 하나님과의 화평을 회복하라는 것이다(신 27:6-7).

이것은 이스라엘이 시내 산에서 하나님과 언약을 체결할 때 드렸던 희생 제사와 동일한 것으로서, 하나님과 이스라엘의 언약 체결을 새롭게 하는 의미를 지닌다(출 24:5). 또한 모세는 "또 거기서 네 하나님 여호와를 위하여 제단 곧 돌단을 쌓되 그것에 쇠 연장을 대지 말지니라 너는 다듬지 않은 돌로 네 하나님 여호와의 제단을 쌓고…"(신 27:5-6상)라며 하나님께 예배드릴 제단은 다듬지 않은 자연석 그대로를 쌓아서 만들라고 명령한다. 그 이유는 우상을 섬기는 이방의 제단들처럼 연장으로 반듯하게 다듬어서 치장한 돌로 제단을 쌓는 것은 하나님께 부정하게 여겨졌기 때문이다(출 20:24). 하나님은 겉으로 드러난 외적 모습이 아니라 진실 된 마음으로 드리는 내면의 참예배를 기뻐 받으시는 것이다.

궁극적으로 에발 산의 저주를 속하기 위해서 드려질 희생 제사는 우리가 지은 죄의 저주를 대신 받으시기 위해 희생 제물로 드려지실 예수 그리스도의 십자가 대속을 의미하고 있다(갈 3:13).

| 난제 KEY POINT |

- 에발 산과 그리심 산 사이에 위치한 세겜은 성경적으로 매우 중요한 의미를 지니고 있는 성읍이다. 세겜은 가나안 땅의 지리적 요충지로서 종교와 교통과 상업의 중심지 역할을 했다.
- 세겜은 출애굽 한 이스라엘 백성들이 요셉의 뼈를 묻은 곳이며(수 24:32) 솔로몬 왕 이후에 이스라엘이 남북으로 분열되었을 때 북이스라엘의 여로보암 왕이 첫 번째 수도로 삼은 곳이다(왕상 12:25). 훗날 사마리아인들은 세겜의 바로 남단에 있는 그리심 산에 성전을 세워 예배의 중심지로 삼았다(요 4:20-21).

134. 이스라엘은 왜 6개 지파씩 나누어서 그리심 산과 에발 산에 올랐는가?

모세는 이스라엘 백성들이 요단강을 건너서 가나안 땅에 들어가게 되면 먼저 에발 산에 율법의 말씀을 새긴 돌비를 세운 후에 번제와 화목제를 드려서 하나님께 감사의 예배를 드릴 것을 명령했다(신 27:1–8). 바로 이어서 모세는 이스라엘 백성들에게 “너희가 요단을 건넌 후에 시므온과 레위와 유다와 잇사갈과 요셉과 베냐민은 백성을 축복하기 위하여 그리심 산에 서고 르우벤과 갓과 아셀과 스불론과 단과 납달리는 저주하기 위하여 에발 산에 서고”(신 27:12–13)라고 명령했다. 이는 이스라엘의 12지파가 그리심 산과 에발 산의 중턱으로 6개 지파씩 나누어 올라가서 각각 축복과 저주를 선포하라는 말씀이다.

그렇다면 모세는 두 산으로 나누어서 올라갈 6개씩의 지파를 어떤 기준으로 나누었을까? 그리고 왜 하필 그리심 산과 에발 산에 올라가서 서로가 마주 보면서 축복과 저주를 선포하게 했을까? 혹시 그리심 산에 오른 6개 지파는 그들의 선포대로 축복을 누리고, 에발 산에 오른 6개 지파는 저주를 받는다는 의미는 아닐까? 그것은 아니다. 단지 그리심 산에 오른 자들은 율법에 순종하는 자들을 상징할 뿐이며 반대로 에발 산에 오른 자들은 불순종의 저주를 상징하고 있을 뿐이다.

모세가 6개 지파씩 두 그룹으로 나눈 정확한 기준은 알 수 없지만 그리심 산에 올라갈 6개 지파(시므온, 레위, 유다, 잇사갈, 요셉, 베냐민) 모두가 야곱의 두 아내인 레아와 라헬의 후손들이라는 것이다(창 29:32-35; 30:22-24; 35:16-18). 단지 야곱의 첫째 아내인 레아의 아들 중에서 장자인 르우벤은 아비의 첩인 빌하와 통간하여(창 35:22) 장자권을 상실하고(창 49:4; 대상 5:1-2), 스불론은 레아의 막내 아들이므로 그리심 산에 오르지 못하고서 다른 첩의 후손들과 함께 에발 산에 오른 것으로 추정된다.

반면에 르우벤과 스불론을 제외하고 에발 산으로 올라 갈 지파들은 (갓, 아셀, 단, 납달리) 모두가 야곱의 첩인 빌하와 실바를 통해서 얻은 후손들이다(창 30:5-13). 아울러 하나님께서 모세에게 그리심 산과 에발 산을 택하여 축복과 저주를 선포하게 하신 것은 두 산의 가운데 위치하고 있는 아름다운 세겜 성읍이 당시로부터 약 7백 년 전에 하란을 떠났던 믿음의 조상 아브라함이 가나안 땅에 도착해서 처음으로 하나님께 단을 쌓았던 성스러운 곳이었기 때문이다(창 12:6-7). 또한 세겜은 지리적으로도 북쪽의 단에서 남쪽의 브엘세바에 이르는 가나안 땅의 거의 중심 지역에 위치하고 있었다.

게다가 그리심 산과 에발 산은 서로 가까이 마주보고 있어서 두 산 사이의 계곡은 마치 원형 극장처럼 소리를 잘 반사해 주는 특징을 지니고 있었다. 그래서 레위 사람들이 큰 소리로 율법을 외치면 이스라엘의 모든 백성들이 이를 듣고 아멘으로 화답할 수가 있었던 것이다(신 27:14-26). 그리심 산과 에발 산 사이에서 레위인들이 하나님의 축복과 저주의 말씀을 대신하여 선창할 때마다 모든 백성들이 아멘으로 화답하는 웅장한 소리는 두 산 사이의 계곡에서 감격적인 메아리로 울려 퍼졌을 것이다. 이 장엄한 순간은 이스라엘 백성들이 평생토록 잊지 못할 큰 감동을 주었을 것이 분명하다.

이스라엘 백성들은 모세의 이 명령을 통해서 앞으로 가나안 입성 이후에 치러질 이 거룩한 예식을 마음에 깊이 새길 수 있었다. 이제 곧 약속의 땅으로 들어간 이후에는 오직 하나님의 말씀에 순종해서 살아 갈 때만이 죄의 저주로부터 벗어날 수 있다는 것을 깨닫게 되었을 것이다.

| 난제 KEY POINT |

- 신명기 27장에는 에발 산에서 열두 번에 걸쳐 반복될 저주의 메시지만 있을 뿐 그리심 산에서 선포할 축복문은 없다. 이는 율법의 행위에 속한 자들이 저주 아래 있음을 깨닫게 하기 위함이다(갈 3:10). 즉 율법을 다 지킬 수 있는 사람은 아무도 없으므로 인간은 율법으로는 구원을 받을 수 없다. 그래서 그리심 산의 축복문은 생략한 채 에발 산의 저주만 반복 기록함으로써 더 이상 저주에 머물러 있지 말고 저주를 속하길 원한 것이다. 이를 통해 더 이상 율법이 아니라 오직 예수 그리스도 안에서 저주로부터 영원한 자유를 누릴 것을 바라보게 한다.
- 신명기 27장 14-26절은 레위인이 열두 번에 걸쳐 반복되는 저주의 메시지를 선포할 때마다 백성들이 아멘으로 화답하는 장면을 기록한다. 이것은 이스라엘 백성들이 하나님 앞에서 율법에 철저히 순종해 살겠다는 맹세이며, 불순종했을 때는 그에 따른 저주를 마땅히 받을 것을 아멘으로 확증하는 것이다.

135. 신명기 28장에는 왜 축복의 내용보다 저주의 내용이 훨씬 많은가?

신명기 28장은 크게 두 단락으로 뚜렷이 구별된다. 첫 번째 단락(1–14절)에는 하나님 말씀에 순종했을 때 누리게 될 축복이 기록되어 있고 이어서 두 번째 단락(15–68절)에는 하나님 말씀에 불순종했을 때 받게 될 저주가 기록되어 있다. 여기서 특이한 것은 축복의 내용에 비해서 저주의 메시지가 4배 이상의 분량을 차지하고 있다는 것이다. 그 의미는 과연 무엇일까?

모세는 이스라엘 백성들에게 하나님의 말씀을 잘 듣고 지켜 행하면 여호와께서 이스라엘을 세계 모든 민족 위에 뛰어나게 하실 것이며(신 28:1), 이어서 "네가 네 하나님 여호와의 말씀을 청종하면 이 모든 복이 네게 임하여 네게 이르리니 성읍에서도 복을 받고 들에서도 복을 받을 것이며 네 몸의 자녀와 네 토지의 소산과 네 짐승의 새끼와 소와 양의 새끼가 복을 받을 것이며 네 광주리와 떡 반죽 그릇이 복을 받을 것이며 네가 들어와도 복을 받고 나가도 복을 받을 것이니라"(신 28:2–6)라고 말했다. 이것은 하나님의 말씀에 순종할 때에 누리게 될 복이 자신과 가정뿐만이 아니라 심지어 자신이 소유한 모든 소유물까지도 함께 복을 누리게 될 것이라는 큰 축복의 메시지이다.

반면에 하나님의 말씀에 순종치 않았을 때는 축복과는 반대로 자신뿐만이 아니라 함께 소유한 모든 소유물에도 저주가 임할 것을 경고한다(신 28:15-19). 결국 하나님께 받게 될 축복과 저주는 자신뿐 아니라 그와 관련된 모든 소유물에까지도 영향을 미친다는 것을 대비해서 강조하고 있는 것이다. 이것은 개인이든 민족이든, 누구에게든지 임하게 될 축복과 저주는 하나님의 말씀에 대한 순종 여부에 달려 있음을 의미한다.

이 말씀들을 단순히 문자적으로 해석해 보면, 마치 이스라엘이 얻게 될 축복과 저주가 하나님의 말씀에 순종해야 한다는 조건을 전제로 하고 있는 것처럼 보인다. 물론 그것은 사실이다. 그럼에도 하나님의 말씀에 순종함이 무조건적으로 축복을 누리는 조건이 될 수는 없다. 오히려 하나님은 때로는 택한 백성들에게 기쁨과 화평의 축복이 아니라 의인 욥과 같이 이유 없는 고난을 허락하기도 하시기 때문이다. 따라서 여기서 우리가 유의해야 할 것은 하나님께 받게 될 축복과 저주가 전적으로 인간의 행위에 따라 얻게 되는 결과가 아니라는 것이다.

왜냐하면 인간은 모두가 죄인이므로(롬 3:10) 율법의 행위로서 하나님 앞에 의롭다 하심을 얻을 자가 아무도 없기 때문이다. "그러므로 율법의 행위로 그의 앞에 의롭다 하심을 얻을 육체가 없나니 율법으로는 죄를 깨달음이니라"(롬 3:20). 그래서 신명기 28장에는 축복의 메시지보다 저주의 메시지를 4배 이상으로 많이 기록해 놓음으로써 전적으로 타락하고 부패한 우리 인간은 누구든지 하나님 앞에서 저주받아 마땅한 죄인임을 강조하고 있는 것이다.

그렇다면 인간이 율법의 행위로 구원을 받을 수 없다면 그 무서운 저주로부터 어떻게 벗어날 수가 있을까? 그것은 오직 우리가 받아야 할 모든 저주를 대속해 주실 예수 그리스도(갈 3:13), 곧 십자가 복음만이 유일한 해결책이다. 예수 그리스도 안에 있는 자는 죄와 사망의 저주로부터 해방되어 결코 정죄함이 없기 때문이다(롬 8:1-2). 따라서 우리는 하나님께 복을 얻기 위해 말씀에 순종하는 것이 아니라 하나님께 택함받고 구원받은 자녀이기에 마땅히 하나님의 말씀에 순종하는 삶을 살아가야 하는 것이다.

| 난제 KEY POINT |

- 우리의 삶에서 가장 큰 복은 하나님의 말씀에 순종해 살아갈 때 누리게 된다. 그러나 그 복은 인간의 행위에 따른 복이 아니다. 율법의 행위를 통한 우리의 노력과 공로로는 구원을 얻을 수 없기 때문이다. 그러므로 말씀에 순종해서 누리는 축복의 삶이란 예수 그리스도를 믿고 그 안에 거할 때 성령께서 인도해 주시는 삶을 의미한다.

- 신명기 28장 2절은 "네가 네 하나님 여호와의 말씀을 청종하면 이 모든 복이 네게 임하여 네게 이르리니"라고 말씀한다. 여기서 복이 임한다는 의미는 'come upon'으로 엄습해 온다는 뜻이며, 복이 이른다는 것은 'accompany' 즉 복이 항상 따라다니며 동행한다는 뜻이다. 즉 하나님의 말씀에 순종하는 자는 자신이 감당치 못할 정도의 복을 얻게 되며, 그 복은 떨어지지 않고 항상 자신과 함께 그림자처럼 붙어 다닐 것을 의미한다.

136. 모세는 죽기 전에 이스라엘을 축복하면서 왜 시므온 지파만을 제외시켰나?

신명기 33장은 "하나님의 사람 모세가 죽기 전에 이스라엘 자손을 위하여 축복함이 이러하니라"하면서 시작된다. 출애굽 한 이스라엘 백성들을 인도해서 모압 평지에 이른 모세는 요단강 건너편으로 나타난 가나안 땅을 훤히 들여다보고 있었다. 이제는 후계자인 여호수아에게 이스라엘의 지도자로서 모든 것을 인계했고 백성들을 향한 당부의 설교까지도 모두 마쳤다. 그리고 여호와의 종 모세는 이제 마지막으로 죽기 전에 이스라엘의 모든 지파들을 위해 축복을 선포했다.

우선 큰아들 르우벤(6절)부터 시작해서 그다음 유다(7절), 레위(8-11절), 베냐민(12절), 요셉(13-17절), 스불론(18상), 잇사갈(18절하-19절), 갓(20-21절), 단(22절), 납달리(23절), 아셀(24-25절) 지파에게 이르기까지 마지막 유언과도 같은 축복을 기원했다. 임종 때에 자신의 열두 아들을 축복했던 조상 야곱처럼(창 49장) 모세는 그 야곱의 열두 아들에게서 난 이스라엘의 열두 지파들을 향해서 하나님의 종인 선지자로서 그리고 이스라엘의 아버지로서 축복하고 있는 것이다.

비록 자신은 하나님께서 약속하신 가나안 땅에 들어가는 복을 누리지는 못하지만 지난 출애굽 이후 40년 동안 생사고락을 함께해 왔던 사랑하는 백성들을 위한 유언과도 같은 마지막 축복이었다. 그런데 궁금한 것은 모세의 축복에는 이스라엘의 12지파 중에서 유일하게 시므온 지파만 빠져 있다는 것이다. 모세가 실수로 누락한 것일까? 아니면 의도적으로 그렇게 한 것일까? 과연 그 이유는 무엇일까? 그것은 두 가지 의미로 나누어 볼 수 있다.

❶ "시므온 자손의 이 기업은 유다 자손의 기업 중에서 취하였으니 이는 유다 자손의 분깃이 자기들에게 너무 많으므로 시므온 자손이 자기의 기업을 그들의 기업 중에서 받음이었더라"(수 19:9). 본문의 말씀대로 이후에 이스라엘이 가나안 땅에 들어가서 그곳을 정복하여 기업을 분배할 때 시므온 지파의 기업이 유다 지파의 기업 속에 포함되었기 때문일 것이다(수 19:1). 그래서 모세는 유다 지파의 기업으로 속하게 될 시므온을 축복에서 제외시켰을 수 있다.

❷ 40년 동안의 광야 방황을 모두 끝낸 이스라엘 백성들이 드디어 요단강 맞은 편인 모압 평지의 싯딤에 머물렀을 때였다. 그곳은 이스라엘이 가나안으로 들어가기 전에 마지막으로 진을 쳤던 곳이다. 그런데 바로 눈앞으로 가나안 땅이 바라다 보이는 그곳에서 도저히 씻을 수 없는 범죄가 발생했다. 그것이 바로 이스라엘이 모압 여인들과 음행을 저지르며 바알을 섬겼던 싯딤 음행 사건이다(민 25장). 그 음행 사건의 주범이 시므온 지파였고 이로 인한 하나님의 진노로 2만 4천명이 염병으로 죽는 심판을 당해야 했다. 당시에 가장 큰 심판을 당했던 자들이 곧 시므온 지파 사람들이었던 것이다.

야곱의 열두 아들의 축복에서도 "그들의 칼은 폭력의 도구로다"(창 49:5)라며 축복이 아니라 오히려 저주를 받았던 시므온이었는데 이후에 그 후손들 역시도 돌이키지 못할 죄악에 빠졌던 것이다. 이스라엘의 1차 인구 조사에서 59, 300명으로 유다와 단 지파에 이어서 세 번째로 인구가 많았던 시므온 지파(민 1:23)는 싯딤 음행 사건 이후에 실시한 2차 조사에서는 거의 1/3로 줄어든 22, 200명으로서 12지파 중에서 인구수 최소 지파로 전락하고 말았다(민 26:14).

이를 종합적으로 볼 때 ❶과 ❷의 두 이유를 합쳐 보면 결국 시므온 지파는 싯딤에서의 죄악으로 인해서 인구수가 급격히 줄어들었다. 이는 결과적으로 12지파 중에서 가장 적은 인구였다. 그러므로 가나안 정복 이후의 기업 분배에서도 시므온 지파 별도로 기업을 분배 받기보다는 가장 큰 기업을 받은 유다 지파에 흡수 될 수밖에 없었을 것이다. 이것은 모세는 죽기 전에 이스라엘을 축복하면서 시므온 지파를 제외시킨 타당한 이유가 될 수 있다.

| 난제 KEY POINT |

- 모세의 축복(신 33장)은 야곱이 열두 아들들에게 축복했던 내용(창 49장)과 다소 차이를 보인다. ❶ 야곱은 열두 아들 모두에게 예언했지만 모세는 시므온 지파를 제외시켰다. ❷ 야곱은 열두 아들들의 미래를 예언했지만 모세는 하나님과의 언약을 중심으로 축복을 선포했다. 그래서 야곱은 열두 아들들에게 축복뿐 아니라 저주도 내렸지만(창 49:7), 모세는 모든 지파(시므온 제외)에게 축복만 기원했다. ❸ 야곱은 다른 아들들에 비해 유다와 요셉을 가장 크게 축복했지만(창 49:8-12; 22-26) 모세는 레위와 요셉 지파에게 가장 많은 분량의 복을 선포했다(신 33:8-11; 13-17).

137. 모세는 어떻게 자신의 죽음과 장례식을 기록할 수 있었을까?

모세오경이란 여호와의 종 모세가 기록한 구약의 다섯 권의 책을 말한다(창, 출, 레, 민, 신). 모세는 성령의 도우심을 받아 하나님의 명령대로 오경의 책들을 완성해 나갔을 것이다. 그런데 신명기의 마지막 장인 34장에는 모세의 죽음과 장례에 관한 내용이 상세히 기록되어 있다. "이에 여호와의 종 모세가 여호와의 말씀대로 모압 땅에서 죽어 벳브올 맞은편 모압 땅에 있는 골짜기에 장사되었고 오늘까지 그의 묻힌 곳을 아는 자가 없느니라 모세가 죽을 때 나이 백이십 세였으나 그의 눈이 흐리지 아니하였고 기력이 쇠하지 아니하였더라 이스라엘 자손이 모압 평지에서 모세를 위하여 애곡하는 기간이 끝나도록 모세를 위하여 삼십 일을 애곡하니라"(신 34:5-8).

그렇다면 모세는 어떻게 자신의 죽음과 사망 이후의 일들을 이렇게 상세히 기록할 수 있었을까? 모세의 장례식을 기록하고 있는 신명기는 과연 모세 자신이 기록한 책이 맞는 것일까? 이와 관련해서 많은 학자들은 모세의 후계자인 여호수아가 모세의 사망과 장례에 관한 모든 일들을 기록했을 것으로 보고 있다. 모세의 사망과 관련해서 성경은 중요한 세 가지 사실을 우리에게 알려 주고 있다.

❶ 모세는 120세에 죽기 직전까지도 눈이 흐리지 않고 기력도 쇠하지 않았다(신 34:7). 그럼에도 여호와의 종 모세가 죽어야 했던 이유는 질병이나 노환이 아니라 오직 "여호와의 말씀대로"(히브리어 '알 피 여호와') 죽어야 했다는 것이다(신 34:5). 이것은 모세가 아직 충분히 더 살 수 있었음에도 오직 여호와의 말씀에 순종해서 죽을 수밖에 없었다는 것을 의미한다.

❷ 모세는 죽어서 모압 땅의 골짜기에 장사되었다(신 34:6). 이에 대해 히브리어 성경은 "그(하나님)가 그(모세)를 묻었다"(히브리어 '와이크보르 오토')라고 기록한다. 하나님께서 여호와의 종 모세를 직접 땅에 묻고 장례를 치러 주셨다는 것이다. 이것은 역사상 유일무이한 놀라운 일이다. 그래서 그 누구도 모세가 묻힌 곳을 알 수 없다고 말씀하고 있다(신 34:6하). 아마도 우매한 백성들이 위대한 지도자인 모세의 무덤을 우상화할 것을 염려하셨을 것이다.

❸ 모세 이후에 이스라엘에 이 같은 선지자가 없었나니 "모세는 여호와께서 대면하여 아시던 자요"(신 34:10)라고 기록한다. 모세는 이스라엘에서 가장 위대한 선지자요 지도자였으며, 하나님과 얼굴을 마주보며 그렇게 가까이서 대화를 나눌 만큼 하나님과 깊은 교제를 나누었던 하나님의 친구였다(출 33:11).

이러한 세 가지 사실들은 모세가 죽은 이후에 기록되었음이 틀림없을 것이다. 죽은 자가 자신을 기록할 수는 없기 때문이다. 그럼에도 분명한 것은 성경에서는 모세오경의 율법들이 모세가 직접 기록했다는 것을 구약과 신약의 성경 여러 곳에서 증거하고 있다는 것이다(출 17:14; 24:4; 신 31:24; 수 8:32; 왕상 2:3; 왕하 14:6; 눅 24:44; 요 1:45; 행 28:23). 더구나 예수 그리스도께서도 "율법은 모세로 말미암아 주어진 것이요 은혜와 진리는 예수 그리스도로 말미암아 온 것이라"(요 1:17)라고 말씀하셨다. 그리고 "모세가 너희에게 율법을 주지 아니하였느냐"(요 7:19)라고 하시며 구약 시대에 하나님의 말씀을 기록한 율법이 모세로 인한 것임을 직접적으로 증거하셨다.

특히 신명기는 모세가 여호수아를 후계자로 세우고 나서 이스라엘 백성들에게 신명기의 모든 설교를 마친 후의 상황을 "모세가 이 율법의 말씀을 다 책에 써서 마친 후에"(신 31:24)라고 기록하고 있다. 이 말씀은 모세가 이전부터 두루마리에 기록해 온 창세기부터 신명기까지의 모든 하나님의 말씀들을 이제 곧 자신이 죽기 전에 모두 완료했다는 것을 의미하는 것으로 볼 수 있다.

따라서 모세의 후계자인 여호수아나 다른 누군가가 모세의 죽음 이후에 그의 장례와 관련한 일부 기사들을 신명기의 마지막 부분에 추가로 기록했다고 해서 신명기의 저자가 모세라는 것을 부인하거나 거부할 수는 없는 것이다.

참고도서

| 단행본 |

가이슬러, 노르만. 하우, 토머스.『성경의 난해한 문제들』. 김홍기, 전의우 역. 서울: 생명의말씀사, 1997.

강, C.H. 넬슨, 에델.『한자에 담긴 창세기의 발견』. 이강국 역. 서울: 미션하우스, 1991.

김성수.『태초에: 창세기 묵상 1』. 수원: 마음샘, 2009.

리처즈, 래리.『735가지 성경난제 뛰어넘기』. 이길상 역. 서울: 아가페, 2004.

서춘웅.『성경 난제 해설: 구약』. 서울: 크리스챤서적, 2002.

송병현.『엑스포지멘터리 창세기』. 서울: 국제제자훈련원, 2010.

스톤, 나단.『구약 성경에 나타난 하나님의 이름들』. 장세학 역. 고양: 전도출판사, 1997.

아처, 글리슨.『성경 난제 백과사전』. 황영철 역. 서울: 생명의말씀사, 2003.

윤영탁 역편.『구약신학 논문집』, 수원: 합동신학대학원출판부, 2001.

| 주석 |

『랑게 주석』. 서울: 백합출판사, 1980.

『메튜 헨리 주석』. 고양: 크리스챤다이제스트, 2008.

『바클레이 패턴 구약주석』. 서울: 기독교문사, 1994.

『반즈 성경주석』. 서울: 크리스챤서적, 2000.

『카리스 종합주석』. 서울: 기독지혜사, 2003.

『카일 델리취 구약 주석』. 서울: 기독교문화사, 2000.

『칼빈 성경주석』. 서울: 성서원, 2003.

『WBC 성경주석』. 서울: 솔로몬, 2001.